探寻希腊人

IN SEARCH OF THE GREEKS

〔英〕詹姆斯·伦肖（James Renshaw） 著

郑惠中 译

中国出版集团

中译出版社

图书在版编目（CIP）数据

探寻希腊人 /（英）詹姆斯·伦肖（James Renshaw）
著；郑惠中译. -- 北京：中译出版社，2023.4
书名原文：IN SEARCH OF THE GREEKS（SENCOND
EDITION）
ISBN 978-7-5001-7156-0

Ⅰ．①探... Ⅱ．①詹... ②郑... Ⅲ．①古希腊—研究
Ⅳ．①K125

中国版本图书馆CIP数据核字（2022）第151132号

版权登记号：01-2022-2223
审图号：GS（2022）1593 号

探寻希腊人
TANXUN XILAREN

出版发行	中译出版社
地　　址	北京市西城区新街口外大街 28 号普天德胜大厦主楼 4 层
电　　话	（010）68359373，68359827（发行部）68357328（编辑部）
邮　　编	100088
电子邮箱	book@ctph.com.cn
网　　址	http://www.ctph.com.cn

出 版 人	乔卫兵
总 策 划	刘永淳
策划编辑	郭宇佳　赵　青
责任编辑	郭宇佳
文字编辑	张　巨　邓　薇　赵　青
营销编辑	张　晴　徐　也
封面设计	浮生华涛

排　　版	北京竹页文化传媒有限公司
印　　刷	北京盛通印刷股份有限公司
经　　销	新华书店

规　　格	710 毫米 × 1000 毫米　1/16
印　　张	34.25
字　　数	409 千字
版　　次	2023 年 4 月第 1 版
印　　次	2023 年 4 月第 1 次　印刷

ISBN 978-7-5001-7156-0　定价：149.00 元

作 者 简 介

詹姆斯·伦肖（James Renshaw），欧洲古典文学学者，英国"九大公学之一"圣保罗中学（St Paul's School）、戈多尔芬和拉蒂默学校（Godolphin and Latymer School）古典文学教师，同时也是一名作家。詹姆斯·伦肖曾于2017年组织编写"OCR 古典文明和古代历史"丛书，该丛书原用于英国 GCSE（英国普通初级中学）相关主题考试。

译 者 简 介

郑惠中，美国塔夫茨大学西方古典学硕士，加州大学圣芭芭拉分校世界古代史博士。研究方向为古希腊历史与中西古史比较。现生活在希腊，从事旅游与文化传播工作。

导　言

　　"我们都是希腊人：我们的法律、文学、宗教、艺术，都源于希腊。"

——P. B. 雪莱，1820 年写于其诗剧《希腊》的序言

　　我们的身边遍布着古希腊人留下的遗产。古希腊人比其他任何古代民族都更深刻地引发了西方社会对世界和对自己的思考。事实上，"西方文明"这一概念在很大程度上是建立在古希腊人的哲学、艺术、文学和历史之上的。通过了解他们，我们可以更好地认识自己。

　　本书着重介绍了古希腊人生活中一些最为重要的领域，从而探讨古希腊人对西方世界的贡献。第一章对古希腊历史进行了概述，引出了之后的章节，分别介绍以下影响深远的泛希腊传统：古希腊宗教、古代奥林匹克运动会（现代奥林匹克运动的原型）以及古希腊思想在自然科学、哲学和医学领域的发展。本书的后半部分将讨论的重点放在古典时期两个最强大的城市——雅典和斯巴达。在这个部分，我们将首先关注雅典社会，然后聚焦该城市在民主和戏剧领域的发展和实

践。最后一章将探讨雅典最大的竞争对手斯巴达。

本书的探讨主要集中在公元前 5 世纪和公元前 4 世纪的古典时代。在这一时期，古希腊世界涌现了一批最伟大的大家——哲学家如柏拉图和亚里士多德，剧作家如索福克勒斯和阿里斯托芬，历史学家如希罗多德和修昔底德，艺术家如菲迪亚斯和普拉克西特列斯（本书没有详细介绍古希腊的艺术和建筑。这是一个庞大的主题，苏珊·伍德福德的《古希腊艺术简介》对它做了出色的介绍）。各个章节彼此独立，同时也相互关联，因此有许多可以相互参照之处。在第一章之后的这些章节读者不需要按顺序阅读，因为每一章各关注古希腊世界的某一个具体方面。

虽然古代世界研究是一个令人非常兴奋的领域，但对入门者来说也可能令人生畏，因为它涉及很多陌生的术语、观念和主题。我希望本书能帮读者打下研究古希腊世界的坚实基础。此外，我还希望本书能让读者热衷于发现新问题，并进行深入探索。出于这样的考虑，本书设置了以下扩展阅读和网站资源：

· **扩展阅读** 列出的一些推荐书目可以帮助读者进一步了解本书所涉及的主题。

· 网站 www.bloomsbury.com/renshaw-greeks-2e 提供了一系列配合本书文本的资料和图片。①

我想对给予我编写本书第二版巨大支持的人表示感谢，尤其要感谢布鲁姆斯伯里学会的 BCP 委员会（the BCP committee at Bloombury Academic）以及昆士兰大学的卢卡·阿斯芒蒂（Luca Asmonti）、剑桥大学的保罗·卡特利奇（Paul Cartledge）和南犹他大学的戴夫·伦特（Dave Lunt）。他们所有人的付出都是无比可贵的。此外，牛津大学的

---

① 书中地图系原文插附地图。——编者注

詹姆斯·莫伍德（James Morwood）再次担任了我的导师，并给予了我宝贵的建议。我还得到了 3 位研究助理的大力支持——亚历山大·麦肯德（Alexander Mackinder）、瑞希·帕特尔－沃尔（Rishi Patel-Warr）和西姆兰·乌帕尔（Simran Uppal）。当然，本书任何疏漏和不足都是我自己的责任。

最后，我想感谢我的学生。他们为研究这一非凡的文明提供了许多新的视角和高昂的热情。和上一版一样，我把这本书献给他们。

詹姆斯·伦肖

目　录

第一章　古希腊世界的历史

　　"古希腊世界"究竟指什么？公元前 1600—前 146 年罗马征服希腊大陆，这期间居住在地中海和黑海沿岸、说希腊语的多个民族，都属于"古希腊世界"的范畴。此后，在衰落于公元 5 世纪的罗马帝国中，甚至在延续到 1453 年的拜占庭帝国内，希腊文明也一直存活着。鉴于其所跨越时间之长，历史学家通常将古希腊历史的不同时代划分为若干个分期：希腊的青铜时代，早期铁器时代，古风时代，古典时代，以及希腊化时代。

　　这一章旨在概述这些时间分期，以便读者在阅读接下来的章节时，对希腊的历史能够有一些基本的概念。当然，这样的概述只能为了解古希腊历史的重要方面提供一个简单的坐标。如果想要更加深刻地了解人类历史中这段丰富多彩的时期，可以参考扩展阅读部分的书目。

"希腊"其名

希腊人从未称自己为 Greeks（指英文的"希腊人"）。Greeks 这个词其实来自罗马人对他们东边的这些邻居的称呼：格莱基人（Graeci）。该称呼可能源于希腊中部的维奥蒂亚 ①（Boeotia）地区东岸的小镇格莱亚（Graia）。事实上，希腊人花了很长时间，才定下了一个形容其文明的名称。截至公元前 5 世纪，许多说希腊语的民族开始称自己为赫楞人（Hellenes）并将使用希腊语的地域称为赫拉斯（Hellas）。今天的希腊人依然用这两个词来分别称呼自己和自己的国家。

希腊的青铜时代

希腊的青铜时代属于"史前阶段"，即该文明尚不具有自己的文字记录的阶段。而希腊的历史阶段，则始于希腊字母开始发展的公元前 8 世纪（今天的希腊语仍然使用这种古老的字母）。在公元前 8 世纪之前，爱琴海区域曾经出现过两个繁荣的史前文明。它们对希腊之后的历史时期的发展产生了显而易见的重要影响。今天人们称这两个文明为米诺斯文明和迈锡尼文明。它们各自有其书写体系，但是我们至今只破译了迈锡尼的文字，即线性文字 B。而且现存的迈锡尼文字的内容，主要是实用性的名单和记录。

---

① 又译"波俄提亚"。——编者注

▌ 施里曼与埃文斯

在公元 19 世纪后期到公元 20 世纪早期，米诺斯文明和迈锡尼文明才为人所知晓。它们的发现，要归功于两位考古学家的决心。

海因里希·施里曼是一位德国商人。他对荷马史诗《伊利亚特》和《奥德赛》中关于特洛伊战争及其后续的神话故事怀有浓厚的兴趣。施里曼相信这些故事是有着现实依据的，而且渴望找到真正的特洛伊。在 1871 年，他开始在土耳其的西北部发掘一处他认为可能是特洛伊的地点。令他兴奋不已的是，他确实在那里找到了希腊青铜时代文明的遗迹。在这之后，他将注意力转向希腊大陆，开始发掘迈锡尼，也就是《伊利亚特》中希腊联军的统帅阿伽门农的家园。施里曼在这里发现了更多不同凡响的遗迹。因他的发掘而重见天日的文明就此被命名为"迈锡尼文明"。

在这之后，一位富有的英国考古学家亚瑟·埃文斯追随了施里曼的脚步。他对施里曼的工作非常感兴趣，而且参观了施里曼所发掘的遗址。施里曼生前一直非常希望能够挖掘克里特岛上的克诺索斯遗址，却始终没有机会。埃文斯也十分热衷于这项工作，于是他买下了克诺索斯附近的土地，从 1900 年开始挖掘。不久之后，埃文斯意识到，他所着手挖掘的是一个不同的且更加古老的文明。他用传说中克里特的国王米诺斯的名字，将该文明命名为"米诺斯文明"。

我们应当注意：当今的考古学家以"米诺斯"和"迈锡尼"来称呼希腊青铜时代的这两个各具独特文化习俗的群体，但我们并不知道这些群体实际上是如何称呼自己的，也不知道这两个群体在多大程度上具有各自的文化认同。从现存的记录中我们其实可以看到，希腊大陆上的数个迈锡尼文化中心曾使用不同的行政系统，并且将自己文化中心以外的其他人视作外国人。

🏆 米诺斯人

几年之间，埃文斯在克里特岛上发现了一个不为人知的古文明。克诺索斯似乎是其最大的文化中心，同时岛上还有其他若干重要的米诺斯文化中心遗址，例如，斐斯托斯和马利亚。另外，岛上还铺设了道路网络，以连接这些主要的古代城镇。在克诺索斯，埃文斯发现了一处精巧而复杂的宫殿。宫殿周围是一片 75 公顷①大的聚落，估计曾承载过 12 000 人口。很有可能，克诺索斯、斐斯托斯和马利亚曾分别控制过 1 000 平方千米以上的领土。

克诺索斯宫殿极为宏大。为了使游客能够直观地了解宫殿的外观，宫殿的西侧已经被大范围复原重建。宫殿的行政中心也坐落在这一侧，其中设置了用来举行仪式的宝座厅、管理办公室、手工作坊和空间巨大的储藏室。储藏室里摆放着用来盛放橄榄油、葡萄酒和粮食的大缸。富有的米诺斯人曾经活跃在东地中海的贸易活动中，他们所储存的这些食物很有可能一度被出口到希腊的其他岛屿以及埃及。基西拉岛、米洛斯岛、罗德岛和锡拉岛等希腊岛屿都有米诺斯文明影响的迹象（锡拉岛即今天的圣托里尼岛。人们在这里发现了一个惊人的米诺斯时期的遗址——阿克罗蒂里。）此外，克里特岛似乎曾经与埃及保持着紧密的联系。我们可以从现存的埃及绘画中看到米诺斯商品的身影，埃及绘画中的某些外国使臣也与米诺斯人对自己的描绘十分相似。

从克里特岛上的克诺索斯和圣托里尼岛上的阿克罗蒂里等遗址中，出土了一批精美绝伦的壁画（图 1.1）。这些壁画以鲜艳的颜色描绘了各式各样的景象，比如，观看跳舞或运动的人群、正在格斗的拳击手、

---

① 1 公顷 = 10 000 平方米。——编者注

图 1.1 米诺斯时代壁画
中的女性形象,
发现于锡拉岛

船只、渔夫和海豚。壁画对女性的描绘格外令人赞叹。我们能在表现人群聚集的画面里发现众多女性的形象。其他许多壁画中,女性赤裸胸部,身着美丽的衣裙和珠宝,发型精巧。据此,我们有理由相信,比起再后来的希腊,女性在米诺斯文明时期的社会中拥有着更高的地位。

克诺索斯宫殿有一个很大的中央庭院,人们似乎曾在这里举行过多个社会阶层参与的大规模宗教活动。活动中可能有一项"跳牛"运动。"跳牛"时,身手矫健的年轻人奔跑上前,抓住牛角并以它为杠杆,翻身越过牛背。公牛是米诺斯宗教中的神圣动物,它的形象在克诺索斯随处可见。强壮有力的公牛代表着自然世界的力量和野性。因此,在观看"跳牛"时，米诺斯人实际上是在观看人类试图驾驭自然世界的奇景。

对米诺斯的考古为我们拼凑起了一部分这个文明的历史。克里特岛的第一批定居者（石器时代晚期的农民）大约在公元前7000年来到这里。尽管我们仍旧不清楚他们的具体来历，但今天最被认可的理论是，这些早期定居者是从近东迁徙而来的（详见下方文本框里的内容）。DNA证据支持这一理论，而且米诺斯社会的组织形式在许多方面都与近东社会极为相似。不同之处是，米诺斯社会似乎不具有拥有强大实权的独立神庙。这一点说明，米诺斯文明和近东的文明在政治体系和精英阶层的构成方面不尽相同。

古 代 近 东

考古学家用"古代近东"或"近东"来形容从地中海东部海岸线开始算起的西亚的广大地域。这一地域范围包括：

- 小亚细亚（或称安纳托利亚），大约与今天土耳其的范围一致。
- 黎凡特，指地中海东部海岸线一带，今天的土耳其南部至埃及东北部。
- 埃及。
- 美索不达米亚（现今伊拉克）和波斯（现今伊朗）。

古代的近东民族，例如，埃及人、苏美尔人、亚述人、巴比伦人、赫梯人和以色列人，创造了数个最古老且最有影响力的人类文明。这些民族和他们的思想深刻地影响了希腊社会的发展。

青铜时代始于约公元前3500年。（之所以被称作"青铜时代"，是因为人们在这个时期学会了以9∶1的比例混合铜和锡来制造青铜这种

图 1.2 经过修复的"跳牛"壁画，发现于克里特岛的克诺索斯宫殿

坚硬的金属合金。）米诺斯文明在这时已经开始发展。但是在 1000 年
之后，人们才发明出了真正的青铜冶炼技术，而米诺斯文明的中心——
克里特岛——也是在此时开展起了广泛的贸易活动。在公元前 2000 年，
米诺斯人在克诺索斯、马利亚和斐斯托斯修建了他们最早的宫殿（见
图 1.2）。这些地点也随即成了米诺斯人定居的中心。考古证据表明，
在约公元前 1700 年，一场很可能是由大地震造成的动荡，毁坏了这些
宫殿。令人感叹的是，这场动荡反而成了这些宫殿扩大规模的契机，
而且人们还在克里特岛上拓展了更多新的聚落。正是在这个时期，米
诺斯文明的发展达到了顶峰。

又一场动荡发生在约公元前 1600 年。这次动荡的罪魁祸首可能就
是造就了爱琴海中央的锡拉岛的火山喷发。尽管遭到破坏的宫殿再一次
被以更大的规模重建，但是这场灾祸很可能间接导致了米诺斯文明在接
下来的两个世纪中走向衰亡。公元前 1450 年左右，自然灾害再一次来

袭，摧毁了克里特岛上大部分的宫殿建筑群。克诺索斯宫幸免于难并且成了整座岛的统治中心。

不久之后，一个新的族群来到克里特岛，踏足克诺索斯及其他几处聚居地。这个族群就是来自希腊大陆的迈锡尼人。他们曾经长期与米诺斯人交往互动，而且深受米诺斯人的影响。我们不清楚迈锡尼人在克里特岛上具体做了什么，但可以肯定的是，他们并不是为了大规模的移民或占领而来。公元前14世纪，克诺索斯宫殿被大火烧毁。此后，克里特岛上的其他文明中心虽然勉强延续了一段时间，但是米诺斯文明已陷入持续衰落的颓势，在历史中逐渐褪色。

希腊神话中的米诺斯人

后世的希腊人用神话保存了他们对于米诺斯文明的遥远记忆。最著名的例子是在雅典流传的忒修斯和米诺陶洛斯的故事。这个故事可能体现了雅典人关于他们臣服于米诺斯人时期的回忆。（有意思的是，青铜时代的一些历史遗存也包含着这个神话的元素，比如，在扎克罗斯遗址发现的米诺斯印章刻有米诺陶的形象，克诺索斯宫的迈锡尼记录则提到了一位被称作"迷宫夫人"的神祇。）另一个例子是关于赫拉克勒斯（Herakles）的神话故事。这位最伟大的希腊英雄的第七项伟业，就是捕获克里特神牛。

此外，也有争论认为，哲学家柏拉图是受到关于锡拉岛火山爆发的民族记忆的启发，才创作了亚特兰蒂斯的虚构故事。在他的两部作品《蒂迈欧篇》和《克里底亚篇》中，他提到，数千年前曾存在过一个强盛的岛国，其对权力的渴望激怒了神明。作为惩罚，神明毁灭了这个岛国并使它沉没于海底。

🏆 迈锡尼人

1871 年，海因里希·施里曼以在土耳其西北部的希萨尔力克的挖掘，开始了他对特洛伊战争故事的考古探索。在这里，他分辨出若干个新老相继的考古土层。不同时代的城市一个叠一个地被建造于此。在这个时期，考古学还不是一门专业的学科，而且施里曼错误地以为荷马的特洛伊应处于最低的土层。因此，施里曼的工人们快速地挖开了上部的土层，触到了低处的防御工事，停在了他所认为的目标土层。1893 年 5 月，施里曼向世人展示了一系列黄金制品等珍宝并以神话中特洛伊国王的名字，将它们命名为"普里阿摩斯的珍宝"。他甚至让妻子索菲亚在公众面前佩戴了其中一些珠宝，还借用希腊女人海伦引发特洛伊战争的典故，称它们为"海伦的珠宝"。

然而，施里曼挖得太深了。他所发现的城市其实属于公元前 3000—前 2000 年这个时期，而特洛伊战争的故事则被认为与公元前 12 世纪的一系列冲突有关。几年后，施里曼的合作者威廉·德普菲尔德在较浅的土层里识别出另一座城市。该城市显然在公元前 12 世纪初期毁于大火和战争。如今，这座城市被认为是与特洛伊战争的传说相符的地点（图 1.3）。

尽管如此，施里曼还是对他的发现喜出望外。他搬到了希腊的伯罗奔尼撒半岛，希望能够找到特洛伊战争中诸位希腊英雄的城市。1876 年，施里曼在迈锡尼的挖掘引起了轰动——他发现了精巧的蜂巢状皇家陵墓、大量的黄金制品以及其他数量惊人的珍宝（在荷马史诗里"迈锡尼"被形容为"富有黄金的"，图 1.4）。一具被埋葬的尸体的脸上盖有一副黄金面具。施里曼发现这副面具时，认为它很可能属于阿伽门农，还激动地给希腊国王发了一封电报宣布喜讯。然而，施里曼又一次把年代搞错了。这座陵墓始建于公元前 16—前 15 世纪，比传说中的特洛伊战争早了 3 个世纪。

图 1.3　特洛伊城残留的古城墙，可追溯到约公元前 1200 年，即特洛伊战争发生的可能时期

图 1.4　左：迈锡尼宫殿的壮观入口，被称为"狮门"
　　　　右：施里曼在迈锡尼发现的蜂巢状墓穴之一

特洛伊战争

特洛伊战争的故事是希腊历史上影响最深远、流传最广泛的传说。它讲述了希腊人和特洛伊人因为海伦被掳去特洛伊城而交战的故事。海伦是斯巴达国王墨奈劳斯的妻子，被誉为全世界最美丽的女人。特洛伊的王子帕里斯劫掠了海伦并将她带回自己的家乡为妻。被此事激怒的希腊将领们组织了一支大军，驶向特洛伊，要夺回海伦。因此而起的战争持续了 10 年。得益于一位希腊将领奥德修斯的计谋，希腊人最终赢得了战争的胜利。奥德修斯提出的计谋就是著名的木马计：希腊人将木马作为和平的礼物献给特洛伊人，然后藏在木马中的希腊士兵趁夜伏击了特洛伊。

我们很难判断这个传说源于什么历史现实。最普遍的观点是，它与希腊大陆人和赫梯人（Hittite）之间的一系列冲突有关。赫梯人是生活在青铜时代的一个族群，他们在约公元前 1600—前 1200 年控制着小亚细亚的大部分地区。赫梯文献提到了一个叫作阿希亚瓦（Ahhiyawa）的地方，学者们认为，其所指就是希腊大陆或希腊的一部分。此外，赫梯人的界碑显示，阿希亚瓦人（Ahhiyawans）有段时间曾控制着小亚细亚在爱琴海沿岸的领土。很显然，在某些时期，阿希亚瓦人与赫梯人之间有着密切的外交和军事接触。（图 1.5）

为了确立特洛伊战争的历史真实性，许多赫梯文献和荷马史诗里的名称被对应起来。例如，阿希亚瓦人似乎与荷马史诗里希腊人的名称"亚细亚人"（Achaeans）密切相关；赫梯语里特洛伊的名字是"威鲁莎"（Wilusia），与希腊人对该城市的称呼"伊利昂"（Ilion）相似（《伊利亚特》（Iliad）也得名于伊利昂，意为"伊利昂的故事"）。但是，文献里并没有提到阿希亚瓦和威鲁莎之间有任何重要的接触，也没有考古迹象能证明阿希亚瓦人在公元前 12 世纪摧毁了威鲁莎。因此，我们仍然面对着一个未解之谜。极有可能，特洛伊战争的故事糅合了那些产生于阿希亚瓦人和赫梯人的长期冲突中的传说。在接下来的几个世纪里，专业的故事讲述者们对这些传说进行了拓展和改编。它们的众多版本最终凝聚成了荷马的两部史诗：《伊利亚特》与《奥德赛》。

图 1.5　在迈锡尼发现的黄金葬礼面具，被称为"阿伽门农的面具"

▌宫殿社会

　　和埃文斯一样，施里曼也遇见了一个从前不为人知的文明。迈锡尼人似乎是印欧人的一支。印欧人是指生活在欧洲和印度次大陆、使用印欧语系语言的广大人群。他们的语言的共同祖先是公元前 5000 年时流行于中亚的一种语言。迈锡尼文明起始于公元前 16 世纪初，当时统治武士阶层从既有人口中崛起。这些精英阶层的迈锡尼人可能通过掌控利益不菲的贸易路线，积累了巨大的财富。他们的富有程度，在他们给予逝者的奢华葬礼中就可见一斑。

　　迈锡尼文明在希腊的中部和南部持续发展着。公元前 15 世纪中叶，迈锡尼人迁移到了克里特岛，搬进了克诺索斯等岛上的宫殿。从那时起，迈锡尼人开始以米诺斯宫殿为模仿对象，建立起他们自己的独立宫殿社会。在希腊大陆上，这样的宫殿社会在希腊中部的雅典、底比斯、奥尔霍迈诺斯、伯罗奔尼撒半岛的迈锡尼、梯林斯和皮洛斯发展壮大起来。今天，皮洛斯的庞大遗迹依然能为我们展现公元前13世纪迈锡尼宫殿社会的样貌。

迈锡尼宫殿比米诺斯人的宫殿要小得多，但仍然令人赞叹。它们是行政和家庭生活的中心，但似乎不具有任何宗教功能。宫殿建筑的核心是其主厅，或称梅加隆。主厅的中央有一个大炉灶，屋顶上方开洞。主厅的旁边设有家居区域、作坊、储藏室和守卫室。这些宫殿拥有着高度专业化的经济模式，专注于少数谷物、橄榄油、精细纺织品和其他手工制品的大规模生产。宫殿周围土地上的聚落通常很小，最大的只能容纳数千名居民。记录表明，宫殿社会的统治者通过对原材料和劳动力征税的形式，来控制其领土上的居民。

贸易始终是迈锡尼财富的主要来源。技艺纯熟的迈锡尼工匠能够以青铜和黏土制作器具，因此迈锡尼人出口武器、珠宝、陶器和橄榄油，用以交换铜、锡以及香水和重工装饰的纺织品等奢侈物品。迈锡尼人来到地中海东部后，应该得到了更多的贸易机会。同时，有迹象表明，他们与塞浦路斯、小亚细亚和近东其他地区也有交往。他们在意大利南部和西西里岛沿岸也有贸易活动。事实上，至今所知最大的迈锡尼陶器积存点就被发现于那不勒斯湾的维瓦拉小岛。

▎迈锡尼文字：线性文字B

埃文斯在发掘克诺索斯时，曾为大量刻有书写符号的泥板所吸引。后来，当人们在希腊大陆发掘迈锡尼遗址时，也发现了具有相同符号的泥板。埃文斯意识到，在克里特岛上，相同的书写符号为两种不同的文字系统所使用，因此他将它们分别称为线性文字A和线性文字B。希腊大陆上的泥板使用的均是线性文字B，因此这种文字被认为是迈锡尼语言的书写文字。学者们努力尝试了多年，试图解读该文字。1952年，一位年轻的英国建筑师迈克尔·文特里斯终于取得了突破，攻克了解读线性文字 B 的难题。

线性文字 B 的解读带给了人们一个重大发现。在那之前，大家都以为迈锡尼人和几个世纪后的希腊人之间并没有真正的联系。这些刻有文字的泥板却揭示出，线性文字 B 其实是希腊语言的一种早期形式，因而，迈锡尼人就是最早一批可以被定义为"希腊人"的族群。迈锡尼人借用线性文字 A 的书写符号来记录他们自己的语言。尽管线性文字 A 尚未被成功解读，但它被普遍认为是米诺斯人语言的记录。我们仍不清楚它属于哪个语言体系，但可以确定的是，它并不是希腊语或类似的语言。

虽然线性文字 B 的泥板（图 1.6）只包含一些功能性的名单，但它们为我们提供了关于宫殿社会日常运作的珍贵信息。从这些记录中，我们可以窥见一个组织程度很高的社会。以瓦纳克斯（wanax，或称"领主"）为首的各级官员构成了这个社会的层层等级。税收、奴隶、牲畜和军事装备等方面都留有详细的记录。一个宫殿社会可能拥有着数百名劳工，而且还控制着大部分的贸易活动和铜器的制造。这些泥板还告诉我们，迈锡尼人最重要的农作物包括小麦、大麦、橄榄油（这些农作物在整个希腊历史中都相当重要）。让人感动的是，有些泥板上还刻写着牲畜的名字，比如，"斑点""小黑""白蹄"等。

泥板还记录了祭祀活动的情况，从中我们能够对迈锡尼的宗教有所了解。迈锡尼人崇拜的一些神明与后来希腊宗教中的神明同名，比如，宙斯、波塞冬、赫耳墨斯、赫拉和阿尔忒弥斯。但同时，迈锡尼宗教也有许多独特之处：除以上的神明之外，迈锡尼人也崇拜宙斯和波塞冬的女性版本——迪威亚和波塞迪亚；而对另一位非常重要的迈锡尼女神波特尼亚的崇拜并没有延续下去。

图 1.6 皮洛斯出土的线性
文字 B 的泥板之一

　　令学者格外惊讶的是，他们在迈锡尼的记录中找到了神祇狄俄尼索斯。在泥板被解读之前，学界一直相信狄俄尼索斯是很久之后才被纳入希腊宗教的神祇。因为在成书不早于公元前 750 年的荷马史诗里，他的名字还没有出现。因此，这些刻有线性文字 B 的泥板不仅能帮助我们了解使用它们的社会，还能帮助我们理解古希腊宗教的发展。

衰落

公元前 1250—前 1150 年，地中海东部大范围地区普遍遭到了破坏。

目前尚不清楚造成这场破坏的原因，但是显然此时发生了严重的社会动荡。小亚细亚的赫梯王国在约公元前 1200 年覆灭。经发掘的特洛伊遗址有曾被破坏的痕迹，可能与这一事件有关。同一时期的埃及文献记载着"海上民族"从北方进攻本国的情况。地中海东部，似乎出现了人口向南方大规模迁移的现象。

类似动荡的迹象也可见于希腊大陆的迈锡尼遗迹。在公元前 13 世纪下半叶，迈锡尼以及伯罗奔尼撒半岛的其他聚落扩建了防御墙，强化了供水系统，这也许就是为了应对即将发生的外来袭击。考古证据表明，大约在公元前 1200 年，迈锡尼、皮洛斯和其他迈锡尼文化中心多次遭受焚毁。造成这种情况的原因尚无定论，但是在后来的 50 年之内，整个宫殿经济体系消失了。尽管其痕迹在接下来的几十年中依然存在，但是至此，迈锡尼文明走到了终点。

早期铁器时代

公元前 12—前 9 世纪这段时间曾经被历史学家称为"黑暗时代"，因为随着迈锡尼文明的崩溃，线性文字 B 不再被使用，而我们又找不到这一时期的其他文字记录。于是历史学家们以为，我们再也无从考察这几个世纪的历史。但是最近几十年的考古进展为我们带来了更多这个时期的信息。该时期现在被改称为"铁器时代"，因为在迈锡尼文明崩溃后不久，人们从塞浦路斯和近东学到了冶铁技术。从前被迈锡尼人忽视的本地产铁矿石，这时被收集起来作为冶铁的原材料。此后，铁代替了青铜，成为制作武器、工具和其他用于切割或穿刺器具的首选金属。

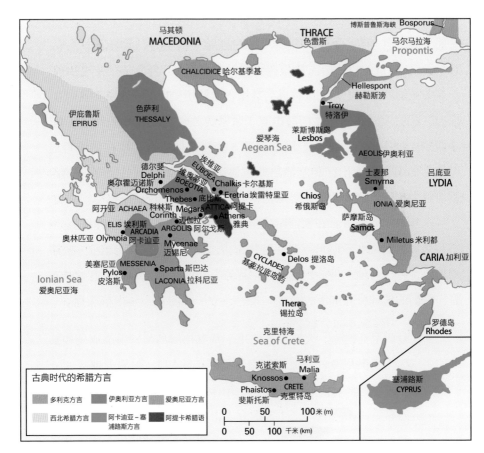

图 1.7 古典时代希腊主要方言的分布情况

　　铁器时代早期的一个显著标志是人口的大幅减少。例如，考古学家估计，伯罗奔尼撒半岛美塞尼亚地区的人口下降到了其在迈锡尼时期的 10%。人口急剧减少的原因尚不明确（也许是饥荒），但无论如何，此时一些小规模、贫困且不稳定的社群发展了起来。对位于伯罗奔尼撒的社群尼古里亚的发掘表明，它仅仅存活了大约 100 年。这样的社群大概仅由几百人组成，但其中似乎仍然存在着等级制度。处于社会最顶层的通常是首领，而他的住宅就是整个社群的中心。

　　不稳定的环境似乎促使着部分人口在希腊大陆的内部移动，或向希腊大陆以外迁移。他们可能需要通过迁移寻找生路。考古证据显示，自公元前 11 世纪以来，希腊聚落在爱琴海上铺散开来，甚至扩展到了小亚细亚的西海岸（该地区将成为后来古希腊历史中的一个关键区域）。同时，希腊大陆和塞浦路斯岛也有了紧密的关联。之后的几个世纪里，希腊的 4 种主要方言之一，阿卡迪亚－塞浦路斯方言，仅在伯罗奔尼撒半岛的阿卡迪亚山区和塞浦路斯被使用。该方言与线性文字 B 的希腊语最为相似，这表明了它是从伯罗奔尼撒半岛传播而来的。

这 4 种主要的方言在铁器时代早期开始发展。在公元前 8 世纪，当书写又重新出现在希腊世界时，这些方言已经成形。除阿卡迪亚－塞浦路斯方言外，其他 3 种分别是爱奥尼亚方言，西希腊方言和伊奥利亚方言。它们的地理分布如下：

- 爱奥尼亚方言。大部分被使用于基克拉底岛屿、埃维亚岛和被称为爱奥尼亚的小亚细亚南部地区（图 4.1）。阿提卡地区和一些爱琴海岛屿使用的阿提卡希腊语与爱奥尼亚方言密切相关。
- 西希腊方言。有两个主要的分支：西北希腊语流行于希腊西部和伯罗奔尼撒半岛的西北部，而多利克方言被使用于伯罗奔尼撒半岛的其他地区、南部爱琴海和小亚细亚的西南角。
- 伊奥利亚方言。流传于希腊大陆的东部，是生活在色萨利和维奥蒂亚的人们的主要语言。它还跨过爱琴海流传到了莱斯博斯岛和小亚细亚海岸中部被称作"伊奥利亚"的地区。

说同一种方言的人也共享着一些文化习俗。比如，说爱奥尼亚方言的不同族群给他们的部落和月份起的名字都非常相似，说多利克方言的族群也是如此。另外，说同种方言的群体还有着一些相同的节日和仪式。例如，爱奥尼亚方言的使用者都庆祝一个名为阿帕图里亚的节日。在这个节日上，年轻人被接纳为社会团体胞族的正式成员。

在早期铁器时代的较后阶段，希腊人生活在爱琴海周边的众多地区——希腊大陆，爱琴海群岛和小亚细亚的西海岸。这些地方有时会被合称为"爱琴希腊"。本书也将用这个名称来统称这一地域范围。

迁 移 神 话

后来在希腊人里流传着一个神话，反映了人们对早期铁器时代移民经历的遥远记忆。据说最早有 4 个主要的古希腊部落：伯罗奔尼撒半岛南部的阿开亚人，伯罗奔尼撒半岛北部的爱奥尼亚人，希腊西部和西北的多利安人和希腊东部的伊奥利亚人。神话里说，多利安人向南迁移至希腊其他地区，尤其是伯罗奔尼撒半岛。他们在那里取代了那些曾经赶走了爱奥尼亚人而现在迁移至希腊北部的阿开亚人。爱奥尼亚人逃到雅典避难，在那里与当地居民融合在了一起；他们中的一些人随后跨过爱琴海，在小亚细亚半岛建立了爱奥尼亚地区。

这个神话很可能反映了共享文化和语言联系的后人是如何想象他们之间这些联系的建立过程的。多利安希腊人（讲多利克方言的人），尤其是斯巴达人，的确喜欢用神话来证明，他们是用正当的手段控制了曾是迈锡尼人腹地的伯罗奔尼撒半岛。他们声称，赫拉克勒斯曾被宙斯指派为伯罗奔尼撒半岛的统治者。但是当他在完成 12 项伟业后去世时，迈锡尼的国王欧律修斯，在女神赫拉的帮助下，将他的儿子们赶出了家乡。根据神话，赫拉克勒斯的代后来与多利安人一起返回，来夺回他们应得的土地。如此一来，尽管多利安希腊人认为自己是与参加特洛伊战争的英雄们无关的移民，但是通过将自己与更早期甚至更伟大的英雄们联系起来，他们给自己对伯罗奔尼撒半岛的控制找到了正当的理由。

考古学家在埃维亚岛的莱夫坎迪发现了一个格外有启发性的早期铁器时代遗址。这里有某个特别繁荣的文化曾长期存在的迹象。其中的一处发现是通姆巴建筑。这座庞大的建筑（50 米×13.8 米）可能建于公元前 1000 年左右。其最初的功能尚不明确，但它最终被用作葬室，中央设有两个大型墓葬坑。一个墓葬坑里有一具经过火化的男性遗体，近旁有武器；还有一具女性遗体，其陪葬品有金首饰等从近东进口的异国物品。另一个墓葬坑里，是陪葬的 4 匹马的尸体。我们仍不清楚，这位女性是死后作为墓中男性的平等伴侣被葬在了一起，还是和旁边的马一样，是墓主人的陪葬。但是，她头颅边的一把刀很可能意味着她的死亡与仪式性的杀戮有关。而处死她的，有可能是她所在的社会集体，也有可能是她自己。

通姆巴建筑在葬礼之后被人故意毁坏，而且被土堆覆盖。其东侧入口前方的区域随后被用作墓地。埋葬于此的可能是与墓葬坑中的男性和女性有关的人。从在这里发现的丰富的陪葬品判断，死者们属于不平凡的精英阶层。我们可以从这些迹象推断，墓中这对非常富有的夫妇处于一个特别的社会的顶端，而这个社会的精英阶层与地中海其他人民进行过高端商品的贸易。

莱夫坎迪似乎是幸存于早期铁器时代的古希腊文明的一个重要中心。在公元前 8 世纪，莱夫坎迪附近的两个城市哈尔基斯和埃雷特里亚，将在古希腊世界的复兴中扮演非常重要的角色。

古希腊世界历史（均为公元前）	
青铜时代和早期铁器时代（约 3500—776 年）	
约 3500 年	米诺斯社会的早期发展
约 2000 年	克里特岛的第一个米诺斯宫殿
约 1700 年	米诺斯社会发展的顶峰
约 1600 年	迈锡尼社会的兴起

（续表）

古希腊世界历史（均为公元前）	
青铜时代和早期铁器时代（约 3500—776 年）	
约 1450 年	自然灾害摧毁了米诺斯宫殿；迈锡尼人来到克里特岛；最早的线性文字 B 的考古证据
约 1400 年	迈锡尼宫殿社会的兴起
约 1300 年	迈锡尼社会发展的顶峰
约 1200 年	特洛伊战争的可能时期
约 1250—1150 年	东地中海社会多遭毁灭；所有迈锡尼城镇被大火毁坏殆尽，迈锡尼文明崩溃
约 1150—800 年	早期铁器时代；希腊世界人口大幅缩减；希腊大陆和跨爱琴海的人口迁移；文字的消失
约 1000 年	莱夫坎迪出现精致的墓葬建筑
约 800 年	爱琴希腊的 4 种主要古希腊方言确立

古 风 时 代

公元前 8 世纪，爱琴希腊发生了重大的变化。今天考古学家一致认为，希腊的人口在这个世纪有了大幅增长。尽管其原因仍多有争议（有理论认为，这是由于气候条件变得更为有利），但无论原因如何，人口的增长似乎成了希腊世界中社会和文化大发展的催化剂。在接下来的 3 个世纪中，希腊人创造了使他们闻名史册的希腊文明。

在考察公元前 8—前 6 世纪的情况时，我们需要意识到我们资料的局限性。考古学可以帮助我们了解这一时期，但是几乎没有任何来自此时的文献可以辅助考古资料，也完全没有任何可以被归类于"历史写作"的文字记录。事实上，关于古风时代的历史记录全部来自后来几个世纪的作家，他们当然都有各自的偏见和目的。因此，关于古风时代，仍然存在着许多人们对其缺乏了解或存在争议的历史问题，而且关于这个时代的学术研究也一直在不断更新。

可以确定的是，后来希腊文化的许多重要方面都在此时出现了。比如，4 大泛希腊的（面向所有希腊人）宗教性运动会是在这个时期开始举办的，培养男性的运动和战争能力的体育文化也随即发展起来。希腊社会在这个时期发生的最根本的改变，大致体现在以下 3 方面。

- 殖民活动。公元前 8 世纪—前 6 世纪，人们在地中海和黑海沿岸各地建立起了新的定居地。希腊世界的范围由此扩展到了爱琴海海岸以外。
- 城邦。随着社会集体的扩大，人们发展出更为完整的政治和社会结构。假以时日，这些集体成为小型城市国家，或称"城邦"（Polis）。
- 书写。希腊人再次掌握了书写并随之创作了一系列的文学作品。

公元前 6 世纪下半叶，希腊世界受到了在东方蓬勃发展的波斯帝国的威胁。希腊人成功抵御波斯人入侵的故事定义了希腊历史后来的走向。

🏆 殖民活动

▌ 贸易：阿尔米纳和皮萨库赛

正如我们所见，在迈锡尼时代，希腊人在地中海的许多地区自由旅行、自由贸易。这些活动在早期铁器时代也未曾完全停止。在公元前 8 世纪上半叶，此类交往活动再次激增。两个地点给我们提供了尤其丰富的考古信息：东部的阿尔米纳，位于奥龙特斯河的入海口，在今天土耳其的最南端；西部的皮萨库赛（现名伊斯基亚岛），位于那不勒斯湾。

我们目前尚不清楚，希腊人是曾居住于阿尔米纳，还是只是将其商品卖给了从东方来到希腊的商人。但可以肯定的是，希腊人此时与近东人民的接触大为增多。在阿尔米纳发现了大量公元前 770—前 750 年的希腊陶器，其中一些来自埃维亚岛中部（哈尔基斯和埃雷特里亚城所在的岛屿）。希腊商人与腓尼基人的往来似乎尤其频繁。来自黎凡特的腓尼基人以擅长贸易和航海而著称。（事实上我们不知道他们怎样称呼自己。"腓尼基人"这个称呼源自希腊语的"紫色"，因为腓尼基人善于从贝类中提取珍贵的紫红色染料。）

而在西部的皮萨库赛，有考古证据表明，希腊人曾在约公元前 770 年时在此居住过。文献资料记载，来自哈尔基斯和埃雷特里亚的埃维亚人首先迁移至此，也有来自希腊其他地方的希腊人来此居住。腓尼基人也居住在该岛上（腓尼基人的定居点一直向西延伸到西班牙南部）。考古学家还在这里发现了来自希腊东部甚至近东的商品。皮萨库赛的希腊人似乎专注于在地中海西部开展贸易。在同一时期，他们还在岛对面的大陆上建立了一个新的定居点，后被称为"库迈"（Cumae）。在皮萨库赛和库迈这两个地方，希腊人都可以与伊特鲁里亚人进行贸易——伊特鲁里亚人的文明是当时意大利中部的主流文明。

▌殖民地

在公元前 8 世纪末，更多的希腊人开始在意大利南部和西西里岛的沿岸地区定居。向国外的迁移持续了约 150 年并很快扩展到了地中海和黑海的其他地区。今天，这种迁移活动被称为"殖民运动"①，而由此

①　"殖民运动"这一说法容易造成误解。这些新的希腊定居地从建立之初就具有政治独立性，所以此时的定居活动在根本上与始于公元 17 世纪的欧洲殖民运动不同。——作者注

建立的城市通常被称为"殖民地"。

为什么这么多的希腊人选择以这种方式碰运气？其中一定有很多原因。贸易机会必定吸引了许多人，而优质的农作土地则吸引了其他一大部分人。一些迁至小亚细亚沿岸地区的希腊人，显然受到了王国向东扩张政策的鼓励。例如，据记载，居住在爱奥尼亚地区的腓尼基的希腊人，在波斯人征服了他们所在的城市后，于约公元前540年在意大利南部建立了埃利亚。其他的推动因素可能还包括部分人的政治或社会需要无法在本国被满足。人口的增长或许是导致这方面问题出现的一个原因。比如，当父母生育了多个儿子，年幼的儿子可能无权继承财产，必须自己另谋生路。

我们没有来自这段殖民活动时期的文献记录，而后世的作家对公元前8—前7世纪的殖民过程的了解很可能是过于片面的，他们依照自己时代殖民活动的模式来书写早期殖民运动。这些作家通常会这样写：一个爱琴希腊的城市决定派遣殖民者去一个新的地方；殖民地的某位首领被任命为创立者；人们咨询德尔斐的神谕并得到它对此行冒险的准许。殖民地一经建立，便会与建立它的城市（被称为"大都市"或"母城"）保持宗教和文化上的联系。

尽管考古证据表明希腊人是从公元前8世纪晚期开始向外移居的，但此时建立新定居地的过程很有可能是缓慢渐进的。通常需要经历一代人或几代人的时间，才可能建立一个完整的定居地。另外，一个新的定居点很有可能吸引来自不同希腊城市的人们（他们最初可能作为商人前来），因此，依附某个特定大都市的殖民地可能从建立之初就拥有着非常多的定居者。科林斯是西部殖民活动中一个特别重要的城市，因为它是旅途中必经的中转站。

新到来的希腊人与原住居民之间一定会发生一些暴力冲突。文献材料和考古证据都显示，一些地方的原住居民遭到了驱逐。比如，意大利南部的锡巴里斯和塔兰托，都留存着被抛弃于公元前8世纪后期的原住民生活遗址。在某些情况下，例如，在西西里岛的锡拉库萨，希腊殖民者会奴役当地人，但是这种状况并不持久，或许得益于长期通婚，通常希腊人与原住居民之间的关系会在一段时间后得到缓和。随着时间的流逝，许多混血的后代开始将自己认同为希腊人并逐渐遗忘当地传统。

▍大希腊

意大利南部和西西里岛地区得天独厚，拥有肥沃的土地和良好的贸易位置，成为希腊移民的福地。许多希腊城市的确在该地区发展壮大起来。后来罗马人称这一系列希腊殖民城邦为"大希腊"（图1.8）。"大希腊"地区的殖民过程在公元前8世纪的后半叶开始蓬勃发展。如果传统说法可信的话，大约每隔一年，一个新的定居点就会在该地区被建立。最早的一批定居点被设立于西西里岛的东海岸，其中包括纳克索斯、伦蒂尼、卡塔尼亚、锡拉库萨和梅格拉希布拉。锡拉库萨后来发展为该地区最强大的城市。就领土面积来衡量，它是整个希腊世界中的第二大城邦，仅次于斯巴达。

此后不久，人们又在意大利南部的锡巴里斯、克罗托内和梅塔蓬托建立了新的定居点。而在大约公元前700年，斯巴达在意大利南部最好的港口所在地塔兰托建立了其唯一的殖民地。在公元前7世纪初期，同一地区涌现了更多的定居点，其中包括显然是由希腊大陆的洛克里斯人所建立的斯里斯和埃皮斯菲里亚·洛克里斯（意即西边的洛克里斯）。

这些定居点的建立者似乎来自爱琴希腊各地。哈尔基斯人、埃雷特里亚人、科林斯人、洛克里斯人、斯巴达人、迈伽拉人和阿开亚人都声称他们与至少一个这里的殖民地有着特殊联系。而且，不久后，殖民地的居民也开始另建新城市。例如，在公元前7世纪后期，锡巴

图 1.8 大希腊的一些主要城市

里斯派人建立了波塞冬尼亚（其罗马名称"帕埃斯图姆"更为出名，图 1.9），而克罗托内的公民则建立了新城市考洛尼亚。

▍其他地区

关于其他地区殖民过程的文献记录很少。希腊大陆附近，哈尔基斯人在爱琴海北部的半岛建立了大量的定居点，所以那里得名哈尔基季基。约公元前 600 年，当科林斯为了促进与马其顿的贸易而在那里建立波提狄亚时，哈尔基季基对该地区的全权控制才被打破。哈尔基

图 1.9　意大利波塞冬尼亚（后被称为帕埃斯图姆）的神庙，可能曾经供奉女神赫拉，由希腊定居者建造于公元前 5 世纪中期

季基地区和附近的萨索斯岛拥有着丰富的木材和矿产资源。

连接爱琴海和黑海的 3 条水路附近的海岸——西边的达达尼尔海峡，中间的普罗庞提斯海峡和东边的博斯普鲁斯海峡——吸引了许多定居者（图 1.10）。该地区是通往黑海贸易路线的重要门户，能够提供大量的粮食、金属资源和奴隶。根据记载，科林斯附近的迈伽拉是博斯普鲁斯海峡一带的主要殖民力量。它在大约公元前 680 年建立了迦克墩，然后又在几年后建立了拜占庭。（这两个定居点逐渐发展形成了现在的伊斯坦布尔。托普卡匹皇宫下方的考古遗迹中出土了一些公元前 7 世纪的希腊陶器样本。）爱奥尼亚地区的主要城邦米利都是黑海沿岸地区最活跃的殖民者。那里的定居点一直铺展到现代乌克兰

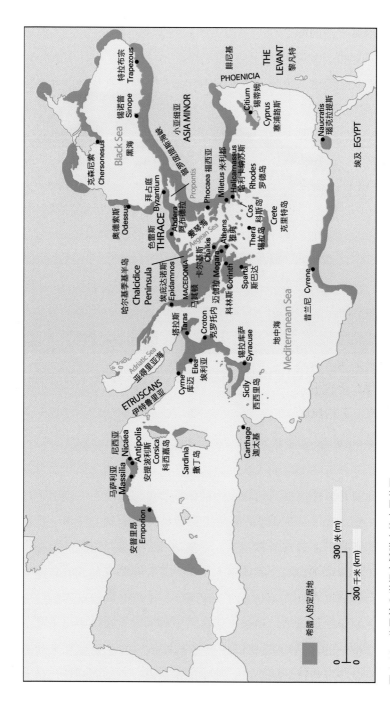

图 1.10　公元前 6 世纪末希腊人的定居范围

和克里米亚半岛的海岸。今天，克里米亚半岛的主要港口城市塞瓦斯托波尔最初就是希腊殖民地切尔索纳斯。

至于其他地区，公元前 7 世纪中叶，希腊商人在埃及的北部建立了一个重要的贸易点瑙克拉提斯。而在大约公元前 630 年，锡拉岛在北非建立了昔兰尼（现今利比亚的东部沿海地区仍被称作昔兰尼加）。在地中海西部，福西亚在现今法国境内的罗纳河三角洲附近建立了殖民地：马萨利亚（现今马赛）、尼西亚（现今尼斯）和安提波利斯（现今昂蒂布）。事实上，北至巴黎也都发现了来自希腊的商品。腓尼基人还在西班牙西北部建立了一个名为安普里昂（现今安普里亚斯）的城市。安普里昂在希腊语中的意思其实就是"贸易点"。

在公元前 6 世纪上半叶，殖民活动已经不再活跃。这大概是因为大多数最好的地点已经被占领。值得注意的是，腓尼基人在西西里西海岸以及北非和西班牙的部分地区开拓了殖民地（他们在这些地区建立的两个最著名的城市就是迦太基和加的斯），而他们之后将成为希腊人在西部的主要竞争对手。至此，地中海和黑海周围散布着超过 1 000 个希腊人定居点。苏格拉底形象地比喻公元前 4 世纪的希腊人"像生活在池塘边的青蛙"。

🏆 城邦

在古风时代，希腊社会大幅发展，到了公元前 6 世纪末，大量的小型独立城市逐渐成形。这样的小型城市被称为城邦。（城邦文化并不是当时的希腊世界所独有的，因为伊特鲁里亚人和腓尼基人也建立了类似的系统。）正如其名称所示，"城邦"不仅指一个定居点所占据的地理空间（"城邦"的地理范围包括城市本身及其公民在周围耕种的土地），还指其社会结构和政治机构。按照我们现在的标准，这些城邦大多数都规模极小。平均每个城邦只有 1 000—2 000 名成年男性公民，因为它们没有足够的耕地来承载更多的人口。

雅典和斯巴达

就规模而言，雅典和斯巴达是爱琴希腊众多城邦中的例外。雅典控制着阿提卡地区（面积约 1 000 平方英里①），其成年男性公民人口在公元前 5 世纪可能已有 6 万之多。斯巴达控制着伯罗奔尼撒半岛南部五分之二的面积，约 3 200 平方英里。它的公民人口相对较少（在公元前 5 世纪初其公民数量约为 1 万人），但它奴役着绝大多数的当地人口。由于规模比其他城市大得多，因此雅典和斯巴达能够在古风时代成为爱琴希腊最举足轻重的两个城市，也就不足为奇了。

希腊多山的地形使不同地域间难以交流，不利于大型统一国家的形成，但反而助益了这些小型独立城邦的发展。希腊的城邦相当多，仅在爱琴希腊就约有 700 个。尽管如此，在众多城邦之上，希腊世界是由一些地区所组成的，而各个地区内的人们常常拥有一种共同的民族或地理认同。

从公元前 6 世纪末开始，同地区内的一些城邦开始结成广泛的政治联盟。例如，在维奥蒂亚地区（这个地区的面积与现今英格兰的肯特郡或美国的罗德岛大致相同）共有 12 个独立的城邦，其中大部分联合起来组成维奥蒂亚联盟。该联盟共同制定出一致的对外政策，同时所有其他政治决定都是在城邦一级做出的。在爱奥尼亚地区，显然也存在着类似的联邦组织。那里的 12 个城邦有着一个共同的波塞冬

---

① 1 平方英里约为 2.6 平方千米。——编者注

神庙。所有的城邦在此举办联合会议，用以决定它们的外交政策。然而，尽管有这样的政治联盟存在，但很多城邦依然处于长期的竞争关系中，而且经常会彼此交战。甚至在同一地区的城邦之间，这种情况也无可避免。

至于这种城邦文化是如何发展而来的，其实并没有一个统一的过程，各个城邦在不同的时期以不同的方式成长起来（图 1.11）。比如，虽然直到公元前 6 世纪，城墙才开始在不同的城邦中普及，但是个别

图 1.11　希腊大陆的地区划分

的城邦早在公元前 8 世纪就建造了自己的城墙（亚洲的一个希腊城邦士麦那甚至更早）。其次，我们应当意识到，城邦的政治结构往往先于其地理结构发展，故前者通常会影响后者的形成（雅典就是一个很好的例子）。因此，当我们在考察一个城邦的发展过程时，应该同时关注它的政治和地理特征。

▌城市化

城邦发展的第一阶段似乎与公元前 8 世纪的人口增长相辅相成。这个时期，城镇的规模随着人口的增长而扩大，各城镇开始与附近的其他社区进行更加密切的互动。结果，更大的定居点应运而生，早期的、发展程度有限的城市化形式便由此出现了。

如果权力结构没有更新，那么这种较大的城镇就不可能出现。在许多情况下，早期较小城镇的领导人会设法找到折中方案，与其他领导人共享权力——斯巴达的双王制可能就是这个过程的遗留结果。因此，新组成的更大规模的城镇通常由许多家族来共同统治。他们拥有最优质的土地，因此共同组成了非常富有的贵族阶层。其他的自由人口主要包括耕种自有土地的农民和没有自有土地的农业劳动力。

不难看出，紧张的社会局势很可能是在这种情况下产生的，因为在土地所有权分配不平等的情况下，贵族可以随意剥削比自己贫穷的人。我们也许可以从赫西俄德的作品中了解这种情况。赫西俄德是一位来自维奥蒂亚的诗人，他在公元前 700 年左右的作品中写道，贫穷的农民在城邦的贵族手下受苦，他们希望正义女神能够降临，干预不公的局面：

> 永生者之一是宙斯的女儿——
> 正义女神，受奥林匹斯诸神的敬畏。

> 每当她为欺瞒狡诈所伤害，
>
> 她便坐到其父宙斯的身旁，
>
> 诉说人们的不公之心。
>
> 直至城邦为其贵族遭受惩罚。
>
> 这些贵族们，心存诡诈、歪曲正义、做出愚蠢错误的判决。
>
> 吞食贿赂的贵族们，你们要注意：抛弃错误的思想，做出公正的裁决吧！
>
> 宙斯的眼睛看见一切，知晓一切，
>
> 当他愿意，他不会看不出
>
> 城市内究竟是否有正义。

（赫西俄德《工作与时日》257—69）

这首诗里，赫西俄德相信宙斯终将惩罚那些待人不公之人。这首诗或许代表了那些在当权者统治下受苦的平民的看法。可能因为他们无法从统治者处得到公平对待，从而希望神明能给他们带来正义的裁决。

然而，我们应当谨慎阅读赫西俄德的抱怨。因为我们能从诗中的其他部分，找到社会流动和某些个人实现抱负的迹象。这与当时从事贸易，尤其是海外贸易的希腊人能够过上美好生活的事实非常吻合。实际上，最富有的人群可能要在压力之下，在新的、更大的集体中分享一部分权力。

方阵战事

当时希腊社会发生的另一项重要变化是一种新型战争的出现。以密集方阵作战的"重装步兵"（hoplite）战斗很快成为通行希腊世界的标准战斗方式。"hoplite"一词与希腊语 hopla（意为"武器"）相关。我们对这种重装步兵在公元前 6 世纪后期的武装形式有着很好的了解：重装步兵佩戴由青铜制成的箍紧的头盔、胸甲和护胫；携带的主要武器是铁制尖端的长矛（另外可携带铁剑）；他们还会用一面大型双柄盾牌保护自己。盾牌直径达 1 米，由木头和青铜制成，被固定于前臂。

重装步兵在数行士兵排列成的长方形方阵中作战。在战斗中，交战方阵以特定的步伐互相接近，当他们碰面时，每一名士兵都将用长矛刺向对手，试图击中其身体不受保护的区域。如果前排的士兵被击倒，他身后的人会上前替代他的位置。每名士兵都用左手握住盾牌，因而需要依赖身旁战友的盾牌来保护自己暴露出的右侧身体。因此，方阵作战就是团队合作，士兵们需要保持严密的纪律。如果方阵前排被破坏且没有替补，方阵的队形就可能出现空洞，这时士兵们将不得不转身逃离，战斗就会失败。（我们能从斯巴达战争诗人提尔泰奥斯的作品中了解到方阵战事的残酷性。）

胜利纪念碑 / 战利品（Trophy）

英语单词"trophy"（意为战利品、奖品）来自希腊方阵战事。希腊人过去常常在战场上建一座纪念碑来纪念战斗的胜利。在希腊历史的早期，它通常被设立在敌人转身逃离的地点。希腊语中的"转弯"一词是"trope"，由此衍生出的"trophy"一词即象征胜利。

这种战斗的方式是怎样以及何时出现的？在约公元前 650 年时，方阵战事的早期形式已经发展起来了。在此之前的一个世纪，战争似乎主要由大量无组织的小规模冲突组成（我们对铁器时代初期的战争知之甚少）。在接下来的几百年间，以编队进行的战斗变得越来越有秩序。几乎可以肯定，大型双柄盾的发明是这一改变的催化剂。该盾牌要求士兵互相保护并进行更紧密的协作。约公元前 675 年起，瓶画中（图 1.12）

图 1.12 这个被称为奇吉花瓶（Chigi Vase）的陶瓶，来自公元前 7 世纪中期，是对希腊方
　　　　阵战事最早的描绘之一

开始出现手持该盾牌的重装步兵。我们还在许多陶瓶上发现了吹笛者的
身影。这表明保持步调一致是方阵作战的关键。

重装步兵变革?

　　方阵战事的出现是否能够说明希腊城邦在此时发生了政治变革？关
于这个问题，学界的观点仍然存有分歧。有两派观点。一派认为，公元
前 7 世纪上半叶重装步兵的武器和战术的发明，导致了重大的政治后果。
因为一个新的武装中产阶级由此出现，而贵族们必须依靠他们而生存。
作为结果，这个中产阶级在城邦政治中有了更大的影响力。在一些城邦
中，他们帮助僭主获得权力。这种理论通常被称为"重装步兵变革"。
　　另外一派观点非常不同。该派观点认为，大规模编队战斗一直常见
于战争中，而以紧密排列的方阵进行战斗的方式，则是逐渐形成的。方

阵战事的形成并没有带来政治后果。持这种观点的学者经常将此时期与马其顿的腓力二世时期进行比较：腓力二世在公元前 4 世纪对作战方阵进行的重大改动，没有对马其顿王国的政治产生任何影响。

今天对这个问题的辩论仍然很激烈。这让我们意识到，希腊的历史仍然有着很多争议或不明确的地方。这不是一件坏事，反而会使希腊历史成为一个迷人而有趣的研究领域。

▎政治意识

公元前 7 世纪下半叶的一些迹象表明，政治结构正在生成。这些迹象首先出现在铭文中。一些铭文描述了具有时限（通常为一年）和特定职责范围的行政职位，而这些职位只对互相监督和管理的贵族精英开放。这表明，精英们正在架构一种政治系统，从中他们既可以共享权力，又可以管理城邦中的法律和公民事宜。但是，这一过程通常并不容易。据材料显示，内乱在这个时代的许多城市都很普遍。

造成内乱的另一个原因，是城邦中的精英与其他自由男性之间不易协调的关系，后者可能扮演着很有趣的政治角色（我们应该注意，20 世纪以前，几乎在全世界，妇女都没有正式的政治声音）。有证据表明，非精英自由男性在城邦中通常是通过公民大会或议会进行有限的政治参与；而这些政治机构的审查、批准或上诉权力也是很有限的。雅典可能是从公元前 6 世纪初开始设立议会，而这样的机构于公元前 7 世纪才开始在斯巴达出现。爱奥尼亚希俄斯岛的铭文提到了对"人民议会"的上诉权（此为另一个可追溯到公元前 6 世纪上半叶的议会机构的例子）。此外，有考古证据表明，从公元前 6 世纪开始，人们开始使用具有行政功能的公共建筑。这种建筑可以被作为举办城市议会或公民大会的场所。

政　治

随着众城邦（poleis）发展出了各自的政治系统，人们开始用 politika 一词来形容"城邦事务"，从这里衍生出了"政治"（politics）、"政策"（policy）和"警察"（police）等词汇。正是在此背景下，哲学家亚里士多德评论道，"人是一种政治动物"，意指希腊人的身份认同源于其作为公民在城邦中生活。换一个角度来看，是组成城邦的人们定义了城邦。抒情诗人阿尔卡乌斯的诗歌表达了这种情感。该诗现以残篇的形式保留在后世一位演说家的改写中：

城市（城邦）不是石头、木材或建筑工人的作品。哪里有知道如何捍卫自己之人，哪里就有城墙和城市。

（埃利乌斯·阿里斯泰德《演说》46.207）

僭主

在许多城市中，妥协或恢复原状并不能缓解内乱，反倒是一种特殊的政治变革解决了内乱的问题。在此变革中，某些人带头起义并成为控制城市的唯一统治者。这类统治者被称为"僭主"（turannos）。如今，英语中"tyrant"一词指施行残酷统治的暴君，但这并不是它的本义。这个词最早出现在公元前 7 世纪的希腊语记录中，似乎是来自近东语言，被用来形容单一君主的统治。在后来的希腊传统中，这个词特指非法掌权的单一统治者。

在公元前 7 世纪和公元前 6 世纪，许多城市都出现了僭主。我们很难确切地了解他们，因为现存资料中对他们的描述通常充满偏见。与僭主同时代的作者往往是僭主的政治对手，因而在作品中蓄意批判僭主的统治。而后世的作家，例如亚里士多德，则倾向于从政治理论家的角度出发，将僭主政治作为不良政府的例子。正是在这个时期，人们开始将僭主政治与残酷挂钩。尽管如此，我们仍然可以去大致了解这些成为僭主的人物。

僭主通常是统治阶级中有所不满的成员，他利用个人能力和魄力来发动政变。在夺权之前，他经常会表现出出色的军事能力或体育运动能力。由于他所领导的革命针对的是自己同阶级的社会成员，因此他们非常需要获得人民的广泛支持。僭主的统治权力往往由近亲（兄弟或儿子）继承，但很少能够持续超过两代人。该系统本质上不稳定，因为它的存在依赖于个人魅力和个人权威。这意味着新的统治者为了保住其权力，必须证明自己。为了加强权力基础并巩固自己的地位，许多僭主似乎通过婚姻或联盟的手段，与其他城市的僭主，甚至与非希腊世界的统治者们建立联系。

僭主似乎给他们所在的城市带来了不少好处，因为他们经常通过建造大型公共工程或资助艺术来寻求民众的支持。一个著名的例子是爱奥尼亚地区萨摩斯岛的僭主波利克拉特斯。人们通常认为，他在公元前6世纪下半叶将萨摩斯这个岛国发展成了希腊的第一个海军强国。他还挖掘了一条穿山而过的河道。该河道截面面积有3平方米，长400余米，从山的两侧同时开始挖掘，而在山的中间几乎完美地连接在一起。在雅典，庇西特拉图和他的儿子们被认为有改革社会之功。他们的功绩包括建造雅典卫城上的雅典娜神庙以及确立了两个重要的宗教节庆——城市狄俄尼索斯节和泛雅典娜节。

到了公元前6世纪末，爱琴希腊的僭主制已经处于衰落期（但是在西西里的希腊城邦中，僭主制仍然流行并且延续了数百年）。绝大多数城市回到了之前的状况，再次受到精英集团的统治。到了公元前5世纪后期，希腊人开始把这种制度称为"寡头制"，而不是贵族制。"寡头制"的意思是"少数人的统治"，指少数公民拥有着充分的政治权利的制度。掌握统治权力的少数人通常是那些已经达到一定富裕程度的公民。

科 林 斯

据可信记载，最早的僭主制出现在科林斯。一片狭窄的地峡连着伯罗奔尼撒半岛和希腊大陆，而科林斯就地处半岛与地峡相接处。这样的地理位置使科林斯成为南北陆路贸易路线和东西海上贸易路线的交会点。这座城市在大约公元前 750 年之前似乎一直处于停滞状态，但在此之后，它的运势急转直升。考古证据表明，在这个时期科林斯与远至近东的若干地区进行商品贸易。很多来自其他城市的商人发现，要想从伯罗奔尼撒半岛的西岸去到东岸（或相反），比起绕半岛航行一周，更容易的做法是将船停靠在地峡一侧，然后从陆地上把船拖曳到地峡的另一侧。这个过程中可以先卸载货物再重新装载。

在公元前 7 世纪中叶之前，这座城市一直由巴基亚德贵族家族统治。然而，在大约公元前 650 年，一名不太受重视的家族成员库普塞鲁斯发起了一场革命并确立了自己僭主的地位。在库普塞鲁斯于公元前 627 年去世后，他的儿子佩里安德继位，一直统治到公元前 585 年他去世为止。在施行僭主制期间，这座城市以其不寻常的富有而闻名。从贸易中获得的利润被花在了公共建筑和其他工程上。据说佩里安德在今天科林斯运河的位置（图 1.13），修建了一条"高速通道"，人们可以通过它将船拖曳过地峡。佩里安德还是伟大的艺术赞助人。他执政期间，抒情诗人阿里翁就在科林斯进行创作。此外，科林斯的艺术家们制作的精美彩绘陶器被出口至整个地中海区域。

僭主制度不会持续超过两代人的现象同样在这座城市中出现了：佩里安德的继位者是他的侄子普萨美提克，后者统治了仅 3 年就被废黜了。从那时起，科林斯的统治者变成了若干富有的寡头。

但是，在公元前 508 或公元前 507 年，雅典出现了另一种政治制度——民主制。民主制赋予了所有自由希腊男性充分的政治权利。我们将在第六章特别介绍民主制在雅典的建立和发展。但应该注意，其他希腊城市也在公元前 5 世纪和公元前 4 世纪尝试了该制度。写作于公元前 4 世纪的哲学家亚里士多德对比了寡头制和民主制这两种制度。他观察到，寡头制代表着富人的统治，而民主制则代表着穷人的统治。

图 1.13　现代科林斯运河开凿于 1893 年，横穿科林斯地峡。佩里安德描述中古人拖拽船只的路线大致应与现今运河的走势一致

书写

尽管书写缺席于早期铁器时代的希腊，但正如我们所见，希腊的语言仍然在不断发展。在公元前 8 世纪上半叶的某个时期，希腊人以一种与之前完全不同的文字，开始重新书写（该文字最早的已知铭文可追

溯到公元前 770—前 750 年；有些铭文是最近才被发现的）。这些铭文中的希腊字母似乎在形态上十分类似那个时代的腓尼基字母。这对于证实希腊字母是由腓尼基字母改写而来的理论具有重要意义。该理论由历史学家希罗多德最早提出，并且为今天的学者所广泛接受。

可能是腓尼基人和希腊人（很可能是来自埃维亚岛的商人）之间的接触，使字母得到了传播。目前尚不清楚这种传播是在地中海的哪个具体地点发生的，但它很可能发生在希腊人和腓尼基人混居的任何地方，例如，爱琴希腊或皮萨库赛岛。

A 代表"牛"

腓尼基文字本身可能源自埃及象形文字并从大约公元前 1800 年开始发展。到了大约公元前 1000 年，22 个符号被使用，其中许多是以日常生活中的事物命名的。腓尼基文字的第一个字母是 *aleph*，意思是"牛"，符号是一个牛头。希腊人称其为 alpha，用该字母来表示其元音 a，并将其颠倒过来用作字母 A 的符号。

希腊字母表中的第二个字母 beta 来自腓尼基语的 *bet*，意为"房子"[阿拉伯语和希伯来语依然延续了这个字意，比如，伯利恒（Bethlehem）这座城镇的名字意为"面包房"]。有些人认为该符号的起源是代表芦苇小屋的埃及象形文字，后来被改写为字母 B（β）。A（alpha）和 B（beta）这两个字母一起组成了字母表（alphabet）一词。总体而言，希腊字母的前 19 个字母源自腓尼基字母并以其命名。希腊人添加了最后 5 个字母，以更准确地表示他们的词语。

无论字母的传播究竟始于哪里，后来大希腊的希腊人与意大利中部的伊特鲁里亚人共享了新的字母系统，后者又以此为基础改动了自己的语言。如今几乎所有西欧语言都使用的拉丁字母，是之后从伊特鲁里亚字母衍生出来的。此外，今天东欧、北亚和中亚仍然使用的西里尔文字是直接从希腊文字发展而来的。

▌ 荷马与史诗

新的书写系统得到应用后不久，希腊文学中最伟大的作品《伊利亚特》和《奥德赛》的最终版本才成形并被书写下来。关于这两部史诗确切的成书时间，仍然有着很多学术争论。但学界普遍认为它们的成书是在公元前 700 年左右，不早于公元前 750 年。按照传统，这些史诗的作者被认为是颇为神秘的诗人荷马。史诗讲述了特洛伊战争的背景下人与神的故事。

《伊利亚特》聚焦于战争最后一年中一段短暂而悲惨的时期，着重讲述了最伟大的希腊战士阿喀琉斯的愤怒。而《奥德赛》则记叙了另一位希腊战士奥德修斯战后返回家乡伊萨卡岛的旅程。在《奥德赛》的故事中，主人公在旅途中历经险阻和考验，然后回到家中，向自大的伊萨卡贵族实施了报复。这些贵族趁奥德修斯不在，霸占了他的宫殿并屡屡纠缠他忠贞高贵的妻子佩内洛普。这两部史诗的基调大相径庭——《伊利亚特》是一部深刻的关于战争悲剧的人性故事，而《奥德赛》则是一部关于浪漫、冒险、好客习俗以及正义战胜邪恶的故事。

如我们之前所见，口述诗人很可能早在迈锡尼时代就开始讲述特洛伊的传说。口述故事是印欧社会的共同传统，在早期铁器时代的希腊就很常见。当时，专业的歌者会以迈锡尼时代的传奇为灵感，唱诵伟大英雄的故事（古希腊的"诗"和"歌"之间几乎没有区别）。这类歌者被称为"吟游诗人"，是当时最受欢迎的艺人。他们中的每一位都乐于以自己独特的方式来扩展诗歌中的故事。这些诗歌具有特定的格律，即六步格，每行有六个"脚步"或单元。希腊人用一个词语来形容一行六步格的诗句或六步格的诗歌——epos，其本意是"单词"或"话语"。因此，我们称这些诗歌为史诗（epic poetry），而英语中 epic（史诗性的、壮丽的）一词的含义也是由此衍生而来。史诗被认为是最恢宏华美的文学体裁，因此我们也用"史诗般"来形容大场面的电影等作品。

　　荷马史诗是最早被写下来并保存下来的史诗之一。关于荷马史诗，学者们大致有 3 类看法：第一类观点认为，诗人荷马生活于书写得到恢复的时期并且有着足够的书写能力来写作自己的诗歌；第二类观点认为，荷马并不识字，而他的诗歌是被识字的书写匠记录下来的；第三类观点认为，一群吟游诗人将荷马史诗牢记在心并将它保存在口述记忆中，这使得两个世纪后的人们可以用文字将其记录下来。在下面的段落中，一位现代学者概述了一种可以涵盖前两类观点的看法：

　　……某一位生活在口述史诗传统末期的出色艺术家，依赖于前辈的成就，却对前人的艺术做出改动，这并不奇怪。其他例子表明，在口述传统向书面文本过渡的阶段，传统诗人往往会得到一股推动力，令他去尝试创作结构复杂的巨作。这样的作品仍然以口述诗歌的技巧为基础，却可以利用新的媒介来统筹全篇的内容并得到保存。《伊利亚特》和《奥德赛》是文学杰作。它们远远优于来自希腊或其他文化的所有同类作品。

（奥斯温·默里《早期希腊》第 17 页）

　　实际上，我们对荷马本人了解甚少。他的确是一个传说中的人物。关于他的最著名的说法是，他是盲人，来自爱奥尼亚（希俄斯岛经常被传为他的出生地，图 1.14）。在学者之间，关于荷马的身份存在广泛的意见分歧：有人认为荷马史诗是由许多人共同创作的，也有人认为"荷马"实际上是对一类歌者的统称。

　　我们可能永远无法确切地回答"谁是荷马"这样的问题，但是很明显荷马史诗对后来的希腊文化和文学产生了极其深远的影响。后世

图 1.14 现存许多对荷马的描绘，如这座胸像，但我们对他的长相和身份知之甚少

作者引用的诗句中约有一半来自荷马。希腊作家和艺术家将荷马史诗视为至高的创作灵感。在古典时期的雅典，神殿、柱廊和陶瓶上都饰有特洛伊战争的画面。而且，荷马史诗的影响力远远超出了古代希腊世界，它启发了世世代代无数的作家和艺术家。例如，詹姆斯·乔伊斯所著的20世纪最伟大的小说之一《尤利西斯》，就以《奥德赛》为原型。因此，无论荷马究竟是谁，他都应当被尊为西方文学之父。

赫西俄德

　　此时期的另一位史诗诗人赫西俄德的作品也依然存世。赫西俄德在公元前700年左右生活在维奥蒂亚。赫西俄德与荷马截然不同，因为他创作了"教学诗"（旨在教导的诗歌）。他的主要作品有两部诗歌：《神谱》和《工作与时日》。《神谱》解释了希腊诸神的起源，《工作与时日》则是指导农民们如何过上高尚且富足的生活。这两部作品显然都受到了近东诗歌的影响。它们比《伊利亚特》和《奥德赛》短得多，但是依然是引人入胜的文学作品。它们为我们提供了关于希腊神话和当时农民生活状况的丰富信息，是我们了解古代希腊生活的重要资料。

▌ 抒情诗与挽歌

我们对荷马和赫西俄德之后的史诗了解较少。在公元前 7 世纪，使用不同格律的其他形式的诗歌开始流行。令人遗憾的是，这些诗歌主要以残篇的形式流传至今。尽管新的残篇不断被发现，但原作散佚这一事实阻碍了我们对这些诗歌的认识。抒情诗是该时期诗歌中的一种。它之所以被称为抒情诗（lyric poetry），是因为它通常是在里拉琴（lyre）等竖琴的伴奏下演唱的。抒情诗一般分为两种类型：合唱抒情诗和独唱抒情诗。

合唱抒情诗的表演者为歌队。歌队在领队的带领下表演歌唱和舞蹈，会吸引大量的观众。最初，这类表演是在大型公共场所进行的。公元前 7 世纪后期的斯巴达诗人阿尔克曼为年轻女性创作诗歌，以供她们在宗教庆典上表演。而同时期的科林斯诗人阿里翁则为纪念狄俄尼索斯神而创作合唱诗歌。根据古代文献记载，雅典戏剧就是从这种合唱抒情诗的形式发展而来的。公元前 6 世纪下半叶，出现了一种形式不同的合唱抒情诗。它不赞美众神，却赞美杰出的个人。其中最著名的类型就是胜利颂歌，这是一类为庆祝个人在重大体育比赛中获胜而作的诗歌。创作这类诗歌的诗人中首屈一指的，是来自底比斯的品达。与早期的阿尔克曼不同，品达和其他同类诗人接受来自整个希腊世界的委托，而不单单为其家乡的表演者创作。

独唱抒情诗与爱琴海东部的城市联系尤为密切。创作此类抒情诗的著名诗人包括在公元前 7 世纪末—前 6 世纪初生活在莱斯博斯岛的阿尔卡埃乌斯和萨福，以及来自提欧斯的阿那克里翁。这种诗歌适合在小型亲密的场合表演。它们以第一人称写成，往往关乎当下的个人情感而非英雄事迹。它们涉及的主题很广泛，包括爱情、政治、战争和美酒。实际上在许多方面，这种诗歌十分接近我们的现代流行歌曲。

萨福是一位非常有趣的人物，因为她是从古代世界留存下来的极少数"女性的声音"之一。她以其表达同性之间亲密感情的爱情诗而闻名。例如，在下边的诗句中，她描述了当她看到她心爱的女孩时，心中泛起了无法抑制的波澜。她还写道，不为这名女孩动心的男人，一定不是凡人：

在我看来，他是天神的同道

若他能坐在你身旁

听你甜美的絮叨

你可爱的笑声，给我的心儿安上翅膀

只要看你一眼，即使短短一秒

我会失掉言语的力量

（萨福，残篇 31）

她接着写爱情给自己带来的其他严重症状：耳鸣、冷汗、颤抖、面色苍白和几乎死亡。

尽管萨福留存下来的诗歌多为残篇（其中一些是在 2014 年才首次被发现并出版的），但它们仍然足以展示萨福写作的一些主题：女性的日常生活、她们的美丽、她们之间的关系以及她们参与的宗教仪式。

女同性恋者（Sapphists and Lesbians）

萨福的名字已经与女性之间的同性爱情永远联系在了一起。19 世纪末，当女性同性恋者首次在现代社会得到公开承认，他们被称为萨福主义者（Sapphists）或女同性恋者（Lesbians），即分别取名自萨福的名字（Sappho）和她曾经生活过的莱斯博斯岛（Lesbos，图 1.15）。当然，我们今天仍然在使用这两个词汇。

　　这个时代的另一种重要的诗歌形式是挽歌（elegiac poetry，我们尚不清楚 elegiac 一词的来源）。挽歌的音韵更接近于史诗，因为它是由六步格和五步格的诗句交替组成的（今天我们称这两种格律组成的诗句为"挽歌对句"）。它不是由竖琴伴奏，而是配合着阿夫洛斯管这种类似双簧管的乐器而吟诵的。学者们仍然不能确定，挽歌究竟是以被歌唱的形式还是以被诵读的形式来表演的。

图 1.15　这个公元前 4 世纪的陶瓶上描绘了萨福与阿尔卡埃乌斯在一起的画面。尽管没有直接证据能证明他们认识彼此，但显然他们曾在同一时期生活在莱斯博斯岛上

像抒情诗一样，挽歌可以表达许多不同的主题。在斯巴达，提尔泰奥斯创作了具有爱国情感的挽歌来鼓励参战的士兵；在雅典，政治改革家梭伦用挽歌来表达自己的政见。希波战争中，塞奥斯的西蒙尼德斯以挽歌的形式为牺牲的英雄们写作墓志铭，其中一篇专门为在温泉关战役中战死的斯巴达战士而作。其他挽歌诗人以历史和爱情等为主题进行创作。而有时这种体裁也被用来写作哀悼之诗——这就是今天英语中挽歌（elegy）一词所特指的一类诗歌。

🏆 波斯人的到来

希腊世界长期以来受到近东更古老的文明的影响。从巴比伦人、亚述人、腓尼基人和埃及人等建立了伟大文明的民族身上，希腊人汲取了许多艺术、宗教和思想理念。然而，对希腊独立地位的最大威胁也同样来自东方。

截至公元前 6 世纪初，吕底亚王国统治着小亚细亚西部的广大区域，其首都设在该地区中心的萨迪斯。公元前 560 年，克罗伊索斯成为吕底亚的新国王并迅速征服了亚洲大陆上的若干个希腊城市。这是有史以来的第一次，希腊人处于非希腊人的统治之下（图 1.16）。但是此局面并非全无益处，在克罗伊索斯的统治下，这些希腊城市的发展蒸蒸日上，越发繁荣。克罗伊索斯还向位于希腊大陆德尔斐的阿波罗神庙捐赠了许多价值不菲的礼物。他的确有出手阔绰的资本：吕底亚以其富庶而著称，它拥有的丰富黄金资源令人艳羡。此外，据说是吕底亚王国将货币介绍到了地中海世界［克罗伊索斯的财富（the riches of Croesus）至今仍被用来形容一笔巨大的财富］。

但是，克罗伊索斯的好运未持续多久。吕底亚以东是米底帝国，其中包括波斯，即现在伊朗南部的区域。在公元前 550 年左右，波斯

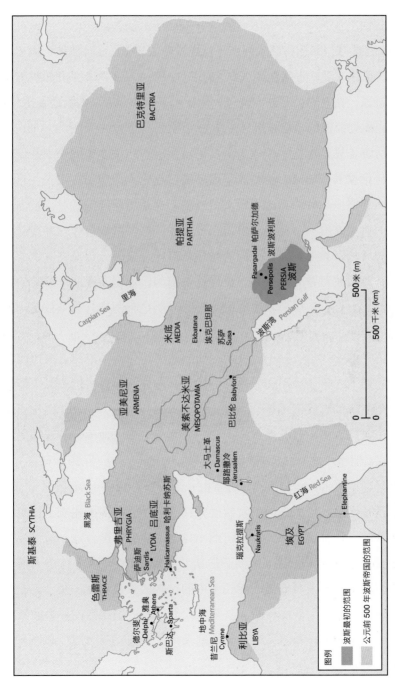

图 1.16 公元前 500 年左右的波斯帝国范围

人在其国王居鲁士的带领下，挑战并推翻了米底人的统治，因此，到公元前 549 年，米底帝国实际上已经被波斯人接管，成为波斯帝国（后来的希腊作家经常混淆波斯人与米底人）。不久后，居鲁士开始扩张自己的帝国，在大约公元前 546 年，他征服了克罗伊索斯的吕底亚王国。从此，地处亚洲的希腊城市成为波斯帝国的一部分。

居鲁士算得上是一位非常务实的统治者。当他在公元前 539 年占领巴比伦及其帝国时，他释放了之前被巴比伦人俘虏的犹太人，将他们送回耶路撒冷并为重建圣殿支付经费。这是波斯统治者对待被征服人民的典型态度——他们寻求与当地贵族或祭司阶级合作，并接受不同的神灵和宗教习俗。在亚洲的希腊城市中，波斯人也像克罗伊索斯一样，对阿波罗神表示敬意。也许这是因为，他们发现这位希腊的神祇与他们自己宗教中非常重要的真理与光明之神阿胡拉·马兹达，多有相似之处。

公元前 530 年居鲁士去世后，他的儿子冈比西斯继位。冈比西斯在公元前 525 年征服了塞浦路斯和埃及，却在 3 年后去世了，未能留下任何王位的直接继承者。经过王室内部的一番权力斗争，冈比西斯的远房堂兄大流士成为新的波斯国王。大流士极大地改善了帝国的组织形式。他将从地中海延伸到印度边缘的大帝国，划分为 20 个行省［或称总督辖地（satrapy）］，每个行省由一个长官［总督（satrap）］统治。他还给帝国引入了适宜的税收制度并在整个帝国范围内建造了优质的道路系统，从皇室所在的苏萨（图 1.17）延伸到帝国各地。最重要的道路就是王室大道，从苏萨到萨迪斯共绵延 2 400 千米。这条大道的修建表明了大流士对他最西部领土中的行省的重视程度。在大流士的统治下，在亚洲生活的希腊人被要求向波斯政府定期缴税并为波斯军队效力。据记载，希腊人曾远赴斯基泰（位于俄罗斯南部）和埃及等地为波斯人作战。

图 1.17 苏萨的宫殿浮雕局部，表现了皇家弓箭手的形象

┃ 希波战争

尽管波斯的统治通常不会过于苛重暴虐，但到了公元前 6 世纪末，居于亚洲大陆的希腊人的处境明显变得紧张起来。他们中的一些人向西迁移到了希腊世界的其他地方。诗人和思想家赞诺芬尼司就是他们中的一位。他的诗句反映了当时发生的一些变化：

一个人应该说这样的话，当他在冬天的火堆旁，

饱餐后躺卧在柔软的沙发上，

喝甜葡萄酒，吃鹰嘴豆作为甜点：

　　"你是谁，来自哪个家庭？""先生，你多大岁数了？"

　　以及"米底人到来时你是几岁"。

（DK^①21 B22）

　　诗人在此列出了几个宴会上主人通常会期望客人回答的问题，但其中一个问题异常尖刻。写作时，赞诺芬尼司已经从爱奥尼亚的科洛芬移居到了大希腊，因此这首诗也许反映了他对波斯人征服家乡之前的经历的回忆。对像赞诺芬尼司一样生活在亚洲的希腊人来说，波斯人的到来不可逆转地改变了他们的世界。

　　尽管波斯人一如既往地允许希腊臣民崇拜自己的神灵，但他们的到来依然激起了怨恨。一些希腊人抵触波斯人，可能是因为后者切断了希腊人与其传统贸易地点（如埃及瑙克拉提斯）的联系。另外，波斯人拥护僭主在亚洲的希腊城市中掌权，而与希腊世界其他地方一样，僭主可能不得人心，所以受到了希腊城民的抵制。到了公元前 6 世纪末，亚洲的希腊人听说新的政治制度（民主制度）开始在爱琴海彼岸的雅典大放异彩。

　　事情在公元前 499 年发展到了重要关头。拥有波斯人支持的米利都僭主阿里斯塔格拉斯与当地的波斯总督阿塔弗尼，因为他们在纳克索斯岛上采取的联合军事行动而发生了争执。僭主阿里斯塔格拉斯意识到自己可能会失去波斯统治者的支持，于是试图通过放弃僭主的身份并煽动其他爱奥尼亚城市起义，来保持自己的影响力。爱奥尼亚多个城市的城民顺利地驱逐了他们的僭主，并建立起了民主式的政治机构。然后，阿里斯塔格拉斯又向斯巴达和雅典求援。斯巴达人拒绝了他的请求，但

---

① "DK"指赫尔曼·第尔斯（Hermann Diels）与瓦尔特·克兰茨（Walther Kranz）编辑整理的《前苏格拉底残篇》（*The Fragments of The Pre-Socratic Philosophers*，崇文书局 2022 年出版）。此引用为该书目中收录的某一具体残篇。——译者注

雅典人通过投票决定帮助爱奥尼亚的城邦（雅典在历史上与爱奥尼亚的米利都来往密切）。雅典派出 20 艘战船来支持起义，埃雷特里亚也派出了 5 艘战船。起义取得了初步成功。希腊人洗劫了波斯首都萨迪斯并将其焚毁于烈火。吕底亚地母女神库柏勒的神庙等建筑被毁于一旦。然而，不久之后，这一支希腊军队在以弗所附近被轻而易举地击败了。这一战吓坏了雅典人。为了保全自身，雅典撤回了援军。

起义迅速蔓延至亚洲的各个希腊城市，也触及了塞浦路斯岛。希腊人取得了一两次重大的胜利并成功坚持了 5 年，但在公元前 494 年，他们终于在米利都附近的拉德的一次海战中被彻底击败。波斯人再次控制了整个地区。经过最初对叛乱地区的残酷镇压后，波斯人开始采取较为温和的处理办法，试图寻求持久的和平。他们在每个城市都建立了有限的民主制度并设立了解决争议的仲裁机制，同时还更新了税收系统，尽量使其更加公平。尽管这些举措缓和了当地矛盾，但爱奥尼亚人的叛乱似乎已经使大流士认识到，亚洲的这些希腊人永远也无法完全臣服于波斯的统治，除非波斯能够征服其他所有希腊人。

公元前 492 年，大流士派出一支舰队前往希腊大陆北部。这次出击以灾难性的海难告终，部队不得不回撤。然而，第二年他又派遣使节来到希腊，要求每个城邦服从波斯的统治——服从的象征就是为国王提供当地的"土地"和"水"。实际上，许多希腊城邦的确选择了屈服，他们认为抵抗波斯的强大力量是毫无胜算的。而其他一些城邦则拒绝了波斯的要求。他们鄙视屈服的城邦，甚至发明了动词"to medise"（变成米底人）来形容这种轻易屈服的行为。斯巴达和雅典以暴力拒绝了波斯的要求。在斯巴达，波斯使者被扔入水井中；在雅典，他们被丢进了深坑。

希罗多德

希波战争的主题是现存的第一部历史作品的主题。希罗多德约于公元前 480 年出生于小亚细亚的哈利卡纳苏斯，在波斯帝国的边界之内。他将自己的研究撰写成《历史》一书。他的写作时间是在公元前 450—前 425 年，也就是他所书写的事件发生的几十年之后。《历史》的开篇部分如下：

> 哈利卡那苏斯的希罗多德在此展示自己的质询，旨在使人类的成就不会在时间长河中被遗忘，使希腊人和外邦人的伟大功绩不被湮没，也旨在解释这两族人为何相互争斗。

这一段开篇的介绍是一个重要的目的声明。早期的散文作家常以书写记录当地的传统和成就，但是希罗多德是第一个试图了解事件成因的人。篇首"质询"一词的希腊语 historiē，就是"历史"（history）一词的来源。为了理解历史事件的成因，希罗多德将希腊人理解自然世界的理性主义原则运用于人类事务。他不仅记录战争本身，还试图了解这段历史时期所涉及的人和地点。他声称自己曾到访过埃及、巴比伦和斯基泰。

许多人会认为希罗多德对因果关系的理解是幼稚的，而且他的作品与其说是历史著作，更像是文学作品。但尽管如此，他依然是第一位尝试分析历史前因后果的作者，他的工作是一项了不起的成就。因此，后来的罗马政治家西塞罗称他为"历史之父"。

公元前 490 年，波斯人返回希腊大陆，在达蒂斯和阿塔菲尔尼斯两位将军的率领下，向雅典和埃雷特里亚寻仇。他们首先包围并摧毁了埃雷特里亚，然后转移到阿提卡，驻扎在马拉松海湾。与他们一起前来的是雅典的流亡僭主希庇亚斯。波斯人可能打算恢复其僭主身份，使他成为受波斯摆布的政治傀儡。雅典军队以及他们在维奥蒂亚的同盟——普拉提亚的一小支援军——出发去与波斯军会面。几天之后，两支部队在马拉松平原相遇。尽管希腊军队的人数远远少于波斯大军，但他们还是取得了出人意料的胜利。根据希罗多德的说法，约有 6 400 名波斯人被杀，而只有 192 名雅典人战死在此（图 1.18）。这场战斗向希腊人证明了，凭他们的方阵战术，希腊人是足以战胜波斯军队的（波斯不使用方阵作战）。"马拉松"战役中的战士们为雅典赢得了不朽的荣耀。

据说，大流士大怒，计划派出更多的部队来征服整个希腊。但是，入侵行动因为埃及的起义和大流士的逝世而延迟了。直到公元前 490—前 480 年末期，大流士的儿子和继任者薛西斯才开始将第二次入侵希腊提上日程。这次，波斯入侵的信心已决——薛西斯亲自领导了这次出

图 1.18 这座墓葬冢建于马拉松战场上，为了纪念在此牺牲的 192 位雅典将士。这是雅典首次以这种方式纪念其牺牲者，说明在马拉松战役中捐躯的英雄们受到了最高的礼赞

征。这次的远征还带来了一些惊人的工程成就，包括在哈尔基斯半岛上修建的一条通过阿索斯山岬的运河和一条横跨赫勒斯滂以便军队从亚洲通行到欧洲的船桥。据希罗多德记载，整个波斯军队由超过 500 万名士兵和 1 207 艘战船组成。今天人们普遍认为希罗多德给出的数字过于夸张。根据现代的估计，波斯军队约由至少 8 万名士兵和 300 艘船（每艘船又载有 200 人）组成，显然是一支相当庞大的入侵力量。

公元前 481 年秋天，入侵迫在眉睫。和以前一样，许多希腊城邦都准备臣服或至少保持中立，但那些打算反抗入侵的城邦结成了同盟，现代历史学家将其称为"希腊同盟"。同盟的领导权由斯巴达掌握，因为它本来就是伯罗奔尼撒联盟的领袖。希腊同盟的成员为伯罗奔尼撒联盟中的城邦以及雅典、普拉提亚和其他一些岛屿和城邦。（同盟甚至遣使前往锡拉库萨，寻求西西里岛的希腊人的援助。但他们自己此时正陷于与迦太基人的严重冲突，因此拒绝提供支援。）总共有 30 多个希腊城邦参与了普拉提亚战役。一件贡品（普拉提亚三足鼎，图 1.19）上的铭文，记录着参加普拉提亚战役的 31 个希腊城邦在德尔斐奉献礼物，以感谢神的庇佑。

波斯人于公元前 480 年夏天入侵，最初与希腊军队在温泉关的狭窄关口遭遇。在那里，一支由 300 名斯巴达精英勇士领导的小部队英勇地拖住了波斯的进攻进程。在附近，希腊船队还在埃维亚岛北端的阿尔忒弥斯海角附近阻截了波斯船队数天。波斯军队最终冲出温泉关，南下洗劫了雅典，烧毁了城市，以此报复雅典曾在萨迪斯大肆劫掠的行为。现在，伯罗奔尼撒半岛受到波斯的摆布，轮到雅典挺身而出了。就在几年前，雅典打造了一支庞大的海军。雅典的战船组成了希腊舰队近 400 艘战舰的一半。此时在雅典附近的萨拉米斯岛旁，雅典海军迎击了不断前进的波斯舰队。在雅典将军地米斯托克利（图 1.20）天才的战术布置下，希腊人赢得了骄人的胜利。

　　随着冬季的临近，波斯军队撤退到了希腊中部，而之前亲自领导远征的薛西斯则返回了苏萨。公元前479年夏天，希波双方在普拉提亚附近再次相遇。据记载，希腊方面聚集了38 700名重装步兵。这可能

图 1.19　这根蛇形柱原本是普拉提亚三足鼎的底座，刻有参加了公元前479年的普拉提亚战役的31个城邦的名字。罗马皇帝君士坦丁在公元324年将其移至君士坦丁堡（今伊斯坦布尔），现仍位于伊斯坦布尔

图 1.20　这座地米斯托克利胸像（希腊原作的罗马复制品）是这位雅典政治家唯一存世的肖像

是至此为止希腊人规模最大的一次集体行动。在这次战役中，希腊人取得了出色而全面的胜利，希罗多德将其描述为"我们所知的人类所取得的最灿烂的胜利"。在战斗中艰苦奋战的斯巴达人也由此获得了最高的荣誉。

　　波斯人溃败后被赶出了希腊。同时，希腊海军在爱奥尼亚的迈卡利海角进行了最后一场决定性的战斗，击败了波斯海军并解放了小亚细亚的希腊城市。这些曾经习惯于互相争斗的希腊城市，奇迹般地联合了起来，摆脱了当时世界上最强大帝国的控制。这一壮举，将在未来的几个世纪中定义希腊人的自我认同。

希腊人的身份认同

希波战争大大增强了希腊人的身份认同感。一个例证是，公元前 5 世纪的文字中出现了一个新词汇 hellenisdein，意思是"像希腊人一样行事"。而且，从这一时期开始，希腊人普遍将其他希腊城市的居民称为 xenoi（"外国人"），但为非希腊人保留了一个单独的称呼：barbaroi（"异族人"）。barbaroi 一词在公元前 5 世纪之前的作品中只出现过 4 次，它的由来显然是因为在希腊人听来，所有外语都像是"bar-bar-bar"的声音。

在希罗多德所著《历史》的一段著名的章节中，一些雅典人清楚地表达了这种新的共同身份。在公元前 480 或前 479 年的冬天，波斯军队驻扎在希腊中部。斯巴达人担心雅典人会因为恐惧而背叛投敌，但雅典人回应说，他们共同的文化传统意味着他们永远不会考虑归附波斯人：

> 希腊性由我们共同的血液、我们共同的语言、我们共同的祭坛和对众神的祭祀以及我们共同的生活方式组成。因为这一切，所以雅典人不会背叛。

（希罗多德《历史》8.144）

希波战争对希腊历史的发展方向产生了深远的影响。有人认为，如果希腊人没有阻止波斯的入侵，那么古希腊世界（尤其是言论高度自由的民主雅典）在政治、戏剧、历史和哲学等领域的杰出成就有可能无法流传至今，甚至这些成就根本就没有机会产生。从这个角度来看，希波战争的结果在西方文明的发展中起着决定性的作用。

古希腊世界的历史（均为公元前）	
古风时期（776—479 年）	
8 世纪	爱琴希腊出现显著的人口增长；城市化早期形态
776 年	传统上第一届奥林匹克运动会的举办
约 770—750 年	使用新字母的希腊书写体系有了初步的发展；阿尔米纳的希腊陶器
约 770 年	皮萨库赛的希腊贸易点建立
730—700 年	第一批大希腊的希腊定居地建立；殖民活动的开始
约 700 年	荷马和赫西俄德很可能在此时创作史诗
约 700—650 年	方阵战事的早期发展
约 650 年	爱琴希腊最早的僭主统治出现
约 650—600 年	一些城市出现了寡头政治组织；现存最早的抒情诗
6 世纪	城邦系统的进一步发展和扩展；非贵族自由男性开始享有有限的政治参与权利
约 600—550 年	殖民活动速度放缓；已建立超过 1 000 个定居点
560 年	克罗伊索斯成为吕底亚国王并征服了位于亚洲的希腊城市
559 年	居鲁士大帝成为波斯国王
约 546 年	居鲁士大帝率领波斯军队征服了吕底亚与亚洲的希腊城市
约 538—522 年	萨摩斯处于波利克拉特斯的僭主统治下
522 年	大流士成为波斯国王
508 或 507 年	随着克里斯提尼改革，雅典确立了民主制
499—479 年	希波战争
499—494 年	爱奥尼亚起义
490 年	"马拉松"战役
486 年	薛西斯成为波斯国王
480 年	温泉关战役与萨拉米斯海战
479 年	普拉提亚战役与迈卡利战役

古 典 时 代

希波战争之后，爱琴希腊世界看似拥有了走向繁荣的稳定条件。然而，尽管雅典在思想和创新方面都有了出色的发展，公元前 5 世纪后半期却发生了一场更大、更可怕的冲突：伯罗奔尼撒战争（公元前 431—前 404 年）。这场战争发生在两个希腊强权集团之间：由斯巴达领导的伯罗奔尼撒联盟和由雅典领导的提洛同盟——提洛同盟本质上其实就是雅典帝国。

🏆 五十年间隔期

两次战争之间的时期有时被称为"五十年间隔期"。对这个时期的记载主要来自修昔底德著作的序言。修昔底德试图解释伯罗奔尼撒战争发生的背景，但是他的记录缺少细节，无法还原完整的历史事件。其他文字资料来自西西里的狄奥多罗斯和普鲁塔克，但它们的撰写时间在事件发生的数百年后，因此我们必须谨慎地对待它们所提供的信息。以下是根据这些资料，对这五十年历史的简要叙述。

▎提洛同盟

公元前 478 年，在斯巴达指挥官保萨尼亚斯的带领下，希腊人从波斯人手中解放了拜占庭。但是，保萨尼亚斯很快被召回斯巴达，被指控滥用职权且与波斯人同谋。此后，斯巴达人变得十分谨慎，不愿意再

修 昔 底 德

雅典的修昔底德（约公元前 460—约前 400 年）以编年史记载了伯罗奔尼撒战争的前 20 余年。修昔底德未能完成他的作品，因此他的记录不包括公元前 411 年之后的事件。（色诺芬的《希腊史》则接着记载了之后的一段历史。）修昔底德是公元前 5 世纪第二位伟大的希腊历史学家，但是他从提笔就与他的前辈希罗多德有所不同。他显然认为希罗多德的写作过于受宏大叙事和宗教解释的影响。对修昔底德来说，基于因果关系的事实应当是历史的唯一构成元素。他说（1.21）：

> 我们可以声称只使用了最简单的证据，并且得出了合理且准确的结论。

但是，修昔底德也承认，他在作品中所记述的演讲，是在试图传达人物最真实的意思，而不是对演讲内容的逐字记录。修昔底德很有资格对这场战争做出评论，因为他本人参加了初期的战争，后来在雅典染上了疫病。公元前 424 年，他作为将军被派往爱琴海北部的安菲波利斯，但因为未能成功占领这座城市，他被雅典放逐。这之后，他将注意力转移到著书立说上，为子孙后代记录这场战争，希望写出一部"永远流传的财富"。

将其领导者派遣到海外。同时，它在伯罗奔尼撒半岛也有不少亟待解决的问题。因此，斯巴达几乎退出了外部的希腊政治。

在斯巴达缺席的情况下，雅典脱颖而出，成为仍受波斯威胁的希腊城市的主要保护者。公元前 478 年，一个新的同盟在神圣的提洛岛成立了，现代历史学家将其称为提洛同盟，但古人通常称其为"雅典及其同盟城邦"。在接下来的几十年中，同盟的成员维持在150—200个城邦。其中许多位于亚洲的希腊城市尤其可以从该军事联盟中获益。在公元前478年同盟的第一次会议上，同盟成员发誓要患难与共、同仇敌忾，还向海里投下铁块以象征同盟将永远团结——只有当铁块浮上海面，同盟才能被打破。

同盟的防御基础在其海军，成员被要求以两种方式来为这支联合海军贡献力量：提供船只，或者提供资金以支付维持海军的费用（希腊语中这笔款项被称为"phoros"，字面意思是"贡献"，但通常翻译为"纳贡"）。最初，同盟的金库设立在提洛岛，同盟的会议也在那里举行，包括雅典在内的每个成员国都只有一票表决权。但是，即使在同盟的早期阶段，雅典也足以轻而易举地成为同盟中最具影响力的成员：雅典提供了同盟的大部分船只与海军指挥官；雅典决定哪些城市提供船只，哪些城市提供资金并任命同盟的财务主管。

修昔底德认为，同盟的既定宗旨是使盟国"通过破坏波斯的领土来弥补自己的损失"。起初，同盟大力推行反波斯政策并取得了不错的成效：除了一支军团，所有波斯驻军都被赶出了爱琴海北部；海盗活动受到抑制；希腊人将他们的控制范围扩展到小亚细亚的西南部。最大的成功，当属约公元前469年希腊人在小亚细亚南部的欧里梅敦河口取得的重大胜利。在雅典将军客蒙（他实际上是公元前480—前460年同盟的总司令）的领导下，希腊人摧毁了一支波斯舰队，随即击溃了与其同行的波斯军队。这场胜利重挫了波斯人的士气，以致他们在之后的很多年都没有在爱琴海发起战争。

公元前460年，同盟派出一支军队前往波斯控制下的埃及，去支援利比亚王子因纳罗斯的起义，由此进一步扩大了它的影响力。雅典人想要在埃及设立据点的理由不难理解：开发潜在的贸易联系，削弱波斯在地中海地区的力量以及获取肥沃的尼罗河谷丰富的粮食供给。在雅典的领导下，希腊人在埃及作战6年并获得最初的成功。但在公元前454年，波斯的特殊军队前来镇压叛乱分子，然后一举将叛军和援军击溃。雅典军队损失了大批的船只，而且这次败绩在雅典引起了极大的恐慌。因此雅典撤回了自己的军队。

然而3年后，客蒙率领一支部队来到塞浦路斯，再次挑战波斯人。雅典人认为，一场重大的胜利足以化解波斯的威胁。客蒙在此次冲突中丧生，但希腊人在陆战和海战中都赢得了胜利。此后不久，在公元前450或公元前449年，雅典似乎与波斯达成了最终的和平协议。一些资料表明，协议是由一位名为卡里阿斯的雅典人签署的，因此该协议有时被称为"卡里阿斯和约"。至此，希腊与波斯之间的所有敌对行动都已经结束。这场持续了50年的冲突终于彻底告终了。

▎从同盟到帝国

然而，同盟组织并非无可指摘。根据修昔底德的说法，最初成员间相互平等的同盟实际上已经被雅典主导并逐渐发展成了"雅典帝国"。雅典最早对同盟施行高压统治是在公元前472年，当时雅典强迫埃维亚的城镇卡里斯图斯加入同盟。5年后，同盟的创始国之一纳克索斯岛试图脱离组织，可能是因为它没有能力或不愿意继续纳贡。然而，在雅典军队的围攻之下，它被迫重新加入了同盟。

公元前465年，富裕的萨索斯岛也发生了起义，反抗雅典对其在色雷斯附近颇有价值的贸易市场的干涉。3年后，雅典人劫掠了萨索斯岛并进行了残酷的报复：萨索斯岛的城墙被拆除，海军被摧毁并被要求向同盟支付高额贡金，而不再像之前那样提供船只。雅典的这种统治模式持续了几十年。同盟的绝大多数成员国没有海军，只好向同盟纳贡。结果，它们抵抗不了雅典海军的力量，只能听从雅典的命令。

据修昔底德记载，公元前 431 年雅典派往斯巴达的使臣这样为他们城市的行为辩护：

> 当一个帝国被交到我们手中时，我们接受了它，继而拒绝放弃它。我们这样做完全不过分，也没有违背人类本性。3 个非常强大的动机阻止我们放弃这个帝国——安全、荣誉和自身利益。我们并非开了先例。正相反，弱者服从强者一直是社会的规则。
>
> （修昔底德，1.76）

公元前 454 年，雅典人将同盟的金库从提洛岛迁至雅典，同盟的会议也随之开始在雅典举办。尽管几年后与波斯的停战意味着同盟的最初目的已经实现，但雅典认为希腊各城邦需要继续保持警惕。雅典的统治变得更加专制并开始建立军事殖民地。

军事殖民

为了加强对权力的控制，雅典在公元前 450—前 446 年建立了许多殖民地。这些殖民地在形式上与传统殖民地不同，因为殖民者仍然保留着雅典公民的身份。该类殖民地被称为军事殖民地（cleruchies）。殖民者（cleruchs，意思是"土地持有者"，因为殖民者在新定居点被分配有一块土地）将占据一个现成的城市并在那里建立驻军。除了使雅典在海外获得更加强大的军事掌控之外，军事殖民还解决了雅典贫困公民的生计问题——在公元前 5 世纪，有大约 1 万名公民与他们的家人被派往国外。遭受最大损失的是军事殖民地的原住居民。他们要么被殖民者统治，要么被迫离开了自己的土地。结果，雅典帝国中流亡着成千上万的难民。

到了公元前 450 年，除了雅典之外，只有希俄斯、萨摩斯和莱斯博斯还在为同盟的海军提供船只。雅典的铭文证明，此时用以形容同盟的语言变得更加尖锐——它被称为"雅典人统治的城市们"。雅典人和哈尔基斯人在大约公元前 446 年签订的协定描述了雅典的权力：

> 哈尔基斯人宣誓如下：我不会以任何方式或手段，无论是在言语上还是行动上反抗雅典人，我也不会服从任何叛乱之人；如果有人发起叛乱，我将向雅典人告发他……我将尽我所能做一个诚实的盟友……
>
> (IG[①], 1³ 40)

在该法令的另一处，有一项限制地方法庭权力的条款。此后，重要的法律案件被转移到雅典来处理。其他城市也发生了相似的情况。

雅典曾在公元前 480 年被波斯人烧毁。而此时，雅典人便将来自同盟的资金用于重建和美化自己的城市。公元前 447 年，作为城中主要政治领导人的伯里克利将军制订了一项庞大的建筑计划，其中包括在雅典卫城建造神庙（图 1.21）。直到今天，雅典仍然因为这些建筑而闻名。传记作家普鲁塔克提到，一些雅典人曾因这一政策激烈地批评伯里克利：

> "……希腊人一定会被激怒，"人们喊道，"他们一定会认为这是赤裸裸的专制，如果他们看到雅典以对抗波斯人为理由向他们强征的纳贡，正在被我们用来给我们的城市镀金，就好像某个虚荣的女人用昂贵的石头、价值连城的雕像和神庙装饰自

---

① IG 指"希腊铭文集成"（*Corpus Inscriptiones Graecae*）。该集成最初是由普鲁士科学院发起的一项学术项目，今天由其继任组织柏林 - 勃兰登堡大学学术研究中心继续进行。其目的是收集和出版来自希腊大陆和岛屿的所有已知古代铭文。IG 1³ 40 即"希腊铭文集成"第一部第三版第 40 则铭文。——译者注

图 1.21 帕特农神庙（古代雅典最著名的象征）是伯里克利建筑计划中的一部分。今天，这座神庙需要持续的维护和修复，几乎总是被支架环绕

己。"伯里克利给人民的回答是：雅典人没有义务向同盟国说明他们的钱花在何处，只要雅典为他们战斗并让波斯人远离他们的地盘。

（普鲁塔克《伯里克利传》12）

普鲁塔克的写作时间是在该事件发生的几个世纪之后。一些评论者认为，以上的争论是编造的，或是对后世的材料进行了夸张的加工。然而，认为雅典施行专制的看法首先出现在修昔底德笔下。他描述了公元前 432 年伯罗奔尼撒联盟盟友之间的一场辩论。在辩论中，科林斯人敦促其他盟友向雅典宣战，理由如下：

请记住，在希腊已经有一个专制的城市被建立起来，它与我们所有人对立；我们中的一些城邦已经被它统治了，而且在它的计划中，其余的城邦也将被纳入它的帝国。

（修昔底德，1.124）

据修昔底德记录，两年后，就连伯里克利自己也承认了雅典帝国专制。他还告诉他的雅典同胞："接受它可能是错误的，但放弃它绝对是危险的。"此外，在公元前 427 年，雅典喜剧讽刺作家阿里斯托芬在他的戏剧《巴比伦人》中将雅典帝国中的城市形容为在磨坊里碾磨粮食的奴隶。

那么，同盟的众城邦是否也曾因为帝国而受益呢？许多城邦似乎都获取了相当可观的经济利益。同盟通过在公元前 480—前 470 年打压海盗的活动以及在公元前 449 年与波斯人达成的和平协议，打开了埃及市场，保障了贸易路线；此外，雅典海军为盟邦的所有公民提供了收费高昂的服务。许多城市中较为贫穷的公民可能认为，他们的利益能够在雅典强加的民主体制中得到更好的代表。而许多较小的城市可能已经得出了结论，与波斯的统治相比，雅典的统治是两害相权取其轻。

▌雅典与斯巴达

自公元前 479 年起，斯巴达人越来越忌惮雅典势力的增长。事实上，波斯人刚刚离开，他们就立刻反对雅典人重建城墙的计划，认为希腊城市现在不需要城墙（对斯巴达来说的确是这样，因为环绕其城市的群山使其不需要城墙的保护）。在将军地米斯托克利的计谋下，雅典人秘密地完成了城墙的重建并将其视为既成事实。斯巴达人没有提出正式的抗议，但修昔底德评论说"他们暗自觉得受到了侵害"。斯巴达的一个反雅典派别在大约公元前 477 年提议对雅典开战，但仅以微弱票差被否决。

　　大约在公元前 465 年发生在斯巴达的一场大地震导致了两座城市之间的第一次公开冲突。在斯巴达的农奴人口黑劳士趁地震起义时，雅典派出客蒙将军率领军队帮助镇压起义。然而，斯巴达人怀疑雅典军队的忠诚度，很快就将其遣散了。雅典人对此深感愤慨，于是在公元前461 年用陶片放逐法放逐了客蒙——客蒙一直主张亲斯巴达的政策，希望与斯巴达和平共处，并由两座城邦分享对希腊世界的领导权。然而，此时雅典的反斯巴达态度高涨，其外交政策也发生了巨大的变化。雅典人废除了他们在公元前 481 年与斯巴达达成的对抗波斯人的联盟条约，转而与斯巴达在伯罗奔尼撒半岛的主要对手阿尔戈斯结盟，并且将希腊北部的色萨利地区纳入了同盟。

　　公元前 460 年，斯巴达的两个盟友科林斯和迈伽拉之间爆发了边境战争。当迈伽拉人面临失败时，他们脱离了伯罗奔尼撒联盟，转而与雅典结盟。这意味着两个联盟的成员第一次相互交战。在接下来的大约 15 年左右，双方成员之间发生了一系列的冲突，即"第一次伯罗奔尼撒战争"。起初，斯巴达选择旁观，而雅典加入了战争。然而在公元前 457 年，斯巴达加入了它的盟友，在维奥蒂亚的塔纳格拉击败了雅典。成功是暂时的，因为雅典人很快回到了维奥蒂亚并在对当地人民的作战中赢得了全面胜利。在接下来的 10 年里，雅典控制了希腊中部的大片地区：福西斯、欧蓬提安洛克里斯和整个维奥蒂亚（底比斯除外）。大约在同一时间，雅典还迫使埃伊纳岛加入了提洛同盟。

　　公元前 446 年，当迈伽拉逃离提洛同盟重回伯罗奔尼撒半岛时，战争达到了高潮。迈伽拉的倒戈使得阿提卡地区很容易在地峡处遭到攻击。斯巴达国王普莱斯托纳克斯率领军队进入阿提卡，但被伯里克利说服退兵。双方签订了一个和平协定，意在保持 30 年的和平，即"三十年和约"。据此，雅典放弃了它对已获得的希腊大陆上的土地的控制权，而另一边，斯巴达第一次正式承认了雅典帝国。双方都拟定了一份其联盟成员国的名单；根据和约，名单中的任何国家都不得改变立场（少数"中立"国家可以选择加入两个联盟之一）。古希腊世界至此被正式划分为两个权力集团。

事实上，和平只持续了合约规定时期的一半。对和平的第一个主要威胁发生在公元前 440 年。雅典在地区争端中站在米利都一边后，萨摩斯开始反叛雅典帝国。经过一场血腥的战役，雅典人于次年击败了萨摩斯人。作为报复，他们剥夺了萨摩斯人的舰队，拆除了他们的城墙，劫持了人质，还让萨摩斯人支付巨额款项用以支付战争的费用。根据修昔底德的记载，斯巴达希望伯罗奔尼撒联盟支持萨摩斯，但其提议被科林斯否决。尽管如此，雅典和斯巴达这两个权力中心之间的冲突似乎已是不可避免的了。

🏆 伯罗奔尼撒战争

尽管在公元前 440—前 430 年发生了许多引发战争的事件，但修昔底德对战争的根本原因有很明确的认识：

> 战争不可避免的原因是雅典力量的增长和斯巴达对此的恐惧。
>
> （修昔底德，1.23）

因此，在他看来，战争从提洛同盟成立之日起就一直在酝酿之中。

尽管如此，斯巴达人认为雅典人在某些事件中违反了"三十年和约"的规定。其中两件事涉及雅典与科林斯的争执。公元前 433 年，雅典同意与科林斯的殖民地克基拉岛（现今科孚岛）结成防御联盟，而后者当时正在与其母城交战（图 1.22）。克基拉是一个中立的城邦，但也是一个重要的城邦，因为它拥有一支由 120 艘战船组成的大型海军。克基拉岛与雅典的结盟使科林斯大为惊慌。科林斯的另一个殖民地波提狄亚也是向雅典帝国纳贡的成员。公元前 432 年，雅典人对波提狄亚的严酷对待使科林斯感到尤为愤怒。迈伽拉人对雅典提出了另一项投诉：雅典对他们实施贸易禁运，阻止他们与雅典同盟中的城市进行贸易。埃伊纳岛的居民也表达了不满：该岛在雅典同盟内拥有自治地位，但居民们认为该地位已经被雅典损害。

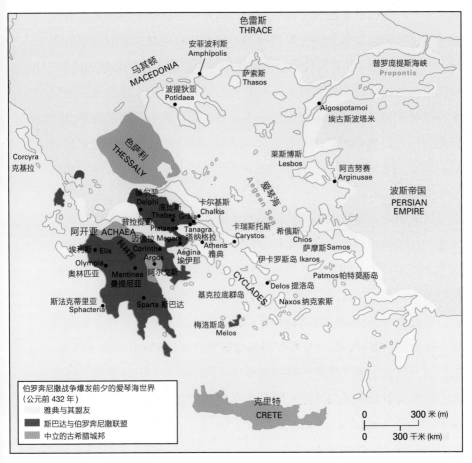

图 1.22 伯罗奔尼撒战争期间的各方力量

出于上述原因，伯罗奔尼撒联盟于公元前431年向雅典及其盟友宣战。

▌ 阿希达穆斯战争（公元前431—前421年）

战争的第一阶段通常被称为阿希达穆斯战争，以当时的斯巴达国王阿希达穆斯二世命名。在雅典，伯里克利为战争做好了计划，在雅典卫城准备了一笔庞大的储备资金。他还认识到这场冲突的一个基本事实——斯巴达在陆战中很有优势，但雅典可以轻松地在海上占据主导地位（科林斯是伯罗奔尼撒联盟中唯一拥有较具规模的海军的成员）。因此，他提出了不惜一切代价避免与斯巴达人进行陆战的战略。阿提卡的居民奉命撤退到雅典市。每年初夏，斯巴达人都会入侵阿提卡并破坏庄稼，但停留的时间通常不超过3周。雅典人仍然能够通过海路获得充足的补给，因为在公元前460—前450年他们建造了防御墙（长墙，图1.23），将雅典城与大约5英里①外的比雷埃夫斯港和法勒隆港连了起来。

尽管如此，撤退到雅典的阿提卡居民造成了雅典城中人口过剩的问题。一场可怕的瘟疫在公元前430年爆发，造成大量居民（也许有居民人口的一半）的死亡。当时居住在雅典的修昔底德对瘟疫的可怕影响进行了描述。伯里克利在公元前429年被瘟疫夺走了生命。此后，在克里昂等所谓的政治煽动者的领导下，雅典的政策变得更加激进。战争陷入僵局，但双方都变得愈加残酷。比如，在公元前427年，斯巴达人攻占了忠于雅典的普拉提亚，杀死了所有的男性居民，将妇女和儿童卖为奴隶（公元前415年，雅典对梅洛斯岛的人做了同样的事情）。

---

① 1英里约1.6千米。——编者注

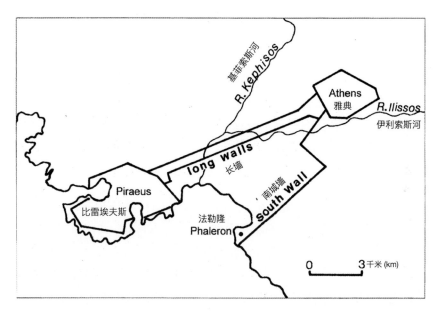

图 1.23 这幅雅典地图显示比雷埃夫斯与法勒隆被防御工事"长墙"相连

公元前 425 年，120 名被困在伯罗奔尼撒的斯法克蒂利亚小岛上的斯巴达重装步兵投降并被作为人质带到了雅典。这是一个令人震惊的消息——斯巴达人在战斗中投降而不是牺牲自己的生命！这种事情是前所未有的。斯巴达的人们十分恐惧不安。第二年，为了报复，斯巴达人占领了爱琴海北部具有重要战略意义的城市安菲波利斯。然而，双方最强硬主战的领导人克里昂和斯巴达指挥官布拉西达斯都在这场冲突中阵亡了。

继而取代他们的是这两个城市的主和派领导人。在公元前 421 年，即雅典试图夺回安菲波利斯却遭到失败的一年后，他们达成了和平的共识。已经筋疲力尽的战争双方签署了为期 50 年的和平协议，这一协议通常被称为"尼西阿斯和约"，以出面谈判的雅典将军命名。那 120 名斯巴达人质被送回，作为交换，斯巴达人从他们占领的城市中撤出。

▎西西里远征（公元前 415—前 413 年）

然而，在实践中，合约是行不通的。伯罗奔尼撒半岛的一些城邦不愿意遵守协定，在其中一些大城邦，如科林斯和底比斯，依然有小规模冲突发生。与此同时，雅典人在英俊潇洒的年轻政治家阿尔西比亚德斯（图 1.24）的怂恿下，依旧干涉着伯罗奔尼撒的政治，支持阿尔戈斯、伊利斯和曼提尼亚挑战斯巴达的统治。而斯巴达在公元前 418 年的曼蒂尼亚战役中击败了这些反叛的城邦。

一个重要的转折点出现在公元前 416 或前 415 年的冬天。当时，来自西西里岛的城市塞杰斯塔的使者来到雅典寻求帮助，以解决他们与邻邦塞利努斯的冲突。塞利努斯是锡拉库萨（大希腊地区最强大的城市）的盟友。雅典人认为，如果他们能够控制西西里岛，他们将获得岛上丰

图 1.24　阿尔西比亚德斯以其俊
　　　　美的样貌而出名，如这
　　　　座理想化的雕像所示

富的粮食供应。由 100 多艘船只和 5 000 名士兵组成的一支庞大的雅典军队已就绪，准备前往西西里岛。然而，就在大部队出发前夕，不幸发生了：负责远征的 3 位将军之一的阿尔西比亚德斯被指控亵渎神明。尽管他已随舰队出发，但很快就被召回雅典接受指控。恐惧中，他投奔了斯巴达人，还担任了他们的顾问。

无论如何，雅典海军来到了锡拉库萨并围攻了这座城市。他们的行动几乎取得了成功，但是经验丰富的拉马库斯将军去世了。这意味着指挥远征的 3 位将军现在只剩下了一位——谨慎的尼西阿斯。在这个阶段，阿尔西比亚德斯做出了一项关键性的干预：他建议斯巴达人派遣指挥官古利普斯和一支部队，向锡拉库萨人提供战术和军事援助。这一招相当管用，古利普斯的支援帮助锡拉库萨人抵御了雅典的围攻。

接下来直到公元前 413 年，情况陷入了僵局。雅典舰队被封锁在锡拉库萨的港口，接着在那里被击溃，随后大部分士兵被杀或者被俘。在修昔底德看来，这种灾难性的结果正是雅典人过于傲慢所导致的。他指出这次失败对雅典人来说是一场重大的打击：

> 这是这场战争中发生的最伟大的希腊行动，在我看来，也是我们所知的希腊历史上最伟大的行动——对胜利者而言是最辉煌的成功，对被击败者来说则是最惨痛的失败。他们被彻底击败了，遭受了巨大的痛苦。正如他们所说，他们损失了全部——陆军、海军，一切都被摧毁了。在那么多参加远征的将士里，只有极少数人回来了。
>
> （修昔底德，7.87）

雅典损失了大量的船只和人员并面临着在希腊大陆上被伯罗奔尼撒人压制的局面（图 1.25）。在这场灾难的刺激下，处于雅典帝国统治之下的城市纷纷开始反叛。

图 1.25　伯罗奔尼撒战争以其残酷著称。数百名雅典及其同盟城邦的俘虏被丢弃在这座锡拉库萨城外的采石场，慢慢被疾病或饥饿折磨至死

▌德克莱亚战争（公元前 414—前 404 年）

阿尔西比亚德斯给了斯巴达人另一个重要的战略建议——入侵阿提卡并在该地区北部的德克莱亚建立一个防范严密的军事基地。这改变了战争的局势，因为斯巴达人现在在阿提卡有了永久的驻地。雅典的行动自由受到了限制，而斯巴达人也为逃跑的雅典奴隶提供了庇护所——约 20 000 名奴隶逃跑，其中许多是对雅典经济至关重要的熟练工匠。雅典人面临的另一个困难是，他们失去了阿提卡银矿的收入。

尽管如此，雅典人仍然有一个很大的优势——他们从黑海船运来的粮食供应。斯巴达人意识到，要想打败雅典，就必须击溃雅典的海军。基于雅典人在西西里岛遭受的损失，击败雅典在此时成为一个很现实的目标。但斯巴达人需要资金来强化自己的舰队。为此，他们想起了昔日的敌人波斯。公元前412年，双方达成了一项协议：波斯将资助斯巴达，前提是斯巴达人获胜后，要把亚洲的希腊城市归还给波斯。斯巴达人开始在爱琴海东部，特别是在爱奥尼亚，对雅典人发动战争。因此战争的最后阶段有时被称为"爱奥尼亚战争"或"德克莱亚战争"。然而，波斯人在履行约定方面行动迟缓，斯巴达人的进展十分缓慢。

到了公元前411年，阿尔西比亚德斯在斯巴达受到怀疑。之后，他逃往了波斯的行省蒂萨弗内斯。他真正的目的是回到雅典，但他知道民主制的雅典永远不会接纳他。然而在雅典，很多人开始质疑民主制度。西西里的惨败导致了雅典人严重的自我怀疑，人们开始相信只有获得波斯人的财政支持才能赢得战争。阿尔西比亚德斯说服了一些富有的雅典人，让他们为在雅典建立寡头政治而发声并宣传波斯人将为寡头制的雅典提供资助。雅典议会担心斯巴达人会获得胜利，于是勉强同意了这项提议，于公元前411年6月成立了一个由400名公民组成的小型寡头集团。事实证明，这一举措非常不受欢迎。几个月后，它为由5000人组成的更温和的寡头集团所取代。然而，以萨摩斯为基地的雅典海军从未接受新的寡头统治，而波斯人则收回了他们的财政支持（修昔底德对战争的叙述到此结束）。结果，雅典的完全民主制度在公元前410年得以恢复。

在随后的几年里，雅典人在爱琴海和赫勒斯滂地区取得了重要的胜利，开始重新相信他们或许能够获胜。可惜局势在公元前407年又发生了变化。两个人物的到来改变了战争的进程。在波斯，国王大流士二世派他的小儿子居鲁士前往小亚细亚帮助斯巴达人。与此同时，斯巴达人任命了一位海军指挥官赖山德尔去指挥爱琴海的伯罗奔尼撒舰队。在波斯的资金支持下，赖山德尔打造了一支驻扎在以弗所的更强大的舰队。公元前406年年初，他的工作有了立竿见影的成效。舰队在附近的诺提昂战役中取得了胜利。在这一年晚些时候，作为对斯巴达的反击，雅典又在莱斯博斯岛附近的阿吉努赛取得了一场大胜。

然而雅典的胜利转瞬即逝。公元前405年，决定性的最后一战在赫勒斯滂的埃古斯波塔米发生了。赖山德尔打了雅典人一个猝不及防，俘获了几乎所有的雅典战船。一些聪明的雅典人明白大势已去。为了避免自己的公民被大规模屠杀和奴役，他们在公元前404年投降了。雅典幸免于难，但它已经失去了它的帝国。雅典的海军被限制只能保留12艘船。雅典被迫承认了斯巴达的领导地位。此外，比雷埃夫斯港口的防御工事和长墙被拆除。色诺芬如此描述这个戏剧性的耻辱时刻：

> 赖山德尔航行到比雷埃夫斯港，允许被流放者回家。在热情洋溢的街景和女孩吹奏长笛的音乐中，长墙被推倒了。人们认为这一天是希腊自由的开始。

（色诺芬《希腊史》2.2.23）

后果

斯巴达现在在雅典强行安排了一个由三十人组成的寡头政权。他们的统治非常残酷，被人们称为"三十人僭主集团"。绝大多数公民被剥夺了他们的权利，数百人被处决；最终，他们的行为变得如此极端，以致连敢于与他们意见相左的温和派寡头政治家塞拉麦涅斯也被处死了。公元前403年，在曾经担任将军的色拉西布洛斯的带领下，许多流亡海外的民主派雅典人向雅典进攻。在取得一些成功后，他们被寡头政府的军队以微弱优势击败。斯巴达在雅典的驻军或许也给寡头政府提供了帮助。

尽管取得了胜利，但是斯巴达国王保萨尼亚斯意识到他无法镇压起义，因此他与流亡者达成了协议，允许雅典恢复民主。在这之后，伟大的思想家苏格拉底在公元前 399 年被处死。有学者认为他是雅典人对寡头的愤恨的替罪羊，因为雅典人以为他与寡头有关联。虽然民主得以恢复，但是雅典再也没能恢复昔日的势力。尽管如此，在接下来的一个世纪里，它仍然是希腊世界中最强大的城市之一。

🏆 公元前 4 世纪

斯巴达对希腊人承诺的自由事实上只维持了很短的时间。斯巴达控制了雅典帝国，并很快就变得与雅典一样不受欢迎。许多城市建立了由 10 个人组成的寡头集团，斯巴达驻军和被称为 harmost（意为"控制者"）的总督为它们提供支持。这项政策令人反感，很快就不得不被放弃。斯巴达在战争结束时夺走了所有战利品，没有与盟友分享，因而激怒了它的盟友，尤其是底比斯和科林斯。

当斯巴达被卷入波斯帝国的内部政治时，局势变得越发紧张。大流士二世于公元前 404 年去世后，他的长子阿尔塔薛西斯二世继位，成为波斯国王。但在公元前 401 年，他仍驻扎在小亚细亚的弟弟居鲁士，在斯巴达人和其他希腊人的帮助下，发动了一场未成功的政变。由于这次失败，斯巴达国王阿格西劳斯不得不在公元前 396 年率领一次大规模的远征，以保卫亚洲的希腊人免遭波斯的报复。

在斯巴达的大部分兵力聚集在小亚细亚的情况下，希腊大陆的城邦等到了反抗的机会。底比斯、雅典、科林斯和阿尔戈斯组成了反斯巴达联盟并于公元前 395 年对斯巴达宣战。这场冲突一直持续至公元前 386 年。波斯国王阿尔塔薛西斯二世对第二个"雅典帝国"的崛起有所提防，选择了站在斯巴达一边，迫使所有结盟的希腊城邦达成和平协定。这一协定被称为"国王和约"。作为协定的一部分，波斯再次控制了所有亚洲的希腊城市以及塞浦路斯，而所有其他希腊城市则施行自治。

色　诺　芬

　　居鲁士反对兄长的远征催发了整个古代历史上最著名的关于逃生和忍耐的故事。在公元前 401 年，居鲁士的 20 000 大军（其中一半是希腊雇佣兵），从萨迪斯行军数百里到达巴比伦，在那里被阿尔塔薛西斯二世的军队击败。居鲁士被杀，希腊士兵被困在波斯帝国的中央。雅典指挥官色诺芬带领大约 10 000 名希腊士兵，穿越敌方领土前往黑海沿岸的特拉佩祖斯。从那里，他们得以乘船返回了希腊。色诺芬后来在他的《长征记》中记述了这个故事。

　　色诺芬（约公元前 430— 前 354 年）作为历史学家和编年史家的身份更为人所知。他出生于一个富裕的雅典家庭，年轻时与苏格拉底来往，后来写下了与他的老师苏格拉底有关的回忆录和对话录。在居鲁士的远征之后，色诺芬返回希腊，却被雅典流放，然后前往斯巴达。斯巴达人在奥林匹亚附近给他安置了住处，让他作为外国代表在那里生活。他在那时开始写作。除了《长征记》外，他还撰写了一部记录他那个时代的历史作品，名为《希腊史》，从修昔底德在公元前 411 年停止的地方开始，包含了到公元前 362 年为止的历史。人们普遍认为它不如修昔底德的史书质量高，但它仍然是我们了解战争最后那几年的主要信息来源。此外，他还著有一部关于斯巴达社会的作品，还以他在波斯帝国的生活经历为材料，写了一部关于居鲁士大帝童年的虚构作品。

　　然而和平协定并没有结束希腊世界的战争。斯巴达仍然拥有波斯人的支持，也仍然是最强大的城邦。公元前 382 年，斯巴达人占领了底比斯。此举震惊了希腊世界的其他地区。3 年后，底比斯在雅典人的帮助下被解放。它现在与雅典和其他一些城邦联合，组成了第二个"雅典联盟"。公元前 371 年，斯巴达在维奥蒂亚的留克特拉惨败于底比斯领导的维奥蒂亚军队。这是希腊历史上的一个戏剧性时刻——几个世纪以来，没有任何希腊城市曾在陆地上击败过斯巴达。这场胜利很大程度上要归功于两位杰出的底比斯将军——佩洛皮达斯和伊巴密浓达。他们开发了能与斯巴达军队对抗的武器和战术并训练他们的士兵使用它们作战。

底 比 斯

自迈锡尼时代以来，底比斯一直是希腊世界的领跑者。这座城市在希腊神话中占有很重的分量——俄狄浦斯和他悲惨的家人，以及狄俄尼索斯的凡人母亲塞墨勒都是底比斯人。在历史时期，它是维奥蒂亚地区最强大的城市，领导着由约 10 个当地城邦组成的维奥蒂亚联盟。维奥蒂亚是一个农业区，因而在雅典作家的刻板印象中，维奥蒂亚人是落后和纯朴的。但其实赫西俄德和品达等诗人就来自该地区。

公元前 6 世纪后期，底比斯在希腊世界获得了更为广泛的知名度，因为在雅典与底比斯的对手普拉提亚结盟之后，底比斯对雅典的敌意越来越浓。底比斯人经常被指控在希波战争期间举棋不定，但实际上城中居民的反应存在分歧——它确实在公元前 479 年派遣了一支大部队前往普拉提亚加入波斯的一方作战，但此前一年，400 名底比斯人曾在温泉关战役中与其他希腊人一同对抗波斯。在公元前 5 世纪的其他时间里，底比斯是斯巴达的忠实盟友。它憎恨雅典干涉维奥蒂亚的事务并在公元前 427 年对普拉提亚的残酷洗劫中扮演了重要的角色。

底比斯在留克特拉击败斯巴达人，是这座城市最卓越的一次军事胜利。当时其军队的核心是一支由 300 名男子组成的精锐部队，被称为"神圣队伍"。它由 150 对男性情人组成（这样的编制是因为，人们相信每个人都会更勇敢地战斗以保护自己的爱人）。他们是公元前 4 世纪中叶底比斯军事成就的关键。公元前 338 年，底比斯最终被马其顿击败。

公元前369年，底比斯人解放了斯巴达的奴隶人口美塞尼亚黑劳士并为他们创建了一个新城市，名为迈西尼。其他伯罗奔尼撒城邦也脱离了伯罗奔尼撒联盟。因此斯巴达失去了它的奴隶人口和伯罗奔尼撒同盟的盟友。从此，斯巴达再也不复曾经的强盛。

底比斯此时成了希腊世界的主导力量，这样的局面从公元前370年，持续到公元前360年。雅典再次变得警惕，并在公元前368年与衰弱的斯巴达结成了反底比斯联盟。雅典的海上力量此时再度强大起来，而且经常试图干涉底比斯控制下的伯罗奔尼撒半岛。公元前362年，双方及其盟友在曼提尼亚交战。这是希腊历史上规模最大的陆战之一，有超过50 000名战士参加。底比斯人获得了胜利，但他们的将军伊巴密浓达阵亡。加上佩洛皮达斯在两年前的一场战斗中牺牲，底比斯人失去了两位优秀的领导者，从而未能乘胜获取更大的利益。参战双方达成新的"共同和平"协议。该协议限制任何希腊城市变得太过强大。

▎马其顿的崛起

在这权力的真空期，马其顿的新国王腓力二世横空出世。马其顿是一个位于希腊半岛北部与巴尔干半岛交会处的王国。马其顿人在希腊世界中一直处于边缘地位，他们的社会在一些方面与希腊社会明显不同。例如，他们由君主统治，实行一夫多妻制，据说他们喝不兑水的纯酒。因此，其他希腊人普遍看不起这一北方邻居。有些希腊人认为马其顿人根本不是真正的希腊人，虽然他们与希腊其他地区有着种族上的联系。

马其顿一直被视为邻国外交政策中的一颗棋子，尤其是在南部的主要希腊城邦和东部的波斯人眼中。事实上，它曾受益于波斯在公元前512—前479年的统治——薛西斯将亚历山大一世推上了统一的马其顿的王座，允许他发行皇家铸币并通过出口造船用的木材获利。尽管如此，当公元前 359 年 24 岁的腓力二世成为国王时，他已经充分目睹了这个王国几乎因内战和外国干预而四分五裂的状况。马其顿有潜力成为希腊世界中的主要角逐者，但它需要一位强大的领导者。

腓力二世证明了他就是那个强大的领导者。继位后，他受到邻近部落和对他的王位虎视眈眈的对手的威胁。但他很快清除了这两重威胁并开始着手改革马其顿军队，使其成为一支训练有素的专业部队。最突出之处是，他发明了一种非常成功的新型方阵：他让士兵以更紧密的通常有 16 行的阵型作战，使用更小的盾牌和非常长的长矛。超过 5 米的长矛是一个与过去不同的关键变化。马其顿重装步兵在战斗中还会得到强大骑兵的支持。方阵并不是腓力二世引入的唯一军事创新，他还开发了投石机作为攻城武器——几十年前锡拉库萨人最早使用过它。

马其顿的崛起给希腊的主要城市尤其是雅典造成了恐慌。当腓力二世在公元前 357 年征服安菲波利斯时，雅典向马其顿宣战。演说家德摩斯梯尼鼓动了雅典对马其顿的敌对态度，而且他将在未来几十年里坚决地抵抗马其顿。然而雅典实际上并没有投入多少兵力，腓力二世得以进一步扩张。到了公元前 352 年，他已控制了色萨利、色雷斯和哈尔基季基半岛的大部分城市；公元前 348 年，他攻占了哈尔基季基半岛上的另一座重要城市奥林索斯并将其夷为平地，将其居民卖为奴隶。此时，雅典发现自己的实力已经无法与马其顿相匹敌。因此，在公元前 346 年，包括德摩斯梯尼在内的一队雅典代表被派去与马其顿谈和。

然而，雅典人不久后就开始对这项和平协定感到不满，德摩斯梯尼等人主张对马其顿采取新的侵略政策。战争的催化剂出现在公元前 340 年。当时腓力二世围攻了拜占庭，从而威胁到了连接黑海和雅典的粮食供给路线。雅典再次向马其顿宣战并于次年与底比斯结盟共同抗敌。公元前 338 年，腓力二世的军队在维奥蒂亚的喀罗尼亚取得了决定性的胜利。此后，底比斯受到了严厉的制裁并被驻军，但雅典受到的对

德摩斯梯尼

　　德摩斯梯尼（公元前384—前322年）被认为是历史上最优秀的演说家之一。在十分重视语言交流的民主雅典，在公众面前演讲是一项至关重要的技能。德摩斯梯尼因为强烈地反对马其顿的扩张，在雅典声名鹊起。他发表了许多演讲，警告雅典人危险正在与日俱增，同时指责他们缺乏决心和远见。其中最著名的是他直接谴责腓力二世的3篇演讲，被称为"反腓力辞"。尽管他毕生努力，但是最终并没能成功抵抗马其顿。为了不被当时统治雅典的马其顿人俘虏，他在公元前322年结束了自己的生命。

　　德摩斯梯尼拥有励志的一生。据说他曾有语言障碍，但年轻的德摩斯梯尼，嘴里含着鹅卵石，在海边迎着海浪的噪声背诵诗文，成功克服了语言表达上的问题。在他死后，他被公认为古希腊世界最优秀的演说家，还影响了后世的罗马演说家。杰出的罗马修辞学老师昆蒂利安称他为演讲的标杆，而罗马最伟大的演说家、政治家西塞罗则形容他"从所有演说家中脱颖而出"（inter omnis unus excellat）。

待较为宽容。这可能是因为腓力二世在实施入侵波斯的计划之前，想与雅典结为盟友。

　　公元前337年，腓力二世在科林斯组织了一次会议。在会上大多数的希腊城邦（斯巴达除外）签署了协定，结为联盟。该联盟被称为科林斯联盟，随后马其顿也加入了联盟，腓力二世担任联盟的指挥官。实际上，此时希腊众城邦都已经归附了马其顿。腓力二世随后向波斯人宣战，明确表示要报复公元前5世纪初波斯对希腊的侵犯。但其实他对资金和资源的需求可能是他挑起战争的最主要的原因。公元前336年，腓力二世准备率领他的军队进入波斯领土，但在他女儿的婚礼当天，他被他的 7 名保镖之一暗杀了。这场暗杀行动的动机未曾被明确地解释过。腓力二世逝世后，王位被传给了他 20 岁的儿子亚历山大。

▌ 亚历山大大帝

亚历山大（图 1.26）此时已经在战场上留下了自己的印记。最令人瞩目的当属在喀罗尼亚战役中，作为马其顿部分军队的指挥官，他发挥了关键的作用。他在童年时就表现出极强的求知欲。伟大的哲学家亚里士多德曾担任他的教师约两年，给予他哲学、修辞学、几何学、生物学和医学等领域的教导。年轻的亚历山大和他的母亲奥林匹亚丝的关系非常密切。由于腓力二世在公元前 337 年娶了一个新妻子，奥林匹亚丝大为恼怒，自愿被流放到她的家乡伊庇鲁斯。亚历山大也因此与父亲疏远，直到腓力二世去世前不久，他们才重归于好。

尽管他天才独具，但在亚历山大 32 岁去世之前，没有哪个马其顿人能够预测到他会取得什么样的成就。截至那时，他已经成功征服了远至印度河流域（现今印度西北部）以及整个近东和南至埃及的土地。希腊文化因为他的征服被传播到了所有这些土地并且在其中许多地方留存了好几个世纪。因此，亚历山大或许可以被认为是古代历史上最伟大的将军，也是最有影响力的人物之一。

登上王位后，他确立了自己作为科林斯联盟的领袖的地位，然后开始与马其顿北部邻近的敌对部落打交道。就在这时，底比斯领导了一场叛乱，反抗这位新国王。亚历山大向南进军，将底比斯夷为平地，只留下了神庙和诗人品达的住所。见此，其他的希腊人立即让步，承认亚历山大为希腊世界的统治者。亚历山大将马其顿交给最忠于他父亲的将军之一安提帕特负责，然后开始着手入侵波斯帝国。

与他的父亲口径一致，亚历山大声称这次入侵是为了报复波斯在公元前 5 世纪初对希腊的侵犯。这的确是入侵的原因之一，但同时还

图 1.26 亚历山大大帝的胸像之一。他经常被描绘为有着狮子般的头发和英俊脸庞的青年

有其他原因，包括他的个人野心——他需要通过证明自己是一个无情的领导者以掌握权力，以及他填补国库的需求。当他在公元前 334 年向赫勒斯滂进军时，他的军队约有 43 000 名步兵和 5 500 名骑兵（其中包括一支由他的将军帕梅尼翁领导的已经抵达波斯的远征军）。在通过赫勒斯滂海峡踏上亚洲的土地之前，他将长矛掷向大地，表示他接受了众神送给他的礼物——亚洲。然后他径直前往了特洛伊古城的遗址并向雅典娜献祭，以这样的举动着意模仿了《伊利亚特》中的英雄阿喀琉斯。

戈尔狄俄斯之结

在戈尔狄俄斯有一辆古老的马车，它的车轭被极其复杂的绳结系在一根柱子上。亚历山大传记的写作者阿里安在公元 2 世纪写道，有神谕预言，谁能解开这个结，谁就会成为亚洲之王。亚历山大走过去，用他的剑砍断了这个结，然后声称他已经解决了这个难题。

戈尔狄俄斯结的故事在今天仍然被用作典故，形容通过创意或打破思维定式解决看似不可能解决的问题。莎士比亚在《亨利五世》中使用了这个典故：

坎特伯雷大主教在称赞国王的政治技巧时，含蓄地将国王与亚历山大大帝相提并论：

任何政治纷争的戈尔狄俄斯结，

他都将解开，

如他解开他的吊袜带一样熟练……

（《亨利五世》1.1, 45—7）

南下途中，亚历山大在格拉尼科斯河畔赢得了他对波斯人的第一次决定性胜利，这使他能够攻下萨迪斯并占有其庞大的金库。军队从这里向爱奥尼亚海岸移动，然后成功围攻了米利都和哈利卡纳苏斯。亚历山大随后率军东进，控制了小亚细亚南部的沿海城市（由此架空了波斯的重要海军基地）。接着他转向内陆，占领了古老的弗里吉亚城市戈尔狄俄斯。

亚历山大接下来向黎凡特进发，公元前 333 年在伊索斯的战斗中再次与大流士碰面。亚历山大又一次大获全胜，大流士逃走了（图 1.27）。

图 1.27　庞贝的这幅马赛克装饰画，展现了亚历山大在战斗中击败大流士三世的场景。受过良好教育的罗马人热衷于强调自己与希腊文明之间的联系

亚历山大的军队俘虏了被大流士留下来的母亲、妻子和两个女儿。大流士求和，提出：将他已经征服的所有土地拱手让给亚历山大，并愿意支付 10 000 塔兰同以赎回他的家人。然而亚历山大知道自己已经占据了有利地位，拒绝了这笔交易。据说他这样嘲笑了他的对手："来我这里……就像来到亚洲大陆的主人身边一样。"

　　然后他继续向南，于公元前 332 年征服了腓尼基城市泰尔，处决了城中所有处于参军年龄的男性并将妇女和儿童卖为奴隶。当他继续向南前往埃及时，沿途的大部分城镇都轻易地投降了。唯一的例外是加萨，一座戒备森严的山城。长时间的围攻才将它占领，而在此期间亚历山大本人的肩部受了伤。加萨人受到了与泰尔人相同的惩罚。看到这一切，耶路撒冷毫不犹豫地主动敞开了城门。亚历山大在公元前 332 年末前往埃及的途中，已经不再有任何的阻碍。

　　因为埃及是古老文化的发源地，所以希腊人向来尊重埃及。因此，亚历山大热衷于将自己与埃及文明联系起来也就不足为奇了。他穿过沙漠向内陆行进，来到了埃及信仰中的主神阿蒙的神谕所。在这里，祭司以埃及法老的头衔称呼亚历山大"阿蒙之子"。从此，亚历山大喜欢称"宙斯－阿蒙"为他真正的父亲。在埃及期间，他还在地中海岸边建立了一座城市，将其命名为"亚历山大里亚"（也称"亚历山大港"）。在之后的几个世纪里，这座城市一直是极具影响力的文化和知识中心。今天，它仍然是埃及的一座重要城市。

公元前331年，亚历山大东征，在美索不达米亚的高加米拉（现今伊拉克境内）与大流士相遇，取得了他最辉煌也是最关键的一场胜利。接下来，他占领了巴比伦古城，然后向波斯进军，攻占了波斯的3大王城——苏萨、波斯波利斯和埃克巴塔纳。这也让他占有了波斯的巨大国库。军队在波斯波利斯停留了5个月，在此期间，薛西斯的宫殿发生了火灾，火势蔓延整个城市。我们尚不清楚这场火灾是由意外引起的，还是亚历山大因为希波战争期间波斯人焚毁希腊神庙而蓄意报复。无论如何，这座宫殿几乎被彻底毁坏了。这对研究波斯帝国的现代考古学家来说是一个巨大的损失。

大流士逃往更远的东部，希望投奔总督贝索斯统治下的巴克特里亚行省（大致相当于现今阿富汗的地区）的军队。然而，贝索斯和他的盟友逮捕了大流士并将他谋杀。贝索斯本人则声称夺取了波斯的王权。亚历山大追到贝索斯的领地，将大流士以皇家荣誉埋葬，然后一直追击贝索斯到中亚，最终在公元前329年将他处死。在这次远征中，亚历山大建立了一系列名叫"亚历山大里亚"的城市。今天的坎大哈就是其中之一，它仍然是阿富汗的一座主要城市。这个时期，亚历山大还迎娶了一位巴克特里亚酋长的美丽女儿罗克珊娜。

到了这时候，官员和军队对亚历山大的怨恨与日俱增。很多人想回家，同时他们也觉得亚历山大的行为越来越像波斯人——他穿着波斯服装，任命波斯军官，而且希望波斯人能够向他鞠躬并亲吻他的手。希腊人只向神鞠躬，因此他们觉得亚历山大试图表现自己是神，而不是凡人。一场意图谋害亚历山大的阴谋被揭露了，而忠诚于他的将军菲洛塔斯就是同谋之一。事后，一支刺客队伍迅速做出反应，杀死了菲洛塔斯和他或许无辜的父亲帕梅尼翁。

亚历山大率领他的军队进入印度，于公元前 326 年渡过印度河。当地的国王波罗斯带着他的 200 头战象，在希达斯佩斯河与亚历山大交战。战斗结束后，波罗斯投降并成为亚历山大的忠实仆人。亚历山大的战马西发拉斯死在了这里，于是一座新的城市便以这匹马命名了。亚历山大试图继续前进，但此时正值季风季节，而且军队已试图叛乱。亚历山大意识到他无法再说服他们征战下去，只好勉强同意返回希腊。

军队分 3 路移动：大部队走主路返回波斯；一部分人走海路，探索波斯湾周围的沿海地区；而亚历山大则率领第三批部队，沿着格德罗西亚沿海地区为舰队提供补给。亚历山大的军队饱受炎热、饥饿和口渴之苦，他们甚至不得不吃掉一些驮行李的牲畜。许多人丧命于旅途中。亚历山大本人拒绝享受特权，坚持步行。他们在公元前 324 年回到了苏萨，又于次年到达了巴比伦。亚历山大在那里发烧病重。几天后，他的士兵坚持要见他。阿里安以感人的笔触记述了士兵们与他们垂死的指挥官的最后一面：

> 士兵们渴望见到他。有些人希望能在他还活着的时候见到他；其他人希望能看到他的尸体。因为有消息说他已经死了。他们怀疑他的卫兵隐瞒了他的死讯。但没有什么能阻止他们去见他。几乎每个人心中都充满悲伤，还有一种想到即将失去他们的国王而产生的无助的困惑。当人们从他面前经过时，他躺着说不出话来，却还挣

扎着抬起头，眼中闪过对每一个经过的人的认可。

（阿里安《亚历山大远征记》7.26）

　　几天后，时值公元前 323 年 6 月，亚历山大去世了，享年 32 岁。他是一位战功卓著的将军，但他的早逝使他无法向世人证明，他是有能力管理他赢得的帝国的。尽管如此，亚历山大将希腊文明输出给了地中海世界之外的人民，这也是他一项了不起的功绩。

恶魔亚历山大

　　我们很容易从希腊人的角度看待亚历山大并将他赞誉为伟大的征服者和希腊文明的传播者。然而，我们也应看到他功绩的另外一面——他使成千上万的人遭到杀害、强奸或致残。在古代波斯祆教的档案中，亚历山大被称为"当受诅咒者"，因为有太多人被他杀害，波斯的宗教传统也因为他而陷于极大的危险。许多穆斯林学者还认为古兰经中关于双角人（Dhul-Qarnayn）的故事是以亚历山大为原形的。即使在今天，伊朗儿童也被警告，如果他们不守规矩，"恶魔亚历山大"就会来折磨他们。

　　我们应当意识到，亚历山大的人生故事中有很多令人震惊的残酷和失败之处。例如，他下令毁灭了底比斯；他参与暗杀了他最优秀的将军帕梅尼翁；他在醉酒后的斗殴中杀死了他的朋友克莱图斯；他使他的部下在格德罗西亚遇难；他摧毁了富有生机的波斯帝国，使帝国脆弱的东部边境陷于动荡；他未能指定继承人，而给他的继任者留下了许多棘手的问题。也许站在维护他的角度来说，他是那个时代的产物，他的成就或许比他的失败更有分量。

古希腊世界的历史（均为公元前）	
古典时代（479—323 年）	
478 年	提洛同盟建立
约 469 年	欧里梅敦战役
约 465—464 年	斯巴达地震引发黑劳士起义和斯巴达与雅典间的第一次分歧
461—445 年	第一次伯罗奔尼撒战争
460—454 年	提洛同盟在埃及与波斯交战，战败
454 年	提洛同盟的金库被从提洛岛转移到雅典
451 年	提洛同盟在海战和陆战中大胜波斯
450 年	雅典开始宣称自己在提洛同盟中具有统治地位
约 449 年	希腊与波斯间的敌对行动最终休止
446 年	雅典和斯巴达的权力集团签订"三十年和约"
440 年	提洛同盟成员国萨摩斯起义
431—404 年	伯罗奔尼撒战争
430 年	雅典爆发瘟疫
421 年	尼西阿斯和约：雅典和斯巴达同意维持 50 年的和平
415—413 年	雅典军队灾难性的西西里远征
412 年	波斯同意给予斯巴达资金支持，用以战争开支
411—410 年	在雅典，寡头政治短暂地取代了民主政治
404 年	雅典投降；斯巴达在希腊大陆的霸权初始
399 年	苏格拉底之死
386 年	国王和约：波斯再次控制塞浦路斯与亚洲的希腊城邦
379 年	对抗斯巴达的第二个"雅典同盟"被组建

（续表）

古希腊世界的历史（均为公元前）	
古典时代（479—323 年）	
371 年	留克特拉战役：底比斯打败斯巴达；底比斯开始其在希腊大陆的霸权
368 年	雅典与斯巴达组成反底比斯联盟
362 年	曼提尼亚战役：底比斯获胜，但因失去其领导者而被削弱；"共同合约"达成
359 年	腓力二世成为马其顿国王，发展方阵战事
357 年	马其顿的势力开始崛起；安菲波利斯被征服，雅典向马其顿宣战
338 年	喀罗尼亚战役；马其顿开始其在希腊大陆的霸权
337 年	腓力二世成为科林斯同盟的领袖
336 年	腓力二世遭暗杀；亚历山大大帝继任为国王
334 年	亚历山大大帝入侵波斯
331 年	高加米拉战役：亚历山大大帝击败波斯国王大流士三世
326 年	亚历山大大帝入侵印度
323 年	亚历山大大帝逝世；他的帝国被分割为 4 个王国

希腊化时代

  亚历山大的逝世标志着一个新的历史时代的开始，我们称该时代为"希腊化时代"。在接下来的 3 个世纪里，希腊文化统治并主宰了地中海东部、埃及和近东，直到西方日益壮大的超级大国罗马接管了这些地域。希腊化时代经常被历史学家视为古典时代的后续，但实际上，在这个关键的时期中，希腊文化和其他文化互相交汇、互相影响。同时，科学和数学等领域出现了重大的发现和进步。因此，在传承希腊文化方面，该时代发挥了重要的作用。

🏆 4个王国

亚历山大死后，他的帝国被分成几个部分，由他的继任者（被称为 Diadochi，希腊语中的"继任者"）统治。然而，这几个部分之间很快就出现了分歧。在接下来的几十年里，分歧发酵成了一系列错综复杂的战争。矛盾在公元前301年基本得到了解决，但直到公元前275年左右，亚历山大的帝国才被划分成4个新王国，每个王国都有自己的国王（图1.28）。亚历山大和马其顿人的确使君主制成为古希腊世界大部分地区普遍采用的政治制度。这4个王国分别是：

- 托勒密王国。托勒密，亚历山大从前的将军之一，在公元前323年帝国分裂时成为埃及的总督。公元前305年，他自立为国王托勒密一世，统治独立的埃及王国。他的家族很快被埃及人认可为法老的继承人。公元前30年罗马征服埃及后，埃及依然为他的后代所统治。而在公元前31年，托勒密女王克利奥帕特拉七世和她的罗马情人马克·安东尼在亚克兴海战中被击败。由于其坐拥丰富的自然资源且位于东西方贸易路线上的关键位置，托勒密王国非常富有。在某些时期，它还曾控制埃及以外的土地，包括利比亚、叙利亚南部、塞浦路斯、小亚细亚的部分地区和一些爱琴海岛屿。
- 塞琉古王国。塞琉古是亚历山大的另一位将军。他在公元前

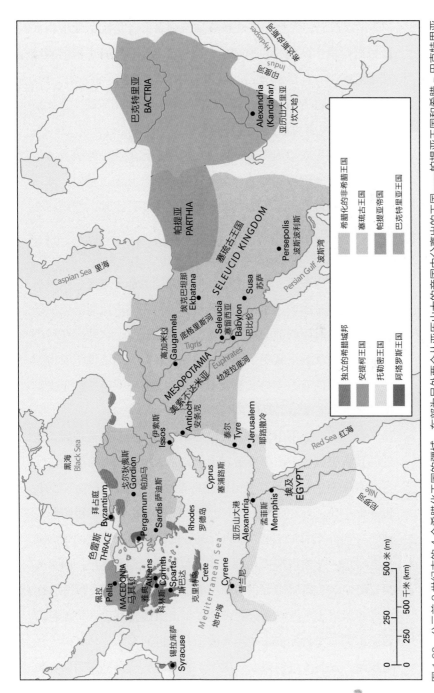

图1.28 公元前3世纪末的4个希腊化王国的疆域。东部为另外两个从亚历山大的帝国中分离出的国——帕提亚王国和希腊－巴克特里亚王国

312 年攻占巴比伦，标志着塞琉古王朝自此开始统治亚历山大所征服的最广阔的一片地域。在鼎盛时期，塞琉古王国的疆域从小亚细亚一直延伸到了阿富汗，其东部包括整个近东的土地。然而，塞琉古王国的领土随着时间的推移而有所缩减。公元前 256 年，巴克特里亚成为独立的希腊王国，而在公元前 236 年，非希腊的帕提亚王国在曾被称为波斯的地区崛起。帕提亚人征服了塞琉古王国东部的大部分地区。到了公元前 1 世纪，塞琉古王国的疆域已被压缩为叙利亚北部的一小片土地。它最终在公元前 63 年为罗马所征服。

- 帕加马王国（或称阿塔罗斯王国）。它是 4 个王国中最小的一个，以帕加马城为中心，统治小亚细亚西部的大部分地区。这里最初是塞琉古王国的领土，但公元前 284 年在阿塔罗斯王朝的统治下获得了有限的独立。大约在公元前 238 年，该地区在阿塔罗斯一世的领导下赢得了完全的独立并在公元前 2 世纪时得到了罗马帝国的有力支持。公元前 133 年，阿塔罗斯三世于去世前，将王国遗赠给了罗马。

- 马其顿王国。亚历山大大帝去世后不久，他的王朝被摧毁，他的马其顿王国被卡山德统治。卡山德是亚历山大在希腊的忠实摄政者安提帕特之子。卡山德还将希腊的其余部分并入王国，但是他于公元前 298 年去世，此后，王国再次陷入不稳定的局面。直到公元前 275 年，来自马其顿的一个强大家族的贵族安提哥努斯·戈纳塔斯成功登上了王位。公元前 215 年，因为安提哥努斯的后裔腓力五世与罗马的敌人迦太基结盟，罗马首次干涉希腊事务。罗马于公元前 202 年击败迦太基后，将注意力转向东方并于公元前 197 年大败腓力五世的军队。马其顿人被迫投降，成为罗马的盟友。次年，凯旋的罗马将军提图斯·昆西乌斯·弗拉米尼努斯在科林斯地峡运动会上宣布，所有希腊城市都获得了自由。但其实，罗马现在才是该地区的主要支配力量。公元前 146 年，罗马将军卢修斯·穆米乌斯先征服了马其顿，然后征服了科林斯并将其夷为平地。希腊半岛成为罗马的保护区，并在接下来的几个世纪里一直处于罗马的统治之下。

在这个时期，希腊大陆的城市往往不受马其顿势力的统治。为了相互照应，许多城邦结成了"联盟"。除了现有的维奥蒂亚联盟之外，伯罗奔尼撒北部和中部的城市组成了阿开亚联盟。它的主要竞争对手是由希腊中部的一些城市组成的埃托利亚联盟。斯巴达依然特立独行，一直保持着独立，直到公元前 192 年被迫加入阿开亚联盟，后又在公元前 148 年设法再次脱离。在希腊化时代，希腊大陆城市的重要性普遍下降，许多公民移居海外，以求获得更好的机遇。

罗马的崛起

在公元前 3 世纪早期的大希腊地区，希腊人与罗马人首次发生冲突。在此之前，罗马只是意大利中部的一支地区性势力。罗马在公元前 4 世纪后期开始在意大利半岛扩张，到公元前 270 年，已经征服了意大利南部的所有希腊城市。公元前 242 年，西西里岛被吞并为罗马的第一个海外行省。罗马随后在公元前 202 年战胜迦太基，成为地中海西部的主导力量。此后，罗马开始将注意力投向东方。

🏆 城市生活

希腊化时代是希腊殖民活动的一个重要的新时期。传说亚历山大大帝建立了大约 70 座新城市，但谨慎估计，他建立的城市数量大约远少于这个数字的一半。塞琉古人在他们的王国中创建了 60 多个新城镇。其中一些实际上是对已有城市的"重建"。它们被冠以新名称，采用希腊式政体。它们之中两个最重要的城市是安条克（位于现今土耳其东南部的海岸）和塞琉西亚。后者被设立为塞琉古王国的新首都，位于底格里斯河岸边，巴比伦以北的 50 千米处。

所有这些城市，无论大小，都具有鲜明的希腊特色。教育和艺术在这些城市蓬勃发展，神庙、剧院和体育场林立，城民们庆祝宗教节日。它们还拥有活跃的政治制度，实行公民民主，具有议会、公民大会和法院等机构。然而，其民主的范围和权力是有限的，公民们最终还是要听从身处远方的国王的命令。国王拥有自己的专业军队，因此城市无法决定它们的军事和外交政策，而且必须向国王纳税。

新开辟的贸易路线是希腊化时代巨大社会变革和发展的催化剂。希腊人现在打开了远至俄罗斯南部、印度和埃塞俄比亚的市场。他们获得了来自不同地区的金属：康沃尔和布列塔尼的锡、塞浦路斯的铜、西班牙的银以及印度和埃塞俄比亚的金。阿拉伯半岛南部的乳香和巴比伦的椰枣需求量很大。他们甚至可能进口来自中国的丝绸。这意味着希腊商人探访了以上这些地方并学习了不同的文化。

通 用 方 言

由于希腊化时代的移民活动非常频繁，人们从阿提卡希腊语中发展出了一种通用的希腊方言。它被称为"共同的（koine）希腊语"，因为马其顿人已将阿提卡希腊语规定为整个希腊化世界的语言。通用希腊方言具有重要的历史意义，因为它是公元 1 世纪时编写《新约》所使用的语言。

🏆 艺术与文化

希腊化时代是一个独特而充满活力的文化发展时期。这一时期的一个特点是人们对个人发展和人类心理学产生了更大的兴趣，因为人们试图在一个被大幅扩展的世界中找到自己的位置。我们尤其可以从神秘宗教在这个时期的流行以及新出现的哲学流派中看出这一点。此外，与古典时代的喜剧相比，公元前4世纪末在雅典发展起来的"新喜剧"更加关注个人行为。

除了哲学家和喜剧作家，其他一些重要的作家也捕捉到了这个时代的精神。公元前2世纪的历史学家波利比乌斯认识到罗马日益强大的力量，他的《历史》记录了罗马在公元前264—前146年崛起为世界强国的过程。公元前3世纪的罗得岛史诗诗人阿波罗尼奥斯在他的著作《阿尔戈斯英雄传》中重述了伊阿宋和美狄亚的故事。虽然这部史诗采用了荷马史诗的六步格，但它在风格和题材上都具有创新性：它较以前的史诗更短，更富有浪漫色彩和心理描写。这一时期另外两位有影响力的诗人是忒奥克里托斯和卡利马科斯：前者著有将乡村生活理想化的田园诗《牧歌》；后者是一位著名的文学评论家，创作了许多赞美诗和警句。

阿波罗尼奥斯、忒奥克里托斯和卡利马科斯都曾在埃及的亚历山大港的图书馆写作过。亚历山大港这座城市已经成为希腊世界的文化和知识中心，其核心就是它那由托勒密家族在公元前3世纪初建立和赞助的伟大图书馆。我们没有关于其中保存了多少卷轴的记录，但根据古代资料估计，其藏书量可能多达70万卷。图书馆还设有演讲厅、会议室和花园，吸引了当时一些最著名的思想家前往。

🏆 数学与科学

在亚历山大港和其他一些地方，数学和科学领域在这一时期取得了重要的新发现。被称为"几何学之父"的欧几里得在大约公元前300年活跃在亚历山大港。他的《几何原本》是数学史上最具影响力的著作之一，直到20世纪初还在被用作几何教学的主要教科书。在欧几里得之后一个世纪，佩尔加的阿波罗尼奥斯以他关于圆锥曲线的著作而闻名，他为我们发明了诸如"抛物线"和"椭圆"之类的词语。其他一些生活在亚历山大港的人们发明了机械：克特西比乌斯发明了水钟和水管风琴，希罗制造了一个模型"蒸汽机"。

阿基米德

阿基米德是一位非常伟大的希腊数学家，他于公元前3世纪生活在锡拉库萨。他推导并证明了一系列几何定理，包括求圆的面积、球体的表面积和体积以及抛物线下的面积等公式。他最出名的事迹是大喊"我发现了"（eureka），同时赤身裸体地跑过城市的街道——当时他正在浴室里洗澡，突然想到他可以通过测量水位的变化来计算出他自己身体的体积（因此可以将此原理应用于测量其他不规则形状物体的体积）。他还发明了许多防御性武器，在与罗马人的战争中为自己的城市提供了很实用的帮助。据说他的坟墓上雕刻着一个圆柱容球的图案，圆柱体和球的（体积和表面积的）比例为 3：2——也许阿基米德认为这是他最伟大的发现。

在这几个世纪里，天文学和医学也取得了长足的进步。萨摩斯的阿里斯塔科斯因提出地球围绕太阳运行而闻名。他的日心说直到16世纪才被后来的学者扬弃。昔兰尼的埃拉托色尼创建了地理学学科。他最著名的事迹是曾尝试计算地球的周长——他的计量只有0.16%的误差。在医学领域，希罗菲卢斯和埃拉西斯特拉图斯在亚历山大港共同创办了一所医学院。希罗菲卢斯通过研究，将大脑确定为神经系统的中心。埃拉西斯特拉图斯则专注于研究心脏。他认识到心脏是一个泵状器官，将其划分为若干部分，还区分了静脉和动脉。

从希腊到罗马

公元前1世纪下半叶，整个希腊化世界已经被纳入当时庞大的罗马帝国。公元前46年，罗马建立了一个新的行省——阿开亚，其中包括希腊大陆的大部分地区，此外还在地中海东部建立起了其他行省。此时，希腊是罗马内战的主要战场：恺撒大帝于公元前48年在希腊中部的法萨卢斯战胜了他的劲敌庞培；恺撒于公元前44年被谋杀，刺杀他的刺客于两年后在马其顿腓立比被击败；而在公元前31年，屋大维（后来罗马的第一任皇帝奥古斯都）在希腊西北部的亚克兴海岸附近的海战中，战胜了他曾经的盟友马克·安东尼（他得到了埃及女王克利奥帕特拉的支持），取得了最终的胜利。次年，罗马控制了埃及——最后一个独立的希腊化王国。

尽管罗马人现在成为希腊世界的主人，但新统治者对希腊文化和思想非常感兴趣。罗马作家致力于效仿希腊文学大师：早在公元前2世纪上半叶，特伦斯和普劳图斯就曾经模仿米南德的喜剧风格；公元前1世纪，西塞罗深受德摩斯梯尼的影响，而维吉尔则创作了史诗《埃涅阿斯纪》，希望它能与荷马的伟大作品相提并论；此外，贺拉斯自称为首位将抒情诗引入拉丁语的作者。贺拉斯在他的一首诗中用一句简洁的诗句承认了罗马人对希腊人的文化借贷：*Graecia capta ferum victorem vicit*（被征服的希腊征服了它的野蛮征服者）。因此，在罗马帝国中，希腊和罗马的文化始终共存。

在罗马时期，希腊世界持续产出着重要的作家。公元前 1 世纪，狄奥多鲁斯·西库鲁斯用 40 卷的篇幅撰写了一部世界历史，而哈利卡纳苏斯的狄奥尼修斯则创作了一部包含着罗马最古老时代的历史。还有 4 位重要的作家生活在此后的两个世纪：阿庇安也撰写罗马历史；阿里安

普鲁塔克

普鲁塔克（约公元 46—120 年）是罗马时期一位重要的希腊作家。他是传记作家和散文家，出生于维奥蒂亚喀罗尼亚的一个富裕家庭。他最著名的作品是《比较列传》。这是一系列著名希腊人和罗马人的传记，成对编排以供比较。书中共有 23 对传记，还有 4 部未配对的单人传记。正如他在《亚历山大传》开篇所解释的那样，普鲁塔克以传记作家而非历史学家的身份写作，旨在探寻性格（无论好坏）对伟人的生活和命运的影响。作为一名深刻的思想家，他还撰写了一系列关于道德问题的文章。同时他还是德尔斐的一名高级祭司并以此身份向读者提供了一些有关神庙运作的有趣信息。

普鲁塔克的作品对欧洲文学和思想产生了重大影响。例如，莎士比亚的罗马历史剧中的情节和大部分语言都是基于普鲁塔克《比较列传》的翻译版本，而法国大革命的一些领导人则受到了普鲁塔克笔下勇敢反抗僭主的人物的启发。此外，普鲁塔克高超的叙事能力，使他的精彩故事深受古代和现代世界的孩子们的喜爱。

记述了亚历山大大帝的远征；保萨尼亚斯是一位旅行作家和地理学家，他撰写了一部《希腊志》，其中描述了希腊历史上的许多重要古迹和遗址；而医生盖伦可以说是古代世界中最有影响力的医学研究者，他的著作和理论主导了西方医学思想长达 1 300 余年。

事实上，东地中海地区仍然保持着希腊而非罗马的习俗（《新约》的作者都是用希腊语写作，说明希腊语的重要性不减）。在这半个帝国中，希腊语是民事政府的主要语言。年轻的罗马精英接受着希腊语和拉丁语的双语教育。许多罗马领导人都是希腊文化的崇拜者，尤其是生活在公元 2 世纪的哈德良皇帝，他在宙斯神庙开始兴建的大约 7 个世纪后，终于完成了这座建筑。（这座神庙的一部分现今仍然矗立在雅典。）

在公元 3 世纪后期，罗马帝国被一分为二，一位皇帝在东部统治着原先的希腊化世界。分而治之的尝试没有持续下去，但在公元 324 年，君士坦丁大帝认识到帝国的文化和经济中心现在都在东方，于是他在博斯普鲁斯海峡重建拜占庭城为君士坦丁堡，然后将帝国的首都迁至那里，以之取代了罗马。在接下来的一个世纪里，罗马和西罗马帝国落入了蛮族入侵者之手。一个新的历史时代由此开始了。使用希腊语的拜占庭帝国幸存了下来，并一直延续到了 1453 年。

古希腊世界的历史（均为公元前）	
希腊化时代（323—31 年）	
323—146 年	希腊大陆的城市大多摆脱了马其顿的统治；城邦结成联盟以互助；希腊殖民地和文化在亚历山大征服的土地上繁荣
312—63 年	塞琉古王朝统治近东和中东的大部分地域直至被罗马征服
305—30 年	托勒密王朝统治埃及直至被罗马征服

（续表）

古希腊世界的历史（均为公元前）	
希腊化时代（323—31 年）	
284—133 年	帕加马王国从塞琉古王国中独立出来，统治小亚细亚西部，直到被阿塔罗斯三世转赠给了罗马
275 年	安提哥努斯·戈纳塔斯被确立为马其顿王国的统治者
242 年	罗马完成对大希腊地区的征服
214—205 年	罗马和马其顿之间的第一次马其顿战争
200—197 年	第二次马其顿战争；罗马击败马其顿，成为希腊大陆的主导力量
196 年	罗马宣布希腊摆脱马其顿的统治，获得独立，但实际上其掌控了希腊
171—168 年	第三次马其顿战争；罗马击败马其顿并瓦解了马其顿王国
146 年	罗马征服马其顿，毁灭科林斯；希腊成为罗马的保护区
46 年	罗马将希腊大陆的大部分划为阿开亚行省
31 年	亚克兴海战；屋大维击败马克·安东尼和埃及的克利奥帕特拉七世，控制了最后一个独立的希腊化王国

第二章　古希腊宗教

古希腊宗教的特点

有这样一个矛盾：尽管古希腊宗教似乎缺乏许多现代宗教的特征，而且对信众的个人承诺和信仰程度要求不高，但古希腊人与宗教的联系紧密到几乎难以被今人所理解的程度。

（J. V. 缪尔《希腊宗教与社会》第 194 页）

🏆 古代与现代

在很多方面，古希腊宗教与今天"宗教"的含义大不相同：它没有集中的宗教权威，没有经文，没有正式的道德规范；它不提供任何在死后获得幸福生活的希望，也没有任何皈依的概念——它没有必要具备这些特点，因为古希腊社会中不存在今天这样相互竞争的多个宗教。这可能就是古希腊人没有实际上的"宗教"的原因。相反地，古希腊人只是简单地将其称为"神圣的事务"（hiera）。

我们可以通过类比语言来了解古希腊人对他们的宗教认同的理解。崇拜相同的神明和说相同的语言，是古希腊人达成共同的身份认同的两种最基本的方式。今天，我们使用的语言是由我们成长时所处的国家和文化决定的。"改变自己的语言"这样的想法是没有意义的——母语就是在婴儿时期形成的。古希腊人以大致相同的方式看待他们的宗教。对他们来说，宗教活动是他们在成长过程中持续接触并习以为常的事情。崇拜希腊众神是身为古希腊人的一部分。

然而，这不是说古希腊的宗教与现代世界的宗教没有相似之处。和今天的宗教一样，古希腊宗教试图帮助其信徒理解他们当下的生活。这一原则反映在以下的实践中。

- 逾越仪式。出生、结婚和死亡等时刻被提升至神圣的地位（我们将在第四章和第六章分别描述雅典人和斯巴达人是怎样庆祝这些仪式的）。
- 节日。节日是古希腊生活方式的一个极其重要的部分。一些节日是本地性的，一些是区域性的，还有一些是泛希腊的（它们对整个使用希腊语的世界开放）。本章和后续章节将详细介绍这类宗教节日。
- 拜访圣地。人们不远万里地前往古希腊世界各地的众多圣地。本章将介绍其中的两个圣地——德尔斐和厄琉息斯。朝圣的旅行者在旅途中通常会受到保护，尤其是那些参加奥运会的旅行者。

所有这些做法对今天的我们来说都不陌生。虽然在西方社会过去的约50年里，制度性宗教的受欢迎程度急剧下降，但是大多数的婚礼和葬礼仍然以宗教仪式的形式举行。圣诞节、排灯节和开斋节等节日依然是一年结束的标志，而朝圣依旧是许多信仰的核心活动——最著名的是伊斯兰教要求其信徒一生至少要前往麦加一次，进行朝圣。

教义的缺失

古希腊宗教与现代宗教最大的区别在于它没有任何正式的经文。因此，它没有教义（dogma，其实是一个希腊语词汇，意思是"观点"），也没有每个人都必须遵守的一套信条。此外，古希腊宗教也不具有一个中央宗教统治集团，像今天梵蒂冈之于罗马天主教那样，负责神职人员的培训与宗教法令的制定。

这可能是古希腊宗教的一大优势。在历史上的大多数宗教中，祭司阶层比绝大多数人受过更高的教育，因此拥有不寻常的权力。他们受过训练，能向群众解释经文的内容，因此他们声称自己能代表上帝发号施令。结果，他们对信徒的思想进行了极强的控制。

一些人认为，正因为希腊宗教缺乏等级和教义，古希腊世界才能够在公元前 6 世纪和公元前 5 世纪产生一场"思想革命"（第四章中将具体解释该观点）。在该时代，哲学和科学得到深刻的探索，各种普遍流传的信念受到公开的质疑。或许伟大的思想家在这个时代出现，是因为他们的宗教并没有阻止他们去提出问题，或者挑战传统的观点。然而，即使是古希腊人在这方面也有其局限性。一些人，例如，苏格拉底和阿那克萨哥拉（第四章将介绍他们）提出的观点非常激进，以致激起了全社会的愤怒。

🏆 神与人的关系

古希腊人不需要"爱"他们的神，而是要他们"尊敬"的神。学

者乔恩·米卡尔森将这种尊敬描述为"像臣民欠他的国王那样",而且
是"像一个好臣民欠一个好国王那样"。古希腊人认识到他们的神比他
们强大得多,因此应当受到敬仰和尊重。如果人们这样做了,那么他
们就希望能够得到神的恩惠和善待。诗人赫西俄德给农民的建议就反
映了这种态度:

> 当你上床睡觉时,或当神圣的光明在黎明返回时,用奠酒和炙
> 烤的祭品安抚不朽的神灵。这样,他们便会对你怀有仁慈之心,你
> 就可以购买别人的土地,而不让别人获得你的土地。

(赫西俄德《工作与时日》338—41)

正如赫西俄德在这里所表达的,古希腊人通过向神明奉献礼物来
表达对他们的尊敬。动物、奠酒、祈祷和供品都属于他们在祭祀中定期
提供的祭品。祭祀通常发生在神庙前,而这些神庙本身就是为了敬奉神
灵而建造的。作为回报,古希腊人希望他们的神能为他们生活的各个方
面提供帮助,包括健康、婚姻、工作和战争。

因此,好运和厄运往往被视为众神的安排。例如,以下段落叙述
了公元前403年,在与三十僭主的军队在比雷埃夫斯附近作战之前,亲
民主的雅典领导人色拉西布洛斯对他的部队发表的一段激动人心的演
讲。为了鼓励将士,他辩称众神站在他们一边:

> 众神现在显然站在我们这边。在晴朗的天气中,他们送来暴风
> 雪帮助我们;当我们以寡敌多发动进攻时,他们给予我们设立胜利
> 纪念碑的权利。所以现在他们把我们带到这个位置。我们的敌人正
> 在上坡,所以无法把他们的长矛和标枪扔过前排士兵的头部。而我
> 们从山上扔下长矛、标枪和石头,肯定不会错过我们的目标,一定
> 会造成敌人的伤亡。

(色诺芬《希腊史》2.4.14—15)

在这种情况下，色拉西布洛斯一定会觉得当时发生的事情是有道理的。他的亲民主军队尽管人数以 1∶5 远少于敌人，却能使三十僭主的军队落荒而逃，还在战斗中杀死了臭名昭著的寡头统治者克里蒂亚斯。

♔ 死后的世界

当今世界上大多数宗教的核心是对死后世界的信念。比如，基督教和伊斯兰教都承诺死后去往天堂是虔诚度过一生的人将获得的奖励；印度教徒和佛教徒则相信轮回的存在，他们的最终目标是从轮回中得到解脱，达到涅槃。所有这些宗教都秉持这样一种信念，即今生道德的行为将会在死后得到奖励（相反地，不道德的行为将受到惩罚）。

然而，传统的古希腊宗教对死后世界持有截然不同的看法。死后，死者将进入冥界，与地下世界的鬼魂为伍，被冥王哈迪斯统治。在《奥德赛》第十一卷中，奥德修斯被允许在活着的时候进入冥界。那些生前非常邪恶的人（例如，西西弗斯和坦塔罗斯）生活在无尽的折磨中，而绝大多数灵魂都居住在幽暗中，是他们从前的自己的苍白阴影。或许很多灵魂都会认可死去的阿喀琉斯对奥德修斯说过的那句话：

> 不要轻视死亡，杰出的奥德修斯……我宁愿在土地上劳作，受雇于一些没有土地的贫困农民，也不愿在所有这些死者中称王。
>
> （荷马《奥德赛》11.489—91）

这种观点强调，重要的是今生。那些对死亡寄予更多期望的人，还会将他们的信仰寄托在一些神秘的仪式上。最著名的神秘仪式以阿提卡的厄琉息斯为中心。然而，传统的古希腊宗教旨在帮助人们尽可能地过好当下的生活。

🏆 伦理

　　古希腊宗教不包含供其追随者遵循的道德准则。这可能是因为它既没有正式的教义，也没有特意去强调死后的审判。这一点与许多当代宗教形成了鲜明的对比。例如，犹太教徒和基督徒都相信上帝赐给摩西《十诫》，作为他的子民应遵循的道德准则。而古希腊人则在别处寻找着对伦理道德的指导：法律、哲学和文学。伊索寓言就是一组提供重要道德训诫的著名故事。

　　尽管他们的宗教没有树立道德准则，但古希腊人经常利用众神来加强他们已有的法律——我们有许多例子，能够说明哪些行为会令众神喜悦，哪些行为会被众神厌恶。杀人犯和叛徒则被认为不仅在法律层面上有罪，同时也在宗教上不洁净，会被禁止进入所有宗教圣地或参加宗教仪式。陌生人、客人和外乡人都会受到宙斯的保护（正如荷马《奥德赛》的情节所展示的那样）。誓言的使用在古希腊生活的许多领域中都非常重要，无论是在商业交易、法律诉讼，还是家庭关系中。众神被召唤为誓言的见证人，赋予誓言更强的约束力。正如索福克勒斯的诗句所示：

> 当立下誓言，男人要更小心，
> 因为他需提防两件事，
> 朋友的批评
> 和对众神犯下的罪过。

（索福克勒斯，残篇 472）

古希腊众神

古希腊宗教是多神教，换言之，它的信仰体系中有很多神祇。其中最重要的是奥林匹斯十二主神，但除此之外还有数百位神明，有些神的信众只来自一个地区甚至一个村庄。该系统的一个优点是，神存在于生活中的每个领域，因为每位神明都有着不同的职责。因此，古希腊人可以向德墨忒尔祈求丰收，向宙斯祈求雨水，向阿瑞斯或雅典娜祈求对战争的帮助，向波塞冬祈求海上航行的安全，向阿波罗祈求音乐比赛的胜利。人们可能会觉得自己与某一位在他们的生活中扮演重要角色的神有着密切的联系（例如，水手可能会感到与波塞冬格外亲近）。

古希腊宗教的另一个特点是众神都是拟人化的，也就是说，众神具有人的形象。无数的古希腊神像都被表现为人的模样。事实上，众神不仅外表像人，还具有人类的缺点和不完美之处。这与现代观念中完美的上帝相去甚远。古希腊众神可以是残忍的或者善良的，可以是乐于助人的，也可以是富有报复心的，而且都有自己的偏见。一些古希腊人会因为他们的神明有道德缺陷而感到困扰。柏拉图的理想国度就将所有描写神灵具有人类弱点的诗人排除在外。

🏆 奥林匹斯众神

奥林匹斯众神的名字来自他们在人们想象中的居住地，即希腊北部的奥林匹斯山。同时，奥林匹斯也被认为是一个虚构的天空之境，与今天一些人想象中的天堂类似。

神圣的称谓——众神的多面性

每位神明掌握着生活中的不同领域并相应地受到崇拜。比如，农民可能会向"赐雨者宙斯"祈祷下雨；奥林匹克运动员必须向"誓言的保护者宙斯"宣誓；而在《奥德赛》中，奥德修斯曾向"旅行者的保护者宙斯"发过誓。雅典娜可以同时被尊称为"城市的保护者""处女神""手工业的监督者""战斗的使者"和"胜利者"。神庙中供奉的通常是某一位神明的某一特定版本。例如，雅典卫城的神庙中供奉着 3 个不同版本的雅典娜：城市的保护者、处女神和胜利者。

在古希腊人的观念中，他们的神既不会老也不会死。这意味着，在童年时期之后，众神所处的年龄阶段被认为是固定不变的。所以宙斯的形象通常是一位父亲般健康的中年人，而阿波罗则是一直处于青年阶段。奥林匹斯众神包含 12 位神明——6 位男神，6 位女神，他们都属于同一个家族。家庭内部有很多近亲通婚（比如，宙斯与他的妹妹赫拉是夫妻），这是许多多神教系统的共同特征。

接下来的部分简要概述每位神明的性格和职责。然而，如此庞大的话题无法用三言两语讲解清楚，因此，我们将引用许多来自荷马和荷马颂诗的段落。它们将帮助读者更清楚地了解每位神明的性格。

▍6 位男神与狄俄尼索斯

宙斯通常被表现为坐在宝座上，手持权杖。在以他的名义举办体育比赛的奥林匹亚的神庙中，他最著名的巨型雕像就是以这种形象呈现的。《伊利亚特》中的一段故事说明了他拥有掌握命运的权力：他用黄金天平衡量了阿喀琉斯和赫克托耳的生命（《伊利亚特》22.209—13）。

荷马、赫西俄德和荷马颂诗

在没有任何正式的宗教教义的情况下，古希腊人从他们最早的两位诗人荷马和赫西俄德的作品中寻求众神的故事和教导。赫西俄德的《神谱》提供了众神的历史和谱系，是我们了解古希腊神话的主要材料。此外，荷马在他的《伊利亚特》和《奥德赛》中展示了古希腊人对他们的神明的认识。荷马笔下的诸神是虚荣、自私、睚眦必报的，同时也是强大而充满激情的。荷马的诸神经常被形容为"轻松生活的"，这也是他们与凡人最不同的地方。荷马笔下的诸神过着惬意的生活，没有痛苦和死亡的烦恼。

关于众神的另一个重要材料是荷马颂诗。它们写于大约公元前 7 世纪，虽然不是荷马的作品，但在风格和语言上与荷马史诗很相似。荷马颂诗的主角是奥林匹斯山的每一位神祇。它们讲述了诸位神明是如何获得各自的力量和圣地的。

在《奥德赛》中，宙斯扮演着陌生人、客人和外乡人的保护者的角色。在《奥德赛》和赫西俄德的《神谱》中，他都与正义密切相关。他的私生活很复杂：虽然他与赫拉是夫妻，但是他的外遇众多，这使得他的婚姻充满了动荡。

海神波塞冬对水手和渔民来说尤为重要。因此，在通过航海和贸易致富的科林斯，波塞冬被尊为守护神，这里的地峡运动会也是以他的名义举行的。波塞冬也被认为是地震之神，他拥有"撼动大地者"的称谓（图 2.1）。《伊利亚特》中有一段著名的段落（13.17—31），以气势磅礴的语言描述了这位神明跨越海洋的历程。在《奥德赛》中，波塞冬狂暴地追捕着奥德修斯，因为奥德修斯这名凡人英雄弄瞎了波塞冬的儿子波吕斐摩斯（5.282—381 一段详细描述了波塞冬的迫害行径）。

图 2.1　这座青铜雕像被发现于埃维亚岛的阿尔忒弥斯海角。学者们认为它表现的是宙斯或波塞冬

　　赫菲斯托斯是火神和金属铸造之神，他可以将岩石变成青铜武器或者精美的珠宝，尤其受到铸造工匠的崇拜。他参与了《伊利亚特》中的两个重要情节：通过讲述自己跛脚的原因平息了众神之间的争吵（1.571—600），并为阿喀琉斯制作了新武器（18.369—617）。在《奥德赛》中，他狡猾地逮住了通奸的妻子阿佛洛狄忒（8.266—366）。他是众所周知的跛脚，经常被与爱琴海北部的莱姆诺斯岛联系在一起。

　　关于战神阿瑞斯的神话很少，因为古希腊人不喜欢过多地讨论他。事实上，在《伊利亚特》中，荷马通常称他为"可怕的阿瑞斯"。他代表了无意识的暴力和战争中缺乏思量的破坏。他的这种本性或许在《伊利亚特》第 5 卷（5.846—909）的一段话中得到了最好的说明。在这段话中，宙斯斥责他："你的快乐总是在纷争、战争和战斗中。"因此，阿瑞斯与战争女神雅典娜形成了鲜明的对比：雅典娜代表着赢得战斗胜利所需要的战术和卓越的军事能力。

阿波罗是古希腊人最重要的神明之一。他的职责范围宽泛，是音乐、艺术、教育、医学和疾病、预言和弓箭之神（从公元前 5 世纪开始，他还与太阳相关）。他经常被描绘成一名英俊的年轻人，留着短鬈发，佩戴着里拉琴或装满箭的箭袋。他也经常被形容为"闪耀者"。阿波罗的圣树是月桂树，他在提洛岛（他的出生地）和德尔斐都受到特别的崇拜。在《伊利亚特》的开篇，是阿波罗向古希腊人送去了瘟疫，导致了阿喀琉斯和阿伽门农之间的争论（1.43—52）。

赫耳墨斯是四方远游的诸神的使者，因此人们相信他会保护来往于古代世界的旅行者和商人（图 2.2）。《赫耳墨斯颂诗》（1.20ff.[①]）讲述了

图 2.2　被绘有身份
标志清晰可
辨的赫耳墨
斯、阿波罗
和阿尔忒弥
斯的器具

---

① "ff." 表示"及之后若干行、若干段或若干页"。本书多引用古希腊诗歌、戏剧等文献，因此
"ff." 通常指"及之后若干诗行"。此处即表示《赫耳墨斯颂诗》1.20 诗行及之后若干诗行。——
译者注

他生命中多事的第一天：他发明了里拉琴并偷走了阿波罗的神牛。赫耳墨斯还扮演着护送死者的灵魂去冥界的特殊角色，因此也被视为"灵魂护卫者"而受到崇拜。在荷马史诗中，他曾经帮助过《奥德赛》中的奥德修斯（10.275—308）和《伊利亚特》中的普里阿摩斯（24.334—470）。

　　除了以上6位神祇，另一位重要的男神是狄俄尼索斯。他掌管着生活中的许多领域，包括戏剧和葡萄酒。他经常被视为外来者，因此他不在最初的奥林匹斯诸神之列。狄俄尼索斯诞生的故事是这样的：宙斯使底比斯的一名凡人女子塞墨勒怀孕了，然而嫉妒她的赫拉在她怀孕时设计使她遇害身亡。宙斯从塞墨勒的子宫里救出了还是胎儿的狄俄尼索斯并将他缝进了自己的大腿，几个月后，狄俄尼索斯出生。

　　狄俄尼索斯经常被与葡萄藤和常春藤描绘在一起（图2.3），前者与葡萄酒有关，后者代表着生长和活力。

图2.3　海上的狄俄尼索斯。葡萄藤盘绕着船的桅杆，成串的葡萄挂在船帆之上

神　　明	司掌领域	象　　征
宙斯	众神之王；天空与天气、旅行者	王座与权杖；闪电
波塞冬	海洋、地震、马和牛	三叉戟
赫菲斯托斯	火、金属铸造、工匠	铁砧
阿瑞斯	战争	盔甲
阿波罗	教育、音乐与艺术、弓箭、太阳、预言、医学和疾病	竖琴与弓箭
赫耳墨斯	众神的使者；旅行、贸易	带翼凉鞋
狄俄尼索斯	戏剧、葡萄酒、狂欢	橄榄木手杖、葡萄藤、常春藤、动物毛皮

▎6 位女神

作为众神的王后，赫拉是婚姻的女神，对于女性尤为重要。然而，她自己的婚姻并不幸福。在《伊利亚特》（14.153—353）的著名段落中，她引诱丈夫以转移他对特洛伊战争的注意力。这使得她所支持的古希腊人能够趁宙斯心不在焉时，在战争中占据上风。在艺术表现中，赫拉的形象通常是庄重而威严的，她经常坐在宝座上，头戴高高的圆柱形皇冠。她的两个主要的信仰中心是阿尔戈斯和萨摩斯岛，但她在整个古希腊世界都受到广泛的崇拜。

德墨忒尔是古希腊人生活中很重要的一位女神，因为她负责庄稼和丰收。她最著名的故事与她的女儿珀尔塞福涅被绑架之事有关。［珀尔塞福涅也被称为"少女"（Kore）。］根据《德墨忒尔颂诗》记述（1.1ff.），珀尔塞福涅正在田野里采花，从冥界来到地面的冥王哈迪斯爱上了她，并将她劫掠到了他的王国。担心害怕的德墨忒尔在大地上四处寻找她消失的女儿，悲恸欲绝。结果，地上的庄稼停止了生长，世间发生了饥荒。

为了拯救世界于饥荒，宙斯介入了这件事情，劝说哈迪斯送回珀尔塞福涅。然而，由于珀尔塞福涅已经在冥界吃过食物（几粒石榴果实），于是她被迫每年和哈迪斯共度几个月。珀尔塞福涅缺席人间的时期通常被解读为冬季，即庄稼藏在土地之下的季节。这个神话构成了在厄琉息斯进行的神秘仪式的基础。

阿佛洛狄忒的名字的意思是"从泡沫中诞生"，这是因为她是从宙斯的祖父乌拉诺斯的精液所产生的泡沫中诞生的。她的出生经常被重现在艺术作品中：在圣岛塞浦路斯附近，她与贝壳一起出现在海面上。作为爱的女神，阿佛洛狄忒对人心有着强大的掌控力。正是她向特洛伊的帕里斯许诺，将送给他斯巴达国王的妻子海伦，从而引发了特洛伊战争。《伊利亚特》（3.380—417）的一个段落描述了当她在特洛伊城内向海伦显现时，她那令人惊叹的美丽。

雅典娜在雅典受到最热烈的崇拜，这座城市也是以她的名字来命名的。关于她的出生，有一个奇怪的故事。宙斯使墨提斯（她的名字意为"狡猾"）怀孕后，因为担心他们的孩子长大后会推翻他的统治，遂将她吞入肚中。然而，婴儿继续长大，还导致了宙斯头痛欲裂。赫菲斯托斯奉命劈开宙斯的头骨，身着盔甲的成年雅典娜便从中跳了出来。这则神话说明了3点：它强调了雅典娜与宙斯的亲密关系、雅典娜狡猾的天性以及她与另一位工艺之神赫菲斯托斯的紧密联系。

雅典娜最重要的角色之一是智慧女神。因此，她的圣鸟是象征智慧的猫头鹰（它在今天仍有此象征意义）。作为战争女神，她因其军事智谋而受到崇拜，在艺术作品中也经常与长着翅膀的胜利女神奈姬一起出现。她作为战争女神的标志之一是她所穿着的埃癸斯——一袭镶嵌着蛇发女妖戈耳工的头部且饰有蛇形流苏的山羊皮斗篷（图2.4）。在战斗中，雅典娜会展示该斗篷，造成敌人的恐慌（参见《奥德赛》22.297ff.）。她还担任着纺织和手工艺女神的角色，负责庇佑在古希腊家庭中工作的女

图 2.4 身穿埃癸斯的
雅典娜与右手
握着三叉戟的
波塞冬交谈

性。女神墨提斯也有类似这方面的职责。在整部《奥德赛》中，雅典娜作为奥德修斯的守护神，扮演着十分重要的角色。

雅典的建城

雅典的传说讲述了雅典娜与波塞冬为了成为阿提卡人民的守护神而竞争的故事。波塞冬为人们提供了一眼咸水泉，而雅典娜则送给人们一棵橄榄树。由于咸水不可以饮用，人们更喜欢橄榄树，于是选择了雅典娜作为该地区的女神并建立了以她的名字命名的新城市。雅典人相信雅典卫城上的一棵橄榄树正是雅典娜为了赢得比赛而亲手种植的。

阿尔忒弥斯是阿波罗的孪生姐姐，因此，她后来被人们认为与月亮有关，就像阿波罗与太阳有关一样。她通常也被称为"闪耀者"（Phoebe）。她以狩猎女神的身份而闻名，也是一位对古希腊人来说很重要的神明，因为她负责庇护儿童和分娩。在阿提卡距雅典以东 20 多英里的布劳伦，有一处著名的崇拜阿尔忒弥斯的圣地。一些来自阿提卡的少女被送到这里扮演女神之"熊"的角色；即使是那些没有前往的少女，也必须在她们童年的某个时期扮演熊。这可能是女孩们在进入青春期之前的一种启蒙仪式。

赫斯提亚是炉灶女神。她作为光、热和烹饪的来源，对每个家庭都是至关重要的。因此，她是一位重要的家宅女神，负责庇佑家庭和家务劳动。每逢家庭献祭，她都会收到第一份供品。在公共领域，古希腊城市的重要政府建筑中，会为赫斯提亚女神供奉一把长明的圣火，以象征国家的发展繁荣不止。赫斯提亚原本是奥林匹斯十二主神之一，但后来为了照料奥林匹斯山上的圣火，她把位置让给了狄俄尼索斯。

女 神	司 掌 领 域	象 征
赫拉	众神的王后	王冠
德墨忒尔	庄稼与丰收	花朵，水果和谷粒
阿佛洛狄忒	爱与美	贝壳
雅典娜	智慧，纺织与手工，战争	猫头鹰，埃癸斯神盾
阿尔忒弥斯	狩猎，月亮，生育	月亮，弓箭
赫斯提亚	炉灶	火焰

🏆 地神

希腊人也崇拜着一组在许多方面与奥林匹斯诸神相反的神明。他们是地神，与大地相关（在希腊语中，chthōn 的意思是"大地"）。这些神祇通常与冥界有关。他们最常见的象征是蛇，因为人们相信蛇是从大地中诞生的。虽然一些地神与黑暗和破坏力有着密切的联系，但其他地神则与生育和富饶有关，因为大地为人们提供食物和植被。有些奥林匹斯神祇也被当作地神来崇拜。例如赫耳墨斯，虽然他通常以奥林匹斯神祇的身份受人们崇拜，但在他扮演"灵魂摆渡者"的角色时，他也被人们视作地神。

哈迪斯是最强大的地神。作为冥界的统治者，他有统治所有死者的至高权力。人们相信他很少走出他的地下王国，但正如我们所见，他曾经罕见地现身于地面，掠走了珀尔塞福涅为妻。他很少出现在艺术作品中。他的象征通常是石榴，就是珀尔塞福涅在冥界食用的水果。（图 2.5）

其他地神包括 3 位愤怒女神，她们是以蛇为发的复仇精灵。在埃斯库罗斯的戏剧《欧墨尼得斯》中，克吕泰涅斯特拉的鬼魂曾经召唤愤怒女神去追杀她的儿子俄瑞斯忒斯。赫卡特是另一位强大的女地神，负

图 2.5　哈迪斯手持丰裕之角，卧坐在长凳上，身边坐着他的王后珀尔塞福涅

责巫术，只在夜间出现。此外，死者的灵魂也被视为冥界的存在而受到人们的崇拜。

地神崇拜在很多方面都不同于对奥林匹斯诸神的崇拜。崇拜奥林匹斯诸神的仪式是在喜庆欢乐的气氛中进行的，而对地神的崇拜方式则显得更加可怕和阴郁。这方面的一个例证是，尽管像奥林匹斯诸神一样，地神也有自己的圣地，也接受祭品的供奉，人们却不会为地神建造神庙。

有些人会用诅咒这种黑暗的方式召唤地神。我们有许多留存下来的铅板，其上的文字祈求地神来实现人们对他们的敌人的诅咒，铅板被埋在地下或坟墓中。下面是一个例子：

> 让费勒尼库斯受到地神赫耳墨斯和地神赫卡特的诅咒吧。我祈求地神赫耳墨斯和地神赫卡特对费勒尼库斯施下魔法。就像这块冰冷的、不值一文的铅板一样，让费勒尼库斯和他的东西也变得冰冷而不值一文吧，让费勒尼库斯的同谋者对我所说和所谋划之事，也如此冰冷而不值一文吧。
>
> （理查德·温斯编录《诅咒铅板》第 107 则）

🏆 英雄

古希腊宗教的另一要素是对过往英雄人物的崇拜。有些英雄出自神话，有些是历史人物，他们在定义古希腊社会方面发挥了重要的作用。某些英雄对某个特定的地方具有特殊意义，比如，佩洛普斯因为创造了运动会，在奥林匹亚受到崇拜；而雅典的部落则以城市早期历史中的 10 位英雄命名。由于对这些英雄的崇拜通常发生在他们的坟墓所在地，因此以他们为对象的宗教仪式通常与地神崇拜的仪式十分相似。

古希腊人相信英雄在少数情况下会在死后化身为神。这里最著名的例子是神话中古希腊最伟大的英雄赫拉克勒斯。他的父母分别是宙斯和凡人女子阿尔克墨涅。他最出名的事迹是完成了 12 项伟业，为谋杀自己的妻子和孩子而赎罪。在他死后，宙斯带他来到奥林匹斯山，将他升格为神。许多古希腊人将赫拉克勒斯追溯为自己的祖先。斯巴达人就相信他们的国王是赫拉克勒斯的直系后裔。

神话中另一位变成神的凡人是阿斯克勒庇俄斯，他是治疗、健康和医药的指导者，是阿波罗与凡人女子科洛尼斯所生。许多朝圣者会前往他位于埃皮达鲁斯的疗愈圣所，希望能找到治愈他们病痛的方法。阿斯克勒庇俄斯与蛇的联系很密切，因为与许多其他的古代民族一样，古希腊人也相信蛇具有治疗和重生的特殊能力。

圣　地

男神或女神通常在他们各自的圣地受到崇拜。圣地是一片专门划归给某位神明的神圣土地（一片圣地有时会供奉不止一位神祇。例如，雅典的厄瑞克忒翁神庙同时是雅典娜和波塞冬的崇拜场所）。古希腊语中"圣地"（temenos）一词源自动词"分割"（temnein）。因此，"圣地"的字面意思是一块被分割以供奉神明的土地［"寺庙、神庙"（temple）一词即源自该词根］。圣地必须足够广阔，以容纳神庙、神庙外的祭坛和所有参加祭祀活动的信徒。在许多圣地的入口处还设置了一个水池，供信徒在朝圣之前清洗自己。环绕四周的墙壁或者界石标识着圣地的范围。

古希腊人选择某些地方来崇拜特定神祇的原因是什么呢？在许多情况下，人们在风景格外优美或富饶的地方建立圣地。例如，雅典人在雅典市中心的防御工事雅典卫城上，崇拜他们城市的保护者雅典娜；同样地，波塞冬的圣地位于苏尼翁的岬角，俯瞰着爱琴海的海上航线。泉水等水源经常因其天然裨益而被用作圣水；雅典的赫菲斯托斯神庙（图 2.6）则更多出于功能性的考量，被建造于城市的金属铸造区域。

图 2.6　雅典的赫菲斯托斯神庙外观。这座神庙邻近凯拉米克斯区域，该区域密布着铁匠的作坊，因此人们自然在这里供奉工匠之神赫菲斯托斯

宗 教 污 染

古希腊人很重视宗教污染的概念，他们认为某些行为会使人在众神眼中变得不纯洁。这些"被污染"的人在经过适当净化之前，是被禁止进入圣地的。人们相信，如果一个被污染之人进入圣地，那么神会拒绝

降临那里。

对人造成污染的因素有很多，其中大都与个人的道德行为无关。例如，任何接触过新生儿或尸体的人都会自动在一定的天数内受到污染。有过性交行为的人也需要在进入圣所之前清洗自己。一些犯罪行为也会使人不洁，尤其是战争之外的所有杀人行为，无论是故意谋杀还是意外。

被污染的人可能会得到如何净化自己的指导：在某些情况下，彻底清洗身体就足够了；有时，被污染者会被要求在一段时间内远离圣地，直到污染时期过去；对于最严重的污染情况，则通常需要一系列精心设计的净化仪式或行动。在索福克勒斯的《俄狄浦斯王》的开篇，主人公正在等待德尔斐的神谕告诉他，如何解除底比斯可怕的瘟疫。神谕的答案是他需要从城市中清除那个造成污染的源头。而在答案的指引下，他发现自己就是那个被污染之人，也是造成城中恐怖局面的根源。因此，他为了拯救他的人民而离开了他所在的城市。

🏆 神庙

圣地的核心是神庙，神庙对古希腊人来说非常重要。他们的私人住宅一般都很简朴，因此他们将城市的公共建筑视为令人自豪的建筑艺术。宏伟的建筑具有双重益处：既能尊崇神灵，也能炫耀城市的财富和文化。今天此类建筑中最著名的例子是帕特农神庙——雅典卫城上供奉雅典娜的神庙。

古希腊神庙与现代宗教里的礼拜场所有着全然不同的目的。神庙其实不是严格意义上的礼拜场所，因为所有的宗教仪式都是在神庙外的空地上进行的。圣地的祭坛位于神庙的台阶前方，用于献祭。这样的设计符合实际需要——献祭动物时血液可以更容易地排至门外。如果神庙的房间里经常充满血腥味，那将会造成严重的健康危害。

神庙实际上就是神明的住所。大部分神庙沿东西轴线布局，由抬高的地基支撑，这会给走进入口的朝拜者一种宏伟壮观的观感。建筑被柱子环绕，由 3 个主要房间组成（图 2.7）。

- 内殿（naos，"住所"）是神庙的主要房间，放置着神明的雕像。
- 门廊（pronaos）是进入内殿的入口，里面存放着寺庙最有价值的供品，如战争中获得的战利品。
- 后殿（opisthodomos，"房屋后部"）在内殿的后面，里面存放着神庙的其他供奉品，如出售被祭祀动物的皮毛所积累的财物，或者神庙发放的任何贷款的利润。

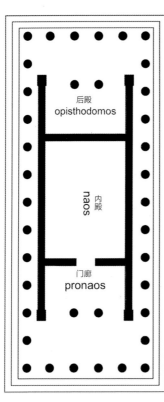

图 2.7　古希腊神庙的典型构造

古希腊人偶尔可进入内殿欣赏雕像或者留下供品。只有祭司和他的助手定期使用内殿。内殿的入口通常有两扇宏伟的大门，将人们的视线引向神庙的焦点，即神明的雕像。希腊语中神明雕像被称为阿伽马（agalma），意思是"令人愉悦的事物"。人们相信此类雕像可以为神明和信徒都带来愉悦。一些雕像规模巨大，最著名的是菲迪亚斯雕刻的两座黄金镶嵌象牙的作品——奥林匹亚的宙斯雕像和帕特农神庙的雅典娜雕像。内殿不设窗户，唯一的光源是前门射进来的光线或者油灯。如此昏暗的氛围，更增添了雕像给信徒营造的敬畏之感。

祭坛

祭坛的形状和大小多有不同。有些祭坛非常简单，只是一个草堆、一块表面平坦的天然岩石，甚至只是长年祭祀堆积的灰烬。精致的祭坛有的是用大理石雕刻而成的，或者是砖块砌成并用石灰水粉刷的（图2.8）。祭坛的顶部是一块金属板，献祭时会在上面烧火。一座重要的神庙需要配备一个足够大的祭坛，用来在祭祀时燃烧献给神的一部分供品。偶尔人们会献祭100头以上的牲畜。献祭多达100头牛的祭祀被称为"百牲祭"（hecatomb），但这种情况很少见。

图 2.8　在雅典发现的一座典型的石制祭坛

> ### 圣地与避难所
>
> Sanctuary（圣地）一词最初指神圣的地方，在现代英语中也指"安全的地方"。词义变化的一个原因是：古希腊人认为，驱逐或攻击在圣地寻求庇护的人会造成宗教污染。Asylum（避难所）一词也与类似的概念有关：希腊语中苏隆（sulon）的意思是"逮捕的权利"，因此阿－苏隆（a-sulos）指"不能被逮捕之人"（a- 是希腊语中表示否定的前缀）。即使是奴隶，也能在圣地中得到安全和庇护。

祭　　司

🏆 男祭司与女祭司

每座神庙都有自己的男祭司或女祭司。一般情况下，男祭司侍奉男神，女祭司侍奉女神（因此这是女性可以产生社会影响的一个领域）。但也有例外。最著名的例外是在德尔斐，那里的阿波罗神殿由男祭司和名为皮提娅的女祭司共同侍奉。祭司们不能在多所神庙工作。相应地，神职人员属于特定的神庙，也会被相应地命名（比如，阿波罗皮提亚斯的男祭司、雅典娜波利亚斯的女祭司等）。

古希腊祭司与现代宗教领袖的角色大不相同。今天的神职人员或许有职位，古希腊祭司却不同。祭司的工作不是全职，也不需要特殊的培训。担任祭司之人只需要学习该工作所需的仪式和职责。祭司的部分主要职责如下。

- 主持祭祀（祭司不必亲自宰杀祭祀的牲畜）。
- 监督神像的清洗和穿衣仪式。
- 在侍者的帮助下看护神庙建筑。

以下这篇公元前4世纪早期的铭文，提到了阿提卡地区的安菲亚劳斯（一位治愈之神）的祭司，向我们展示了祭司所担任的角色：

> 从冬天结束到耕种的季节来临，安菲亚劳斯的祭司要常留圣地，离开不超过3天。每个月他需在圣地停留不少于10天，并且需要监督神庙的侍者按规则照顾进入圣地的人们。
>
> 当祭司在场时，他要为祭品祈祷，还要亲自将它们放在祭坛上。当他不在场时，每个献祭者需自己在祭祀时祈祷，而祭司则为本城邦的祭品祈祷。在圣地被献祭的所有动物的皮毛都是神圣的。每个人都可以献祭他愿意贡献的任何动物，但不能从神庙带走肉。祭祀者要将每头祭祀动物的肩膀部分交给祭司。在公共庆典时，祭司将从城邦的祭品中收下每头祭祀动物的肩膀部分。

> （希腊铭文，VII. 235）

一些祭司是被选举出来的，而另一些则是通过抽签选出的。古希腊世界的某些地方甚至还出售祭司的职位。此外，还有一些祭司职位总是被某些特定的家族持有。城邦任命一些公民组成一个神庙管理委员会，负责管理祭司的工作和神庙的收入并监督建筑物的维护。

祭司的人选有着一些限制。比如，候选人必须没有任何身体的缺陷；如果他们的孩子在他们的任期内去世，那么他们必须立即辞职，因为这被视为不祥之兆。一些祭司的职位只对某些群体开放，比如，未婚的年轻女性。圣职可能为期一年、一个节日庆典的周期，在某些情况下也可能是终身制的。

祭司的荣誉

在《伊利亚特》中，特洛伊祭司劳戈诺斯"被他的人民敬若神明"。许多祭司的确担任着深受社会尊敬的职位。他们经常在宗教游行的队伍中占据显眼的位置，或者在节日庆典时享有特殊的席位。比如，在城市酒神节期间，狄俄尼索斯的祭司会坐在剧场前排正中间的宝座上。祭司也可以通过他们的职业赚钱，因为他们可以获得出售祭祀动物的皮毛或者其他供品（如水果、蜂蜜和橄榄油）所得的部分利润。

🏆 占卜

古希腊人相信他们可以通过占卜（解释迹象和预兆）来明确神的意志。古希腊人经常在做出重要决定之前进行占卜。一些古希腊人愿意亲自解读预兆，而其他人则试图通过聘请专业的占卜师来获得更为明确的答案。事实上，占卜师是古希腊唯一一类全职的宗教专业人士。尽管任何人都可以声称自己拥有预言能力，但显然有些人因其预测和建议的较高成功率而建立了良好的声誉。

占卜的力量

一位受人尊敬的占卜师能够在古希腊世界中拥有巨大的权力。公元前5世纪，古希腊军队总是在征战时带着占卜师随行，要求他解读预兆；因此他可能会对军事战术造成很大的影响。根据普鲁塔克的说法，雅典将军尼西阿斯曾因采纳占卜师的建议而犯下灾难性的军事错误。

然而，对占卜师的依赖不仅仅流行于古代世界。在1981—1989年担任美国总统的罗纳德·里根的妻子南希·里根承认，她会在丈夫敲定每日行程之前咨询占星家，以确保他不会受到伤害。

最常见的解读预兆的方法是检查被献祭动物的内脏（图 2.9）。如果这些内脏显示出任何瑕疵或不完美的迹象，则预示会有危险情况发生。古希腊人还经常从鸟类的飞行轨迹解读预兆，这种技能被称为"鸟占"。在索福克勒斯的《安提戈涅》中，盲人先知特瑞西阿斯用占卜来警告国王克瑞翁，他的罪行很快就会受到惩罚：

> 当坐在圣地古老的占卜座上，
> 我认识的每一只鸟都将盘旋在我的手边——
> 突然我听到了，
> 羽翼的振动中传出奇怪的声音，无法辨识，
> 野蛮，疯狂的尖叫！闪烁的爪子在撕裂，
> 他们在互相残杀——我知道——
> 那些翅膀中呼啸的杀气，
> 把信息传达得那么清楚！

（索福克勒斯《安提戈涅》999—1004）

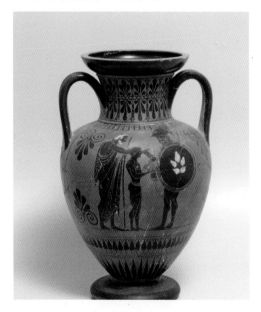

图 2.9 男孩向一名士兵展示祭祀动物的肝脏，士兵查看肝脏是否具有好的征兆，左侧的老人指导士兵解读征兆

古希腊人将许多不同的事物视作预兆（吉兆和凶兆），也时常请占卜师解读。梦是一种非常常见的预兆来源，尤其是在一些治疗仪式中。比如，在埃皮达鲁斯的阿斯克勒庇俄斯神庙，朝圣者会在那里过夜，希望神能够在梦中向他们现身，然后神庙的侍者会向他们解读他们的梦境并告知治疗的方法。

祭　祀

祭祀是古希腊生活的一部分。它总是伴随节日、神谕咨询、逾越仪式和占卜等活动进行。虽然动物祭祀在现代世界非常罕见，但禁欲的做法仍然存在。例如，犹太教徒和伊斯兰教徒分别在赎罪日和斋月期间禁食，而基督教依照传统则在大斋期停止一些享乐的行为。

🏆 动物祭祀

最重要的祭祀类型是血祭（宰杀动物用以祭祀），称为忒希亚（thysia）。我们通常错误地以为祭祀就是杀死动物的行为本身，但实际上祭祀是一种将动物奉献给神明的仪式。这个过程从选择合适的动物开始，然后需遵循一套精心设计的仪式。我们可以将祭祀的过程与当今人们在包装和呈现礼物时花费心思的过程做比较。

人们通常会献祭家养动物，但有时也会将野生动物献给女神阿尔忒弥斯。如果献祭者拥有牲畜，那么他可能会从自己的牲畜中选择祭品；如果没有，他就会从当地市场购买合适的动物，试图找到没有任何瑕疵的动物以取悦神明。不同的动物有着不同的价格：一头小猪大约 3

德拉克马①，一只绵羊或山羊 12 德拉克马，一头成年猪 20 多德拉克马，而一头牛可能高达 80 德拉克马。场合的重要性决定了在祭祀动物身上的花费。偶尔，在盛大的宗教节日中，人们甚至会献上 100 头牛（甚至更多）作为祭品。

▍准备

如图 2.10 所示，祭祀的动物会被丝带装饰，角被镀上黄金。祭祀前，所有参与者都要彻底地清洗自己，穿上他们最漂亮的衣服，戴上树枝做成的冠冕。然后，他们护送这只动物走向祭坛。一位少女提着一个装满大麦谷粒或蛋糕的祭篮同行，篮子里藏着祭刀。其他参与者携带一壶水和一个香炉，而吹笛者也在队伍之中。如果祭祀的动物主动配合地走向神庙，人们会将其视作好兆头。

图 2.10　这幅瓶画的素描描绘了动物被带到祭坛前，即将被献祭

① 现 1 德拉克马 ≈ 0.02 元。——编者注

祭祀的队伍到达圣地后，所有的参加者会在祭坛旁围成一个圈，在祭坛上点着火。他们用圣水清洗双手以净化自己，然后从篮子里取出一些大麦粒。接下来，主祭祀者（不一定是祭司）会将水倒在祭品的头上，使其向前点头。这个动作被解释为祭品同意被献祭，因为古希腊人相信所有祭祀的参与者（包括神明、祭品和人）都必须支持这一行动。接着，祭司向神明祈祷，然后所有在场的人都将大麦粒抛撒出去，象征着他们都是这场祭祀的一部分。

宰杀

献祭者随后从篮子里取出刀，将其藏在身后，然后靠近被献祭的动物。他突然亮出刀，先是从祭品的头上削下几根毛发，扔进火中。如果祭品很大，它就会先被击晕，再被割断喉咙。血被收集在一个碗里，洒在祭坛的顶部和两侧。较小的祭品会被抬上祭坛宰杀，它的血液会溅在祭坛上。在任何情况下，重要的是"使祭坛沾染血液"。当这一切发生时，如果有其他女人在场，她们就会发出一声高亢的叫声，标志着从生到死的过渡。

处理祭肉

献祭后，动物将被切分，肉被分成 3 份。人们首先取下大腿骨，裹上油脂，在祭坛上焚烧——这是献给神明的部分，然后烧第一份肉。飘向天空的烟雾被视为征兆，会被加以解读。肉在燃烧时，人们还会向火中倾倒一些葡萄酒。

第二份是内脏。人们查看内脏，尤其是肝脏，解读其中的征兆。然后将它们串起来烧烤并在参加祭祀者之间分享。最后，剩下的第三份肉被放进大锅煮熟，然后分发给所有城民。如此一来，仪式就成为神和人共同的宴席。肉类在古希腊饮食中并不常见，祭祀通常是古希腊人可

普罗米修斯的诡计

古希腊人自己也不确定为什么要向众神献上大腿骨——动物身上营养最少的部分。他们用赫西俄德在他的《神谱》（535—57）中叙述的神话来解释这个奇怪的现象。给人类带来火种的普罗米修斯，哄骗宙斯在一头被献祭的牛的两部分之间做出选择：包裹着油亮脂肪的大腿骨和被藏在牛胃里的肉。虽然宙斯看穿了这个诡计，但他还是配合地选择了前者。后来，人们就开始把大腿骨作为祭品献给众神。

实际上，人们这样划分肉一定有着更为实用的原因。古希腊无法畜养大量的牲畜，所以除非是在祭祀的时候，古希腊人很少吃肉。因此，信众们吃掉动物最有营养的部分，是很合乎逻辑的。

以吃肉的特殊场合。在大型公共节日中，献祭 100 头牛的祭祀能为整个城市的人口提供食物。宴席结束时，祭祀动物的皮毛将交由神庙或其祭司保管。

▎奥林匹斯崇拜和地神崇拜的仪式

以上所述的是向奥林匹斯诸神献祭的典型仪式。由于人们相信他们居住在天空和上层世界，此类祭祀的基调是空气、日光和白色。因此，奥林匹斯祭祀通常在白天（尤其是清晨）举行，祭司头戴一条白色的羊毛发带，人们一般会献上一头白色的祭品。祈祷后，祭司将双手举向天空。一旦被献祭动物的喉咙被割断，它的头也会被抬向天空。

相较之下，向地神或死者献祭的仪式则多有不同。由于地神崇拜以土地为核心，祭司通常在土坑里而不是祭坛上献祭牲畜。祈祷后，他会把手指向地面。一旦祭品的喉咙被割断，他就会压低祭品的头部。然后，动物将被完全烧毁，任何部分都不会被食用。

然而，很可能人们并不总能察觉奥林匹斯崇拜和地神崇拜之间的区别。现在学者们认为，古希腊人对许多英雄的祭祀方式，可能与其对奥林匹斯诸神的相同，包括以其名义举办宴席。

🏆 饮食

任何象征生命的物品都可以被用来献祭。或许是为了感谢神明带给人们丰收和餐桌上的食物，用谷物和水果制成的祭饼往往会被摆放在祭坛上，供神灵享用。这些食物一般会被祭司食用。另一种常见的祭祀形式是祭酒，即用液体祭祀。祭酒有两种类型：柯欧伊和斯邦地。斯邦地包括葡萄酒、水、牛奶、橄榄油和蜂蜜，被献祭给奥林匹斯众神。人们将此类液体小心地洒在地上，同时请求众神给予帮助。柯欧伊则是献祭给地神的祭酒，须被一下子全部倾倒在土地里。

祭酒是日常生活的一部分。例如，在晚宴开始时，参加者会向众神献上祭酒，以确保酒宴上大家的行为不会变得太过疯狂。人们也经常用祭酒为起航的水手或准备出征的士兵送行。当敌对的双方休战时，他们也会以祭酒庆祝。因此，希腊语中表达"休战"的词语就是斯邦地（*spondai*，*spondē* 的复数形式），与祭酒相同。文学中还有一个著名的例子：《伊利亚特》（16.225—32），阿喀琉斯泼洒了祭酒，然后祈祷他的战友帕特洛克罗斯能从战场上安全返回。

🏆 其他祭品

古希腊人经常向众神献上供品以寻求神明的帮助或者表示感谢。比如，在婚礼的前一天晚上，年轻的新娘会将她的一缕头发和她童年的玩具献给阿尔忒弥斯，以感谢女神对她童年时期的保护，同时祈求女神继续庇护她即将进入的婚姻生活。士兵和军队经常用战利品感谢神明给予的帮助（图 2.11）。奥德修斯在特洛伊杀死多隆后，出于对神明的感激之情，他将对手的貂皮帽、狼皮、弓和矛都交给了雅典娜（《伊利亚特》10.458—64; 570ff.）。获胜的军队出售战俘后，经常将部分收入捐赠给神庙。

男性退休时，经常将他们工作的工具捐赠给神明：渔夫可能会献上他的渔网，猎人可能会献上他的长矛。这种献祭不仅由个人提供，也由城市提供。在古希腊最重要的两个泛希腊圣地奥林匹亚和德尔斐，许多城市都设立了自己的金库。它们是小型建筑，存放着前来朝圣的市民为神明供奉的供品和财宝。在这两个泛希腊中心，这些金库都是相当重要的建筑。

图 2.11　此处被临摹的青铜斯巴达盾牌是雅典于公元前 425 或前 424 年在皮洛斯战胜斯巴达后夺得的战利品。它被作为战争纪念品在雅典展出，上边刻有"雅典人在皮洛斯（夺取）自斯巴达人"

向神明表达感谢的一种特殊物品是还愿供品。人们可能向神发誓，他会在将来献上供品作为对神给予的帮助的感谢。比如，水手可能会发誓，如果波塞冬允许他安全返回，他将向波塞冬献上供品。在他安全返程后，会信守诺言，为神留下供品［因此有时这类供品被称为"立誓祭"（ex-voto offering），该词来自拉丁语，意思是"出自誓言的祭品"］。在治愈圣地，我们能够找到许多此类供品。成功康复的患者经常在那里留下身体患病部位的黏土塑像。

🏆 祷告

任何祭祀或供奉都伴随着祈祷进行。古希腊人会在祈祷中祈求神明回报他们的奉献。祈祷词通常是有正式格式的，分为 3 个主要段落。首先是呼唤，其中以名字称呼男神或女神，有时也会提到与他们最相关的地点、他们的职责或特点。祈祷的这一部分意在引起神明的注意并表示对神明的尊敬。接下来是论述，祈祷者试图说服神明给予帮助。通常，人们会在这里提到自己过去曾经为神做过的贡献或牺牲，以提醒神明自己的虔诚表现。最后一部分是请愿，在这里，人们终于可以向神提出请求。

《伊利亚特》的开篇部分为我们展示了一个很好的祈祷的例子。祭司克律塞斯向阿波罗祈祷，希望他能对希腊人施加惩罚，因为他们拒绝归还他被俘虏的女儿：

> 听我说，银弓之王，克鲁赛和神圣的基拉的守护者，忒内多斯的强大统领者，斯明修斯。如果我曾经建造了令您满意的神殿，如果我曾经为您炙烤过肥美的公牛和山羊的大腿骨，那么请实现我的祈祷：愿希腊人为你的神箭所伤，为我的眼泪付出代价。

(荷马《伊利亚特》1.37—42)

雅典娜的节日

古希腊人不像我们今天这样每周工作 5 天，周末休息。他们将众多节日庆典作为休息的日子。在古典时代的雅典，一年中至少有 120 个节日。这些日子里，大部分工作都停止了，政府也只是在紧急情况下才开会议事。因此，正如哲学家德谟克利特所说，没有节日的生活就像"没有客栈的漫漫长路"。

各个节日一般都反映着季节的循环。依此逻辑，庆祝新生活的城市酒神节在春天举行。相反地，城市纪念死者的祖先日则于 9 月在士兵的征战季节即将结束之时举行。一些节日会持续好几天。许多节日允许城市的所有人参与，包括常住的外乡人、妇女，有时还有奴隶。柏拉图这样解释节日的重要性：

> 众神……怜悯生来就受苦的人类，以宗教节日的形式给予人们救济，作为其劳动之外的休息时间。他们给了我们以阿波罗为领袖的缪斯，还有狄俄尼索斯。通过让这些众神分享其节日，人们将重新变得完整。多亏了这些神明，我们能够通过庆祝节日获得振奋。
>
> （柏拉图《法律篇》2.653D）

在雅典，每年最重要的节日是泛雅典娜节，它在古希腊历法中的 7 月 28 日（有关古希腊月份的解释，请参见附录 2）庆祝雅典娜的生日。"泛雅典"的意思是"全雅典人"，这个节日确实是所有雅典人聚集在一起敬拜他们"城市的保护者雅典娜"的机会。虽然我们很难将其与现代世界的节日进行准确的比较，但是今天爱尔兰人庆祝圣帕特里克节的方式似乎与泛雅典娜节多有相似。两者都是承载着人们的文化、信仰和历史的节日。

事实上，人们会每 4 年举行一次更为盛大的雅典娜生日庆祝活动，持续时间长达 28 天左右。该活动始于公元前 566 年，被称为大泛雅典娜节，包括更加丰富的活动，比如体育比赛、合唱比赛、诗歌比赛和海军比赛。节日最关键的一天是这样度过的：盛大的游行后，人们祭祀大量牲畜，然后向厄瑞克忒翁神庙的雅典娜雕像展示大家为它制作的新佩普洛斯长袍（peplos）。

🏆 佩普洛斯长袍

尺寸大约为 2 米 ×1.5 米的佩普洛斯长袍是节日中最重要的标志。长袍的织造开始于 9 个月前，即庆祝艺术和手工艺女神雅典娜的节日哈尔柯亚节期间。雅典娜的女祭司和 4 位侍奉女神的年轻贵族女孩搭设好织布机，然后，一群年轻女性共同纺织（女性以这种方式在城市最盛大的节日中发挥了至关重要的作用）。她们在橙黄色和紫色的布料上编织出奥林匹斯众神战胜巨人的神话场景，其中，宙斯和雅典娜带领众神，在最前方作战。

人们可能还会为大泛雅典娜节织造出另一件长袍。来自公元前 4 世纪的记录表明，作为游行的一部分，人们会用带轮子的船车载着一件更大的长袍行进。如果真是这样，那么很可能更大的这件长袍出现于公元前 5 世纪后期，其用途是装点一座更大的雕像——菲狄亚斯于公元前 437 年安置在帕特农神庙中的巨型黄金镶象牙雅典娜雕像。由于这座雕像极其高大（高约 12 米），它的佩普洛斯长袍很可能是由雅典的专业织工制作的。

🏆 节日程序

虽然我们没有非常确切的资料，但一种观点认为大泛雅典娜节从 7 月 23 日开始，持续 8 天。根据这个观点，节日的程序如下：

节日第几日	日　　期	比赛项目
1	23	吟诵史诗和音乐比赛
2	24	青少年体育比赛
3	25	成年男性体育比赛
4	26	赛马项目
5	27	部落间比赛
6	28	火炬接力赛、夜间庆典、游行和祭祀
7	29	马车比赛、船赛
8	30	颁奖

🏆 吟诵史诗和音乐比赛

在公元前 6 世纪后期，僭主庇西特拉图的儿子喜帕恰斯给大泛雅典娜节引入了诗歌比赛，为节日更添精彩。参赛者是吟游诗人，能最出色地讲述《伊利亚特》和《奥德赛》段落的吟游诗人将赢得奖项。

其他音乐类的比赛也是节日中不可或缺的部分。伯里克利在公元前450—前440 年监督建造了一座剧院，将它用作泛雅典娜节音乐比赛的音乐厅。参赛者主要分为 4 类：基塔拉琴（一种小型里拉琴——参见附录 3）歌手、基塔拉琴独奏乐手、阿夫洛斯管歌手和阿夫洛斯管独奏乐手。

公元前 4 世纪的一则铭文详细说明了一些关于奖项的细节：获胜的基塔拉琴歌手赢得了一项价值 1 000 德拉克马的金冠和 500 德拉克马银币；二等奖是 1 200 德拉克马银币；甚至还有第三名、第四名和第五名的奖品（分别为 600 德拉克马、400 德拉克马和 300 德拉克马）。一德拉克马相当于一名熟练工人一天的工资，因此这场比赛显然奖金丰厚，而且能授予获胜者很高的荣誉。

荷马史诗的留存

在泛雅典娜节上吟诵荷马史诗，很可能使《伊利亚特》和《奥德赛》得以留存至今。由于这两部史诗都是在口述文化中发展形成的，因此人们几乎没有用固定文本将它们记录下来的传统。雅典的吟诵比赛可能使这两首诗都被记录了下来，之后以单一、权威的版本形式一直流传至今。

🏆 体育项目

公元前 566 年，体育比赛成为大泛雅典娜节新庆典的一部分。人们希望这场在雅典举行的比赛可以与希腊其他地区的 4 场伟大体育比赛相媲美。然而一个重要的区别是：与其他 4 场比赛相比，泛雅典娜节比赛的参赛者可以获得贵重的奖品。获胜的运动员通常会赢得大量装在双耳瓶（图 2.12）中的橄榄油。每个双耳瓶可容纳约 38 升橄榄油。今天依然能找到许多保存完好的来自泛雅典娜节的双耳瓶。双耳瓶的一侧总是绘有雅典娜的形象，上面刻写着"来自雅典运动会"的字样；另一侧则描绘了胜利者参加的比赛项目。

泛雅典娜节举办四大运动会所有的比赛项目，包括短跑、五项全能、格斗比赛和赛马。此外，它还包括了一种独特的战车比赛，在比赛当中车手会从战车上跳下来。所有项目的参赛者都被分为 3 个组别——少年、未长胡子的青年和成年男子。有些比赛对所有希腊人，而不仅仅是雅典人开放。

前面提到的公元前 4 世纪的铭文还向我们提供了有关体育比赛奖品的信息：最重要的项目是战车比赛，获胜的战车手赢得了 140 双耳瓶的橄榄油；青年短跑比赛的一位获胜者赢得了 60 瓶橄榄油，同一场比赛中的亚军也能获得 12 瓶橄榄油。

图 2.12　泛雅典娜节的奖品双耳瓶的正反两面

🏆 部落竞赛

为了在节日的竞赛中保留独特的雅典元素，泛雅典娜节特设有 4 个比赛项目，由来自雅典 10 个部落的队伍参加。其中一项是火炬接力比赛，而下面列出了其他 3 项比赛以及在公元前 4 世纪获胜部落被授予的奖品：

比赛项目	描　述	奖　品
力量比赛	力量强度的较量（*Euandrion* 意为"优秀的男性力量"）	100 德拉克马和一头公牛
赛船	在比雷埃夫斯港举行的划船比赛	300 德拉克马和 200 顿饭
战舞	伴随阿夫洛斯管音乐的战舞表演	100 德拉克马和一头公牛

🏆 游行

　　游行队伍在前一天晚上开始集结，游行活动与夜间庆典同时进行。夜间庆典是一项为向雅典娜致敬而持续一整夜的活动。它发生在帕特农神庙旁边：年轻男子唱诵赞美诗，少女们唱歌跳舞。

帕特农神庙浮雕带

　　一般认为，帕特农神庙 160 米长的浮雕带雕刻着泛雅典娜游行的一系列场景。如果的确如此，那么这一浮雕主题颇具有非同寻常的意义。因为其他所有古希腊神庙上的建筑装饰都只展示神话中的场景，而不是当时的真实事件。在设计意义上，帕特农神庙是雅典战胜敌人的纪念碑，因此，其浮雕带似乎意在强调城市的精神和公民对城市守护神的虔诚。

　　7 月 28 日日出时，游行从迪皮隆门（Dipylon Gate）出发，沿着泛雅典娜大道（与节日同名，图 2.13，图 5.2）穿过集市，最后到达雅典卫城脚下。这是雅典每年最大的游行，比城市酒神节的游行还要盛大得多。两者之间还有另一个重要的区别：城市酒神节远不如泛雅典娜节组织严谨、井井有条。泛雅典娜节突出了雅典生活的秩序和等级。酒神狄俄尼索斯鼓励疯狂的放纵，而雅典娜监督着既定的秩序。

考虑到游行中需要运送两件佩普洛斯长袍，游行的队伍可能会按如下顺序排列：（1）携带较小一件佩普洛斯袍的少女侍者；（2）雅典娜的女祭司和其他携带礼物的妇女；（3）牛、羊等祭祀动物（雅典的每一位臣属盟友都必须提供一头牛作为祭品，这就增加了祭祀动物的数量）；（4）身着紫色斗篷，端着装满蛋糕和蜂巢的托盘的富有外乡居民；（5）持圣水者以及吹笛和弹奏里拉琴的乐师；（6）桅杆上系着大佩普洛斯长袍的船车；（7）手持橄榄枝的老人、与战车一起行进的车手、纺织工匠、步兵和骑兵以及运动会上的胜利者；（8）游行队伍中最后也是最长的部分由各民区组织的普通雅典居民组成。

队伍到达雅典卫城后，就开始准备向雅典娜献祭了。祭祀中，至少要宰杀 100 头祭品；据记录，即使是在经济困难的公元前 410 年，人

图 2.13　朝向卫城的泛雅典娜大道

们也献祭了 100 头祭品，共花费 5 114 德拉克马；在更为繁荣的时期，人们可能会提供更多的祭品。在将一些肉焚烧给女神之后，其余的肉被带到凯拉米克斯供人们分享。大家会一直狂欢到傍晚。

火炬接力比赛

当游行队伍到达雅典卫城时，帕特农神庙旁边祭坛上的火焰已经被火炬比赛的获胜者点燃。火炬比赛是在当天早上或前一天晚上举行的接力赛，它的路线从迪皮隆门外开始，结束于雅典卫城，距离超过 2 英里。每位参赛者都必须在奔跑时携带火炬。第一个到达祭坛且手上的火炬仍然在燃烧的参赛者获胜。然后他点燃祭坛的火焰并获得奖品：30 德拉克马和一个陶罐。

这一传统可能是现代奥运会火炬传递的灵感来源，因为古代奥运会并没有类似的行为。然而，阿里斯托芬的喜剧《蛙》（1089ff.）中，狄俄尼索斯却戏谑地描述了这场比赛。他说道："一个矮胖、苍白的家伙，在其他人身后几英里外蹒跚前进，他设法用一串连续的臭屁来保持他的火炬燃烧！"

神 秘 教 派

传统古希腊宗教的一个有趣的方面，是各种"神秘"教派的发展。这些教派不是传统宗教的替代品，因为它们通常以狄俄尼索斯或德墨忒尔等传统神明为中心。神秘教派的追随者仍然会一如既往地崇拜所有的神祇。不仅不与传统宗教冲突，恰恰相反，古希腊宗教的这些分支似乎为新加入的信众提供了一种更加个人化的神圣体验，以及对死后获得幸福生活的希望。

在希腊语中，mystērion 的意思是"入教的仪式或场所"。神秘教派的基本原则是其追随者需要通过入教仪式，加入教派的秘密活动。正是因为这一点，我们对这些教派的了解是很有限的。尽管如此，我们知道最重要的一个神秘教派的中心是厄琉息斯——一个位于阿提卡海岸，在雅典以西约 23 千米处的小镇。根据资料显示，这个教派的入教仪式能给参加者带来深刻的精神体验。

🏆 厄琉息斯秘仪

每年 9 月下旬，厄琉息斯都会举行为期 9 天的神秘庆典。它是为了纪念女神德墨忒尔和她的女儿珀尔塞福涅而开展的。其核心是为了庆祝每年春天珀尔塞福涅从冥界归来，因为这预示着庄稼回归土地，土壤变得肥沃。同时，她的死而复生也象征着人类死后能够继续幸福生活的希望。公元前 4 世纪的雅典演说家伊索克拉底用以下几句话总结了这种希望：

> 德墨忒尔曾善待我们的祖先，她给了他们两件最伟大的礼物：地里的果实，使我们不至于像动物一样苟活；入教仪式，使那些参加者对生命的终结和永恒怀有甜美的希望。
>
> （伊索克拉底《节庆演说》4.28）

参与者

厄琉息斯秘仪的入教仪式对来自多种背景的人们开放。事实上，除了尚未净化自己的杀人凶手，它对所有的古希腊人都开放。因此，我们应当注意到，该教派无视古希腊社会的正常等级制度，一视同仁地接纳着通常被边缘化的群体：妇女、非公民者，甚至奴隶。所有入教者都会被分配一名精神导师，由他带领大家完成入教仪式的全过程。

入教仪式分为 3 个阶段。参与者首先必须在早前的一个节日中接受"小入教"。该节日被称为"小秘仪"，在厄琉息斯秘仪之前大约 7 个月举行，地点设在阿格莱（雅典西南不到 1 英里处）。主入教仪式于 9 月在厄琉息斯举行。希望达到最高入教程度的信众可以在随后的任何一年返回，之后他们会被称为 epoptai（字面意思是"目睹之人"）。

德墨忒尔和厄琉息斯

《荷马德墨忒尔颂诗》讲述了珀尔塞福涅被绑架的神话，解释了厄琉息斯镇对该故事的重要性。当德墨忒尔在大地上游走以哀悼她失去的女儿时，她伪装成一个老妇人来到了厄琉息斯。在这里，刻琉斯国王和墨塔涅拉王后对她表示欢迎并任命她为他们最小的儿子得摩丰的保姆。

女神没有透露她的身份，每天晚上都把这个小男孩放在火中，以赋予他不朽的生命。然而有一天晚上，墨塔涅拉看到这一幕后，吓得大声尖叫起来。德墨忒尔因为墨塔内拉对她缺乏信任而大为恼火，向国王和王后展示了她的女神身份。她不再愿意让得摩丰获得永生，但因为国王一家人都对她很好，她还是许诺要送给他们凡人的幸福。女神要求他们为她建造一座神庙。作为回报，女神将土地肥沃的秘密传授给了他们的另一个儿子特里普托勒摩斯并设立了神圣的神秘庆典（每年举行一次，图 2.14）。正如荷马赞美诗（476—82）所解释的：

（德墨忒尔）向他们展示了她的仪式，并向他们传授了她所有的奥秘……可怕的奥秘，没有人可以以任何方式违背或泄密，因为对众神的深深敬畏抑制了人们的声音。见过这些奥秘的人有福了；而那些没有入教且没有参与其中的人死后，在黑暗和阴郁中永远无法分享如此美好的事物。

图 2.14　特里普托勒摩斯手拿麦秆，坐在有着翅膀和轮子的座位上，即将出发去传播关于农耕的知识。德墨忒尔（左）和珀尔塞福涅举着火炬参加他的出发仪式

该教派有自己的首席祭司，他被称为圣显者（神圣事物的揭示者）。他负责主持入教仪式，且只有他一个人被允许进入保存圣物的圣地最神圣的房间。他的副手被称为持火炬者，他也在仪式中发挥着重要的作用，包括用火炬为圣地照明。仪式中，祭司们会穿上精美且艳丽的服装。

▎节日

这个节日本身作为城邦的节日之一，由雅典的执政官管理。然而在实践层面上，它是由厄琉息斯圣地的祭司所领导和运行的。在节日的前夕，圣物被包装并被从厄琉息斯护送到雅典的市集，然后被安置在德墨忒尔的厄琉希尼翁神庙中。

第一天至第四天：雅典

节日的前 4 天在雅典及其周边地区举行。第一天，所有参加者都聚集在雅典市集，聆听圣显者向所有参与者发出正式邀请。在这个阶段，参与者会支付参与费用，这笔费用有时相当可观。有证据表明，在公元前 4 世纪，参加仪式需要花费 15 德拉克马。所得资金的很大一部分被用于组织节日和维持圣地的开支。

净化活动之一在节日的第二天举行。入教者们步行 5 英里的路程，来到法勒隆的旧港口。他们在那里领着一头小猪（德墨忒尔最神圣的动物）走进大海。由于海水被认为是具有净化能力的，因此人们认为这种仪式可以净化入教者和动物。在海浴之后，小猪会被献祭给两位女神（德墨忒尔和珀尔塞福涅），它的血将被洒在入教者身上。第三天，人们可能在雅典举行公共祭祀活动，之后的一天人们则待在室内静思。

第五天至第九天：厄琉息斯

从雅典至厄琉息斯的盛大游行发生在第五天，而且会一直持续到夜晚。处于游行队伍最前端的是一尊伊阿科斯神的雕像；紧随其后的是手捧圣物的女祭司。其余的人群由参与者们组成，他们头戴桃金娘花环，手持用羊毛缠绕的桃金娘枝条。他们还随身携带着床单和衣服等自己的生活用品。这一定是一场热闹而多彩的游行。参与者伴随笛子的音乐起舞，间或停下来吟诵仪式性的脏话并欣喜若狂地大喊伊阿科斯神的名字。到达厄琉息斯后，圣物被交还给圣显者。

在第六天的白天，参与者休息并斋戒，以此模仿珀尔塞福涅被绑架后德墨忒尔不吃不喝的行为。当天的夜间将进行最主要的活动——入教大秘仪。秘仪发生在两位女神位于厄琉息斯的圣地（图 2.15）。圣地的中心是一座大型建筑（占地 51 平方米），被称为入教大殿，可容纳数

图 2.15　对公元前 5 世纪厄琉息斯的德墨忒尔和珀尔塞福涅两位女神的圣地的艺术还原。
入教大殿位于圣地的中心位置，游行队伍从画面顶部的道路来到圣地

千名信徒。入教大殿的中央是最神圣的房间——内殿（图 2.16），里面
保存着圣物。

　　开斋时，同修们会饮用一种由大麦、水和薄荷叶制成的神圣饮品。
我们对这之后发生的事情所知甚少，只知道它分为三个方面：所说的事
情、所做的事情和揭示的事情。索福克勒斯在作品中强调了秘仪的三重
福报：

图 2.16　入教大殿内部的艺术还原。20 多根立柱支撑着大殿的屋顶。最神圣的房间——
内殿位于大殿中央，旁边是圣显者的座位

那些见过此仪式的凡人去往冥府后，

有三重福报。

只有他们在那里生活，但其他人则有所有的罪恶。

（索福克勒斯，残篇 837）

参与者被禁止讨论所发生的事情，即使是在他们彼此之间。那些
违反这项规则的人将被起诉并被判处死刑。仪式结束时，人们会通宵举
行盛宴，尽情地欢乐舞蹈。

此后，节日悄然结束。第七天是休息日，而第八天人们则为死者

举行仪式，包括献上奠酒。在节日的第九天也是最后一天，参加者已经疲惫不堪，纷纷返回雅典。

▎证据

在入教仪式上究竟发生了什么？事实上，我们可能永远无从知晓。关于该仪式的记录多是由早期基督徒撰写，他们意在诋毁他们眼中的"异教"活动。所幸还有一些作家为我们提供了部分信息。

根据亚里士多德的说法，仪式上并没有任何秘密教义的传授，但在仪式的高潮，人们会经历一次心理状态的改变。一个参与过秘仪的信众说过："我从举行秘仪的大厅出来，感觉自己很陌生。"这种抛弃过去的自己的体验也得到了后世一位作家的认同。普罗克鲁斯，写作于公元5世纪，说一些参与者"经历了恐慌，沉浸在神圣的敬畏中；其他人则将自己同化为神圣的符号，离开了自己的身份，与神同在，体验到被神圣力量占有的感觉"。

最耐人寻味的描述来自历史学家普鲁塔克。他认为参加厄琉息斯秘仪的经历可能类似死亡的过程：

> 一开始你步入迷途，在兜兜转转间耗尽力气，黑暗中的可怕小路仿佛没有尽头；然后，在即将抵达终点之前，所有可怕的事情同时涌现——恐慌和颤抖，汗水和惊讶。然后，奇妙之光将你迎接，纯净的草地在向你问候，声音和舞蹈、庄严神圣的话语和神圣的景象向你显现。

（普鲁塔克，残篇 168）

这里有两点值得注意。首先，与传统的希腊信仰形成鲜明对比的，是秘仪的信众对死亡的看法如此乐观。其次，对"奇妙之光"等景象的描述与今天一些来自不同文化和宗教背景的人们对自己"濒死体验"的描述惊人地相似。这一点使厄琉息斯之谜显得更加神秘莫测。

德尔斐的神谕

每个人都会在人生的某些阶段面临重大的抉择。今天，宗教信徒通常会在这种时刻通过祈祷寻求帮助和指导。同样的逻辑也适用于古希腊，但形式上略有不同。在这些关键时刻，古希腊人会相信神谕。

古希腊人相信神谕代表着神的话语。被传达的神谕正是神的回应。最常见（但并非唯一）的神谕来自预言之神阿波罗，他被认为掌管着传达神谕的神谕所。阿波罗最著名的神谕所是古希腊中部帕纳索斯山山坡上的德尔斐神谕所。

🏆 他们询问什么？

神谕咨询可以分为两类：私人咨询和统治者或城邦使臣的咨询。私人咨询，是为了做出生命中最重要的某些决定而寻求帮助。普鲁塔克写道，人们会询问诸如他们是否会胜利，是否会结婚，是否应该出海、耕种或出国旅行等问题。有些问题是以宗教崇拜的方式提出的。例如，公元前402年，在开始军事远征之前，色诺芬去德尔斐神谕所询问，他应该向哪些神明献祭以保证安全返回。以下在多多纳的宙斯神谕所的询问也很典型：

妮蔻科拉提亚询问她应该向哪位神献祭，才能过得更好并且停止病痛。

利萨尼阿斯询问宙斯和狄俄涅，阿努拉所怀的孩子是否是他的。

神谕也可能会对古希腊（和非古希腊）的政治产生重大的影响。希罗多德多次讲述统治者和政府在面临困境时请求神谕的故事。例如，当来库古试图改革斯巴达社会时，他曾来到德尔斐寻求指导；克里斯提尼在公元前 508 或前 507 年进行雅典部落系统改革时，也曾经拜访过这里。其他使臣也曾经多次就诸如在何处建立新殖民地、是否发动战争或如何消除城中疫病等问题前来咨询（正如俄狄浦斯王得知自己导致了疫病的故事）。

德尔斐对政治领导人有着尤为强大的控制力。当地只有大约 1 000 名居民，不隶属于任何城邦，因此神谕所声称其保持着政治独立。与同样声称政治独立的奥林匹亚一样，德尔斐是世界上最知名的泛希腊活动中心，吸引着古希腊人从各地前来拜访。从公元前 6 世纪起，德尔斐由近邻同盟（Amphictyonic League）管理。该同盟由 12 个城邦组成，包括雅典、斯巴达和当地城邦，每年举行两次会议。

神谕也不一定中立

为了维护德尔斐神谕的独立性，曾发生过不下 4 场战争。尽管如此，雅典人依然认为，在伯罗奔尼撒战争期间神谕偏向于斯巴达人。但现代学者普遍认为神谕在希波战争期间采取了亲波斯的立场。

🏆 德尔斐遗址

德尔斐曾经是、现在仍然是一个令人惊叹的地点（图 2.17）。它位于海拔 2 458 米的帕纳索斯山的阶梯状低坡上，从那里向下方山谷看去，是一片极为壮丽的景色，能让旅行者感受到与众神同在。

遗址的中心是被围墙环绕的阿波罗神庙。圣路经过遗址的主入口（共有至少 11 个入口），蜿蜒上山，通往阿波罗神庙。从这个方向进入的朝圣者会立即看到沿途排列的数座金库（图 2.18），金库中的供品彰显着德尔斐的富庶。即使在今天，游客仍然可以见到雅典金库。可能是因为雅典人在公元前 490 年的马拉松战役中战胜了波斯人，雅典出于对神谕所的感激之情，建造了这座金库。

阿波罗神庙外，矗立着一件意义非凡的泛希腊礼物——普拉提亚三足鼎。它是由公元前 479 年在普拉提亚最终击败波斯人的 31 个希腊城邦共同献祭于此，由黄金打造，高 7—8 米，上面刻有 31 个城邦的名字。面向神庙，朝圣者会在神庙正门的上方看到古希腊最著名的两句箴言——"凡事勿过度"和"认识你自己"。（图 2.19）

神庙第一期建筑在公元前 548 年被烧毁，之后在公元前 530—前 520 年为更为宏伟的版本所取代。它被公元前 373 年的地震毁坏后，取而代之的是又一座更加壮观的神庙。纵观其历史，这座神庙的不寻常之处在于，它不仅仅是供奉神明的场所，神谕咨询也在其最内部的神殿中进行。神庙内的供品和其外观同样精彩。比如，在前殿中，参观者会经过一个巨大的银制混酒器，它是公元前 546 年吕底亚的国王克罗伊索斯奉献的，可盛放 21 730 升葡萄酒。

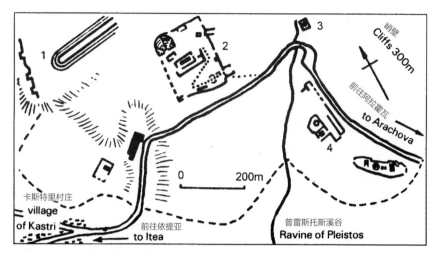

图 2.17　德尔斐平面图：1. 体育场；2. 阿波罗圣地；3. 卡斯塔利亚泉；4. 体育馆

图 2.18　雅典的金库

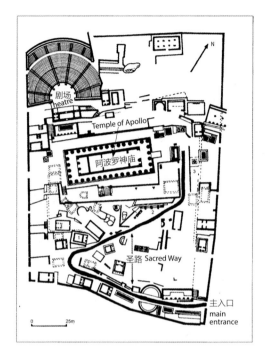

图 2.19　德尔斐的阿波罗圣地：

1. 雅典金库；

2. 雅典柱廊；

3. 普拉提亚三足鼎的底座

图 2.20　从帕纳索斯山高处俯瞰德尔斐的景色，可以看到剧场和阿波罗神庙的遗迹

德尔斐的神话

许多神话都与德尔斐有关。古希腊人相信它标志着世界的中心并以神话来说明这一点。在阿波罗神庙中有一块大石头——"肚脐石"。传说，宙斯派出两只鹰从地球的两端出发，去寻找大地的中心，结果它们的喙最终在德尔斐的肚脐石处相接。

第二个神话解释了阿波罗对德尔斐的重要性。《阿波罗颂诗》中讲述，阿波罗第一次来到这里时，化身为海豚，因此德尔斐这个名字源于希腊语中的"海豚"一词。在那之前，该地盘踞着一条巨蟒——皮同（Python）。阿波罗杀死了巨蟒，它的身体掉进了大地的一个缝隙中，在那里腐烂。（这就是皮同名字的由来，因为在希腊语中，Pythein 的意思是"腐烂"。）因此，阿波罗以"Pythian"命名此地并下令为所有古希腊人建造一座神庙，他将在神庙中"通过神谕向人们提供可靠的建议"。

神庙之上有一个剧场（图 2.20），再往上走是一座体育场。每 4 年一次的皮提亚运动会就是在这些场地上举办，以此纪念阿波罗屠戮巨蟒。纪念活动包括体育比赛和音乐比赛，胜利者的奖品是月桂花环，因为月桂是阿波罗的圣树。圣地外的其他重要地点包括体育馆、雅典娜神庙和流淌着圣水的卡斯塔利亚泉。朝圣者必须在泉水中净化自己，才能祈求神谕。

🏆 神谕咨询

除了 11 月、12 月和 1 月，因冬季的天气条件限制，朝圣者无法进行长途旅行外，德尔斐的神谕咨询在每个月的第七日举行。神谕咨询只对男性开放。如果女性有问题要询问，她必须通过别人代为转达。询问者需要抽签决定他们的先后顺序，但来自某些城邦的使臣拥有优先问询的特权。该特权通常由德尔斐人颁发给那些给予了圣地特殊资金或政治支持的城邦。两名祭司全天候地服务于圣地，另有 5 名"神圣者"协助他们的工作。而圣地最重要的宗教人物就是女祭司皮提娅。

▍皮提娅

古希腊人相信德尔斐的女祭司皮提娅能够与阿波罗对话。根据一位古代作家的说法，她是来自德尔斐地区的普通农妇，50 岁以上（虽然她的穿着打扮是少女的样子），过着循规蹈矩的生活。

在祈求神谕的那天，皮提娅会在黎明前起床，在卡斯塔利亚泉里洗澡净化自己。然后她与祭司一起献祭一只山羊，以此检查预兆。如果预兆吉利，她就会走进神庙，进入一个隐秘的神圣房间，即阿底顿（adyton 字面意思是"禁地"）。房间里弥漫着大麦粒和月桂叶燃烧的烟雾。因为月桂树具有特别的象征意义，所以皮提娅也会头戴月桂花环，手持一根月桂枝。（图 2.21）

关于她接下来做了什么，有很多争论。流传最广的记载中这样记录她给出神谕的流程。

- 皮提娅净化自己，咀嚼一片月桂叶，然后坐在一座置于阿底顿裂缝上的三足鼎上。
- 接下来，裂缝中升起的蒸汽使皮提娅陷入了迷醉。她现在准备好了，可以回答问题了。于是一位祭司向她询问。
- 作为回答，她发出不连贯的声音。祭司解读她的回答并将其以六步格的诗句记录下来。然后他将答复返还给询问者。答复有时非常难懂，充满矛盾，以致询问者会深感困惑。

不过，以上描述很有可能是出自后世想要夸大德尔斐的传说的作

图 2.21 皮提娅坐在三足鼎上，手持一束月桂枝，为雅典国王埃勾斯预言。埃勾斯因为无子前来祈求神谕，后来生下了忒修斯

家。事实上其他证据表明，皮提娅会用可以理解的希腊语直接向询问者传达"阿波罗的话语"。

▎询问者

在卡斯塔利亚泉净化自己后，询问者会被安排排队。他可能需要耐心等待，因为咨询从黎明开始，一直持续到黄昏。轮到他时，他需要先缴纳咨询费——原本是一块神圣的蛋糕，到了公元前 5 世纪就变成了固定的货币费用。公元前 4 世纪初的一份记录表明，来自小亚细亚法赛里斯的朝圣者，进行一次城邦事务的咨询需要花费 7 德拉克马和 2 奥波勒斯①，私人咨询则需要 4 奥波勒斯。

---

① 为古希腊的一种小银币，6 奥波勒斯等于 1 德拉克马。——编者注

在询问者进入神庙之前，他必须献祭一只山羊。如果山羊的头在被洒水时颤抖，就会被认为是一个好兆头，也许预示着皮提娅在回答时身体颤抖的模样。人们认为祭祀的吉兆意味着阿波罗允许咨询继续进行。而只有当祭司宣布祭祀取得了吉兆，询问者才被允许进入神庙。

现在咨询开始了。询问者在一位祭司的带领下进入神庙的内殿，然后在阿底顿附近等待。接着，他会向祭司提出他的问题——问题可以口头传达也可以被书写在铅板（我们已经发现了许多这类铅板）上。根据传统的看法，祭司会走进阿底顿并在一段时间后带回答复。

🏆 两则著名的神谕

在《历史》的第一卷（1.46—55），希罗多德讲述了公元前 6 世纪中叶吕底亚国王克罗伊索斯的故事。为了在波斯帝国变得过于强大之前对其进行攻击，克罗伊索斯首先测试了世界上最著名的神谕所，以确定哪些神谕可以给予他最有用的建议。经过测试，他认为德尔斐的神谕是最好的。于是他慷慨解囊，为德尔斐送去贵重的礼物，然后派使者前去祈求神谕，询问他是否应该入侵波斯的领土。他得到的答复是，如果他这样做，他将摧毁一个伟大的帝国。得到这个答案后，克罗伊索斯立即出征。但他的军队很快就被波斯人击败，吕底亚王国也在不久后被波斯征服。克罗伊索斯确实摧毁了一个伟大的帝国——他自己的帝国。

希罗多德后来还叙述了地米斯托克利对另一则令人费解的神谕的解读（7.140—3）。公元前 480 年，面对波斯入侵的威胁，雅典人向德尔斐咨询。他们被告知，"全知的宙斯回应了雅典娜的祈祷，唯有木墙不会倒塌，它将帮助你和你的子孙"。雅典人听闻神谕后，在集会上进行了辩论。许多人认为木墙指的是雅典古代市中心的围墙。然而，雅典将军地米斯托克利则认为它指的是雅典的船只。因此，他说服了他的同胞们撤离雅典城，同时准备进行海战。不久之后，雅典人领导的希腊舰队在萨拉米斯湾与规模更大的波斯海军交手并取得了卓越的胜利。然而，与此同时，波斯人洗劫了雅典，而且屠杀了所有选择留在城中的居民。

🏆 神谕的吸引力

那我们该怎样解释这种现象呢？今天，许多人钦佩古希腊人的理性主义，但在这里，在他们生活的最核心，他们对一位迷醉的女祭司含混不清的言语深信不疑。我们可以简单回答，这是因为希腊人相信神谕的力量。不管我们觉得这看起来是多么矛盾，许多希腊人的确认为神谕能够无误地传达众神的意志。因此，他们自然想要听从它的建议。

然而，我们还应关注两点。第一点是，神谕咨询使古希腊人能够给重大决定赋予神圣的重要性。比如，如果一个人特意拜访德尔斐，去询问他是否应该结婚，那他实际上承认了这个问题的重要性，认为它会改变他的生活并且会给自己时间考虑。第二点是，神谕通常会激发询问者对他的决定做出非常仔细的思考并从各个角度进行分析。如果神谕令人困惑或含混不清，那么询问者就尤其应当谨慎思考。克罗伊索斯的故事就展示了仓促做出决定可能会带来的灾难性后果。在此背景下，神庙的箴言就显得更加意味深长——"凡事勿过度"和"认识你自己"。

第三章　古代奥林匹克运动会

神圣的比赛

古代奥运会是宗教节日的一部分，这是它最特别的一点。对希腊的男性而言，每4年一次的奥林匹亚神圣之旅的最高潮，莫过于对众神之王宙斯的崇拜和庆祝。奥林匹亚的中心是圣地阿尔提斯。在举行体育比赛之前，这里早已是崇拜宙斯的地点。为期5天的奥林匹克节日庆典充满了祭祀和宗教象征，其中最为引人注目的是获胜者的橄榄冠。如果不将古代奥运会视为宗教活动，我们就不可能理解这些比赛的真正意义。

其实，奥林匹克运动会是古希腊世界的四大宗教节日比赛之一。在这些比赛中，奖品只是象征性的花环，参赛者是为了荣誉而竞争。宗教是所有四场比赛的核心，因此它们被统称为"神圣比赛"。

运 动 会	地 点	首次举办时间	纪念神明	胜利冠冕
奥林匹克运动会	奥林匹亚	公元前 776 年	宙 斯	橄榄冠
皮提亚运动会	德 尔 斐	公元前 586 年	阿波罗	月桂花冠
地峡运动会	科 林 斯	公元前 582 年	波塞冬	松枝冠
涅墨亚运动会	涅 墨 亚	公元前 573 年	宙 斯	苦芹冠

这些比赛共同组成了四大运动赛事（今天也存在类似的四联赛：网球和高尔夫球都有四项大满贯赛事）。然而，毫无疑问，古希腊人认为奥林匹亚的比赛是最盛大的。诗人品达生动地表达了这一观念：

> 水最可贵，
> 黄金像暗夜中闪耀的火焰，
> 胜过所有高贵的财富。
> 但我的心，如果你为比赛而颂歌，
> 那么，就像在白天空寂的天空中，
> 找不到一颗比太阳更暖的明星，
> 我们也找不到任何比奥林匹克更伟大的竞赛。

（品达《奥林匹克胜利曲》1.1—7）

体育比赛与宗教崇拜如此紧密地联系在一起，这在我们看来似乎是很奇怪的。然而，古希腊人相信胜利者有神的支持，他们也认为神明以完美的人体形态存在，可以完成超人的壮举——冠军运动员无疑是最接近神明的完美典范。古希腊神话中也不乏展现出超群的运动天赋的英雄——卓越的运动能力是英雄的关键特质。

体育和宗教之间的另一个联系是葬礼竞技。在《伊利亚特》第23卷中，阿喀琉斯举办了一场竞技来纪念帕特洛克罗斯并以此送他去往冥界。俄狄浦斯去世后，人们也为他举办了葬礼竞技。而正如我们将要介绍的，有一种观点认为，奥林匹克庆典也是始于一场纪念珀罗普斯战胜奥伊诺玛斯的葬礼竞技。

泛希腊政治

神圣运动会的一个关键特征就是它们是泛希腊的。这意味着它们对当时已知的世界中的所有希腊人开放。来自希腊大陆以外的希腊殖民者特别重视参加神圣运动会，因为这是他们保持希腊身份和提升殖民地声誉的一种方式。许多伟大的奥运冠军来自遍布在地中海和黑海沿岸的城市。

因此，政治成为运动会中的一个重要因素。事实上，整个奥林匹亚遗址布满了政治性的纪念建筑，因为各城邦经常选择这个泛希腊地点来展示他们的繁荣和胜利。许多纪念碑是为了感谢诸神赐予的军事胜利而建造的，而阿尔提斯以北的12座金库则象征着修建它们的城市的富裕和昌盛。

每个重要的城市都会派出使臣代表团来参加运动会。在运动会期间，一定少不了外交活动和政治讨论。这些官方代表还时常炫耀财富，比如，他们会为观众举办宴会。公元前416年，阿尔西比亚德斯率领雅典代表团来到奥林匹亚，同时他自己也在战车比赛中赢得了胜利。获胜的那天晚上，他举行了一场极为丰盛的宴会，足以让比赛中的每个人都吃饱。阿尔西比亚德斯后来在雅典公民大会上辩称，这种财富的展示提升了雅典在希腊世界的形象。当然，他自己无疑也从他的慷慨行为中寻求个人利益。

🏆 资料来源

本章参考了关于奥运会的一些主要资料。它们来自以下类别。

- **胜利颂诗。**公元前 6 世纪末—前 5 世纪，获胜的运动员（或其同城邦的赞助人）经常委托诗人创作合唱抒情诗，来庆祝他在神圣运动会上的胜利。这类诗歌被称为胜利颂歌。该流派最著名的诗人是品达，他的许多诗作都留存了下来。此外，我们还有一些品达的劲敌巴库利德斯的诗作。他们的诗歌经常包含某些比赛的具体信息，例如，获胜者的年龄和姓名，甚至是他光荣返乡后受到的盛情欢迎。

- **斯特拉波和保萨尼亚斯。**他们都是对神话和历史感兴趣的地理学家。斯特拉波（约公元前 64—公元 24 年）在他描述民族和地理的著作《地理学》的 8.3.30 章节，作有一篇关于奥林匹亚的记录。保萨尼亚斯生活在公元 2 世纪，撰写有《希腊志》。这是一本旅行指南，其中包含有关奥林匹亚等地点的大量详细信息。其中，5.7.1—6.21.3 的篇章描述了奥林匹亚。这两部作品是我们了解古代奥林匹亚的主要资料来源。然而，它们被撰写时，奥运会已经有 8 个多世纪的历史了，所以我们不应该认为它们涵盖了奥运会的全部历史。

- **菲罗斯特拉图斯。**他是罗马帝国时代的一位希腊诡辩家（约公元 170—250 年）。他写作了唯一幸存的古代体育论著《论体育》。而另一部可能由他创作的作品是《画记》，它描述了那不勒斯市的各种艺术作品，其中也有一些对运动场景的描绘。

- **艺术。**艺术作品通常会提供有关体育赛事的重要细节。此外，古代画家描绘了许多体育赛事，其中最著名的作品是被授予泛雅典娜运动会的胜利者的泛雅典娜双耳瓶。但是，我们应该谨慎地解读艺术画面：它们不应该被等同于今天的照片，因为它们通常呈现出不完全准确的理想化图像。例如，在表现短跑运动员的画面中，一些运动员的动作被描绘成右臂和右腿同时向前，这显然是不真实的。

- 考古。奥林匹亚遗址于 1875—1881 年由一队德国考古学家首次发掘。大部分主要建筑的地基在 14 个世纪后首次重见天日，并且与保萨尼亚斯的描述相当吻合。发掘工作在 20 世纪 30 年代重新进行并在此后的几十年里一直在继续。因此，该遗址为我们提供了丰富的考古资料。

- 铭文。我们可以从现存的铭文中了解很多关于古希腊体育运动的信息。许多物品，比如，泛雅典娜双耳瓶上都留有铭文。在奥林匹亚，许多获胜者雕塑的底座都刻有铭文，其中包括第一位赢得比赛的女性基妮斯卡的雕塑铭文。

🏆 运动会的起源

第一次奥林匹克运动会的举办日期传统上可以被追溯到公元前 776 年。该日期是由生活在公元前 5 世纪后期的诡辩家伊利斯的希皮亚斯推算出来的。他根据不太可靠的文字记载和口述历史，拟出了一份奥运会获胜者的名单。事实上，很可能在公元前 8 世纪之前，该地已经有了某种地方性的节日庆典。但考古资料表明，更盛大的体育节日直到公元前 700 年左右才出现。这一时期，当地的节日庆祝方式发展为大规模的集会，吸引了许多来自远方的希腊人。

获胜者名单能够说明奥运会影响范围的扩大。早期的获胜者几乎全部来自伯罗奔尼撒半岛，而在公元前 7 世纪，雅典和斯巴达的参赛者占了其中的大部分。在公元前 6 世纪，比赛的影响范围大幅扩大，来自希腊大陆其他地区和大希腊各城邦的许多运动员也都前来参赛。在奥运会的后期，来自小亚细亚城邦的运动员们赢得了最多的胜利。

希腊人讲述了许多符合他们文化的传说来解释运动会的起源，并且似乎不介意它们有时互相矛盾。其中最重要的两个故事（赫拉克勒斯和珀罗普斯的故事）提供了关于谁创立了奥运会的两种版本。正如我们将要看到的，这两个传说都在奥林匹亚遗址上得到了凸显。

▌ 珀罗普斯和希波达弥亚

英雄珀罗普斯是来自小亚细亚的一位王子，伯罗奔尼撒半岛以他的名字命名（伯罗奔尼撒的字面意思是"珀罗普斯之岛"）。他想娶比萨（奥林匹亚附近的一个小镇）国王俄诺玛俄斯的女儿希波达弥亚为妻。但是俄诺玛俄斯被神谕警告，说他注定会在女儿的婚礼后死去，因此，他试图阻止女儿结婚。作为一名出色的战车手，俄诺玛俄斯向希波达弥亚的每位追求者发起战车比赛的挑战，同时宣布第一个击败他的人可以迎娶他的女儿。然而，追求者失败的代价则是死亡——在珀罗普斯参加挑战之前，已经有 13 人丧命于赛场。

珀罗普斯设计了一个聪明的计划来击败国王。他贿赂了俄诺玛俄斯的马倌米尔提罗斯，用蜡制成的车辖替换了国王战车的青铜车辖。当国王即将在比赛中超过珀罗普斯时，蜡融化了，他被甩出战车而死。这之后，珀罗普斯与希波达弥亚结婚并设立了奥运会，或许是为了以葬礼竞技来缅怀俄诺玛俄斯。

一些希腊人并不满这种以作弊取胜的创始英雄形象。在品达的第一首《奥林匹克胜利曲》中，他甚至重新演绎了这则神话，使珀罗普斯在波塞冬赠予的神马的帮助下赢得了比赛。

▌赫拉克勒斯和奥革阿斯的马厩

另一则神话与古希腊神话中最伟大的英雄赫拉克勒斯有关。他的第五项伟业是清理伊利斯国王奥革阿斯的马厩。赫拉克勒斯与奥革阿斯约定，他会以国王牲畜十分之一的价格来清理马厩。当他成功完成工作后，奥革阿斯却食言了。为了报复，赫拉克勒斯洗劫了伊利斯城并设立了奥林匹克运动会，以纪念他的父亲宙斯。他引入了体育赛事和战车比赛，而且相传，他首次测量了奥林匹亚体育场的长度，标出了 600 步的距离。赫拉克勒斯还种植了一棵神圣的橄榄树，它的枝叶后来成为奥运冠军们的胜利花环。

奥林匹亚遗址

考古证据表明，从公元前 10 世纪开始，宙斯就在奥林匹亚受到崇拜，远早于在那里举行的任何重要的体育比赛。我们很容易理解为什么古希腊人将这个地方与他们最伟大的神明联系在了一起。奥林匹亚是希腊不寻常的一片翠绿肥沃的土地，富有泉水、树林、河流和植被。在希腊的自然风景中，它就像是一片美丽的绿洲——一片配得上宙斯的绿洲。

奥林匹亚从来不是作为城镇或村庄而存在。它是一片坐落着宗教和体育建筑的圣地，每 4 年就有朝圣者蜂拥而至。它位于伯罗奔尼撒半岛西北部，在阿尔菲奥斯河和克拉迪奥河的交会处（图 8.5）。阿尔菲奥斯河宽至可以行船，这意味着人们可以通过海路轻松地来到圣地。

宙斯与奥林匹亚

古希腊人以神话来解释宙斯与奥林匹亚的关联。一天，宙斯从奥林匹斯山眺望整个希腊，试图找到它最美丽的地方。当他看到奥林匹亚中心的小树林时，他投下了一道雷电，将其建立为他的圣地。奥林匹亚因此得名于宙斯所统治的奥林匹斯山。在阿尔提斯，宙斯祭坛上还留有宙斯用雷电击中地面的标记。

在其历史的大部分时间里，奥林匹亚都处在该地区最大的城市伊利斯的控制之下。伊利斯负责举办奥运会、维护圣地，提供比赛的所有裁判并在赛前一个月开始接待参赛者。除却这些职责外，伊利斯在古希腊世界中是一个相对较小且无足轻重的城邦。因此，其他城邦并不担心它会因为奥运会中的职责而变得过于强大。

🏆 阿尔提斯

奥林匹亚的中心是一个名为阿尔提斯的宗教圣地（图 3.1）。该地最初是一片神圣的树林，而阿尔提斯的名字正是源于希腊语中的"树林"（*alsos*）。这片土地位于圆锥形的克罗诺斯山（克罗诺斯是宙斯之父）以南，周围环绕着石墙。阿尔提斯共有 3 个入口，两个在西边，一个在南边。

在围墙内，我们只发现了宗教建筑，其他各类重要的建筑物都坐落在围墙以外。除了神庙和神殿外，在阿尔提斯还坐落着许多座祭坛以及数百座奥运冠军的雕像。公元 1 世纪下半叶，罗马的老普林尼估计，在他前来参观时，阿尔提斯尚保留着约 3 000 座雕像。

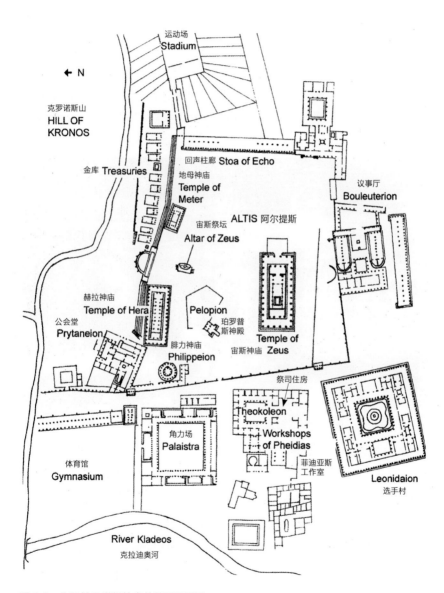

图 3.1 公元前 3 世纪的奥林匹亚平面图

▍宙斯神庙

宙斯神庙是阿尔提斯的核心建筑，它被认为是古希腊世界多立克柱式神庙的最佳典范之一（图3.2）。这座寺庙由伊利斯的建筑师利本设计，完成于公元前470—前456年。它由前后各6根立柱和两侧各13根立柱环绕。其基座的尺寸为64.1米×27.7米。

图3.2　阿尔提斯的模拟复原图，其中央为宙斯神庙

这座神庙的非凡之处不仅在于其规模，还在于装饰它的艺术杰作。东侧的三角墙饰有浮雕，刻画着珀罗普斯和俄诺玛俄斯之间战车比赛的场景，宙斯在旁担任裁判。而西侧的三角墙则展现了神话中拉皮斯人和半人马之间的战争。排档间饰（神庙立柱上方的饰板）装饰有赫拉克勒斯12项伟业的浮雕。一尊长着翅膀的胜利女神雕像被置于东侧三角墙的顶端。屋顶是用大理石瓦砌成的，还饰有狮子头状的喷水口。

神庙内供奉着古代世界七大奇迹之一——黄金与象牙制成的宙斯雕像（图 3.3）。尽管雕像没有保存下来，但保萨尼亚斯给我们留下了详细的描述：

> 神王坐在宝座上。黄金和象牙造就了他的形象。他的头上有一顶橄榄枝状花环。他的右手举着一尊黄金和象牙制成的胜利女神雕像，女神头戴丝带和花环；左手持一根权杖，上面镶嵌着各种贵重金属，权杖上停着宙斯的圣鹰。神王的凉鞋和衣袍也是金制的，衣袍上嵌刻着动物和盛开的百合花。
>
> （保萨尼亚斯《希腊志》5.11.1—2）

这座雕像高约 13 米，由著名的雅典雕刻家菲迪亚斯于公元前 430 年创作而成。菲迪亚斯与多间作坊合作，塑造了这件杰作。今天，我们依然可以在阿尔提斯西侧墙外看到这些作坊的遗迹。

▌其他圣迹

宙斯神庙附近矗立着圣橄榄树和宙斯祭坛。该祭坛曾是一个巨大的灰烬堆（估计高度在 6—7 米），是数百年间无数次献祭的残留，现已无存。

赫拉神庙实际上是阿尔提斯最古老的建筑，可能最初是奉献给宙斯和赫拉两位神明的。奥林匹亚有一个赫拉节，节日上，年轻的女性和少女可以参加运动会。胜出的女性被允许在神庙的立柱上添加奉献牌匾。（而与之相反的是，女性被禁止参加奥林匹克运动会。）这座神庙中还安置着刻有《神圣休战协定》的青铜铁饼以及一张由象牙和黄金制成的桌子，上面摆放着授予运动会冠军的橄榄冠。阿尔提斯内还有另外一座神庙：建于公元前 4 世纪的小型地母神庙。神庙中供奉着女神库柏勒，她经常被奉为东方版本的瑞亚——克罗诺斯的妻子和宙斯的母亲。

珀罗普斯神殿被认为是珀罗普斯的坟墓。这是一座纪念这位创始

图 3.3　宙斯巨型雕像的艺术还原图。如图所示，参观者可以爬上神庙的二层，更好地
　　　　欣赏雕像

英雄的露天神殿，四周环绕着五角形的墙壁和精心设计的门楼。这座神殿在现代被发掘过不止一次。虽然考古学家并未发现任何伟大英雄的遗骸，但它确实包含一些在奥林匹亚发现的最古老的考古遗迹，包括一座直径 27 米，可追溯到公元前 2500 年左右的古墓。

马其顿的腓力二世建造了一座腓力神庙，以纪念他于公元前 338 年在喀罗尼亚击败希腊人以及在奥运会战车比赛中的胜利。这是一座圆形的建筑，里面有 5 位马其顿王室成员的镀金大理石雕像。因此，在只允许修建宗教建筑的阿尔提斯，它是一个例外。虽然腓力二世在它完成之前就去世了，但他的儿子亚历山大大帝最终完成了该工程。

阿尔提斯的北侧排列着数座金库。这些小而华丽的建筑由不同的希腊城邦在多年间建造，以容纳它们为圣地奉献的财物以及展示和保护它们的宝藏。考古学家已经发现了 12 座这类建筑物的遗迹，其中的 10 座是由希腊大陆以外的希腊殖民地城邦建造的。这说明了奥运会对希腊本土之外的希腊族群的重要性。

在金库前矗立着 16 尊宙斯铜像（图 3.4）。它们的制造经费来自在

图 3.4　依然留存的宙斯铜像底座，其后是体育场的入口

比赛中作弊的参赛者缴纳的罚款。它们表现着宙斯即将投出雷电的姿态，意在警告参赛者违反奥林匹克誓言的危险后果。

🏆 阿尔提斯之外

在阿尔提斯西北角墙外，紧挨着赫拉神庙的，是公会堂。这是伊利斯贵族组成的奥林匹克议会在奥运会期间生活和工作的地方。它还拥有一个特殊的房间，用来放置神圣的炉灶，其中燃烧着向炉灶女神赫斯提亚奉献的不灭火焰。此外，还设有一个宴会厅，用来为奥运冠军举行盛宴。

阿尔提斯的南侧是议事厅。议会在这里开会，组织比赛。以往比赛的档案也保存在这里。议事厅中有一座誓言守护者宙斯的祭坛。运动员和裁判会在比赛开始时来到祭坛前，宣誓遵守奥运会的比赛规则。议事厅西边的选手村是奥林匹亚唯一的"宾馆"。它以公元前4世纪资助和设计它的建筑师纳克索斯的列奥尼达命名，专门接待尊贵的到访者，例如，奥运会官员或希腊城邦的代表。它的中央是一座美丽的庭院。

阿尔提斯西边的两座建筑——菲迪亚斯的工作室和祭司住房，强调着宗教在奥林匹亚的重要性。前者的主要房间按照宙斯神殿内殿的规格建造，以便艺术家可以更好地判断雕像在其预定环境中的外观。后者是供祭司会面和工作的场所。在这些建筑物附近可以找到建于公元前5世纪的洗浴设施和游泳池。

▎ 体育场

阿尔提斯的东侧是体育场（图3.5），二者之间隔着回声柱廊。这座柱廊被如此命名，是因为据说声音会沿着柱廊的墙壁发出7次回响。

图 3.5　今天的奥林匹亚体育场

它也被称为彩绘柱廊，因为它在公元前 4 世纪时被装饰以绘画。紧挨着柱廊的，是长 32 米的进入体育场的隧道状走廊，类似足球运动员或橄榄球运动员进入现代体育场的地方。古代奥运会的运动员入场一定也会引起轰鸣般的欢呼。

　　最早的奥运会没有指定的体育场。运动员们简单地利用宙斯祭坛东边的平坦地面作为比赛场地并在沙地上画出一条线来表示比赛的起点。观众们会站在克罗诺斯山丘上观看比赛。第一个体育场约于公元前 560 年被修建在阿尔提斯东边，后来又于公元前 350 年被升级为一座完善的新场地，可容纳多达 45 000 名观众。比赛的起跑线处有一块石台，今天仍然可见（图 3.6）。

　　普通观众在赛道周围的缓坡上就座。体育场南侧有一个座位区，

图 3.6 体育场里带有赛跑者
落脚沟槽的起跑线

是裁判的看台。它的前方是一条走道，可能是比赛结束后为获胜者授予棕榈枝的地方。体育场的对面有一个座位和一座祭坛，供德墨忒尔的女祭司使用。她是唯一被允许观看比赛的女性。

▌赛马场

赛马比赛都是在位于体育场南面的赛马场举行。赛马场在中世纪时被阿尔菲奥斯河的洪水毁坏，因而其确切位置一直是个谜，直到 2008 年，一队考古学家才设法确定了它的位置。他们的发现与保萨尼亚斯的描述吻合，即赛道长约 600 米，宽约 200 米。和体育场一样，赛马场的西北侧也有一个供裁判使用的看台。

🏆 后期建筑

在公元前 3 世纪，阿尔提斯的西北方向出现了一批新建筑。角力场是摔跤手、拳击手和跳远运动员的锻炼区域。它包含一个被柱廊围绕着的中央庭院，柱廊后面是运动员的更衣室。角力场的北面是体育馆，呈长方形（120 米 ×220 米）。它有一条跑道，与体育场的跑道长度完全相同，使跑步运动员能够为他们的赛事进行训练。它也被用作练习掷铁饼或者投标枪等田径运动的场地。

比 赛 项 目

在奥林匹亚举办的比赛项目可以分为四类：田径、赛马、格斗和五项全能。除了成人项目，比赛还设有少年项目，参赛的男孩必须处于12—18 岁，但由于当时没有出生证明，所以由裁判来决定参赛者是少年还是成年男性。

🏆 田径赛项目

赛跑中，运动员从体育场的一端跑到另一端。赛道是泥土和沙子混合铺就的，边缘处有石头路缘。古代奥运会的赛跑与现代赛跑类赛事的主要区别，在于它都是在直线上进行的，不包括弯道。学者们一般认为，赛道的每一端都有一个转向柱，以确保跑步者完成了准确的距离。

裸　体

　　古今奥运会的一个显著区别是，古代奥运会中，运动员裸体参加比赛。事实上古希腊人习惯于裸体运动，因为男人们会在当地的体育馆裸体进行训练。"裸体的"希腊语是 gymnos，因此 gymnasium（体育馆）这个词可以直译为"可裸体的地方"。同样地，希腊语动词 gymnasdein 的意思是"锻炼"，也可以翻译为"裸露身体"。

　　保萨尼亚斯讲述了这样一个传说。在奥林匹亚，裸体参赛的习俗始于公元前 720 年的奥运会，当时迈伽拉的奥尔西波斯在短跑比赛中获胜。在比赛中，他的缠腰布脱落了，但他继续奔跑，直到第一个跨过终点。保萨尼亚斯提出了自己的怀疑，即奥尔西波斯主动丢弃了缠腰布，以使自己跑得更快。

　　裸体比赛的做法似乎是有道理的。在某些运动中，衣服可能很笨重。现代短跑运动员通过使用氨纶（莱卡）服装克服了这一障碍。此外，希腊人相信强壮而美丽的身体是"神一般的"，因此在他们看来，伟大的运动员自豪地展示自己的身体是无可厚非的。

　　公元前 5 世纪，人们制作了起跑线，用以取代早期在沙地上画线示意的做法。今天，曾经的起跑线仍然清晰可见。石块从赛道的一侧延伸到另一侧，其上有落脚的凹槽（每对凹槽相距 18 厘米）以及用于固定木桩的孔洞（相距 175 厘米）。木桩被用来标记每条赛道上的起跑位置。奥林匹亚的体育场中共有 12 个起跑位置。小号的一声鸣响标记着比赛的开始——如果有抢跑，小号手会重新吹号开赛（希罗多德告诉我们，抢跑者会被鞭打）。下面列出了 4 个跑步项目以及它们首次在奥运会中开展的年份。

- 短跑（公元前 776 年）。这是前十三届奥运会中唯一的项目，因此被认为是最重要的奥运会项目。每届奥林匹克运动会都以短跑冠军的名字命名。短跑中，运动员从体育场一端跑到另一端，其距离为 192.27 米。（图 3.7）
- 中短跑（公元前 724 年）。中短跑的距离是体育场长度的两倍。运动员从体育场的一端跑到另一端，然后折返。
- 长距离跑（公元前 720 年）。长距离赛跑的距离很可能是体育场赛道的 20 倍或 24 倍。由于长距离跑用时较长，观赏性并不是很强，因此它通常被安排为第一场田径赛事，为更加激动人心的短跑赛事做铺垫。

图 3.7　绘有短跑比赛场景的泛雅典娜双耳瓶

图 3.8　佩戴着头盔且手持
盾牌的跑步者

- 武装赛跑（公元前 520 年）。运动员佩戴头盔和护胫并手持圆
形盾牌跑完一个折返的长度（图 3.8），他们的盾牌被保存在宙
斯神庙中。

🏆 赛马项目

赛马在今天被称为"国王的运动"，在古希腊世界也是如此。战车
比赛常被与古希腊神话中高贵的英雄们联系在一起。例如，我们之前所
介绍的，许多人认为奥运会是珀罗普斯在战车比赛中获胜后设立的，而
在《伊利亚特》第 23 卷中，帕特洛克罗斯的葬礼竞技也包含着希腊英
雄之间的战车比赛。

只有最富有的人们才能负担得起赛马活动的相关费用（包括使用训
练场地、购买战车和设备等的费用）。因此，赛马冠军的荣誉不被授予

骑师或车夫，而是属于马匹的主人（今天的赛马也遵循着同样的原则）。马匹主人骑马参赛的情况鲜有发生，原因之一是赛马是非常危险的，骑手有死亡或受重伤的风险，所以他们通常会以少量报酬雇用奴隶或骑手参赛（图3.9）。这就解释了为什么我们很少听到骑手因胜利而受到赞扬。

图3.9　这座青铜雕塑被称为阿尔忒弥斯海角的骑士（得名于它被发现的地方），是十分罕见的表现赛马的古希腊雕塑作品。马匹的大小与实际一致，因此骑手推测为一名10岁左右的男孩

因此，赛马是奥运会中有钱人可以有效地"购买"胜利的项目。有趣的是，这为女性参加比赛打开了大门，因为没有规定禁止女性拥有参赛的马匹。很多女性也的确通过这种方式参加了奥运会。其中最著名的是斯巴达的基妮斯卡。我们将在后面详述她的胜利。

最重要的战车比赛是四马战车竞赛（始于公元前680年），即驾驶四匹马拉动的战车绕赛道12圈。战车手必须非常灵活——战车上没有保护装置，因此崎岖不平的赛道可能会将他们抛向任何方向。在骑马比赛（公元前 648 年）中，成年马匹必须跑过体育场 6 倍的距离，约 1 200 米。骑师既没有马鞍也没有马镫，但可以使用鞭子驾驭马匹。

马匹惊恐之地

保萨尼亚斯（6.20.15—19）提到，在赛马场的某一处，马匹可能会无缘无故地陷入恐慌。这一地点被称为"马匹惊恐之地"，而保萨尼亚斯记述了若干迷信理论，来解释可能造成这种现象的邪恶存在。其中一种理论认为，该地点可能是珀罗普斯和希波达弥亚神话中，国王俄诺玛俄斯的马夫米尔提洛斯坟墓的所在地。传说，米尔提洛斯背叛主人后，又被珀罗普斯出卖并遭到杀害。于是，他愤怒的灵魂在死后继续纠缠生者。

赛马类项目显然深受观众欢迎，因为它们很能体现"血性和胆量"。比赛的速度极快，骑手或战车手绕过转弯处时很容易发生事故。此时，他们有可能会从战车或马背上被抛出，与迎面而来的马匹相撞，甚至被踩在马蹄之下。公元 2 世纪，希腊医生盖伦写道：

> 剧烈的骑马运动会破坏肾脏和胸部周围的器官，许多人的输精管道也会因此受损，更不用提马儿的失误了，它们经常置掉落马背的骑手于死地。

（盖伦，残篇[①]，5.902ff.）

---

① 引自由卡尔·库恩编辑整理的《盖伦作品全集》，此处引用该书中收录的残篇。——译者注

🏆 格斗项目

格斗或"重量级"项目包括摔跤（公元前 708 年）、拳击（公元前 688 年）和古希腊式搏击（公元前 648 年）。它们与现代格斗比赛的不同之处在于没有体重级别的划分，因此，较重的运动员通常具有很大的优势。这些比赛都由比赛的裁判之一——"古希腊裁判"监督，他在必要时会用叉状的棍子将参赛者分开。与现代摔跤或拳击比赛不同，古代奥运会的格斗类比赛不会分成几轮，给运动员休息喘息的机会。相反，比赛会一直持续到选手之一胜出为止。

摔跤比赛在一个堆满沙子的区域内进行。如果运动员的背部或肩膀接触地面，则构成"摔倒"。成功使对手"摔倒"的运动员赢得比赛。然而，摔跤手很难抓住对方，因为他们在比赛前会用橄榄油涂满自己的身体。运动员可以绊倒对方，但不能咬、抓或者击打对手。

拳击被认为是最危险的运动。古代拳击与现代拳击的一个主要区别是，参赛者不佩戴真正的拳击手套。他们将皮革绷带（himantes）包裹在手上，其目的不是保护对手，而是保护佩戴者的指关节（图 3.10）。另一处与现代拳击不同的是，比赛场地不是有围栏的拳击台。这就意味着拳击手无法将对手逼入角落。拳击手在以下两种情况获胜：他将对手打到失去意识，或者对手举起一只手示意认输。拳击手可以使用拳头、巴掌和手背攻击，他们似乎偏爱击打对手的头部。摔跤或用身体环抱是不被允许的，但拳击手可以击打已经倒下的对手。拳击手通常需要具有极强的耐力，如果他们不能迅速击倒对手，比赛可能会在夏天的炎炎烈日下持续数小时。

古希腊式搏击被称为 Pankration，意思是"全部力量"，它结合了拳击和摔跤的元素（形式上，它可以视作现代武术运动）。古希腊式搏

图 3.10 两名正在打斗的拳击手。他们手上缠着皮条，一名拳击手鼻子在流血

击最突出的特点是几乎没有任何规则。事实上，比赛中唯一被禁止的两种行为是咬人和挖眼睛。这似乎就是一种百无禁忌的比赛，允许选手使用各种策略，包括折断手指、踢踹、勒脖子等。击打也是被允许的，但与拳击比赛不同的是，参赛者不戴"手套"，徒手搏击。当一名参赛者宣告他不能再继续时（或被打昏时），比赛方能分出胜负。一位古代作家向我们描述了古希腊式搏击和摔跤所需的不同技能：

　　古希腊式搏击选手……练习一种危险的摔跤。他们必须忍受摔跤手不会遭遇的淤青眼圈，学习摔倒后仍然可以获胜的方法，而且他们必须熟练掌握各种使对手窒息的方法。他们弯曲脚踝，扭动手臂，挥拳，甚至跳到对手身上。除了咬人和挖眼睛外（图 3.11），在古希腊式搏击中，所有行为都是被允许的。

（菲罗斯特拉图斯《画记》2.6）

图 3.11　裁判监督下的古希腊式搏击比赛。尽管有裁判在侧，但一名选手仍试图违规挖对手的眼睛

🏆 五项全能

　　五项全能（始于公元前 708 年）很受观众的喜爱。它包括五个项目：掷铁饼、跳远、掷标枪、短跑和摔跤（图 3.12）。前三项田赛项目不单独举行，仅仅是五项全能的一部分。整个比赛在体育场内进行，持续一个下午。五项全能运动员需要具有极好的耐力。亚里士多德说过："凡

事都出众的人适合参加五项全能。"

　　关于怎样裁定五项全能的获胜者，存在着一些争论。最流行的理论是，第一个赢得三项田赛的人就是整场比赛的冠军。因此，三场田赛项目首先举行。如果一个人赢得了所有三场田赛，那么他将被宣布为获胜者，而最后两场比赛将不再举行。如果一个人在前三场比赛中获得了两场胜利，那么他将与另一场比赛的获胜者进行短跑比赛。如果他输了，两人就会继续争夺摔跤比赛的胜利。第一个获得三场胜利的人会被判定为总冠军。

　　掷铁饼是五项全能比赛中的首个项目。与现代铁饼投掷者转体一整圈相比，古代掷铁饼者很有可能只转动 3/4 圈。铁饼由石头或金属制成，通常刻有铭文。保萨尼亚斯告诉我们，古代奥林匹克休战协定就被刻在一块铁饼上并在阿尔提斯展出。至今留存的铁饼直径在 17—32 厘米，重 1.3—6.6 千克。奥运会的比赛中通常使用 3 个重量相同的铁饼，以确保投掷者在平等的条件下竞争。

　　古代奥运会中的跳远与现代的跳远大相径庭，因为古代跳远运动员需要双手各拿一个金属重物（图 3.13）。该物名为哈尔特罗斯，重量在 1—4.5 千克。跳远者会通过前后摆动这些重物来获得动力，以推动自己前进。至于该比赛要求立定跳远还是有助跑，专家们还无法达成一致。有些学者甚至认为它更像是现代的三级跳远。运动员会跳入体育场内一个 15 米长的长方形沙坑内。对跳远者来说，让自己的身体适应起跳的节奏是很重要的。所以该运动是伴随着阿夫洛斯管的音乐声进行的。阿夫洛斯管这种乐器与宗教仪式和典礼密切相关。

　　掷标枪比赛源于军事训练。竞技中使用的标枪比军用标枪轻，可以投得更远。它们由老木头制成，长度与运动员的身高差不多。古代和现代标枪投掷之间的主要区别在于皮制绑带的使用。古代投掷者将皮绑带缠绕在标枪杆上，然后抓住绑带的一端。标枪掷出时，他会拉动绑带

图 3.12　这个陶碗绘有五项全能比赛中的四个项目：掷铁饼、跳远、掷标枪和摔跤

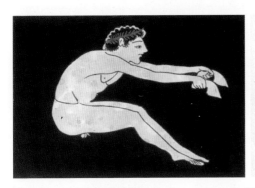

图 3.13　左：手握重物的跳远者；右：一对石头制成的跳远用重物

使标枪侧旋，以使标枪更稳定地飞出更远。

如果需要，五项全能的参赛者会在短跑和摔跤这最后两个项目中一决高下。这两个项目的规则与它们作为单项时的规则完全相同。

🏆 暴力与运动会

古代的体育比赛充斥着数不胜数的暴力。虽然拳击等现代格斗运动也包含着一定程度的暴力，但比赛中严格的控制可以确保现代运动员不会受到任何严重的伤害。

古代比赛的情况正好相反，其中的格斗和赛马等项目有时会导致参赛者死亡。有两个故事可以说明这一点。一个故事关于菲加利亚（奥林匹亚附近的一个城市）的古希腊式搏击选手阿拉奇奥。他在公元前564年赢得了他的第三个奥运冠军头衔，却在比赛的过程中死亡了。比赛中，阿拉奇奥在自己的脖子被勒住的情况下，设法使对手的脚踝脱臼。对手痛苦地滚开，竖起手指认输。与此同时，阿拉奇奥因窒息而死。裁判们将橄榄花环授予了他的尸体。

第二个故事讲述了涅墨亚运动会上，埃皮达鲁斯的克鲁加斯和锡拉库萨的达莫西诺斯之间的拳击比赛。他们较量了好几个小时，直到夜幕降临时还未能分出胜负。因此，他们同意以一个"高潮"来结束比赛。做法是，两位拳击手都不加防范地承受一次对方的攻击，看看他们能否一拳解决问题。克鲁加斯首先击打了达莫西诺斯的头部，但未能将他击倒。作为回应，据说达莫西诺斯伸出3个手指击中了克鲁加斯的肋骨下方。他锋利的指甲刺穿了克鲁加斯的皮肤，掏出了他的内脏，当场杀死了对手。然而，裁判判定达莫西诺斯犯规，认为他的3根手指是3次攻击。胜利的花环被授予了死去的克鲁加斯。

我们该如何看待这种暴力呢？首先，古希腊人在日常生活中更习惯于面对暴力和死亡，其死亡率要比今天高得多，而古希腊城邦在夏季征战季节经常处于战争状态。这或许是古代运动会如此暴力的第二个原因——许多项目可能源于士兵的军事训练并与战争密切相关。最后，古希腊英雄的核心定义是他应该光荣地死去。运动员们相信，他们冒着生命危险参加格斗和竞赛的做法，正遵循了阿喀琉斯等英雄的传统。

奥林匹克节

奥林匹克节每4年举办一次。时间安排上，节日最中间的一天必须是夏至后的第二个或第三个满月日。这意味着它总是在8月左右举行。我们或许会感到奇怪，运动会为什么要在一年中最热的时候举行，但其实这个节日可能源于发生在这几个月的古代收割仪式。支持这种理论的一个证据是，德墨忒尔女祭司会出席奥运会的比赛。

在比赛开始前两天，人们会沿着一条名为"圣道"的道路进行盛大的游行。这条道路从伊利斯延伸到奥林匹亚，全长64千米。裁判带领着所有参赛者、教练甚至参赛的马匹，一起参加这场游行。参与者在沿途的几个地点献祭，其中最重要的是在皮埃拉喷泉旁献祭一头猪。他们会在距起点三分之二处的来特立尼小镇过夜。

🏆 5天的节日安排

从公元前5世纪开始，奥林匹克节的长度被定为5天。在那之前，其实较短的时间就足够了。前13场奥运会中，所有的活动都是在一天

神圣休战协定

所有前往奥运会的旅行者都会受到"神圣休战协定"的保护。协定要求各方保障所有运动员、观众和官员在一个月（后来增加到三个月）内安全往返奥林匹亚。此外，不允许任何人员携带武器进入奥运会现场。奥运会前一段时间，头戴橄榄花环、手持手杖的奥运使者会从伊利斯前往古希腊世界的每个角落，宣布休战和奥运会的举办日期。

古希腊人相信神圣休战是由伊利斯的国王伊菲托斯在公元前 9 世纪根据英雄时代的传统，重新设立运动会时制定的。他厌恶损害了希腊世界的战争，于是在德尔斐咨询了皮提娅神谕，试图实现和平。女先知建议他在奥林匹亚组织比赛以纪念众神。他照做了，并且与比萨国王克里昂米尼和斯巴达国王来库古签订了比赛期间休战的协定，即最早的神圣休战协定。神谕还指示伊菲托斯用奥林匹亚中心的橄榄树的枝叶作为荣誉的象征。

休战协定被称为"神圣的"，是因为它受到众神的保护。古希腊人认为，旅行者的守护神宙斯及其他神祇将保护所有参加比赛的旅行者。人们谨遵休战协定，古代奥运会在其千年的历史中从未因战争而被取消过。相比之下，20 世纪以来，战争已经导致现代奥运会三度被取消（1916 年、1940 年和 1944 年）。

奥林匹克周期纪年

"奥林匹亚德"（Olympiad）一词指奥林匹克节日，也指两届节日之间的 4 年。古希腊人通过奥运会的举行周期来衡量他们的时间，这足以表明他们对奥运会的重视程度。公元前 776— 前 773 年是第一个奥林匹克周期，以此类推。

之内结束，因为短跑比赛就是唯一的项目。后来的奥林匹克节由整整 5 天的仪式和宗教活动组成。

第一天主要是仪式性的。节日开始于前往议事厅的游行。在誓言守护者宙斯的祭坛上献祭一头野猪后，参赛者和裁判分别宣誓。前者发誓，他们已经进行了 10 个月的训练，而且他们不会做任何破坏奥运会神圣性的事情；后者发誓要公平判断，不收受贿赂，也不会透露他们是如何做出决定的。

然后，选出传令官和小号手的比赛在回声柱廊中举办。比赛的获胜者会有幸成为比赛的官方传令官或号手。古代文献提到过一位杰出的小号手——迈伽拉的赫罗多罗斯，他在公元前 328—前 292 年连续 10 次赢得了比赛。少年比赛项目在上午晚些时候举行，为即将到来的成年男子比赛拉开序幕。

一整天，阿尔提斯都上演着各种激动人心的比赛场景，回荡着各种喊叫声、欢呼声。由于运动员们试图赢得众神的青睐，或者希望预知即将到来的比赛的结果，很多人会进行祭祀和神谕祈求。观众们则乐于在阿尔提斯观光旅游——对许多人来说，这是他们第一次有机会看到这里宏伟的建筑。运动会之外，这里还会经常举办非正式的其他活动，包括哲学家和演说家的演讲以及当时一些最著名的诗人和历史学家的朗诵会。他们都希望在如此庞大的盛会上，在来自世界各地的观众面前宣传自己的作品。

第二天开始于前往赛马场的盛大游行。五项全能比赛在当天下午举行。这是奥运会中最重要且最具有观赏价值的赛事之一。更多仪式在这天晚上进行，其中包括纪念珀罗普斯的葬礼活动。随后，比赛的胜利者们在阿尔提斯周围游行。之后，庆祝活动变得不那么正式——宴会上，大家共同歌唱胜利赞美诗以庆祝选手们的胜利。

第三天是满月的日子，因此是比赛中最为神圣的一天。早上，由

日 期	时 间	活 动
第一天	上午	议会厅立誓仪式 选出传信官和小号手的比赛 少年跑步、摔跤和拳击比赛 祈祷、祭祀和神谕祈求
	下午	附加活动 阿尔提斯观光
第二天	上午	游行至赛马场 战车与赛马比赛
	下午	五项全能比赛
	傍晚	纪念珀罗普斯的葬礼活动 胜利者绕阿尔提斯游行 共同歌唱胜利颂歌 宴会与庆祝
第三天	上午	环绕阿尔提斯的大游行 为宙斯祭祀 100 头牛
	下午	赛跑
	傍晚	公会堂中举行公共宴会
第四天	上午	摔跤比赛
	下午	拳击与古希腊式搏击 武装赛跑
第五天	全天	获胜者游行至宙斯神庙前 裁判为获胜者加冕 观众为获胜者撒花 宴会与庆祝

裁判、大使和参赛者组成的队伍（连同 100 头牛）将步行到阿尔提斯并在其周围游行，最后抵达宙斯的祭坛前。然后，100 头牛被献祭给神，作为伊利斯人民的礼物——这是整个节日中最为神圣的时刻。下午的赛跑项目之后，胜利者和官员在公会堂参加晚宴。

第四天的重点在于格斗赛事：摔跤、拳击和古希腊式搏击比赛。运动会的最后一项活动是武装赛跑，意在明确地提醒每个人，节日及神圣休战期即将结束，战争可能很快就会再次降临。

第五天是颁奖和闭幕式。当胜利者前往宙斯神庙时，欢呼的观众会向他们撒去树叶和鲜花。在宙斯神庙前，裁判会宣读胜利者及其父亲的名字和所属城市的名字。然后胜利者将被戴上用圣橄榄树的枝叶做成的花环。

与今天一样，颁奖礼是参赛者们运动生涯的亮点和多年训练的高潮。典礼上的宗教元素表示，胜利者与奥林匹斯众神之间的距离被比赛拉近了。

🏆 运动员

▌不惜一切代价取胜

古希腊是一个竞争激烈、胜者为王的社会。从荷马时代开始，希腊人就认可胜利者应该获得无与伦比的美名。在《奥德赛》中，法埃西亚贵族劳达玛斯这样向奥德修斯打招呼：

> 成为一名运动员，是你正确的决定——因为一生中，没有什么比一个人用他的手和脚所取得的成就更能让他出名了。

> （荷马《奥德赛》8.146—8）

运动员为了个人的荣耀而竞争，这也是古代运动会上没有团体项目的原因。与赢家相反，输家则光彩全无。古代运动会没有银牌或者铜牌，且在希腊人看来，"优秀的失败者"这样的概念是矛盾的。失败被视为一种耻辱。在一篇著名的颂歌中，品达谈到了被击败的摔跤手回家时的场景：

> 当他们见到自己的母亲，
>
> 他们不会被甜蜜的笑声环绕，不会拥有动人的喜悦。
>
> 在远离敌人的街巷，
>
> 他们畏缩；灾难已经打倒了他们。
>
> （品达《皮提亚胜利曲》8.85—7）

难怪，在比赛前，一些参赛者常常祈祷获得"冠冕"或"死亡"。

痛　苦

两个源自古希腊语的英语派生词，足以体现体育比赛的残酷性。英文单词"agony"（极度痛苦、苦恼）源于"agōn"（竞争）这个词。英文单词"athletics"（体育运动）源自希腊语中的"athlos"（为了奖品而进行的比赛）。athlos 的形容词 athlios 的意思是"获奖的""挣扎的"或"可怜的"。

▌训练

在比赛的第一天，运动员必须发誓他们在过去的 10 个月里一直在为他们的比赛而进行训练。对训练的重视确保了比赛的高水准。在邻近比赛的最后几个月里，运动员必须在奥林匹克裁判的监督下住在伊利斯。在这个阶段，奥运组委将组织预赛，裁判会在比赛开始前淘汰较弱的参赛者。

和现代运动员一样,古代运动员也明白饮食对力量和健康特别重要。运动员的标准饮食通常是由水果、奶酪、蔬菜、鱼和面包组成。除了格斗类运动员,肉类对其他运动员而言不是很受欢迎。拳击手、摔跤手和古希腊式搏击选手会吃羊肉、牛肉,甚至鹿肉来增强肌肉的力量。训练的另一个关键方面是按摩。它被视为放松身体和维持肌肉的重要方法。

奖励

虽然作为奖品的橄榄花环似乎不怎么贵重,获胜者最终收获的奖励却是巨大的。运动员一旦赢得比赛,就会得到一根棕榈树枝,枝梢缠着红丝带(图 3.14)。传令官随即宣布他是"希腊人中最卓越者"。在比赛期间,一些获胜者可能会与来自家乡的支持者和亲人举行私人宴会。然而,节日最荣耀的时刻出现在第五天的颁奖典礼上。

即使在比赛结束后,获胜者也会在比赛的地点留下他们的印记。奥运冠军被允许在阿尔提斯树立自己的雕像。雕像的底部刻有运动员的名字、他父亲的名字、他所属的城市以及他获胜的项目。所有的获胜者都会被录入当地的官方档案,而正如之前提到的,短跑比赛的获胜者将以他的名字命名下一个奥林匹克周期。

也许最盛大的时刻当属于获胜的运动员回到家乡的时候。获胜者将为他的城市带来巨大的荣耀,他的回归将掀起激动的狂喜。品达认为这种荣耀是运动员的"最高奖赏",值得收获"公民或陌生人的精彩演讲"。获胜者通常会被给予一系列公共欢迎仪式,包括乘坐战车穿城而过的凯旋游行。在西西里岛,有一个关于阿克拉加斯的埃克塞内托斯的有趣传闻。他在公元前 412 年卫冕了奥运会短跑冠军。回家时,他被 300 辆白马拉动的战车护送进城。许多城市还会为获胜者提供丰厚的经济奖励。在雅典,他们可以终生以公费用餐。当然,如果胜利

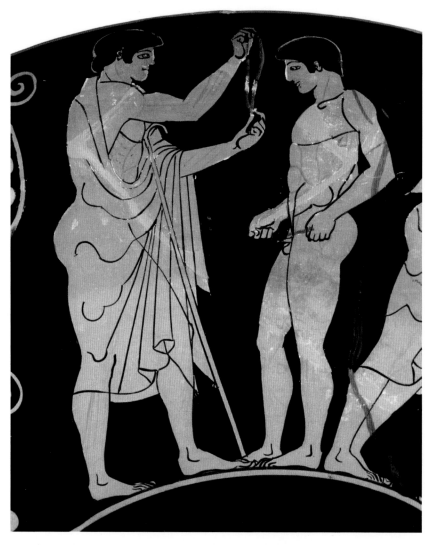

图 3.14 瓶画中的颁奖仪式。留胡子的官员将一根红线系在年轻人的头上，这位年轻人左
　　　臂缠着羊毛线，右手握着一根橄榄枝

者的名字被写进了胜利颂诗，那他的名字一定会被长久传颂，甚至可
能被传颂至今。

▌ 处罚

裁判在比赛前和比赛中都拥有着相当大的权力。任何不服从他们指示的运动员或教练都有可能被执鞭者鞭打。如我们之前所提到的，这也是任何起跑失误的选手所面临的处罚。他会被拖到跑道边，当场挨打。裁判还有权对任何违反规则的行为，特别是贿赂行为进行罚款。阿尔提斯北侧的宙斯铜像就是一个强有力的提醒，提醒运动员不要违背他们对宙斯的誓言。

🏆 裁判

裁判（统称为 "hellanodikai"，字面意思是 "希腊人的评判者"）是节日能够成功举办的重要保证。尽管关于裁判职责的记录主要来自写作于奥运会后期时代的保萨尼亚斯，但他声称类似的安排从公元前 4 世纪就已经开始了。根据他的说法，奥运会上共有 10 名裁判，他们都是从伊利斯市民中抽签选出来的。传说中国王伊菲托斯是奥运会的第一位裁判。因此，在整个节日中，裁判都穿着紫色的袍子——以这种皇家的颜色来象征他们与传说中的国王的联系。

在奥运会前的 10 个月里，裁判们住在伊利斯的一座被称为 "裁判所" 的特殊建筑里。在这期间，他们有许多职责要履行。首先，他们会派出传令官宣布神圣休战，之后他们会花时间检查奥林匹亚的场地，以确保所有设施和神殿都处于良好状态。此外，裁判们自己也需要接受所谓的 "法律的守护者" 的培训。我们对这些 "法律守护者" 一无所知，但他们可能是有着丰富的比赛经验的人，很可能曾经亲自担任过裁判。

当选手们在比赛前一个月到达伊利斯时，裁判们下一阶段的职责就开始了。他们有责任筛选出较强的竞争者，以确保比赛的高标准，因此他们会对运动员们进行严格的管理。他们会严格控制选手的饮食，为其制订高强度的锻炼计划并仔细检查预赛的结果。他们还有责任检查每个运动员的参赛资格，确保他们是具有自由身份的希腊人。此外，他们还必须确定每个参赛者的年龄段。在大多数情况下，这是一项简单的任务，但是对刚长出胡子的青少年，裁判可能需要仔细判断才能确定他们应该参加少年的比赛还是男人的比赛。

训练月结束的前两天，裁判会宣布选拔结果。然后他们会带领长长的队伍，从伊利斯沿着神圣之路前往奥林匹亚。这是一项莫大的荣誉。在奥林匹亚，他们宣誓，然后分成3个三人小组工作：第一个小组监督赛马项目，第二个小组监督田径项目，第三个小组监督格斗类项目。第十位裁判担任最光荣的角色：他是比赛的首席裁判，监督整个评审过程并在必要时充当最终仲裁者。

裁判的主要职责是确定比赛顺序，对比赛进行评判并颁发胜利花环；此外，他们还负责监督比赛中的许多祭祀和仪式，包括为胜利者举行的宴会。他们也会协助维持秩序，检查是否有任何的不当行为。如果人们对某一事件有任何怀疑，他们就有权进行调查，如我们之前所讲，他们可以判处罚款，或者对违纪者施以鞭笞或棍棒击打。

有资料表明，伊利斯的裁判们享有很高的声誉。竞技比赛持续了上千年，然而我们的资料中很少有关于裁判腐败的记录（却有很多关于参赛者腐败的故事）。裁判们受到如此尊重是非常必要的。他们的决定仅仅基于肉眼所见（显然当时没有进行动作回放的设备或秒表），因此裁判的决定就必须是最终的决定。

🏆 观众

从古希腊世界各地来到奥林匹亚的观众一定认为，他们是在进行一次神圣的旅行。他们不仅仅是前来观看最伟大的竞技比赛，同样重要的是，他们准备参观他们最伟大的神明的圣地。据估计，约有 4 万名观众出席过运动会，他们来自古希腊世界的各个城市和殖民地。一些人从陆路前来，也有许多人从伯罗奔尼撒半岛的西北部乘船到达奥林匹亚。观看比赛是免费的。

抵达奥林匹亚后，观众必须找个睡觉的地方。然而，正如我们所见，奥林匹亚不是城镇，甚至不是村庄，它只不过是一个拥有运动设施的圣地而已。贵宾们会住在选手村，而观众则会在附近的田地里搭帐篷或者建小屋，利用两条河和当地的水井来饮用和洗漱。

在夏末的高温下，运动会期间的生活条件一定是十分糟糕的。保萨尼亚斯告诉我们，伊利斯人曾经向"蚊虫克星"宙斯献祭。还有一个故事说，一个不听话的奴隶被威胁要被送去奥林匹亚作为惩罚。尽管如此，许多观众仍然相信观看比赛是他们一生中的高光时刻。写作于公元 1 世纪末的爱比克泰德对奥林匹亚之行做出了如下评论：

> 生活中确有一些不愉快和困难的事情。但它们不是也发生在奥林匹亚吗？你不觉得炎热难忍吗？你不觉很拥挤吗？你能舒服地洗个澡吗？下雨的时候你不会被淋到湿透吗？你难道没有饱受噪声、喊叫声还有其他烦人事情的折磨吗？但我以为你将这一切与运动会的价值做了比较，然后忍受了它们。

（爱比克泰德《论文集》1.6.23—9）

现场一定有一种乡村集市的感觉。摊主们吆喝着兜售他们的商品，而哲学家、诗人和政治家们则在发表着演讲，并鼓励大家相互辩论。同样在公元 1 世纪写作的金嘴狄翁，叙述了哲学家第欧根尼在地峡运动会的虚构之行。第欧根尼显然对他在那里的所见所闻缺乏好感：

> 那时候，你能听到波塞冬神庙周围成群结队的诡辩者在大声喊叫，互相辱骂。他们所谓的学生们打架斗殴，许多历史学家在朗读他们愚蠢的著作，诗人在其他诗人的掌声中朗诵自己的诗歌，魔术师展示他们的技巧，还有许多给人算命的算命者、无数歪曲正义的律师、不少兜售手头杂物的小贩。
>
> （金嘴狄翁《论美德》8.9）

然而，尽管有着这样的负面印象，奥林匹亚的观众还是会对阿尔提斯的建筑赞叹不已，而且会通过在祭坛上祭祀来为他们青睐的选手祈祷。他们也会尽可能地参与仪式、游行和宴会，为这个节日增添兴奋的气氛。最重要的是，参观运动会能使所有人都以身为希腊人而感到自豪。希腊人来自世界各地，他们会因为拥有共同的神灵、共同的语言和共同的理想而欢庆。

🏆 女性与运动会

显然，无论是作为运动员还是观众，奥林匹克运动会上几乎没有女性的一席之地。虽然年轻女孩被允许观看比赛，但任何适婚年龄的妇女都被禁止参加。保萨尼亚斯告诉我们，在运动会上被捕的女人会面临死刑的惩罚：

> 在前往奥林匹亚的路上……有一座陡峭的山，山上有很多高大的岩石，这座山叫提皮昂。伊利斯的法律规定，任何在奥林匹克运

动会上被发现的女人，甚至在这段禁忌时期穿越阿尔菲俄斯山的女人，都会从这座山上被扔下去。

（保萨尼亚斯《希腊志》5.6.7）

古希腊男性认为，女人出现在奥运会上是对神的侮辱。他们还特别注意不让他们的女性亲属与家庭以外的男人有任何接触，因此让她们远离这样的大型聚会是非常必要的。

唯一被允许观看比赛的女性是德墨忒尔的女祭司哈弥涅（我们尚不清楚这个称谓的含义，但它可能与土地有关），她在体育场内有一个专属座位。如前所述，这类与德墨忒尔的联系可能印证了这样一个事实，即运动会在每年的收获季节之前举行。

女性参与比赛的唯一方式是拥有参加赛马的马匹。即使如此，妇女也不能在现场观看比赛，或在获胜后领取奖金。第一个女性胜利者是著名的斯巴达的基妮斯卡，她是欧里庞提德王室的公主。她的马在公元前396年赢得了四马战车比赛，她还在公元前392年的同一赛事中再次获胜。她的胜利者雕像底座上现存的铭文表明，她非常热衷于宣扬她的成就：

斯巴达的国王是我的父辈和兄弟。基妮斯卡在战车比赛中以她的快马取得了胜利，她竖立了这个雕像。我宣布，我是全希腊唯一赢得此桂冠的女人。

（铭文 IvO, 160）

虽然有种解释认为，这场胜利是对女性的肯定，但可能还有另一种远没有那么鼓舞人心的解释。据色诺芬记载，基妮斯卡在她的哥哥——国王阿格西劳斯二世安排下，训练马匹、参加比赛。这样一来，他就可以证明获胜只需要巨额财富而不是任何个人技能，从

罗德岛的卡丽帕特拉

有一个关于一位贵族妇女的有趣故事。她为了观看奥运会，把自己伪装成一个男人。罗得岛的卡丽帕特拉来自一个著名的奥林匹克家族——她的父亲是著名的拳击手迪亚戈拉斯。她在公元前404年伪装成一名男教练来到奥林匹亚，以便观看她的儿子佩西洛多斯的少年拳击比赛。当她的儿子不负期待赢得比赛时，她激动地跳过体育场的围栏，但是在这个过程中露出了原形。虽然她本应被处死，但是由于她有显赫的家世，她没有受到惩罚。然而，据说后来通过了一项法律，规定教练必须裸体观看比赛，以防止再发生类似的事情！

而诋毁战车比赛。

妇女在奥林匹亚获胜的另一种方式是，在为女孩和年轻妇女举办的单独的体育节上赢得比赛。这一体育节就是赫拉运动会，也是每4年举办一次。赫拉运动会中只有一个项目，即160米短跑，但包含3个不同年龄组的比赛。在这些比赛中获胜的女性被允许在阿尔提斯的赫拉神庙中刻上自己的形象。（图3.15）

尽管在现代的读者看来，限制妇女参与体育运动的态度很奇怪，但应该指出的是，在1896年的第一届现代奥运会上，妇女仍被禁止参加比赛，而直到1981年，国际奥林匹克委员会才有了第一位女性成员。现代奥运会的创始人顾拜旦男爵坚决反对女性选手参赛，他宣称："在我看来，真正的奥运英雄是成年男性。"以下记录了女性首次被允许参加现代奥运会某些项目的时间：

- 网球——1900年
- 游泳——1912年

图 3.15　绘有年轻女子短跑
　　　　　比赛的陶瓶。与裸
　　　　　体竞技的男性运动
　　　　　员不同，女性运动
　　　　　员比赛时穿着衣服

- 部分田径项目——1928 年
- 自行车——1984 年
- 现代五项全能——2000 年
- 拳击——2012 年

　　对女运动员的偏见在整个 20 世纪都很明显。例如，虽然在 1928 年引入了女子 800 米比赛，但后来组委会认为该比赛对女性来说太困难了，因此停止了比赛，直到 1960 年才恢复。然而今天，男子和妇女的项目之间只有少数区别：女性没有 50 千米竞走或古典式摔跤；男子参加十项全能比赛，而妇女参加七项全能。此外，羽毛球、帆船和马术等项目都包含男女混合比赛。

古代与现代

在 19 世纪，两种不同的文化开始重拾古代奥林匹克运动会的意义。1829 年，希腊在数百年后终于摆脱了奥斯曼帝国的统治，重获独立。为了维护其民族认同，现代希腊从其古老的历史中寻找着灵感。在独立后的几十年里，一些人有了重新举办奥运会的愿望。同时，在维多利亚时代的英国，公立学校意识到了竞技体育对学生教育的好处。维多利亚时代的人们相信，卓越的运动能力与高尚的道德是相辅相成的，因此开始讨论恢复古代运动会。最终，法国人皮埃尔·德·顾拜旦男爵为现代奥运会的重启提供了能量和愿景。

德·顾拜旦于 1894 年 6 月在巴黎组织了国际奥林匹克委员会（IOC）的第一届会议。在这次会议上，雅典市被选为第一届现代奥林匹克运动会的主办城市。一座新的大理石体育场在泛雅典娜体育场旧址上建成。现代奥运会在 1896 年 4 月的第一个星期正式开幕了。只有 15 个国家参加了第一届运动会，而且比赛只对业余男性选手开放。美国赢得了大部分奖牌，但运动会的高潮是希腊人斯皮罗斯·路易斯赢得了马拉松比赛的金牌（据说他在比赛中途还停下来喝了杯酒！）。

恢复奥运会的行动并没有立即取得成功，而是经过了一段时间才有所进展。早年的奥运会与我们今天所熟悉的奥运会非常不同——它禁止妇女和工人阶级的男性参加，这意味着它在普通人中的影响力十分有限。直到 1912 年的斯德哥尔摩奥运会上，世界各地的国家才开始认真对待奥运会。今天，奥运会已经成为地球上最大的体育盛事。此

马拉松比赛

　　马拉松比赛是现代奥林匹克运动会的发明，但它让人想起古希腊历史上的一个著名时刻。实际上，第一个关于马拉松的传说混淆了两个故事，它们都涉及公元前 490 年雅典在马拉松镇附近击败波斯人的著名战役。希罗多德记载说，在战斗前，雅典人派了一名赛跑选手菲迪皮德斯到 150 英里之外的斯巴达，去请求斯巴达人支援。历史学家普鲁塔克在几个世纪后写道，战后雅典人又派了一名赛跑选手从马拉松跑回雅典宣布胜利。消息带到之后，他很快就体力不支，倒地而死了。这段路程的名声有时被错误地给了菲迪皮德斯。现代马拉松赛的赛程为 26.2 英里，比马拉松镇和雅典之间的距离稍长。

　　外，人们还从 1924 年开始举办冬季奥运会并在 1960 年为身体残疾的运动员开展了残奥会。

　　2004 年，奥林匹克运动会自 1896 年以来首次重回雅典。来自 201 个国家的选手参加了 301 个项目的角逐。据估计，全世界有 39 亿人观看了赛事的电视转播。现代奥运会仍然强调其与古代奥运会的联系：每 4 年举办一次；奥林匹克火炬在赫拉神庙的遗迹中点燃；运动员和裁判员的代表仍然须进行某种形式的奥林匹克宣誓。尽管有这些联系，但是如果古希腊人读到现代奥林匹克的原则，他们一定会感到惊讶：

　　　　奥运会上最重要的事情不是赢得比赛，而是参加比赛，就像生活中最重要的事情不是胜利，而是奋斗；最重要的不是征服，而是战斗时倾尽全力。

奥运会上的政治——过去和现在

无论在古代还是现代，奥运会都经常受到国家间政治和阴谋的影响。以下是几个例子。

- 公元前 420 年，斯巴达被指控破坏神圣休战协定，被禁止参加运动会。为了规避这一禁令，斯巴达人利卡斯将他的战车涂上了代表底比斯的颜色。当他的战车获胜后，他便大肆庆祝，结果遭到殴打，还被赶出了奥林匹亚。斯巴达人随后入侵伊利斯，要求重新被允许参加奥运会（修昔底德 5.49—50 和保萨尼亚斯 6.2.2）。

- 公元前 332 年，雅典的卡利普斯贿赂他在五项全能比赛中的对手被抓。他被勒令缴纳罚款，但雅典派出一名使臣，劝说伊利斯人放弃惩处。雅典的干预没有成功，于是雅典人抵制奥林匹亚的其他赛事，直到德尔斐的神谕进行干涉并下令雅典清偿罚款（保萨尼亚斯 5.21.5—7）。

- 1936 年，希特勒将柏林奥运会用作他展示第三帝国影响力的舞台。事实上，现代奥运会最重要的一些象征（包括奥运火炬传递）都源于这次"纳粹"运动会。

- 1972 年，慕尼黑奥运会上发生了悲剧——一名巴勒斯坦枪手绑架并杀害了 11 名以色列选手。

- 1980 年，美国带领 64 个国家拒绝参加莫斯科奥运会，以抗议苏联在 1979 年入侵阿富汗的行为。作为回应，苏联带领 14 个国家抵制了 1984 年的洛杉矶奥运会。

- 1998 年，国际奥委会代表被指控收受贿赂，以确保盐湖城能够举办 2002 年冬季奥运会。经过调查，10 名国际奥委会成员被开除出该组织。

第四章　古希腊思想

　　古希腊人对所有的西方思想，特别是对西方哲学的形成，产生了深远的影响。Philosophy（哲学）这个词就来自希腊语，本意是"爱智慧"。西方传统上的第一批"哲学家"于公元前6世纪初涌现在爱奥尼亚地区（位于爱琴海的亚洲海岸）。他们质疑和摒弃对神明的传统信仰，为自然界事物的成因寻找更为合理和科学的解释。因此，他们有时被称为"自然哲学家"。

　　这一思想运动通常被称为古希腊思想革新（有时也被称为爱奥尼亚启蒙运动，以其诞生的地区命名）。公元前5世纪中叶，这场运动的中心转移到了雅典，苏格拉底成为其中的核心人物，因此在他之前的所有思想家一般被统称为前苏格拉底派。苏格拉底的学生之一是柏拉图，他后来发展了老师的思想，提出了自己的一套哲学观念。在下一代，柏拉图的思想又受到他的学生亚里士多德的挑战。亚里士多德是古希腊另一位伟大的哲学家，他在前人的基础上发展出了非常独特的哲学观点。

探　究

　　古希腊思想革新的特点之一是非同寻常的探究精神。思想家们在关注证据和证明的基础上，自由地挑战公认的智慧并对世界的运作规律做出理性的解释。这种探究精神不仅表现在对自然界的探索，也被应用在生活的其他领域，例如，思想家们探索出医学、伦理学和人类行为的新理论。正如前所述，希罗多德写作希波战争的历史时，把他的工作描述为"探究"（historiē）。

前苏格拉底派

　　公元前 7 世纪的爱奥尼亚是文化的十字路口（图 4.1）。通过贸易，它与近东的巴比伦等古老文明相联系，那里的天文学和数学已经蓬勃地发展了几个世纪。此外，爱奥尼亚人还与北方黑海的不同民族有着频繁的接触。因此，爱奥尼亚的居民们意识到不同的民族有着不同的习俗和信仰，而且会以不同的方式看待世界。至此，在爱奥尼亚，新的思想运动发生的时机已经成熟。

　　在爱奥尼亚出现的前苏格拉底派哲学家们对他们周围的世界给出了两个深刻的结论：

1.　自然界的发展遵循有规律的程序，自然界的事件（如下雨、太阳的运动）不是随神明的意志而发生的；

2. 智慧的人类可以通过观察和理性了解这些规律。

这两个结论在我们今天看来可能并不特别，但在一个一直相信神灵控制着一切宇宙事务的社会，它们对当时的现状提出了突破性的挑战。两个结论都是"理性主义"的声明，都相信人可以通过理性来理解世界。希腊语中表示"理性"的词是"逻各斯"（logos），我们从它引申出了"逻辑"（logic）一词。

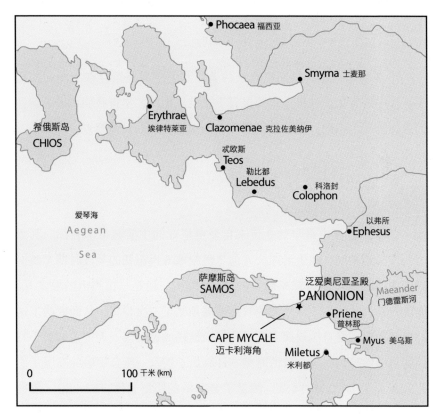

图 4.1　爱奥尼亚城邦。根据希罗多德的记载，那里的 12 个城邦在一个共同的神殿——泛爱奥尼亚神殿会面。另外，士麦那在某些时期被划入爱奥尼亚，另一些时期则被划入北部的伊奥利亚

逻 各 斯

希腊语"逻各斯"这个词的含义非常丰富，可以用多种方式翻译。它既表示"表达内在思想的方式"，也指"内在思想本身"。因此，根据上下文，一些可能的译法可以是"词语""声明""演说""叙事""观点""论点""主题"和"理由"。"logos"这个词也出现在英语中常见的后缀"-ology"中，意思是"关于某方面的研究"［例如，生物学（biology）即关于生物的研究］。

不幸的是，这些早期思想家的著作和思想只是留存在有限的残篇中，其中许多是由亚里士多德保存下来的。因此，尽管我们可以了解他们思想进程的走向，但往往很难确切地知道他们的具体观点。

♛ 本原

这些思想家中最早的 3 位来自爱奥尼亚的主要城市米利都。其中第一位是泰勒斯，他生活在公元前 7 世纪末 6 世纪初的某段时期（我们难以明确这些早期思想家确切的生活时间）。他是一位杰出的数学家。据说他在公元前 585 年令人惊叹地准确预测了一次日食，从而证明了这种自然现象是受自然规律支配的。据说他还通过观察一天中他的影子的长度与他的身高完全一致的时刻，计算出了埃及一座金字塔的高度（他让人在那个确切的时间点，测量了金字塔的阴影长度，图 4.2）。他也是一位有才华的工程师。希罗多德称，泰勒斯将哈利斯河改道，使克罗伊索斯的吕底亚军队得以渡河。

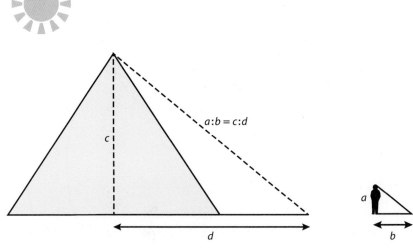

图 4.2　泰勒斯测量埃及金字塔高度的方法示意图。泰勒斯根据相似三角形原理，通过测量人的身高和影子长度以及同一时间金字塔的影子长度，推算出金字塔的高度

　　泰勒斯提出了一个激进的理论：一种单一的基本自然物质是万物本原。根据亚里士多德的说法，泰勒斯认为这种本原是水。亚里士多德还说，泰勒斯同时认为"万物有灵"。因此，有趣的是，泰勒斯并不是不相信神灵，而是对神灵创造世界的传统观念提出了挑战。在那个时代，所有物质都诞生于水的假说是一个非常极端的观点。

　　与泰勒斯同时代的阿那克西曼德，著有已知的第一部希腊散文作品《论自然》。和泰勒斯一样，他也认为有一种基本的世界本原，所有其他的东西都是从这种物质中发展出来的。然而，他对泰勒斯关于这种物质是水的观点提出了质疑，他认为这种本原是人类看不见的东西，他将其称为"阿派朗"（apeiron），或者叫"无限、无定形"。他声称，单个的事物都是从阿派朗中分离出来的，而且将再次被阿派朗吸收。他的另一个兴趣是地理学。据说他是第一个绘制出已知世界地图的古希腊人（图4.3）。

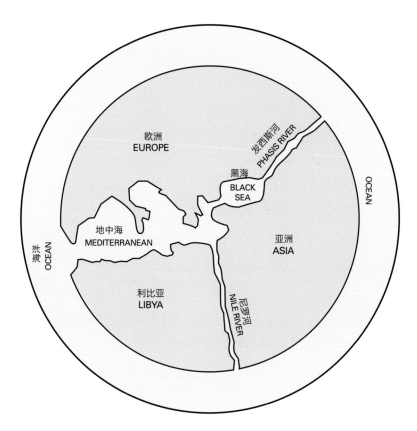

图 4.3　阿那克西曼德的世界地图可能接近此图示

伟大的米利都思想家中的第三位是阿那克西门尼斯。他比之前的两位哲学家晚出生一代。他提出世界本原是空气并认为水是空气的浓缩形式，因为他观察到下雨时，水从空气中被挤压出来。由此，他通过逻辑推导，认为土是空气的一种更加浓缩的形式，而相对地，火是空气的一种稀薄形式。他的观点将成为公元前 5 世纪希腊世界的标准理论。值得注意的是，这种物质形态转化的假说与固体变为液体再变为气体的过程很相似，而后者在今天早已是一个被证明过的科学事实。

下一位伟大的思想家是赫拉克利特（约公元前 540—前 480 年），来自米利都以北不远处的爱奥尼亚城市以弗所。他的核心观点：世界处于不断变化的状态。根据柏拉图的记载，他有两句名言："一切皆流，无物永驻"和"人不能两次踏进同一条河流"。对赫拉克利特来说，火是最重要的元素。但我们尚不清楚他是否将火视为"世界本原"，或者相反地，他是否将火视为最能显示世界不断变化这一事实的元素，因此根本就不存在本原。无论事实如何，赫拉克利特似乎的确相信，所有的事物都被结合在一个自然秩序中，他称之为逻各斯。根据他的说法，人类应该努力理解这种自然秩序，因为我们也被它支配。

▼ 变化的问题

新思想运动很快就传播到了爱奥尼亚之外，特别是在意大利西南部的埃利亚。在这个建立于公元前 540 年的爱奥尼亚城市福西亚的殖民地，诞生了一个重要的哲学流派——"埃利亚"哲学流派，其最伟大的人物是出生于公元前 6 世纪末的巴门尼德。

巴门尼德和其他埃利亚哲学家对无时无刻不在发生的变化特别感兴趣，这一点与赫拉克利特的关注点相似，他们试图了解这些变化是如何发生的。巴门尼德得出了一个激进的结论：一切事物都是以其一直存在的方式存在着，没有任何事物可以成为其原有事物之外的事物。因此，他总结，所有的变化其实都是幻觉，人类应该相信逻辑理性而不是他们的感官。

为了说明他的观点，第二位埃利亚哲学家芝诺（约公元前 490—前 430 年）想出了一系列著名的数学悖论，其中 9 个流传至今。芝诺希望证明运动是一种幻觉，因此他用阿喀琉斯和乌龟以及飞行中的箭等例子来论证，所有事物实际上总是处于静止状态的，与我们的眼睛所观察到的相反。正如这些悖论所展示的，巴门尼德的观点，从其逻辑结论来看，实际上是说人类不能相信自己的感官。对许多人来说，这一结论似乎会使生活失去意义，因而难以令人信服。

来自西西里岛阿克拉加斯的恩培多克勒（约公元前492—前432年）试图从困境中找到出路。他同意了埃利亚哲学家的观点，即变化在某种程度上不存在，但他也同意赫拉克利特的观点，即世界确实充满了变化。他通过提出4种微粒（空气、土、火和水）的存在来统一立场。他认为这些元素本身不会变化，但它们可以以无数种比例结合在一起，形成不同的物质（一个类比：所有的颜色都是由红、黄、蓝三原色按不同比例混合而产生的）。

恩培多克勒认为，这些微粒在不断地结合和分离，因而导致了世界上如此多的变化。他还提出，有两种对立的力量：爱和恨，它们将微粒聚合或者分开。这一理论与我们现代对电磁学的理解有着惊人的相似之处，后者的基础是相反电荷的吸引和相似电荷的排斥。恩培多克勒的微粒理论作为一种标准信仰流传了近2 000年。

与恩培多克勒同时代的阿那克萨哥拉（公元前500—前428年），来自爱奥尼亚的克拉索米内城。他对这个问题的看法是：所有物质都是由无数微小的、不可见的颗粒组成的，他称之为"种子"。他认为每个种子都包含着所有其他物质的蓝图，因此每个粒子中都有"万物之灵"（用一个现代的例子来类比：一个皮肤细胞包含一个人身体其他部分的信息，如眼睛或头发的颜色）。因此，阿那克萨哥拉认为，任何事物都完全可以变成其他事物。他还提出，所有事物都有着一种潜在的精神，他称之为努斯（nous，希腊语，意为"心灵"），这是他理解中的本原。

进化理论？

恩培多克勒对自然界的迷恋甚至可能使他推导出了自然选择的进化理论。查尔斯·达尔文是现代第一个提出这一理论的科学家，他在1859年出版的《物种起源》一书中，肯定了恩培多克勒已经提出了与他的理论非常相似的观点。根据亚里士多德的说法，恩培多克勒指出，"动物身体的大多数部分都是偶然产生的"，是在爱与恨的斗争中被随机创造的。恩培多克勒还声称，那些被证明有用的部分"幸存了下来，以合适的方式自发地结合起来；而那些以其他方式生长的部分（无用的部分）则消亡了，且消亡的过程在持续进行"。达尔文本人对这段话的评论是："我们在这里看到了自然选择原则的先驱。"

阿那克萨哥拉的另一个重要举动，是他在公元前460年左右搬到了雅典。因此，他是这批思想家中第一个给这个传统上保守虔诚的城市带来新思想之人。他在雅典有着很大的影响力，年轻的伯里克利也是他的学生之一。阿那克萨哥拉对天文学特别感兴趣。他声称太阳不是神，而是一块比伯罗奔尼撒半岛还大的烧红的石头。这些新思想显然未能在雅典受到普遍欢迎。他因不敬神而受到审判，最后于公元前440—前430年被逐出雅典，在小亚细亚的兰普萨克斯度过了他生命的最后几年。

这个时代最后一位研究变化问题的思想家也许是最家喻户晓的——德谟克利特（约公元前460—前370年），来自爱琴海北岸的阿布德拉。他发展了早期思想家留基伯的理论，认为自然界的基本组成部分是原子［在希腊语中，"原子"（atomos）意为"不可切割之物"，因为原子不能被分解成任何更小的部分］。德谟克利特提出，世界由无数的原子构成，这些原子是固体的、牢固的，而且关键是，它们有很多种类，比如，有些原子是光滑的，有些则是锯齿状的。原子可以相互结合，形成无数不同的形状和物质。德谟克利特还认为，原子是永恒的。当一个生命体死亡时，它们会分离出去，然后可以在另一个生命体中被再次使用。

今天，德谟克利特的理论早已被证明是正确的，但有趣的是，他是在没有任何现代科学技术（如显微镜）辅助的情况下得出这一结论的。早期思想家用逻辑确立了如下真理：没有什么可以改变，没有什么可以无中生有，没有什么会被失去，世界充满变化。利用这些早期理论，德谟克利特得出结论：唯一合乎逻辑的解释是，原子是自然界的基本组成部分。因此，德谟克利特的理论代表着前苏格拉底派探究的核心原则——人类可以用理性来理解宇宙的运作。

🏆 赞诺芬尼司和毕达哥拉斯

我们可以回顾一下这些创新的思想家关于神明信仰的看法。如前所述，泰勒斯信仰神灵，虽然他反对关于宇宙如何运作的传统理解。赫拉克利特似乎也是如此，尽管他想为变化的问题找到一个自然的解释，但是他还是多次提到了"神"。因此，这两位思想家都在向人们发起挑战，希望人们以不同的方式去理解他们的神。另外两位前苏格拉底派的思想家赞诺芬尼司和毕达哥拉斯似乎也传达过类似的信息。巧合的是，两人都是公元前 6 世纪中叶在爱奥尼亚出生和长大的，但是可能因为家乡政治局势的变化，两人在成年后都移居了大希腊地区。

正如我们之前提到的，赞诺芬尼司（约公元前 570—前 478 年）在他 20 多岁时离开了他的家乡科洛芬，可能是为了逃避波斯人的统治。他以流亡者的身份在大希腊流浪，也许在埃利亚停留过一段时间。有人

甚至认为他创立了埃利亚学派。他不认可拟人论,认为人类只是按照自己的形象创造了神灵:

> 埃塞俄比亚人说他们的神有黑肤色和大鼻孔,色雷斯人说他们的神有蓝眼睛和红头发。
>
> (DK21 B16)

由此,他得出结论:

> 如果马或牛或狮子有手可以画画,如果它们能像人类一样制作艺术品,马会画出像马一样的神的形象,牛会画出像牛一样的神的形象,在每一种情况下,它们都会使神的身体完全与自己身体的形态相同。
>
> (DK21 B15)

赞诺芬尼司发现传统的神灵观是错位的、狭隘的。对于伟大的诗人将神灵描写为具有人类的缺陷,赞诺芬尼司表示反对:

> 荷马和赫西俄德把人类应该受到指责的一切不光彩行为——偷窃、通奸和相互欺骗,都归结于神灵。
>
> (DK21 B11)

然而,赞诺芬尼司并不是无神论者,而是希望人类能够更深刻地理解神性。在一段残篇中,他说道:

> 有一位神,在神和人中都是最伟大的,无论是身体还是心灵都异于凡人。
>
> (DK21 B23)

　　与赞诺芬尼司同时代的毕达哥拉斯（约公元前 570—前 495 年，图 4.4）是萨摩斯岛人，关于他的生活和作品有着许多传说，但都无法被轻易证实。大约在公元前 530 年，可能是为了逃避僭主波利克拉特斯的统治，他移居到意大利南部的克罗顿。毕达哥拉斯的宗教观似乎在很大程度上受到东方文明的影响。他崇尚关于轮回的信仰，他称之为"灵魂的迁移"（metempsychosis）。他认为，灵魂被困在肉体中，必须一次又一次地以人类、动物或植物的形式转世，从而达到纯净的状态。

　　在克罗顿，毕达哥拉斯建立了一个宗教团体，同时对女性和男性开放，被称为毕达哥拉斯派。团体成员发誓对老师所传授的教义完全保

图 4.4　毕达哥拉斯胸像
的罗马复制品

密，还必须遵循严格的饮食习惯。可能出于道德原因，他们奉行素食主义，因为他们相信人类可能会转世为动物。这是一个重要的原则性的声明。素食主义在今天很普遍，但在古希腊世界，素食主义意味着被排除在日常宗教生活之外，因为正如我们所介绍的，吃肉是与动物献祭同时进行的。尽管毕达哥拉斯派积极参与克罗顿的政治，但他们似乎受到了其他公民的怀疑，最终被赶出了城市。毕达哥拉斯本人也被迫逃离该城，据说几年后他在附近的梅塔蓬图姆去世。

今天，毕达哥拉斯最知名的当然是他关于直角三角形边长的数学定理。事实上，尽管毕达哥拉斯可能是第一个证明该定理的人，但早在他之前，巴比伦人和印度人就已经知道了这个定理。像所有前苏格拉底派思想家一样，毕达哥拉斯派显然对数学有着极浓的兴趣。在数学规律中，这些思想家看到了宇宙的有序模式。亚里士多德最清楚地指出了这一点：

> 在这些哲学家（前苏格拉底派思想家）的同时代以及在他们之前的时代，所谓的毕达哥拉斯派投身于数学并且是第一批发展这门学科的人。通过对数学的研究，他们开始相信数学的原则就是所有事物的原则。
>
> （亚里士多德《形而上学》1.985b）

吸引毕达哥拉斯派的不仅仅是数学。他们在音乐中也观察到了同样的和谐范式，据说毕达哥拉斯甚至发现了构成音阶的数字比率。

在数学和音乐中，毕达哥拉斯派思想家察觉到了一种秩序。他们认为这种秩序能够反映整个自然界的秩序。因此，他们使用了一个新的术语来描述宇宙——kosmos［英语中宇宙（cosmos）的词源］，这个词在希腊语中意为"秩序"。

希波克拉底与医学

希腊理性主义的原则是如何激发医学创新的？希波克拉底在其中发挥了榜样的作用。希波克拉底于大约公元前 460 年出生在爱琴海的科斯岛，经常被誉为"医学之父"。我们对他的生平知之甚少。许多后世的医学家，可能是为了使自己的理论更具有权威性，曾以希波克拉底的名义发表作品。因此，归于希波克拉底名下的著作通常被统编入《希波克拉底文集》。古希腊人在传统上认为疾病和健康都是由神明造成的。然而，据说希波克拉底提出，以上两者都可以用自然成因来解释。他声称，健康是自然状态，而疾病是自然状态偏离轨道的标志。他似乎主张适度、健康的生活方式。

此外，希波克拉底与医学伦理密切相关，因为他被认为制定了医生要发誓遵守的准则，即希波克拉底誓言。誓言的主要部分如下：

> 我将根据我最大的能力和判断力，使用那些对我的病人有益的饮食疗法。我不会对病人造成伤害或以不公正的方式对待他们。我不会向任何人提供致命的药物，即使有人向我索取，我也不会为这种计划提供建议。同样，我也不会给妇女提供堕胎的措施……无论我进入哪个家宅，我都会为病人的利益着想，避免任何故意的不正当行为或腐败，包括引诱妇女或男人，无论他们是自由人还是奴隶。无论我看到或听到病人生活中的任何信息，无论是否与我的专业实践有关，只要是不应该在外面说的，我都会保密，因为我认为所有这些事情都是隐私。

誓言里提出的一些主要问题，如保密性和不伤害病人的承诺，今天仍然是医学伦理的关键部分。

诡 辩 学 派

公元前 5 世纪中叶，雅典已经成为古希腊世界最强大的城市。因此，知识分子和艺术家也多被吸引至此。阿纳克萨哥拉最早来到雅典，其他思想家也紧随其后。这些思想家中的一些人试图推广新学说，但也试图把学问"带入现实"，因为他们的研究常常被认为是高高在上的，超出了普通公民的理解范围。这些教授学问的老师们被称为"诡辩家"（sophists，本意"智者"）。在接下来的几十年里，他们将会成为雅典城中影响力和争议并存的人物。

诡辩家是专业教师，他们通过私下教学或者收取门票进行公开演讲赚钱。他们中的大多数人四处游走，把他们的知识传授给任何愿意学习的人。伊利斯的希庇亚斯是一位有名的诡辩家，他探讨的领域包括伦理学、历史、地理、文学、天文学和几何学等。然而，在公元前 5 世纪的雅典，最受欢迎的课题无疑是修辞学——公开演讲的艺术。

在新的民主制度中，演讲跃升为一项重要的技能。诡辩家安提丰指出，在法庭上，"胜利属于最优秀的演讲者"。当时的人们已经开始意识到，在议会或法庭中，有说服力的演讲可以为演说者赢得巨大的政治影响力。当修辞学之父高尔吉亚在公元前 427 年来到雅典时，他受到了明星般的待遇，他的演讲的门票也被抢购一空。他教人们如何为案件的任何一方进行同样有力的辩护，就像今天的律师可以为控方或辩方进行辩护。

阿布德拉的普罗泰戈拉（约公元前 490—前 420 年）是最著名且最具有影响力的诡辩家，尤其擅长关于法律和政府的探讨。他在公元前

440—前 430 年来到雅典，重点研究公民与城邦的关系。他提出的观点是，每个人都应该相信自己的观点，绝对的真理并不存在。这种立场被称为相对主义。他最著名的一句话：

> 人是万物的尺度，是存在者存在的尺度，也是不存在者不存在的尺度。

（*DK80 B1*）

他的思想显然影响了当时的一些作家，尤其是活跃在雅典的剧作家欧里庇得斯和历史学家希罗多德。曾游历四方的希罗多德在下面这段话中展示了他跨文化的道德相对主义立场：

> 不管是谁，如果任何人都有机会从世界上所有的国家中选择他认为最好的信仰，在仔细考虑了它们相对的优点之后，他必然将选择自己国家的信仰。每个人都无一例外地认为自己的本土习俗和他从小到大接受的宗教是最好的……有大量证据表明，这是人们对自己国家古老习俗的普遍感受。
>
> 人们可能会记得关于大流士的一个故事。当他还是波斯国王的时候，他召集了恰好在他宫廷里停留的希腊人，问他们用什么做交换，他们会同意吃掉自己父亲的尸体。希腊人回答，给他们再多的金钱，他们也不会做那样的事。后来，在希腊人面前，大流士又通过翻译询问一些印度人。这些印度人来自叫作卡拉提亚的部落，他们会按照习俗食用自己父母的尸体。大流士问他们，用什么做交换，他们会同意火化双亲的尸体。他们发出了惊恐的呼声，不许大流士提及这种可怕的事情。从这一点可以看出习俗的力量。在我看来，品达称习俗为"万物之王"是正确的。

（希罗多德《历史》3.38）

希罗多德在这段话中提到的"习俗"的希腊语表达是 nomos。早期的希腊思想家如普罗泰戈拉喜欢将其与"自然"（physis）一词对比。他们的争论——nomos 或 physis 谁塑造了人类的行为——基本上是我们今天"后天与先天"争论的前身。

编 史 家

爱奥尼亚启蒙运动的另一个方面是，思想家们对人类社会的各方面进行探究，并以文字记录探究的成果。这些写散文的作家被称为"编史家"（logographers）[来自希腊语"记述写作者"（logographoi）；他们在希腊语中也经常被称为"记述制造者"（logopoioi）]。遗憾的是，这些作家的作品都没有保存下来，因此很难确定他们著作的确切性质。然而，他们中的许多人似乎都来自爱奥尼亚并活跃在公元前 6 世纪和公元前 5世纪。据我们所知，他们写作的主题包括：非希腊民族的习俗、基于个人旅行见闻的地理记述、个别希腊城市的地方史以及对神话的理性解读。

一位非常重要的编史家是赫卡塔埃乌斯，他来自米利都，生活在公元前 500 年左右。我们知道他主要著有两部作品：《指南》和《族谱》。其中第一部似乎记录了他在环绕地中海和黑海的旅行中遇到的民族和去到的地方，分为两卷，一卷关于欧洲，另一卷关于亚洲。他还绘制了一张地图来配合这部作品的内容，也许借鉴了阿那克西曼德的地图。《族谱》侧重于记述那些据说有神圣祖先的家族的历史。

当希罗多德开始写作他的《历史》时，他无疑了解编史家们的著作，尤其熟知赫卡塔埃乌斯的作品。关于希罗多德在多大程度上受到了赫卡塔埃乌斯等作家的影响，学术界有很多争论。有些学者甚至认为，早期的航海家应该被视为第一批历史学家，因为他们试图记录过去并解释人类事务的发生原因。无论事实如何，我们可以说，在记录和理解人类社会的发展过程这方面，编史家们走出了突破性的一步。

普罗泰戈拉的相对主义甚至还使他质疑神的存在。据说他在欧里庇得斯的家里写了一篇关于神的论文，在其中表达了最早的不可知论的观点：

> 关于神，我无法知道他们是否存在，也无法知道他们的样子；知识有许多障碍：知识本身的晦涩和人类生命的短暂。

（DK80 B4）

普罗泰戈拉遵循的原则似乎是，人们应该通过自己的感知得出结论，同时应意识到自己所拥有的知识的局限性。

然而在当时，人们非常顾虑修辞学教学对那些有能力支付学费的富裕年轻人的影响。显然，不是所有人都能诚实地使用他们习得的新技能，诡辩家因此获得了不好的名声。公元前423年，阿里斯托芬写了一个剧本《云》，讽刺诡辩家教学生欺骗。他们不鼓励学生去寻找真理，而是告诉他们如何不惜一切代价赢得辩论，百无禁忌地使用欺骗和虚伪的手段。剧中被称为"不公正的争论"的角色的以下几句话，可以很好地概括阿里斯托芬对诡辩家的描写：

> 假设你有了外遇，爱上了一个已婚女人，然后被抓了个正着。像你现在这样，没有争辩的技巧，你就完了。但是，如果你来向我学习，那么你就可以做你喜欢的事情，而且可以不受约束。你可以放纵你的欲望，尽情欢笑享乐，没有任何羞耻感。然后，如果你和某人的妻子在一起时被抓住了，你可以直接对他说："我没有做错什么。看看宙斯，他不也总是臣服于情欲吗？你指望像我这样的凡人能比神还意志强大吗？"

（阿里斯托芬《云》1076—82）

阿里斯托芬通过讽刺公共生活提高了自己的知名度，因此很难知道他对诡辩家的讽刺有多少真实性。事实上，我们很难对诡辩家做出任何客观公正的判断，因为留给我们的资料都是对他们有偏见的。尤其是，他们被苏格拉底、柏拉图和亚里士多德轻蔑以待。

尽管对他们有着铺天盖地的批评，但也许我们还是可以说，诡辩家掀起了自由主义和理性主义教育的一场重要改革。由于这个原因，有些人甚至把他们称为高等教育的奠基人。

精进还是诡辩？

现代英语仍然反映着关于诡辩家的对立观点。一方面，我们说一个具有先进思想的人是 sophisticated（精通的、周到的）；另一方面，sophistry（诡辩）一词被用来描述某人采用虚假和欺骗性的论据来赢得他们的案件。

苏 格 拉 底

公元前 5 世纪中叶，人类思想史上最杰出的人物之一——苏格拉底在雅典横空出世了。苏格拉底的一生（公元前 469—前 399 年）跨越了雅典历史上一个不寻常的时期。他见证了他的城市的兴衰起伏，也在其中发挥了自己的作用。事实上，他自己的生活（和死亡）与雅典那些年的历史紧密相连。然而，尽管他名气很大，我们却很难确切了解他的情况。他似乎没有任何著述，因此我们对他生活的了解仅来自 3 位作家之笔——在他死后，他的两个学生柏拉图和色诺芬发表了一系列对话录，把他作为作品中的一个人物（色诺芬还著有一部关于他的传记），而阿里斯托芬在他的喜剧《云》中用滑稽的方式嘲讽了他。他们每个人都有着自己的理由以各自独特的方式来描述苏格拉底。

从他们的叙述中，我们可以了解苏格拉底的一部分生活。他的父母分别是雕刻师和助产士，他后来娶了赞西佩为妻，并与她生了两个儿子。他做过和他的父亲一样雕刻石头的工作，而且生活还算得上富裕，因为他有能力购买盔甲以加入重装步兵。据说在伯罗奔尼撒战争期间，他曾于公元前 431 年在波提狄亚、公元前 424 年在德林姆以及公元前 422 年在安菲波利斯英勇作战。他还履行了作为民主城邦公民的义务，在公元前 407 或前 406 年担任了议会成员。在他生命的最后 20 余年，他似乎没有工作，而是在雅典的街道上闲逛，不断地与人们交流和辩论。老年时的苏格拉底很贫穷，而且很可能是靠着朋友的接济度日。关于苏格拉底的另一个值得注意的地方是，他的相貌是出了名的丑陋：大腹便便，鼻孔朝天，眼睛凸出，嘴唇凸起（图 4.5）。

诡辩家们已经开始把注意力从自然界转向了人类社会。作为他们的竞争对手，苏格拉底以一种更加专注的方式继续着这一探索进程：对他来说，自然界的运作远不如人的个性那么有趣，他想知道一个人应该如何度过一生。因此，苏格拉底被认为是第一个致力于研究社会伦理的古希腊思想家。罗马政治家西塞罗在大约 4 个世纪后简明扼要地指出：

> 从最早的哲学到苏格拉底时代……天体运行、数字以及万物的起源和命运都已得到了探索。那些哲学家们热衷于研究星星的大小、它们之间的距离、它们的运行路线以及所有的天体现象。但苏格拉底是第一个让哲学从天上回到人间的人。他把哲学放在城市里，甚至把它引入私人的住宅。他强迫哲学去探讨生活、道德以及

图 4.5 苏格拉底的头
像清楚地展现
了他的塌鼻子
和凸出的眼睛

善与恶的问题。

（西塞罗《图斯库路姆论辩》5.10）

苏格拉底热衷于使用前苏格拉底派思想家发展出的理性主义原则来探究人的品质，诸如勇气、美德、爱和正义。然而，由于他没有任何著述，我们对他本人的观点几乎是一无所知。其实，他最强烈的主张似乎是，人们应该意识到自己理解能力的局限性。

令苏格拉底闻名的一个主要方面是他的"反诘法"。他会先向某人提出一个关于道德的问题，而他通常会得到一个固定的、确定的回答；

然后他再去反问对方，直到他能够证明对方给出的答案是基于一个错误的前提。例如，在与苏格拉底的讨论中，将军拉凯斯认为勇气是某种"灵魂的毅力"；然而，苏格拉底会步步紧逼，使拉凯斯不得不同意有时在战斗中，顽固坚持是危险和愚蠢的，以此证明勇气这种品质本身并不高尚。由此，拉凯斯也不得不重新审视他对勇气的定义。

真正的智慧

柏拉图的《申辩篇》（关于苏格拉底的审判和死亡的叙述）中的一个著名故事能够说明，苏格拉底认为认识到自己的智慧有限是很重要的。在对话中，苏格拉底讲述了他的朋友凯勒丰被德尔斐神谕告知，没有人比苏格拉底更有智慧。苏格拉底本人对此深感不安，因为他不认为自己特别有智慧，所以他开始着手反驳神谕。他采访了政治家、诗人和工匠等雅典社会的知名人士，试图证明还有人比他更有智慧。然而，最后他意识到，神谕至少在一个方面是正确的。所有他采访过的人都认为自己富有知识和智慧，苏格拉底却能够证明他们的信念是基于错误的假设。因此，苏格拉底的优势在于，他与其他人不同，他了解自己智慧的局限性。

这种论证方法通常被称为"苏格拉底方法"或者"反诘法"（希腊语为 elenchus，直译为"诘问"）。苏格拉底曾把这种艺术比作助产士的工作：

> 我的助产术总体上与助产士的接生术一样。唯一的区别是，我的病人是男人，而不是女人。我关注的不是身体，而是分娩中的灵魂。我的艺术的最高境界是能够通过各种测试来证明，一个年轻人思想的产物，是一个虚假的幻影，还是一个活生生且真实的东西。

我和助产士太过相像了，以致我自己无法生出智慧。对我的常见的指摘是无可厚非的。虽然我质疑别人，但我无法创造出任何事物，因为我没有智慧。这是因为神让我成了助产士，但不让我生孩子。

（柏拉图《泰阿泰德篇》150b—c）

这是一个很形象的比喻。苏格拉底在成长的过程中一定看过他的母亲为妇女接生的场面，所以他能真切地体会分娩是一个多么困难、危险和痛苦的过程。对他来说，学习也是一个同样痛苦的过程。然而，他也相信这样的痛苦是必不可少的。他曾声称"未经审视的生活是不值得过的"。助产士比喻的另一个重点是，苏格拉底不相信他能真正地教给别人什么，他只是能帮助别人去审视自己，从而发现自己的内在智慧。

在公元前 5 世纪末的动荡年代，苏格拉底是雅典的一个活跃而颇受争议的人物。他曾将自己与城市的关系比作牛虻和马，因为他不断挑战公民，让他们对公共和私人方面的道德和正义进行着反思。因此，他激发了公民们对他的强烈情感，包括积极的和消极的情感。当阿里斯托芬在《云》中讽刺诡辩家的新学问时，苏格拉底也是讽刺的主要对象。阿里斯托芬也许是在反映一种公众观点，即苏格拉底就是雅典城中的主要诡辩家之一。苏格拉底后来说，剧中对他的描述是非常不公平的。因为与诡辩家不同，他没有为自己的服务收取过任何费用，甚至从未声称要"教"什么。

尽管如此，到公元前 5 世纪末，一些曾经紧紧追随苏格拉底的年轻人成为这个动荡的城市仇恨的对象。阿尔西比亚德斯先是投奔了斯巴达，后来又投奔了波斯。而克里提亚斯和查米德斯都参加了公元前 404 年或前 403 年的政变并参与了僭主集团的恐怖统治。苏格拉底本人也曾强烈批评雅典的民主制度。公元前 399 年，他因两项指控而受到了审判：不承认雅典的神以及腐蚀年轻人的思想。很可能，苏格拉底成了残暴的寡头政府成员的"替罪羊"。根据大赦的条款，他们不能被起诉。根据柏拉图在《申辩篇》中的说法，苏格拉底为自己辩护，称自己只给城市带来过好处。在由 500 名陪审员组成的法庭上，他以 60 票之差被判有罪。

在审判的第二阶段等待判决时（后文有对雅典的司法程序的描述），苏格拉底本来有机会争取其他惩罚，而避免接受原告所要求的死刑。如果他申请流放，他的请求可能会被批准，但他不愿意背叛自己的原则。相反地，他继续争辩，说他对这个城市有益，因此要求在他的余生享受公费提供的免费餐饮，就像奥运会的获胜者那样。陪审团认为他这个要求太过分了，结果更多的陪审团成员赞成处决苏格拉底。

即便如此，苏格拉底在死前几天还是有机会逃出监狱的，但他拒绝这样做。因此，他成了不计后果地遵循自己的良知的典范。据柏拉图的描述，在执行死刑的那个晚上，苏格拉底平静地喝下了毒芹汁。死亡的几天前，在审判的最后，苏格拉底曾向给他定罪和判刑的陪审团发表讲话，对宇宙的道德秩序和众神在其中扮演的角色充满了希望：

> 陪审团的诸位，你们也必须满怀信心地期待死亡，并且坚定不移地秉持这一确定的信念：无论是在生前还是死后，没有什么能伤害一个好人，诸神也不会对他的命运无动于衷。

（柏拉图《申辩篇》41c—d）

柏 拉 图

柏拉图（约公元前 427—前 347 年，图 4.6）是苏格拉底最忠实的追随者之一。他来自雅典最富有、在政治上最活跃的家族之一。这个家族因伯罗奔尼撒战争而分裂：他的继父皮里兰佩斯支持民主，是伯里克利的朋友，而他的两个叔叔是僭主集团的成员克里提亚斯和查米德斯。柏拉图应该是在十几岁时第一次遇到苏格拉底的，因此他也被认为是受到苏格拉底思想腐蚀的年轻人之一。苏格拉底的审判和处决显然给柏拉图造成了很大的冲击，这些事件似乎直接导致他后来提出了许多反民主的政治理论。

　　苏格拉底死后，柏拉图离开雅典，四处游历。他先是住在迈伽拉，后来又去了大希腊地区，还可能去过埃及和利比亚。最终，他厌倦了流亡的生活，在公元前 5 世纪 30 年代中期回到了雅典。此后不久，他建立了自己的高等教育机构——学院，并试图维持一个开放的思想环境。这里没有固定的教义或正统的信仰；相反地，学生们在哲学问题上进行着争论。值得注意的是，这所学校似乎同时对女性和男性开放。后世的

图 4.6　柏拉图头像

学 院

柏拉图的"学院"位于雅典城墙外，迪皮隆门的西北方。它坐落在一片树林中，那里是早期雅典英雄阿卡德莫斯的圣地，柏拉图"学院"（academy）这一名字就是来自该英雄之名（图4.7）。柏拉图的学院是我们所知的欧洲历史上第一个高等教育机构，它的名字依然留存在我们今天的语言中，是"学院"（academy）、"学术的"（academic）等英语词汇的词源。

资料显示有两位女学生曾经在那里学习：菲利乌斯的阿克希欧提娅和曼提尼亚的拉斯妮雅。

柏拉图最感兴趣的话题与苏格拉底重点讨论的话题相同：伦理学、逻辑学、认识论、宗教、修辞学和数学。他以对话的形式写作，苏格拉底是每篇对话的主角之一。他总共写作了30余篇对话和13封信件，但其中一些信件的作者身份仍然有争议。对话的文学形式能间接传达柏拉图的多个观点，因此读者能够从多个角度思考问题。柏拉图从未以第一人称写作过，因此也从未直接表达过自己的观点。他似乎经常将苏格拉底作为自己观点的传声筒（或者他可能只是同意他老师的观点），而且我们很难分辨苏格拉底和柏拉图的观点。然而，随着时间的推移，柏拉图的观点似乎有了转向独立的趋势。

和苏格拉底一样，柏拉图似乎也很厌恶诡辩家的相对主义。与之相反，他提出，我们居住的世界实际上是一个更美丽的世界、一个完美永恒的理式世界的苍白映像；世界上的一切，无论是有生命的还是无生命的，都只是完美世界中的完美"理式"或者原型的复制品。例如，在理式世界中存在着一匹马的完美理式，而地球上所有的马都是这一理式的映像；同样地，桌子、椅子以及地球上其他所有物体都有它们的理式。

图 4.7 这幅发现于罗马城市庞贝的马赛克装饰画描绘了柏拉图的学院。一般认为柏拉图是画面中左起第三位,正在树下给学生讲课

这种原则也适用于品质,正义、美德和爱等品质的完美形式都可以在理式世界中找到〔有趣的是,希腊语中的"理式"(idea)引申出"理想的"(ideal)一词〕;因此,人类的正义、爱和美德也都是它们完美形式的映像。最重要的是,柏拉图认为人类可以通过哲学和学习获得对完美世界的认识。

　　柏拉图显然深受毕达哥拉斯派的影响。和他们一样，他对数学中有序且永恒的规则非常着迷，他认为在数学领域的良好训练对哲学探究至关重要。后来的作家们甚至称，在柏拉图学院的正门上方贴着一块牌子，上面写着："不熟悉几何学之人勿入。"毕达哥拉斯派也影响了柏拉图对灵魂和身体的看法。他对话中的一些人物（尤其是苏格拉底）提出了这样的观点：灵魂被困在身体里，身体的感官是坏的，而灵魂的智慧是好的。据说灵魂是不朽的，属于理式所在的理式世界，因此我们生命中的任务是"记住"我们的真实本性。

　　和毕达哥拉斯派一样，柏拉图也对轮回理论感兴趣。在他著名的作品《理想国》的第十卷中，苏格拉底讲述了死亡 12 天后复生的战士厄尔的故事。厄尔在死后看到了灵魂接受审判：邪恶之人因其行为会受到惩罚，而有德行之人则会受到奖励。审判之后，每个灵魂都会选择自己的下一次生命并准备转世。最关键的是，灵魂在转世前做的最后一件事就是喝下忘河的水，从而在回到人间之前忘记它所经历的一切。

　　《理想国》是柏拉图著名的作品之一。他在书中通过诠释正义如何在理想的政治国家中运作，来探索正义的本质。在写作的过程中，他似乎受到了自己时代政治的影响。比如，他主张建立类似斯巴达式的男孩和女孩的教育制度，特别是主张将儿童的教育委托给国家而不是家庭。他还反对民主，相反地，他认为一个公正的城市应该由"哲学王"来管理。这类明智的统治者为了达到启蒙民众的目的，已经研究了多年的哲学。因此，他的理想国被认为是一个专制的国家。它试图将价值观强加给人民，而人民是不具备为自己做决定的能力的。

　　柏拉图在后来的作品《法律篇》中进一步修改了自己的观点，甚至提出：他理想中的城市应该由宗教领袖来统治，而那些不相信神的人就应该被处决。当然，这正是他的伟大导师苏格拉底所遭遇的事情。就

洞 穴 之 喻

　　《理想国》第七章中苏格拉底所讲述的"洞穴之喻"（图 4.8），是柏拉图解释其对现实的理解的最著名的篇章。苏格拉底想象了一个山洞，里面住着一生从未走出过山洞的囚犯。他们的腿和脖子都被绑住了，所以他们只能面对面前的墙壁。他们的身后有一个火堆，在他们和火堆之间是一堵矮墙。矮墙后面是外面世界的人，他们拿着高于矮墙高度的物体行走，因此这些物体被火光反射到洞壁上。这样一来，囚犯们只能看到投射在他们面前的墙上的影子。对他们来说，这些影子的形状就代表了现实的全部。

　　苏格拉底接着想象，如果其中一个囚犯被释放会发生什么。他将转过身来，看到真实的物体，还有它们背后的火堆。起初，他会对自己看到的事物感到非常困惑，也需要一些时间来接受这些新信息。然而，在这之后，他将冒险走出山洞，看到外面的世界，沐浴在阳光下。他将明白，这才是真正的现实，而且这现实比他曾认为是现实的墙上的影子要美丽得多。在喜悦中，被释放的人想回到山洞，把这个好消息告诉他的同伴们。然而，苏格拉底表示，其他囚犯会因为被告知的事情而感到不安。出于对未知的恐惧，他们会杀死发现真相之人。

　　这是个不难理解的比喻。洞穴代表着"正常"的存在，只是一个更美丽的理式世界的苍白映射。通过知识和学习，智者可以通往另一个世界。如果智者回来鼓励别人跟随他走出山洞，他可能会被处死，就像苏格拉底那样。

　　像最终处决苏格拉底的民主派一样，柏拉图似乎也相信，反对主流观点的人应该受到死亡的惩罚。

　　尽管如此，柏拉图还是对所有后来的西方哲学（以及基督教神学）产生了深远的影响，也许这主要是因为他提出的问题和他提出问题的

图 4.8 柏拉图洞穴之喻示意图

方式，而不是他得出的答案。正是由于这个原因，20 世纪初，哲学家阿尔弗雷德·诺斯·怀特海声称："要描述欧洲哲学传统的总体特征，最可靠的说法是，它由一系列柏拉图的脚注所组成。"

亚里士多德

　　亚里士多德（公元前 384—前 322 年，图 4.9）出生在爱琴海北部哈尔基季基半岛的斯塔基拉。他的父亲尼科马库斯是马其顿国王艾米塔斯三世（腓力二世的父亲）的一名宫廷医生。我们对亚里士多德早期生活的了解极为有限，只知道他在 17 岁时前往雅典，在柏拉图学院学习，之后在雅典居住了大约 20 年。柏拉图将他视为自己最为优秀的学生之一，并称他为"学院的头脑"。

图 4.9 亚里士多德胸像的罗马复制品。其古希腊原作者为亚里士多德同时代的雕塑家留西波斯

　　大约在公元前 347 年，也是在柏拉图去世后不久，亚里士多德离开了雅典。他选择离开，可能是因为他未能如愿担任学院的领导，也有可能是因为反感雅典城中日益增长的反马其顿情绪。他来到了爱琴海亚洲海岸的阿索斯并在接下来的 4 年里，一直在那里和附近的莱斯博斯岛上生活。在此期间，他对海洋生物学领域进行了深入的研究。他后来的许多科学著作都是以这一时期的研究为基础的。至今，他的观察仍然被认为是非常准确的。

　　公元前 342 年，亚里士多德受马其顿国王腓力二世的邀请来到了佩拉，给他的儿子亚历山大做家教。如此，整个古希腊历史上最杰出的两个人物有了若干年的交集。几年后，亚里士多德似乎是回到了家乡斯塔基拉，但在雅典被马其顿人征服后不久，他又在公元前 335 年重回雅典。他以外乡人的身份住在雅典，建立了自己的学校（图 4.10）——通常被称为吕刻昂。直到公元前 323 年亚历山大去世，亚里士多德一直在

图 4.10   16 世纪意大利艺术家拉斐尔的著名壁画"雅典学院"的中心画面，展示了并肩行走的柏拉图与亚里士多德，反映了他们持有不同的哲学观点。左侧的柏拉图手指天空，示意他对理式世界的关注；右侧的亚里士多德手掌朝向地面，象征他对现实世界的兴趣

雅典生活和工作。之后，在又一波反马其顿情绪的压力下，他再次离开了雅典。他声称自己不希望雅典人"对哲学犯下两次罪行"，表明他不想重蹈覆辙，遭受几十年前苏格拉底的命运。

虽然亚里士多德在许多方面是柏拉图的崇拜者，但他也是柏拉图最尖锐的批评者。他摒弃了关于理式的理论，对我们可以观察的现实世界更加感兴趣。因此，人们常说，他试图把哲学带回"地面"，重新通过观察周围的世界来得出结论。在这一点上，他回归了前苏格拉底派思想家的理性主义传统。他因其作为生物学家和动物学家的工作而闻名。他首次提出的物种分类现在已经是生物科学上的一个共识。他还被称为"解剖学之父"，因为他是我们所知的第一个解剖动物尸体的人。

吕 刻 昂

亚里士多德的新学校被设置在吕刻欧阿波罗（Apollo Lykeios）的神圣树林中的一个体育馆内，因此它在希腊语中被称为"吕刻昂"（Lykeion），后来又延伸出了拉丁语的 Lyceum [法语和意大利语中的"高中"（lycée 和 liceo），都来自这个词]。由于亚里士多德在讲课和与学生辩论时经常在学校周围散步，所以该学校也经常被称为"消遥派"（Peripatetic）学校，取自希腊语中的"步行道路"（peripatos）。

亚里士多德和他的学生们进行了大量的研究，就生物学、物理学、伦理学、逻辑学、政治学、文学和形而上学等不同主题进行写作。因此，一座大型图书馆在吕刻昂发展了起来，而它可能成为古代世界所有伟大图书馆的典范。吕刻昂很快就与柏拉图学院一样成为深具影响力的学习场所。即使在古罗马时代，这两所学校也仍然声名远扬，就像今天的"牛津和剑桥"或者"哈佛和耶鲁"一样。

亚里士多德在许多主题上都著述颇丰。他的著作可以分为 3 类：通俗作品，许多是以对话的形式出版的，已全部散佚；信息和记录集，只有一部被保存了下来；哲学和科学作品。流传至今的几乎全部是第三类作品，尽管它们真正的形式只是他在吕刻昂教书期间的一系列讲义和思考记录。此外，这些文本很有可能是由吕刻昂里的其他人（包括其他老师和学生）研究或编辑的，因此以亚里士多德署名的作品有时会被归入"亚里士多德学派"名下。

从现存的著作来看，亚里士多德执着于理解我们所处世界的形式和结构。他研究的一个领域是形式逻辑——使用逻辑命题来解决问题。他发展出了三段论（来自希腊语 syllogismos，意为"推论"），即通过演绎推理来得出结论。举个简单的例子，我们可以先提出一个一般性的陈述，如"所有的人都会死"，然后再提出一个更具体的陈述，如"苏格拉底是人"，从而得出逻辑上的结论"苏格拉底会死"。

在伦理学领域，亚里士多德发展出了与柏拉图不同的思想。他认为人类生活的目标是实现"幸福"（eudaimonia），也许这个词较为准确的意思是"幸福康乐的生活"。对亚里士多德来说，幸福来自 3 个方面：享受知识和道德的乐趣；作为一个自由和负责任的社会公民生活；作为一个思想家和哲学家生活。亚里士多德强调，要实现"幸福"，这三者必须保持平衡。事实上，平衡对亚里士多德来说特别重要，他主张在所有事物中找到平衡的"黄金分割"。

由于作为公民好好生活是幸福的核心原则之一，亚里士多德执着于寻找好的政治制度的定义并在这个领域进行了深入的研究和大量的写作。据说，他的学院编写了解释 158 个不同国家的政治制度的论文。其中留存下来的《雅典政制》（1890 年被发现于埃及沙漠中的纸莎草卷上），提供了关于这个具有政治开拓意义的城市的历史和治理方面的重要信息。此外，亚里士多德还著有《政治学》。该书对政治制度及其运作方式进行了理论分析，至今仍然是政治理论领域的一部奠基性的重要作品。

亚里士多德对科学和哲学产生了深远的影响，而且其影响范围不仅仅是西方世界。在中世纪时期，他还受到阿维森纳和阿维罗伊斯等伟大的伊斯兰学者的敬仰。他甚至经常被伊斯兰学者称为"第一位老师"或"那位哲学家"（图4.11）。像西方学者一样，他们也认可亚里士多德在许多研究领域做出的非凡贡献。然而，在亚里士多德的所有成就中，最伟大的可能就是他对科学方法的探究——采用系统的观察、测量和实验来检验假设。

亚里士多德论妇女

从某个方面来看，亚里士多德也留下了负面的影响，那就是他对女性的看法。柏拉图曾允许妇女在学院中学习并认为她们可以在他的理想国中进行统治。与其老师不同，亚里士多德却对这人类中的另一半持有消极的看法。他认为，女人是不完整的人。在《政治学》中，他说："灵魂的思考能力在奴隶身上根本不存在；在女性身上存在但没有发挥作用；在儿童身上存在但没有得到发展。"亚里士多德关于人类生殖的观点也让现代读者感到震惊。他认为，孩子的所有特征都来自男性的精子，因此父亲是"播种者"，而妇女只是提供了"土壤"（她的子宫），让种子可以在其中生长。如果为他辩护，我们可以承认亚里士多德确实认为，一个社会要想幸福，它的男人和女人都需要幸福。但令人遗憾的是，正是亚里士多德关于妇女的观点（而不是柏拉图更开明的观点）影响了欧洲后来数个世纪的思想，包括基督教神学，而且该观点直到中世纪末才受到严肃的挑战。

图 4.11 亚里士多德为中世纪的伊斯兰学者所尊崇。这幅 13 世纪阿拉伯手抄本中的绘画描绘了身着阿拉伯服饰的亚里士多德正在教授学生

希腊化时代的哲学

亚里士多德的死亡与希腊化时代的诞生在时间上重合了，此时，哲学的重点关注范围变窄了，它的目的转向实用，开始关注人类的幸福以及个人获得幸福生活的方法。在接下来的几十年里成长起来的两个重要的哲学流派——斯多葛派和伊壁鸠鲁派，就试图回答这个问题。对古希腊世界和之后的古罗马帝国，这两个学派都造成了非常深远的影响。

🏆 犬儒学派

斯多葛主义的前身，是被称为犬儒主义者的哲学家们的思想。犬儒学派本身不是一个正式的哲学流派，而是对一种非常简单的生活方式的倡导。它要求摒弃对物质的追求，主张自给自足、顺应自然地生活。犬儒主义者拒绝传统中金钱、名利、权力和财产的价值；他们甚至认为，人们不应该关心自己的健康状况。

古代和现代犬儒主义者

犬儒主义者的名字来自希腊语"像狗一样"（kynikos）。这可能最初是对手对他们的一种侮辱性的称谓，意在讽刺他们流落街头、拒绝传统行为、与狗无异的生活方式。

现代英语中的"愤世嫉俗的"（cynical）一词就源于此，虽然其含义已经发生了变化。现代的愤世嫉俗者认为人性和人类的行为是糟糕的。这种看法无疑来自古代犬儒主义者——他们拒绝主流价值观，认为这些价值观是空洞的、没有意义的。

最著名的犬儒主义者是锡诺普的第欧根尼（约公元前412—前324年，锡诺普是黑海南岸的一座城市）。他成年后移居雅典。在那里，他的生活和价值观可能受到了安提斯泰尼的影响。安提斯泰尼是苏格拉底的追随者，生活非常贫困。传说，第欧根尼以乞丐的身份生活在街头，以一个桶为家（图4.12）。无论传说是否属实，这确实体现了第欧根尼认为所有人都应该追求简单的生活。

图 4.12　公元 19 世纪法国艺术家让－里奥·杰洛姆（Jean-Léon Gérôme）的画作，表现了坐在桶中与狗相伴的第欧根尼

第欧根尼和亚历山大大帝

后世传说，第欧根尼后来搬到了科林斯。在一个阳光明媚的日子，亚历山大大帝决定去拜访他。亚历山大是当时世界上最有权势的人，见到这位著名的哲学家时非常兴奋，问他自己是否可以为他做些什么。第欧根尼回答："站远一点，不要挡住我的阳光。"

这个故事可能是后来的作家为了美化第欧根尼而编造的。然而，无论其真实性如何，它说明了犬儒主义世界观的一条核心真理——在万物的大局中，权力和地位毫无意义。

🏆 斯多葛学派

犬儒主义可能影响了诞生于公元前 4 世纪末的斯多葛学派的发展。斯多葛学派的创立者是芝诺（公元前 335—前 263 年，图 4.13）。他来自塞浦路斯的锡蒂姆城，年轻时便来到了雅典。在雅典，他成为犬儒主义者底比斯的克拉特的追随者。芝诺曾经在雅典广场的彩绘柱廊讲课，因此他的追随者们被称为斯多葛派（来自"柱廊"一词）。

图 4.13　芝诺胸像的罗马复制品

斯多葛派哲学家认为，宇宙为一种智慧的神性力量所渗透着。这种力量有时被称为逻各斯（与赫拉克利特的"逻各斯"有相似之处）。这种力量支配着自然界的所有法则，而这些法则是牢不可破的。他们认为，人必须按照这些神圣的法则去生活，并且应该接受自己不容改变的命运。他们还提出，心灵和身体并无区分。斯多葛派强调人际关系的重要性，也强调对社会政治生活的参与。斯多葛派哲学家还闻名于其平静接受命运的态度。

🏆 伊壁鸠鲁学派

与斯多葛学派完全相反的是同一时期发展起来的伊壁鸠鲁学派。它的创始人是伊壁鸠鲁（公元前341—前270年，图4.14）。他出生在萨摩斯岛，在公元前307年左右来到雅典并在雅典买下了一栋有漂亮花园的房子。他的学校接收妇女和奴隶，有时被称为"花园"，因为他的追随者们时常在那里度过时光。

伊壁鸠鲁认为，要实现幸福的生活，人们应该远离忧虑，寻求快乐。他曾说："幸福生活的开始和结束都是享乐。"然而，这并不是说他主张尽可能多地享乐。短期的快乐可能会造成长期的痛苦（例如，吃大量不健康的食物在短期内能让人快乐，但从长远来看会造成肥胖和健康的问题），因此他建议人们寻求不会产生不良影响的快乐。除了食物和性等感官享受外，他也鼓励寻求其他的快乐来源，比如友谊、音乐戏剧等艺术享受。

伊壁鸠鲁派还试图让自己远离压力和焦虑的潜在成因。因此，他们主张与主流社会隔绝，不参与城市的政治或公共生活。他们信仰体系的另一个关键部分是对灵魂不朽的否认，或者对死后世界的否认。伊壁鸠鲁用德谟克利特的原子理论来论证，人类的"灵魂原子"在死亡时破

图 4.14　伊壁鸠鲁
　　　　胸像

裂，然后继续与其他原子结合，形成其他物质。据后来的传记作者说，伊壁鸠鲁对死亡持如下看法：

> 因此，最可怕、最邪恶的死亡对我们来说不算什么。因为当我们存在时，死亡还没有到来；而当死亡到来时，我们也已不存在。
>
> （第欧根尼·拉尔修《哲人言行录》10.125）

对伊壁鸠鲁派哲学家来说，克服对死亡的恐惧是实现幸福生活的一个重要途径。他们认为，神灵虽然可能存在，但并不干涉人类的生活。人们可以用自然原因来解释物质世界的现象。

今天的"斯多葛派"和"伊壁鸠鲁派"

就像"愤世嫉俗的"（cynic）这个词一样，"斯多葛"（stoic）和"伊壁鸠鲁"（epicurean）这两个词也还存在于今天的英语中。"斯多葛"可以形容无怨无悔的勇敢承受痛苦的人，其用法与在古代语境中类似。然而，"伊壁鸠鲁"一词的含义已发生了变化。与古希腊时代不同的是，当时的伊壁鸠鲁派小心翼翼地选择不会造成长期伤害的快乐，而今天的伊壁鸠鲁派是以享乐为生活宗旨的人，他们的快乐通常来自饮食、性爱等感官享受。

第五章　雅典的社会生活

　　雅典"产出"了几乎所有古典时代的伟大作家，因此，它是唯一能帮助我们清楚了解这一时期日常生活的古希腊城市。虽然其他古希腊城市的生活无疑在许多方面也与雅典相似，但我们应该注意，雅典并不能在所有方面代表每个古希腊城市，因为每个城市都有着自己独特的个性和习俗。

　　本章从公共和私人空间开始，概述阿提卡地区和雅典城的情况，然后分析古希腊房屋和家庭的结构。之后，我们将关注 3 个特定群体的生活——男性公民、女性公民和奴隶。最后，我们将介绍雅典人如何对待死亡以及他们的葬礼习俗。

　　我们选择从 3 个群体入手来研究雅典的社会生活，是因为每个群体都过着截然不同的生活，拥有着截然不同的权利和责任。雅典男性，尤其是有着一定财富的男性，他们的大部分时间都是在城市的公共场所——体育馆、广场和公民大会度过的。雅典妇女一般待在家里，管理家庭的日常生活。奴隶们在主人的安排下在公共和私人领域活动。当我们思考雅典社会时，应该将这 3 个群体都考虑在内。

阿提卡与雅典

🏆 阿提卡

阿提卡是古希腊东南部的一个地区，面积约为 1 600 平方千米。它大致呈三角形，两面临海；西北部与维奥蒂亚和迈伽拉地区相接。（图 5.1）与古希腊的许多地方一样，阿提卡有着山脉和平原相结合的景观。雅典城就位于其中的一片平原上，距港口约 8 000 米。在公元前 493 年之前，离雅典最近的港口一直位于法勒隆，但后来比雷埃夫斯成了主要港口。比雷埃夫斯实际由 3 个港口构成：一个用于商业船只的大港口和两个用于军舰的小港口。作为一座大型的国际海港，比雷埃夫斯拥有背景多样的世界性人口。到了公元前 5 世纪中叶，比雷埃夫斯与雅典由两道长长的保护墙相连。这样一来，即使雅典受到攻击，其补给也能得到保证。（另一道墙则将比雷埃夫斯与法勒隆相连）。

虽然阿提卡的大部分居民是农民，但是该地区并不适于发展农业。它是古希腊最干旱的地区，所以土壤并不肥沃。阿提卡最重要的农作物是适合在丘陵地区种植的橄榄，葡萄的产量也很高，但大部分粮食必须从地中海的其他地区和黑海进口。阿提卡的农民倾向于认为自己归属于当地的民区（最小的政治实体，类似村庄），而不是雅典城。许多人很少有机会离开自己生活的小社区。在戏剧《阿哈奈人》中，阿里斯托芬通过描写由阿哈奈村的农夫组成的歌队，展示了典型的阿

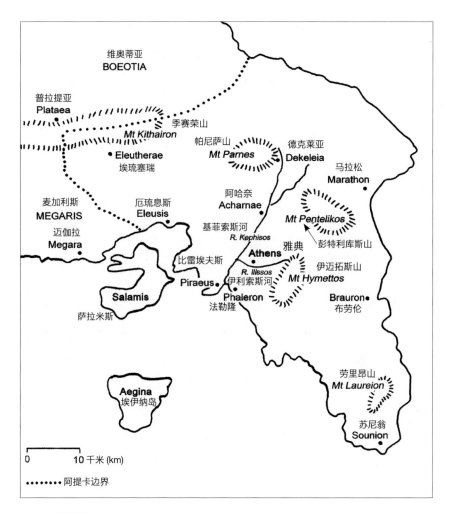

图 5.1　阿提卡

提卡农民的形象。

　　阿提卡有着相对丰富的天然资源。这里有大量的黏土，也不缺乏建筑石材，包括从彭特利库斯山和伊迈拓斯山开采的高质量大理石。伊迈拓斯山也是养蜂的重要地区——蜂蜜是一种重要的贸易产品。因为古希腊人还不知道糖的存在，所以蜂蜜是他们的主要甜味剂。在阿提卡南部的劳里昂，人们从公元前 8 世纪就开始开采白银。雅典人在公元前 483 年发现了一个丰富的银矿矿藏，正好以此来资助雅典海军对抗波斯的威胁。

♔ 雅典

按照现代标准，雅典城非常小，更像今天的乡村小镇。（图 5.2）雅典人在公元前 479 年战胜波斯人后不久建造的新防御墙，其周长只有 6 500 米。雅典的这道城墙上至少有 13 个独立的城门。

雅典城市的焦点是雅典卫城，一座高出周围平原 120 米的小山。其西北部的"阿哥拉"（agora）广场是雅典的公共生活、政治和商业中心。卫城以西有两座较小的山丘——战神山（Areopagus, 意为"阿瑞斯的峭壁"）和普尼克斯（Pnyx, 意为"拥挤的地方"）。前者是战神山议事会的所在地，后者是雅典公民大会的开会场所（在第六章中有对这两个机构的详细描述）。

▎雅典卫城

在波斯人于公元前 480 年洗劫和焚烧了雅典之后，雅典人在 30 年内没有重建雅典卫城的神庙，因为雅典人希望这些烧焦的遗迹能够提醒自己，他们曾经离彻底毁灭只有一步之遥。然而，这一政策在公元前 450—前 440 年随着伯里克利的建设计划而改变。在杰出的雕塑家菲迪亚斯的计划和监督下，人们在雅典卫城上建造了许多建筑，使卫城一跃成为雅典的鼓舞人心的灯塔，至今仍然闻名遐迩。（图 5.3）

经重建的卫城的核心是帕特农神庙，即雅典娜处女神庙。它于公元前 432 年完工，此时菲迪亚斯以黄金和象牙打造的雅典娜巨像已经

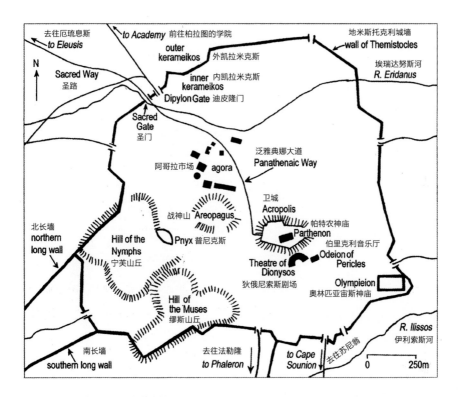

图 5.2 公元前 5 世纪的雅典城

被安放其中。此后不久，人们又为卫城建造了一座宏伟的新入口，即卫城山门。公元前 5 世纪，以传说中的雅典国王厄瑞克提斯命名的厄瑞克特翁神庙也拔地而起。这座神庙实际上是献给雅典娜和波塞冬的，据说曾是他们争夺城市守护者地位的地点，里面置有雅典娜的神圣橄榄木雕像。每年在泛雅典娜节上，人们都会为其献上一条新的长袍。

卫城上还有许多其他神龛、祭坛、雕像、官方雕刻的石像以及个人奉献的供品。它也是一处供应天然泉水的水源。卫城山丘的南侧脚下是狄俄尼索斯剧场，旁边是一座狄俄尼索斯神庙。它东边的音乐厅也是

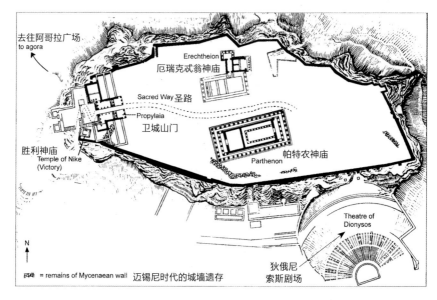

图5.3　公元前5世纪的雅典卫城

伯里克利建筑计划的一部分。

▌阿哥拉广场

公元前6世纪，阿哥拉广场是进行雅典公民大会和最早的戏剧表演的场所（图5.4）。它还包含一个用来进行体育比赛的赛跑场地（后来泛雅典娜运动会的一部分也是继续在这里举行的）。然而，到了古典时代，它转变为以商业和政治活动为主的空间（希腊语中的 agora 一词也与"集会"和"公开演讲"有关），布满了商店和摊位。在以下的作品片段中，喜剧诗人欧布洛斯诙谐地列出了在广场上出售的商品：

> 在雅典，你会发现所有的东西都在同一个地方出售：无花果、
> 法庭上的证人、成串的葡萄、萝卜、梨、苹果、提供证据的人、玫瑰、
> 欧楂、粥、蜂房、鹰嘴豆、牛奶和凝乳、桃金娘、投票机器、鸢尾、

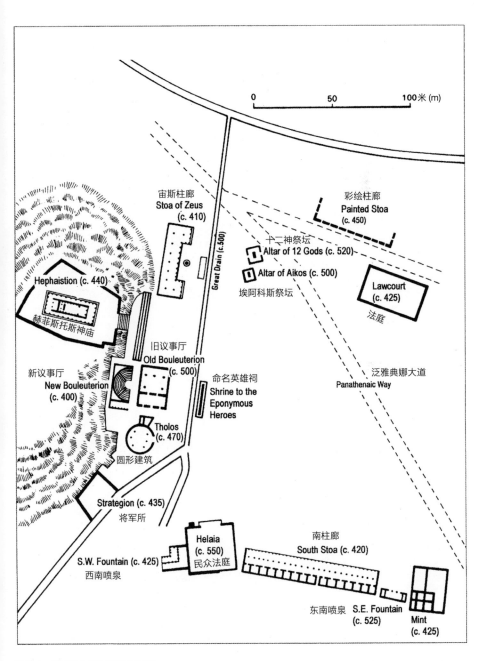

图 5.4　雅典阿哥拉广场平面图

羔羊、水钟、法律条文和起诉书。

（欧布洛斯，残篇 74）

广场被界石环绕，这标志着广场是一个宗教区域。广场北端的十二神祭坛是广场的宗教中心。整个区域为梧桐树所遮蔽，三面设有柱廊（男人们做生意或朋友聚会叙旧的地方）。彩绘柱廊（因其墙壁上的绘画而得名）位于广场的北面；西面是宙斯柱廊，其中设有执政官的办公室；再往前走就是规模最大的柱廊，即南柱廊。雅典的主要游行街道——泛雅典娜大道从广场的东侧穿过。（图 5.5）

许多重要的政治建筑都位于广场附近。议会在议事厅（约公元前400 年重建，重建后的面积约为 16 米 × 22 米）举行会议；圆形建筑（周长 18.32 米）中设有 50 人团的办公空间，雅典的官方度量衡也存放在

图 5.5　今天的阿哥拉遗迹，远处是雅典卫城

这里。在圆形建筑的南面是将军所，是城市 10 位将军的办公场所。附近的命名英雄纪念碑公示着新法律提案、议会会议议程和服兵役人员名单等通知。

该区域中还坐落着数座重要的法庭建筑。审判通常在广场上不同的地方进行，其中最古老和最重要的法庭是民众法庭。

┃ 凯拉米克斯

广场的西北部是凯拉米克斯，也就是城市的陶器制造区 [kerameikos 这个名字来自 keramos，意思是 "陶工的黏土"，由它衍生出了 "陶瓷"（ceramic）一词]。城市中所使用的绝大多数日常用品都是在这里由黏土烧制而成的，其中包括浴盆、烤架、炊具、锅和花瓶等物品。在广场和凯拉米克斯之间有一座大型的神庙，供奉着工匠之神赫菲斯托斯。

泛雅典娜大道穿过广场和凯拉米克斯，然后通向城市中两个最著名的城门：一座为迪皮隆门，每年泛雅典娜节的游行队伍都要从此门经过；另一座是圣门，标志着通往厄琉息斯的神圣之路的开始。

城外的道路两旁分布着墓地，因为城市的规定不允许死者被埋葬在城墙之内。迪皮隆门外的区域被称为 "外凯拉米克斯"，这里有雅典最大的墓地。公元前 430 年，伯里克利曾经在这里发表了著名的葬礼演讲，以纪念那些在伯罗奔尼撒战争第一年死去的雅典将士。

家　庭

希腊语中 "家宅"（oikos）是房屋的意思，但不仅仅被用来描述家庭所居住的建筑实体。把它翻译成 "家庭" 似乎更为合适，因为它也可以指住在房屋里的所有人和与它相关的所有财产。家庭的主人是其男性家长，即"男主人"（kyrios），但对家庭日常事务的管理则由他的妻子——"女主人"（kyria）来进行。"家宅"包括所有家庭成员和所有的奴隶——越富裕的家庭越可能拥有更多的奴隶；只有最贫穷的家庭才没有奴隶。

　　"家宅"既是家庭单元，也是独立的经济单元，因为雅典的家庭自己生产自己的食物和用品，尽可能地追求自给自足。许多家庭在城外拥有农田。如果田地面积足够大，他们还会在市场上出售多余的食物。此外，家庭本身也是经济活动的中心，因为妇女和奴隶花大量时间纺纱和织布，以生产家庭所需的所有布料。男人和女人不同的生活方式和期许是由这两个群体之间的明确分工决定的——男人在外工作，而女人在家庭住宅内劳作。

最早的"经济"

　　希腊语 oikos 作为"家庭"的含义依然留存在英语中。英语的前缀"eco-"就是由希腊语"oiko-"转化而来的，因此"经济"（economy）一词的原意就是"家庭的组织"。

　　值得注意的是，在英语中，"经济"也可以描述节省金钱或其他支出。这明显能反映出古代雅典人的想法，即家庭的成功运作离不开对所有可用资源的精心管理。

🏆 对住宅的态度

　　古希腊人在公共建筑上的花费远远超过了他们在私人住宅上的投入。诸如神庙和剧院之类的建筑，往往经过了精心设计以展示公民的财富。相比之下，私人住宅一般都很朴素，不引人注目。这种现象有各种可能的原因：首先，由于古希腊人待在家里的时间不多，所以不太关心自己的房子是什么样子的；其次，希腊是一个地震多发的地区，因此建造可能在几分钟内就会变成废墟的宏伟房屋是没有什么意义的；最后，也有可能是因为，公元前5世纪初相信民主的雅典人重视朴素的住房所带来的平等感。最后一点来自公元前4世纪的演说家德摩斯梯尼提出的想法：

> 但是，那些处于权力中心之人的私人住宅是如此朴素，如此符合我们政治制度的风格，以至于地米斯托克利、客蒙和亚里士多德的家……丝毫不比他们的邻居的家更宏大。
>
> （德摩斯梯尼《论组织》13.29）

然而，我们也不能说雅典的房屋都是毫无差别的。和今天一样，富人可以负担更大的生活空间，而城市和农村的住宅之间也有着明显的区别。

🏆 住宅结构

在城镇和乡村，私人住宅的基本结构都是一样的。它们采用石头地基，而墙壁是由被太阳烘烤过的黏土砖建造的。这种砖很容易被切开，所以窃贼常被称为"切墙人"。屋顶是用黏土瓦盖成的。房屋整体为长方形，通常有较小的二楼空间，二楼通过梯子与一楼连通。墙壁上开有为数不多的几扇小窗户，没有玻璃，位置很高，这样的窗户可以将热气和灰尘挡在房间外面，同时也能防止小偷钻窗而入。地板或是夯实的泥土，或者铺有地砖或石块。（图5.6）

房子的入口通常是一扇硕大的木制前门。前门正对着的庭院是整座住宅的中心，连通着大多数的房间。庭院的地面经过铺设，通常包含

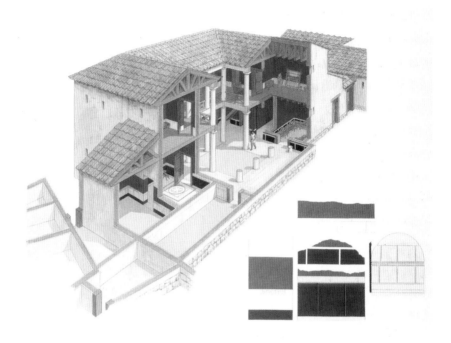

图 5.6　雅典阿哥拉附近的两层住宅的剖面图。"男人的区域"是住宅中唯一可以辨认的房间，在右侧靠近入口的位置

一口井或一个收集雨水的蓄水池（收集粪便的坑也是很常见的）。住宅里的妇女可以坐在露天的庭院里，完成许多家务活。庭院的一侧一般建有走廊，以便她们坐在阴凉处。在农村，庭院往往更大，以便容纳动物和农具；许多庭院里还设有大型的储藏室。

　　住宅中最重要的房间是"男人的区域"（andrōn）。在希腊发掘出的每一类住宅（无论贫富、无论城市还是农村）似乎都有一个"男人的区域"，通常位于前门附近。它本质上是一个大餐厅，男主人会在那里举办会饮。除了女性奴隶和外国女人，雅典妇女都被禁止进入这个房间。房间的地面四面靠墙处略高，升高处放置卧榻；房间中央较低的长方形地面区域通常装饰着卵石马赛克；房间的墙壁上有时饰有华丽的壁画，描绘着人或者神宴饮的画面。在阿里斯托芬的剧作《马蜂》中，就如何在宴饮的场合表现自己，儿子向他没有受过教育的父亲给出了建议：

> 现在你应该对青铜装饰品说些赞美的话，抬头看看天花板，欣赏一下墙上的挂毯。

> （阿里斯托芬《马蜂》1214—15）

住宅的另一部分是"女人的区域"（gynaikōn）。女主人可能有自己单独的卧室，但"女人的区域"中最主要的房间是织布室，住宅里的女人会在那里纺织。"女人的区域"通常位于住宅的后部或楼上，远离前门。庭院外的其他房间是孩子们的卧室、奴隶的住处和储藏室。后者对于储存家庭的用品和产品尤为重要。

富裕家庭的住宅可能还会有一个厨房和一个浴室（图5.7）。但如果不具备这些设施，人们就会在院子里烹饪食物，因为当时的烹饪设备小而轻，可以很容易地被移去那里。如果住宅里没有浴室，那么每间卧室里都会配备一个水壶和一个脸盆，供居住者使用。大陶罐被充当便器，然后由奴隶们把排泄物倒入屋外的水沟。由于雅典没有下水道系统，一些公共奴隶会每天清洗街道。

装饰和家具都很简单。室内墙壁一般会以石膏涂抹，然后简单地绘上红色和白色颜料。富裕的家庭可能会用挂毯或祖先的雕像来装饰他们的房子。在家具方面，人们在卧榻上吃饭和睡觉，但也有凳子、椅子和桌子。衣服被存放在箱子或橱柜里，但所有其他个人物品多挂在墙上的钩子上。下文中的雅典人显然为他整洁有序的住宅很是感到骄傲：

> 把自己的用具整理得井井有条是多么大的优势啊！我已经说过了，在家里找到合适的地方放置所有的东西是多么显而易见的事。

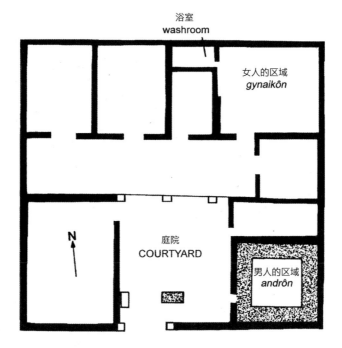

图 5.7 经发掘的奥林索斯住宅之一。这座住宅位于奥林索斯区域十

各类鞋子整齐地排成数排，会给人留下多么美好的印象啊！各式各
样的衣服、毯子、金属器具和餐具，如果都分类单独存放，那是多
么美妙的景象啊！

（色诺芬《经济论》8.19）

家庭信仰

古希腊社会的每个阶层都崇拜神灵，每个家庭也都有自己的宗教
神龛。例如，一座住宅的庭院前面有一个供奉宙斯·赫基欧斯（Zeus
Herkeios）的石制祭坛，其侧面刻有一条蛇的图案。赫基欧斯这个称谓
最初来自希腊语中的"栅栏"，因此，宙斯·赫基欧斯指的是"守护房

屋边界的宙斯"。宙斯在家庭中也被作为"克泰西奥斯"（ktesios）崇拜，即家庭财产的保护者。

住宅中另一处重要的神圣地点是炉灶，它很可能被视为炉灶女神的赫斯提亚的祭坛。它通常位于一间公用房间中，象征着家庭的健康和团结。在用餐开始时，人们可能会把食物扔进火焰，以感谢女神。炉灶也是新生儿在出生几天后进行接纳仪式的地点。

赫耳墨斯像

在典型的雅典住宅的前门外，往往可以看到一座方柱形雕像，上端刻有赫耳墨斯的半身像，正面有一个竖起的阴茎，象征着男性的力量和生殖能力（图5.8）。这些赫耳墨斯像被认为是好运的象征，也经常被放置在公共建筑的入口处和道路的两旁。

公元前415年，在与斯巴达的战争期间，雅典发生了一桩有关赫耳墨斯像的丑闻。雅典市民们在一天早上醒来时发现，城中几乎所有的赫耳墨斯像的面部和阴茎部分都被毁坏了。人们认为这是一个可怕的预兆，预示着即将起航前往西西里岛征战的雅典海军舰队将要遭遇失败。事实证明，这次远征的确以雅典耻辱的失败而告终。

男性公民的生活

男性公民是雅典社会中享有特权的精英人群，他们被赋予了极大的自由。许多生活在公元前5世纪的雅典男性公民积极地参与城市的政

图 5.8　赫耳墨斯像

治。然而，即使在公民阶层中，人们在教育、财富和生活方式方面也有着很大的差异。这些差异在很大程度上取决于一个人是生活在城市还是乡村。

🏆 早年的生活

婴儿刚刚出生时，就会被放在地上，由父亲和助产士对其进行检查。如果父亲拒绝接受该婴儿，婴儿就会被带出城市并遭到抛弃。长子的出生通常会让家人喜出望外，他可以继承家族的名字和财产。人们会用橄榄花环装饰住宅的前门，以庆祝男婴的诞生；而女婴的诞生则以羊毛花环的装饰来做标记。

弃　婴

出生后不被接受的婴儿会被带到城外抛弃。一些弃婴会被救并作为奴隶被养育长大，否则只能死亡。婴儿被遗弃的原因有很多，也许是家庭无力养活新成员，也许该婴儿是女奴或妓女意外怀孕的结果。我们无法知道具体有多少婴儿被遗弃，但这个数字可能是相当大的。

有趣的是，古希腊神话中有不少弃婴在长大后成了重要人物，比如，俄狄浦斯和帕里斯。其实弃婴出人头地的故事并不是古希腊人的独创。摩西和罗慕路斯在犹太和罗马文化中的重要性也足以说明这类故事的普遍性。

然而，一个孩子在出生后的5天内不会被介绍给家庭的其他成员（这样做大概是为了减少感染的可能性）。在孩子出生后的第五天，其父亲会在一个叫作"安菲卓弥亚"（amphidronia）的仪式中正式接受婴儿。"安菲卓弥亚"的字面意思是"绕圈奔跑"，这是因为仪式中父亲会抱着婴儿围绕着家里的炉灶奔跑一周。家庭成员格外重视新生儿的命名日，即孩子出生后的第十天。就像我们庆祝生日一样，日后家庭成员们也会庆祝这个日子。

孩子最初的几年是在家里度过的，由母亲照顾。如果家庭能够负担得起，母亲可能会得到奴隶或保姆的帮助。为数不多的证据表明，古雅典幼儿的生活与今天的幼儿多有相似之处。一些陶瓶上描绘着婴儿坐在陶土制高椅上的场景（图5.9）。在阿里斯托芬的剧作《云》中，一位父亲炫耀着他对幼年的儿子咿咿呀呀的话语的了解：

> 是谁把你从婴儿带大，试图从你的咿呀声中了解你想要什么？
> 如果你说"布噜"，我就明白你的意思，给你水喝。如果你哭着说"嘛嘛"，我会给你拿面包来吃。而当你说"咔咔"的时候，我就会抱起你，带你到外面，把你托在土坑上方（屙屎撒尿）。
>
> （阿里斯托芬《云》1382—5）

图5.9　绘有母亲与坐在高凳上的幼儿的瓶画

随着孩子们的成长，父母可能会给他们讲一些故事，比如伊索寓言。70 岁的哲学家苏格拉底身处死囚牢房时，还能记得这些儿时听过的故事。考古学家发现了各种各样的玩具：陀螺、玩偶和玩偶的小屋、木马、小车以及棋盘游戏。掷指骨是一种很流行的游戏，在这个游戏中，小孩子把一些细小的骨头扔到空中，然后试着用手背接住它们。古希腊的瓶画上还描绘了儿童玩球类游戏的情景。这些游戏看起来有点像足球或者曲棍球。

🏆 教育

男孩满 7 岁时，就可以前往学校开始接受长达 10 年的正规教育。当时没有义务教育系统，所以只有在父母有能力负担的情况下，孩子们才会去上学。尽管如此，教师在社会中的地位并不高，因此教育成本似乎相当低，而大多数雅典人可能都有读写能力。因为参与民主进程需要掌握一些基本的阅读和写作技能，所以雅典人也有识字的必要。

抽时间上学

英语中"学校"（school）这个词源自古希腊语中的 schole，其字面意思是"闲暇"。这是因为，最初只有那些有足够闲暇时间的古希腊人才会阅读、讨论和学习思想类的知识。只有那些时间充裕的幸运儿，才有机会享受"学习"这项活动。

即使在今天，教育也不应该被视为理所当然。联合国儿童基金会估计，2007 年，全球有 14% 的女孩和 10% 的男孩没有接受过任何教育。同一组织估计，2013 年，全球有 20% 的女性和 11% 的男性是文盲——相当于超过 10 亿人。这个问题对发展中国家的女性来说尤其严重。马拉拉·尤萨夫扎伊的非凡人生经历就凸显了这一点。在 2014 年，诺贝尔和平奖被授予了只有 17 岁的她，以表彰她为争取所有儿童获得教育的权利而开展的工作。

除了正规的学校教育外，男孩们通常也会从他们的父亲那里学到很多东西。在家里，男孩会通过观察父亲作为男性家长的行事方式，来学习一个男人应该如何对待他所负责的家庭成员。在家庭之外，父亲可能会向儿子传授手艺，或者教导儿子如何管理和经营城市外的农庄。对成长中的男孩来说，这些实用的课程是相当重要的。

▌教仆

在安排儿子的教育时，有着一定经济实力的父亲首先会指定一名家庭教师，即所谓的"教仆"。（图 5.10）他是一名家庭奴隶，最好受过一些学业方面的培训。教仆有很多职责：

- 在家里和学校监督男孩；护送他往返于家和学校之间并为他背书包。
- 旁听课程并帮助他完成任何家庭作业。
- 教给男孩良好的礼仪和纪律，树立一个好的榜样。如果所负责的男孩表现得不好，教仆可以用手杖惩戒他。
- 定期向男孩父亲汇报，让他了解儿子的学习进展。

尽管他们的角色很重要，但教仆通常会被轻视。据说伯里克利看到一个奴隶从树上掉下来摔断腿时说："他现在只适合担任教仆了。"

▌学校和教师

古代雅典没有我们理解中的学校。男孩们被送到一位老师那里学习，而老师工作的房间就是教室。许多老师会将自己私人住宅的房间作为陈设简陋的教室。学生会坐在凳子或者长椅上，也许还能使用一张桌子，但墙上除了被当作黑板使用的简单木板外几乎没有任何装饰。一些学校与运动场相连，有更好的设施。学校清晨开始上课，中午结束。

图 5.10　一座雅典男孩的墓碑的临摹画。墓碑上，男孩将手搭在（实际上比他大得多的）教仆的头上。图中教仆的尺寸表明了教仆的卑微身份

　　教师的收入很低，在社会上的地位也很低。这可能是因为他们的身份通常是奴隶或居住在雅典的外国人。此外，任何人都可以在没有任何资格的情况下当教师。很少有教师是所教课程相关领域的专家。雅典演说家德摩斯梯尼曾轻蔑地贬低他的对手埃斯基涅斯，因为后者的父亲曾经是一名教师。他曾以文字向我们展示了教师在古希腊人心目中的形象：

> 你从小就家境贫寒。你和你父亲一起在学校工作，研磨墨水、用海绵擦拭长凳、清扫教室，担任着家庭奴隶的角色，而不是一个生来自由的孩子。

（德摩斯梯尼《论皇冠》258）

　　古希腊人很重视孩子的教育，教师的地位却是如此之低。这一矛盾令人困惑。

　　男孩的教育分为 3 个方面：知识、音乐和体育。虽然有些学校同时提供这 3 个方面的教育，但父母往往会让孩子在不同的学校学习这些学科。

▌知识研习

7岁时，男孩会被送到一位"语法老师"处开始他的学习进程。刚开始时，他学习希腊字母，然后学习如何阅读和书写。这个阶段的教学风格非常单调，包括大量的死记硬背、在书写板上练习写字以及无休止地大声背诵单词和字母。那时的阅读比现在更难，因为词语之间没有间隔，也没有标点符号。如果学生注意力不集中或行为不端，那么他很可能会被老师用凉鞋或手杖打。

写字的工具是一块涂满蜡的木板和一支笔。学生可以用笔的尖头在蜡版上写字，然后用笔的钝头擦拭蜡版，再在新的表面上重新开始。如果他有所进益，就可以使用墨水和纸莎草纸来代替蜡版。学生可能还会使用算盘学习一些基本的算术。

一旦男孩掌握了这些基础知识，他就会进入最重要的学习阶段。在柏拉图的一篇对话中，备受尊敬的教育家普罗泰戈拉是这样描述该学习阶段的：

> 当（孩子们）学会了字词，要开始理解书面作品时，就像他们以前学习演讲时所做的那样，他们在书桌前摆放优秀诗人的作品供孩子们阅读，并让他们背诵。这些诗作包含很多劝诫的内容，还有很多赞美和讴歌以往好人的段落。阅读它们，孩子们就会被激发出热情，成为像前人一样优秀的人。
>
> （柏拉图《普罗泰戈拉篇》325e—326a）

背诵伟大的文学作品，尤其是《伊利亚特》和《奥德赛》，是非常重要的。有些男孩甚至可以背诵整部荷马史诗。古希腊人认为，这些作品提供了很好的道德教训，能够教会孩子们怎样成为真正的希腊人。相传，亚历山大大帝无论走到哪里都会随身携带他的《伊利亚特》并经常反复地阅读这部作品。

　　我们很难了解学生们在这种环境下能够取得多大的进展。首先，当时没有正式的考试制度，因此也没有可供我们分析的结果。其次，虽然班级人数相对较少（可能是 12 人左右），但一个班级中会有年龄不同和能力水平不同的学生。

▍音乐学习

　　两三年后，男孩开始在音乐老师（kitharistes）的指导下接受音乐教育。在雅典，懂音乐是一个人受过良好教育的基本标志，同时，音乐也象征男孩终将进入的社会的核心——在宗教节日（如城市酒神节，见第三章）、会饮甚至军队游行上，音乐都是不可或缺的。令人深感遗憾的是，现代学者对古希腊音乐的曲调和乐谱的了解相对较少（你可以在附录 3 阅读古希腊乐器的相关内容）。

　　男孩们首先要学习弹奏一种乐器，通常是基塔拉琴（kithara）。听熟后，和着歌曲伴奏。有些男孩可能还会学习吹奏阿夫洛斯管。音乐教育显然与文学研习相辅相成，因为《伊利亚特》和《奥德赛》等诗歌都是为了和歌唱诵而创作的。普罗泰戈拉概述了音乐教育在古典雅典的重要性：

> 　　音乐老师也是这样做的……一旦（孩子们）学会了弹里拉琴，他们就教授他们其他优秀诗人（尤其是抒情诗人）的诗作。他们把这些诗配上音乐，让孩子们的灵魂习惯于节奏和旋律，这样他们就会变得更温和、更优雅、更有教养，进而在语言和行动上都更加出色。

（柏拉图《普罗泰戈拉篇》326a—b）

普罗泰戈拉在这里明确地强调了音乐与道德之间的联系。纵观历史，这种观念都很常见。例如 20 世纪 60 年代，许多传统人士将性放纵现象的出现归咎于新的"流行音乐"。1983 年，苏联领导人尤里·安德罗波夫说："时不时在流行浪潮中出现的、曲目性质可疑的乐队，简直让人无法容忍。他们的活动在意识形态和审美上都是有害的。"毫无疑问，他同意柏拉图在 24 个世纪之前表达的观点：

> 我们要当心音乐类型的转变，因为这转变可能危害我们的好运。因为如果最基本的政治和社会习俗稳固不变，音乐的模式是不会被打乱的。

（柏拉图《理想国》424c）

正如柏拉图所言，雅典人认为，教男孩学习正确的音乐知识，也是教他掌握正确行为准则的一种方式。（图 5.11）

图 5.11 这幅瓶画展现了教师教导学生学习音乐知识和阅读的场景

有教养的人

我们经常能在希腊文学和历史中看到，懂音乐是有教养之人的标志。《伊利亚特》中最伟大、最强悍的英雄阿喀琉斯就是一位出色的音乐家，当希腊人请求他重返战场时，他们发现阿喀琉斯正在"用清脆的琴声慰藉自己的心灵"。历史学家普鲁塔克讲述过一个关于公元前 5 世纪 60 年代雅典的著名将军客蒙的故事。客蒙去一位朋友家吃晚饭，饭后被要求唱歌助兴。普鲁塔克写道，"他唱得非常好，于是大家交口称赞，说他比地米斯托克利更有成就"。

▎体育教育

古希腊城邦中的男性需要拥有健壮的体格，为成为优秀的士兵做好准备。因此，体育教育对于男孩的成长也是至关重要的。大多数城邦都会资助公共体育馆的建设，这些体育馆也是多功能的公共集会场所。体育馆一般包含一个进行体育训练的操场。

体育老师被称为"消耗男孩体力的人"（*paidotribēs*），他的身份标识是其紫色斗篷和分权的棍子。他会用棍子抽打任何不服从管教的学生。在老师的指点下，男孩们练习多种运动会上的竞赛运动，包括跑步、跳远、掷标枪、掷铁饼以及拳击和摔跤等格斗运动。普罗泰戈拉指出了为何健康的体魄如此重要：

> 然后他们被送到教练那里，为的是当他们逐渐发展出合宜的思想时，他们的身体也将更好地协同思想行动。如此，他们就不会因为任何身体上的缺陷而被迫在战斗中或在任何其他情况下懦弱退却。

（柏拉图《普罗泰戈拉篇》326b—c）

这似乎表明了，除了将体育锻炼作为一种军事训练的形式而加以重视外，古希腊人还意识到健康的身体和健康的心灵之间的联系，认为强建的身体可以促进精神的敏捷性。

高等教育和诡辩家

男孩的传统教育在 14 岁时完成。然而，在公元前 5 世纪下半叶，诡辩家开始向雅典的年轻人提供一种"高等教育"。他们教给学生的一项重要技能是修辞学，即公开演讲的艺术。在民主的雅典，这是一项重要的技能。这种课程的受众实际上只限于有能力支付学费的有钱人的儿子。这种排他性也严重限制了诡辩学派的发展。

🏆 成年人的生活

男孩被抚养长大，准备成为肩负各种责任的家庭男主人。作为男主人，他需要确保他的妻子能够有效地管理家庭事务和财务，他还要经常与教仆讨论他的儿子们的学业进展。他可能会在奴隶市场上购买奴隶。在婚礼、葬礼和节日等公共活动中，他要作为家庭的主要代表出席。此外，如果他能够成功地为朋友和熟人们举办会饮，他的形象就会得到大幅提升。一位理想的家庭男主人还应当是其他家庭成员的榜样，对模仿他的行为的儿子们而言，尤其如此。

▍工作和政治

身处雅典这样的城市，男性公民会希望能够积极参与到城市的政治中去。富有的男性极有优势，因为他无须繁忙地劳作，甚至根本不用工作，因此会有更多的时间去参加会议、辩论和投票。雅典的富人们似乎看不起那些不得不努力工作的人。反对民主的色诺芬的以下评论能够说明这一点：

> 在我们的国家，所谓的手工技艺名声不佳，而且不被看好。如你所见，那些从事这些工作并献身其中的人，被迫久坐不动，终日待在没有阳光的地方，有时还要忍受火焰的灼热。结果，他们的身体被毁坏了。而伴随身体的衰弱而来的，是思想的严重萎缩。这些所谓的手工技艺使人没有时间去关心朋友或国家，因此从业者被认为不善于与朋友打交道，也不善于保卫自己的国家。
>
> （色诺芬《经济论》4.2—3）

这段话说明了社会生活和政治生活对雅典人的重要性。如果一个人白天不工作，那他很可能会在广场、议会、法院或体育馆等公共场所参与社交活动。然而事实上，大多数公民为了养家糊口，都多多少少必须去做一些工作。

大量的公民是在城外拥有小庄园的农民，他们的农田大致能维持自己的家庭自给自足的状态。最重要的农作物之一是橄榄，其他作物包括葡萄（主要用于生产葡萄酒）、苹果、梨、无花果和石榴等水果，还有大麦、黑麦和小麦等谷物。一些庄园还饲养动物，如牛、绵羊和山羊，以获取羊毛、乳制品和肉类。养殖蜜蜂也很重要，因为蜂蜜是食物和饮料的主要甜味来源。

到了公元前5世纪，生活在城市中的大多数雅典人都从事着贸易或手工业的工作。然而，当时没有由大型工厂主导的"重工业"，相反地，有无数在摊位或作坊开展的小生意。喜剧诗人阿里斯托芬的以下诗句展示了雅典工作的多样性：

当公鸡在早晨唱起歌，男人们就能感受它那古老的力量。他们从床上跃起，开始工作：铁匠、陶工、制革工、鞋匠、浴室服务员、磨坊主、乐器制造者、武器工匠……即使天还未亮，他们也会立即穿上鞋子出门工作。

（阿里斯托芬《鸟》489—92）

通过普鲁塔克对伯里克利的建筑计划的描述，我们也可以了解雅典人的工作状况。大多数作坊和商店都是租用私人住宅临街的房间，这种房间只能容纳几个人在里面工作。我们所知道的最大的工厂雇用了120个奴隶来制造盔甲。然而根据资料显示，工厂或作坊通常规模很小。例如，著名演说家德摩斯梯尼的父亲拥有两个作坊，一个作坊有 32 名制刀匠，另一个有 20 名木匠。

橄　榄

不难理解为什么雅典人相信橄榄树是守护神雅典娜送给他们的神圣礼物。雅典人使用橄榄油的方式多种多样。我们很难想象没有橄榄油，他们该怎样生活。烹饪、点灯照明、保存食物、制作香水和药品以及清洗身体都需要用到橄榄油。阿提卡的某些橄榄树甚至受到城邦的保护。据亚里士多德所说，任何被发现挖走橄榄树的人都会被判处死刑。

橄榄油是非常珍贵的，人们会把它储存在大陶罐中。在雅典的泛希腊运动会上，获胜者的奖励不是金钱，而是盛满橄榄油的双耳陶瓶。如果一个农庄能够生产出富余的橄榄油，那么出口或在当地销售橄榄油可以为该农庄带来不菲的利润。

雅典的主要贸易中心和商业中心是广场，而附近的凯拉米克斯是雅典城中最像工业区的地方。雅典凯拉米克斯因为其高质量的陶器而闻名于整个古希腊世界，也是陶工聚居的街区。雅典人生活的各个方面都离不开陶器：除了储存食物和饮料，陶器也是家中的装饰品，还是向神灵献祭的供品，它们在婚礼和葬礼等仪式上被大量使用，甚至作为奖品出现在体育节上。陶器也是雅典的主要出口产品之一，与白银、石油和葡萄酒一起销往海外。

🏆 会饮

会饮是古希腊人在家招待客人的主要场合。会饮（symposium）的字面意思是"一起饮酒"，它在本质上是一场精心准备的晚餐聚会。举办成功的会饮能够提升家庭男主人的形象，因为通过为客人提供上等的食物、酒和娱乐活动，男主人的好声誉会被广泛传扬。

▌ 筹备工作

会饮的准备工作在活动前几天就开始了。男主人会让奴隶们发送邀请函。邀请函多为用石灰石制成的小雕像，刻绘着人们前往聚会或参加宴会的情景。家里的妇女也要参与准备工作。她们会为客人制作花环，还会用鲜花和藤蔓装饰举办会饮的房间。

订购最好的食物和饮料也是至关重要的。男主人会雇用一位专业厨师来制作食物并在与他讨论后确定菜单。如果男主人想要某种类型的菜肴，他会尽量找到在该"菜系"享有美誉的厨师，厨师通常会带着他自己的烹饪设备前来工作。主人还必须安排好酒水，因为酒的质量直接关乎会饮的质量。一些最有名的葡萄酒来自爱琴海的岛屿，例如，希俄斯岛和莱斯博斯岛。

主人还需要雇用提供娱乐的艺人。常见的艺人有乐手和舞者，有时也有杂技演员。女性公民不能进入男性举办会饮的客厅，只有女性奴隶、艺人或妓女可以在场。

▌ 客人抵达和晚餐

活动通常会在傍晚开始，一直持续到深夜。客人到达主人的住宅后，会被带到客厅，然后在卧榻上落座。晚宴一般会设置 7—11 张卧榻，所有的卧榻都摆放在客厅地板的外侧凸起的部分。每张卧榻上可以躺坐两个人，他们将左手肘靠在垫子上，用右手自由地吃喝。

在持续数小时的饮酒之前，主客们先共进晚餐。奴隶将饭菜送进客厅，摆放在 3 条腿的小桌子上（这种桌子可以稳固地立在不平坦的地面上）。晚餐一般包括 3 道菜：开胃菜，如橄榄、枣或洋葱；主菜，通常是一道厨师用心烹制的肉或鱼；甜点，如水果、蜂蜜和糕点。

▌ 饮酒

晚餐结束后，奴隶们搬走桌子，把地板清扫干净。客人们用水洗手，之后戴上花环，涂上香精和香水。会饮的饮酒阶段开始于泼洒祭酒，然后人们对"友善的神明"唱赞美诗。客人们还会向神明敬奉一杯未兑水的纯酒。

会饮的一名参加者被推选为主席，负责酒水。他的首要职责是决定酒的浓度，因为古希腊人习惯将酒兑水冲淡后饮用。最常见的浓度似乎是 5 份水兑 2 份酒，其结果与现代啤酒的酒精度数差不多。酒和水被倒进一个容量在 18—36 升、被称为混酒器的大型器皿（以此作为一瓶）中。然后会饮主席必须决定此次活动中大家将饮用多少瓶酒水，大多数情况下 3 瓶酒水足矣。

在这之后，由会饮主席选择酒杯的大小、敬酒的次数和饮用的频率，放纵狂饮似乎并不是会饮的目的。在欧布洛斯一部戏剧的以下台词中，酒神狄俄尼索斯给会饮的参与者们提出了一些有趣的建议：

> 我为明智的人调兑了三瓶酒，最先喝的一瓶是为了健康；第二瓶是为了爱和快乐；第三瓶是为了睡眠。喝完这些酒后，聪明的客人就该回家了。第四瓶酒不再属于我们，它属于傲慢；第五瓶酒属于大喊大叫；第六瓶酒属于放肆狂欢；第七瓶酒属于黑眼圈；第八瓶酒属于法律传票；第九瓶酒属于胆汁；第十瓶酒属于疯狂和乱扔家具的人们。

（欧布洛斯，残篇 93）

开始饮酒后，艺人就会到来。女乐手通常被雇来演奏阿夫洛斯管，而舞者、杂技演员和哑剧演员也经常在场。色诺芬描述了在一次会饮中，一个锡拉库萨男人向宾客们介绍三名艺人：一名女孩是吹奏阿夫洛斯管的高手；另一名女孩是杂技演员；还有一名男孩精通里拉琴和舞蹈。（图 5.12）杂技演员的表演是这样的：

> 现在，一个圆环形的框架被搬了进来，框架的一周密密麻麻地插满了竖立的剑刃。舞者翻着筋斗钻进圆环，再翻出来。观众们都担心她会伤到自己，但她还是自信而安全地完成了表演。

（色诺芬《会饮篇》2.11）

图 5.12　此瓶画展示了会饮气氛正酣时的场景。画面右边的人物在玩"掷酒渣"游戏

客人们也可以自娱自乐、加入唱歌或跳舞的行列、讲述趣闻逸事或做游戏。一些客人可能会伴着里拉琴唱起专为会饮所作的酒歌。另一个常见的娱乐项目是一种叫作"掷酒渣"的游戏。在喝光杯中的酒后，客人们将剩下的酒渣泼向一个目标。这个目标可能是一个平衡在支架上的圆盘，也可能是一只碗或大锅，会在酒渣落入其中时发出嘶嘶声。为了赢得游戏，泼洒的姿态与击中目标一样重要。

讨论思想是许多会饮的核心内容。客人们可能会聆听诗歌或音乐，然后讨论哲学问题。在柏拉图所记载的会饮中，客人们一开始就一致希望讨论哲学，因此，他们打发了女艺人并决定饮用一种度数不高的酒水。知识广博的对话一定是许多会饮的重要组成部分。

▍女伴

雅典社会中一个独特的女性群体是女伴（hetairai），其被称为"伴侣"。实际上，她们是高级妓女，她们被雇用的原因是她们拥有高超的谈话或音乐技巧以及毋庸置疑的性诱惑力。

女伴不可能来自雅典公民家庭，她们部分是奴隶，更多的是来雅典赚钱的外国人。这让雅典男人对待雅典女性和其他女性的态度有了鲜明的区别。德摩斯梯尼的这段话很好地概括了这种区别：

> 因为这就是与一名作为妻子的女人共同生活的意义——与她生孩子，把儿子介绍给氏族和民区的成员，把女儿许配给丈夫。我们将女伴留在身边是为了享乐……但妻子要为我们生下合法的孩子并成为我们家庭忠实的守护者。

> （德摩斯梯尼《反妮艾拉辞》122）

这些话展现了希腊男人对漂亮女性的热情，但同时他们也认为，双性恋是理所当然的。事实上，年轻的男性通常被认为是身体美的最佳

柏拉图的会饮

最著名的关于会饮的记录当属柏拉图笔下苏格拉底的一场对话。这部名为《会饮篇》的作品的背景是公元前 416 年的一场会饮，其举办者是在戏剧节上获胜后的悲剧诗人阿伽颂。席间，客人们就爱的本质展开了讨论。该作品大约写于公元前 380 年，至今仍是西方文明中最著名的关于爱情的研究之一。其中，苏格拉底倡导朋友之间深刻的、无性的爱情，今天我们称之为"柏拉图式的爱情"。

这段对话还描写了年轻的阿伽颂和他年长的情人保萨尼亚斯之间的关系。这种关系在古希腊社会中再正常不过（至少在贵族圈子里），青春期少年的第一次性体验通常是与年长的男人。这种关系模式似乎出现在公元前 7 世纪，意在超越性关系——年长的男人是青少年的导师，鼓励后者培养勇气和美德。这种关系建立于双方同意的原则上，同时受到雅典一些社会习俗的约束。我们很难确定青少年会在什么年龄做出同意的决定，但那很可能是在青春期开始后不久。在那个时代，青春期被认为比现在发生得晚。亚里士多德认为青春期始于 14 岁。

范本。女伴往往是雅典受教育程度最高的女性，她们能够凭借自己的能力赚到很多的钱。古典时期雅典最有名的女人阿斯帕西娅应该也是一位女伴。虽然她在米利都长大，但她在很年轻的时候就来到了雅典。在这里，她成了最有影响力的政治家和将军伯里克利的情妇，与他一起生活了大约 15 年。普鲁塔克告诉我们，伯里克利看重阿斯帕西娅的智慧和政治敏锐度，苏格拉底甚至还会带着他的学生来听她讲课。一些雅典人非常担心阿斯帕西娅可能对雅典政治产生负面影响，曾对她起诉，但以失败而告终。

雅 典 女 性

我们很难确切地了解雅典女性的生活，因为妇女不被鼓励发表意见。根据修昔底德的记载，伯里克利曾经说过：

> 一个女人最大的荣耀就是不被男人谈论，无论是被赞美还是被批评。

> （修昔底德《伯罗奔尼撒战争史》2.46）

很少有古希腊世界中女性的声音留存下来，而那些留存下来的，如抒情诗人萨福，只能告诉我们少许关于女性日常生活的情况。我们拥有的文字记录几乎完全来自男性；甚至古希腊戏剧中精彩纷呈的女性角色也是由男性创造的。尽管如此，这些资料仍然能让我们对女性的生活有一定的了解。

🏆 童年

女孩出生后挂在门外的羊毛花环象征着她将成为家庭主妇的命运（相应地，橄榄花环标记着男婴的出生）。女儿的出生往往会令家人失望，因为儿子可以继承家庭财产并赚钱养家，而女儿则必须带着昂贵的嫁妆成为人妇。因此，女婴比男婴更有可能在出生时被遗弃。即使被接受，女儿在家里受到的待遇也会逊于儿子。比如，吃饭时，女孩分到的食物可能比她的兄弟要少。

随着成长，男孩和女孩的生活开始"分道扬镳"。女儿不会被送去上学，相反地，她们留在家里，从母亲那里学习一个雅典妻子应有的角色和职责，其中包括纺纱、织布、烹饪和管理财务。她还可能帮忙照顾年幼的兄弟姐妹。少数女孩可能学会了阅读，如一些瓶画描绘了妇女手持书卷的模样，但大多数妇女并不识字。同样地，可能只有少数女孩有机会学习弹琴、唱歌等音乐技能。

在家庭之外，女孩可以在某些宗教活动中扮演一些角色，以纪念城市的女神。在阿里斯托芬喜剧的以下几行中，雅典妇女组成的歌队回顾了一个女孩的童年：

> 我在 7 岁的时候就成了卫城的女祭司。
> 在我捣碎神圣的谷粒之后，
> 10 岁的我去到布劳伦，
> 在女神阿尔忒弥斯的仪式中扮演一只熊，
> 身穿番红花染就的黄色衣裙；
> 最后我被选中手捀仪式的花篮，
> 用一串无花果干做项链，
> 我的脸庞最为美丽可爱。
>
> （阿里斯托芬《吕西斯特拉特》641ff.）

这里提到，妇女们的第一个职责是担任神圣物品的携带者。年龄在 7—11 岁的一些女孩会在雅典娜的女祭司的监督下在卫城生活一年。这些女孩会在泛雅典娜节期间履行重要的仪式职责，她们还负责为制作祭祀用的蛋糕研磨面粉。

歌队接下来提到了阿提卡东岸布劳伦的阿尔忒弥斯崇拜仪式。这似乎是一个为 10 岁左右的女孩举行的成年仪式，她们被称为"熊"（图5.13）。瓶画显示，在这个仪式上，女孩们首先要穿上番红花色的长袍，然后脱掉长袍，裸体参加部分仪式。最后，她们换上合适、得体的成年妇女的白色衣裙。

图 5.13　抱着野兔的小女孩。
她在布劳伦的阿尔
忒弥斯崇拜仪式中
扮演"熊"

　　这些仪式对女孩们而言非常重要，因为仪式所敬奉的女神也将庇佑她们成年后的生活。阿尔忒弥斯是生育女神，而雅典娜是掌管纺纱和织布的女神。

🏆 婚姻

　　女性通常到青春期（大约 14 岁）时就被安排了婚姻。婚姻的安排是由两个家庭的男主人做出的，女孩通常会被许配给一个年龄约为她两倍的男人。爱情或浪漫不是婚姻的考量因素，相反地，婚姻被视为两个家庭之间实用的社会和财务协议。新娘通常对她未来丈夫的人选没有什么发言权。事实上，有些夫妻直到结婚那天才第一次见面。

对许多十几岁的年轻少女来说，结婚一定是一个非常痛苦的经历。新娘不得不离开自己的家庭，与她的新丈夫和他的家人一起生活。一些女性不得不搬到阿提卡的另一个地区，因此失去了与亲属的定期联系。所以，我们不难理解为什么婚姻有时被等同于悲痛。在索福克勒斯已散佚的悲剧《特雷乌斯》的以下片段中，一名被丈夫抛弃的女性角色普罗克妮哀叹已婚妇女的命运：

> 独自一人，我现在一无所有。但我经常以为，一无所有就是女人的天性。因为在我看来，当我们还是年轻女孩时，在父亲的家里，生活是最甜蜜的。无知总是在幸福中养育孩子。但是，当我们到了青春期，有了一定的理解力，我们就会被送出家门，被卖掉，离开我们祖先的神灵，离开我们的父母。我们中有些人来到了陌生的丈夫身边，有些人遇到了外国丈夫，有些人去了沉闷无趣的家庭，有些人去了不友好的家庭。当那一个夜晚把我们牢牢拴住的时候，我们必须赞美这一切并承认这就是幸福。

> （索福克勒斯，残篇 583）

▎ 订婚

女孩可以在任何年龄订婚，而且从订婚这一天起就在法律上变更为已婚状态。女孩在达到适婚年龄前几年就被订婚的情况并不少见。通常情况下，订婚仪式是新娘的父亲和新郎之间交换誓言的过程，新娘不出席该仪式。"订婚"（engue）这个词的字面意思是"保证"或"担

强 制 婚 姻

即使在今天，我们的社会仍然不得不与"强制婚姻"这挥之不散的幽灵做斗争。这不应该与"包办婚姻"相混淆。世界上许多文化都有为子女安排婚姻的习俗，但这些婚姻只有在新郎和新娘都同意的情况下才能进行。这种婚姻有可能比在西方社会已经变得正常的"自由婚姻"更幸福、更持久。

最重要的区别是，强制婚姻是在未经新娘或新郎同意的情况下发生的。2013 年，英国反强制婚姻组织为 1 302 起强制婚姻提供了有关的建议或支持，其中大多数涉及 21 岁及以下的女孩和妇女。一些团体将强制婚姻定义为一种现代形式的奴隶制度。联合国则宣布，"妇女选择配偶和自由缔结婚姻的权利对于其生活和尊严至关重要，也是平等人权的体现"。

保"，反映了妇女往往是被视为男性财产的可悲事实。订婚是两个男人之间的口头合同，它遵循一套固定的话语格式。米南德的喜剧《剪短头发的女孩》中的以下几句便展示了订婚的话语。

> 帕泰库斯（新娘的父亲）：我把这个女人交给你，用来生育合
> 　　法的孩子。
> 波利蒙（新郎）：我接受。
> 帕泰库斯：我还要交给你价值三塔兰同的嫁妆。
> 波利蒙：你这样做很体面。

（米南德《剪短头发的女孩》1012—15）

接下来，两个男人会在尽可能多的见证人面前握手达成协议。因

为当时婚姻的缔结不签署任何正式的法律或民事文件，所以很有必要在外人的见证下完成订婚仪式。本质上，婚姻只是两个家庭之间非官方的协议。

▎嫁妆

嫁妆是婚姻契约的核心。诉讼演讲中提到的数字表明，嫁妆通常是家庭男主人财富的 5%—20%。虽然它属于丈夫，但它的功能是保护妻子。因为一个男人想离婚时，他必须把嫁妆全额退还给妻子的家人。如果他不这样做，那么他每年必须支付嫁妆价值 18% 的利息。

如果一个女人的丈夫去世了，那么她的嫁妆就会传给她的儿子；如果没有孩子，那么嫁妆会被交还给她的家人。还有法律专门针对去世的男主人只有女儿但没有儿子的情况：男主人的财富和财产在法律上归属于他的女儿（她被称为"埃皮克勒若斯"），她的名字会在公民大会上被宣读，然后嫁给死者最亲近的男性亲属。这种做法确保了直系亲属对财产的所有权。

嫁妆的作用

如果未婚妇女的父母能提供大额的嫁妆，那么她们会备受男性的追捧。一旦结婚，这些妇女还可以利用她们的嫁妆作为有效的谈条件的筹码。因为如果丈夫不想失去这一部分珍贵的资产，他就更有可能善待他的妻子。一些古希腊作家对妇女所掌握的这种权力颇有微词。柏拉图评论说，嫁妆可能会导致丈夫的奴性。欧里庇得斯《法厄同》中的一个片段描述了一个自由人如何成为"婚床的奴隶，为了嫁妆而出卖自己的身体"。

▌婚礼仪式

婚礼一般历时 3 天，每一天都有一个名称：普罗奥利亚（proaulia）、伽墨斯（gamos）和埃普利亚（epaulia）[-aulia 可能来自动词"过夜"（aulisdesthai），因此普罗奥利亚指新婚之夜的前一天，而埃普利亚则指新婚之夜后的一天]。在普罗奥利亚之前的几天里，新娘会待在家里，与她的母亲、其他女性亲属、朋友和奴隶一起为仪式做准备。

婚礼前一日中最重要的事件是向众神，特别是向处女女神阿尔忒弥斯献祭和献上供品。新娘会向女神献上一绺自己的头发以及她童年的玩具和衣服，以感谢女神在童年时给予她的保护并请求她依然庇护不再是处女的自己。此外，阿尔忒弥斯作为生育女神，对新娘未来的生活也十分重要。一位匿名作者记录了一位名叫蒂马雷特的女孩向女神献祭的过程：

> 蒂马雷特，蒂马雷托斯的女儿，在她的婚礼之前，将她的手鼓、漂亮的皮球、遮挡她头发的发网、一绺头发和她作为女孩时穿过的衣服献给湖边的阿尔忒弥斯，一名处女献给另一名处女，合乎礼仪。莱托的女儿，请用你的手保护蒂马雷特这个孩子，以纯洁的方式保护这个纯洁的女孩。

（《帕拉蒂尼选集》6.280）

结婚仪式当天以新娘在圣水中的沐浴仪式开始，这样做是为了提升她的生育能力。沐浴的水来自一眼神圣的泉水，盛在专门用于婚礼的长颈双柄彩瓶中，由一个小孩子运送。

接下来，新娘梳妆打扮。她要穿上最昂贵的衣服。许多家庭甚至会雇用专业的人员为她穿衣梳妆。（图 5.14）她的头发被仔细梳理，然

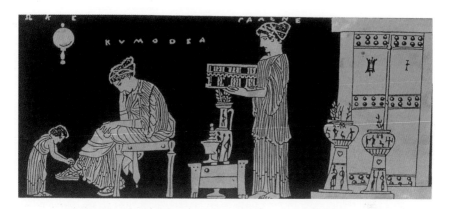

图 5.14 这幅瓶画展现了新娘为婚礼梳妆打扮的场景。一名女仆在为她系凉鞋的鞋带，另一名侍女捧来一个精美的盒子，里边可能装着婚礼用的面纱。盒子下边是婚前沐浴仪式专用的长颈陶瓶

后，她穿上长袍，佩戴发冠和珠宝，涂抹香水。最后，她戴好最重要的象征她处女身份的面纱，直到结婚仪式结束后才能摘下来。新娘准备好后，婚宴就在新娘父亲的家中正式开始了。两家人都在场，但男人们和女人们在不同的桌子上用餐。人们享用昂贵的食物，然后泼酒祭酒，之后乐手和歌者进行表演。如下面的记录所示，婚礼往往是一场盛大的庆祝活动，整个街区、邻里的人们都应邀参加：

> 没有比婚礼更引人注目且备受讨论的盛宴了……因此，由于没有人不知道我们广发邀请、大宴宾客，我们羞于遗漏任何人。所以，我们邀请所有的亲戚和朋友以及所有认识的人来参加。
>
> （普鲁塔克《道德小品》666ff.）

婚宴是古代雅典为数不多会有妇女参与的社交活动之一，关于妇女在婚宴上喝酒的笑话很常见。例如，在米南德的喜剧《古怪人》中，参加婚宴的妇女"像沙子一样"把酒"吸"干净。

▎游行

婚礼当天最重要的活动是从新娘家到新郎家的游行，这象征着新娘从一个家庭转移至另一个家庭。傍晚时分，新郎象征性地把新娘从她母亲的身边抢走，然后把她带上马车，让她坐在自己和伴郎之间。游行喧嚣热闹，婚宴的所有客人和许多附近的居民都会来参加。点燃的火把为游行照明（据说火光可以驱逐恶灵），手持乐器的男人们歌唱婚礼歌曲，而妇女们则向这对新人投掷标志生育力的水果和鲜花等。新娘的母亲拿着火把走在马车的后面。（图 5.15）

图 5.15　婚礼游行。新娘和新郎乘坐马车，两名男子举着火炬，两名拿着礼物的女性走在队伍的后边

在《伊利亚特》中，荷马描述了阿喀琉斯盾牌上的一系列婚礼游行的场景：

> ……那是婚礼和宴会的场景，他们在燃烧的火把的光明里，护送新娘从家里出发，穿过街道。婚礼的歌声高响。年轻人舞动身躯，在他们中间，阿夫洛斯管和里拉琴的音乐声不绝于耳。妇女们都站在自己家门口，陶醉地欣赏着游行。
>
> （荷马《伊利亚特》18.491—6）

当马车到达新郎家时，新娘会受到拿着火把的未来婆婆的欢迎。新娘吃下一个苹果，同时新郎的朋友们烧毁马车的车轴，以示新娘现在不能再返回她的娘家了。新婚夫妇被领到房子的炉灶前，在那里他们再次被撒上象征生育的物件：枣、硬币、干果、无花果和坚果等。

仪式的重点现在转移到了婚房，新娘将在这里失去童贞。朋友们已经用鲜花和装饰品装点了卧室。新郎领着新娘走进卧室，然后关闭房门。新郎的一个朋友会在门外站岗，而新娘的朋友们也和他站在一起，整晚歌唱，给新娘提供安抚和支持。他们还可能敲打房门以驱除邪灵。

第二天清晨，这对夫妇被洞房外的朋友们的歌声唤醒。新婚之夜后的这一天的主要事宜是由新娘的新亲属向她赠送礼物。这样做也许是为了让新娘与新的家庭更紧密地结合在一起，但也有人认为这是对她前一天晚上失去童贞的一种补偿。一份资料显示，赠送给新娘的物品包括药膏、衣服、梳子、衣箱、陶瓶、凉鞋、盒子、没药和香皂等。

🏆 女主人

已婚妇女自动成为其丈夫家庭中的主要女性，她要开始承担起女主人的角色。她要负责监督所有的家务并随身携带着一串钥匙，以象征她对储藏室的掌控。储藏室里储存着度过寒冷的冬季所需的所有食物和物资。在下面的段落中，色诺芬讲述了一名丈夫对其新婚妻子的指导：

> 你必须待在家，安排一些仆人外出工作并监督在家中工作的仆人。你必须接收从外面运来的用品并以最合适的方式分配它们；对于暂且不需要的用品，你必须考虑到未来的用度，确保一年的用量不会在一个月内消耗殆尽。当羊毛被送来时，你必须确保它们被分配给那些需要衣服的人们。你必须努力确保粮食被制成可食用的食物。你的责任之一……尽管这很讨厌，但当任何仆人生病时，你必须确保他们得到无微不至的照顾。
>
> （色诺芬《经济论》7.35—6）

女主人的职责中最重要的一项是纺织布匹，这一活动将在女性区域进行。在古代世界，布匹是非常昂贵的，因为它们都是由手工制作的。因此，如果家庭可以生产出足够的布，就可以节省大量的支出。当然，布不仅被用于制作衣服，还用于制作窗帘、床单等家庭用品。

服　装

古希腊人的服装相对简单。男人的主要服装是长衫，称为基同。他们的外衣通常是一件斗篷，即希玛申，它是一块宽大的长方形羊毛布料。鞋类从轻便的凉鞋到结实的靴子不一而足。

妇女穿的是一种垂到脚踝的基同，用胸针固定。富裕的妇女偏好使用亚麻布，而不是羊毛布。希玛申也经常被用作妇女披肩，还有许多瓶画描绘了妇女将希玛申作为面纱来佩戴。按照习俗，妇女似乎习惯于在外出时佩戴面纱。（图5.16）

纺织时，妇女会以羊毛或亚麻秆作为原材料。如果这些材料是来自她们自家的动物或农场，当然最省钱不过了。清洗和准备羊毛并将其搓成松散的圆球，这一步需要大量的工作。然后就可以进行纺织了。瓶画显示，妇女在准备羊毛球的过程中会使用护膝。然后，她们用卷线杆和纺锤将羊毛纺成线。在这之后，妇女们通常使用泥土、树叶和浆果等给毛线染色。最昂贵的染料是产自腓尼基的贝类的红紫色染料。当足够的羊毛被纺成线、染好颜色后，妇女就会开始用织布机将其织成衣服或者其他用品。（图5.17）这个耗时的工作是妇女生活中非常重要的一部分。

图 5.16 女性服饰。右边的人
穿着基同，外罩一件
希玛申，戴着头巾。
中间的人用希玛申裹
住整个身体

图 5.17 在织布机上工作的女人。
两边，两个女人称量羊
毛，为纺纱做准备；中
间，另外两个女人用织
布机纺织。织好的部分
被卷在织布机上方

🏆 生育

古希腊妻子的首要职责是培养男性继承人，使其能够在将来继承父亲的财产。成年女性不同阶段的不同称谓可以体现这一职责的重要性。女性在结婚前是少女，结婚后成为没有孩子的已婚妇女，但她真正成为女人的标志是她第一个孩子的出生——从这时起，她被称为女人。

即使在现代社会，生育也是很困难的事情。如果女性怀孕后没有出现并发症，接下来她还要经历分娩的剧痛。这些困难在古希腊被放大了许多倍。当时的医疗卫生条件极差，也没有现代减缓疼痛的措施。妇女不得不在没有麻醉的情况下忍受分娩的痛苦。因此，流产和分娩时死亡的情况比今天要普遍得多。在欧里庇得斯的悲剧中，美狄亚的角色有一段著名的台词，将妇女分娩与男人打仗做比较：

> 男人们说我们在家里过着没有危险的生活，他们却在外打仗。他们错得离谱！我宁愿坚守战场三次，也不愿生一个孩子。

（欧里庇得斯《美狄亚》248—51）

助 产 术

后世的罗马作家希吉努斯讲述了一则不一定可信但很有趣的逸事，关于妇女如何被允许在雅典当助产士。根据他讲的故事，一位名叫哈格诺迪克的年轻女子为了学医，把自己伪装成了男人。后来，保持男性装扮的她成了有名的产科医生，以致她的一些竞争对手出于嫉妒，指控她性行为不端。他们认为，"他"一定是勾引了"他"的病人，才能赢得这样的认可。希吉努斯接着讲：

> 战神山法庭的法官们在开会时谴责哈格诺迪克，但她在他们面前脱下了衣服，表明她是个女人。然而，医生们开始更激烈地指责她。结果，一些女人带头来到法庭，说："你们不是丈夫，而是敌人，因为你们谴责为我们带来安全的人。"这之后，雅典人修改了法律，允许出身自由的妇女学习医术。
>
> （希吉努斯《故事集》274，10—13）
>
> 虽然这个故事不太可能是真的，但它确实揭示了那个时代的一段记忆，即妇女必须为赢得从医的权利而奋斗。然而，我们从柏拉图笔下得知，苏格拉底的母亲是一名助产士。在她生活的古典时代，担任助产士的似乎通常是超过生育年龄的妇女。

🏆 权利和生活方式

尽管女主人在家里有着很大的权力，但同时她也会受到很多限制。在法律上她是其丈夫的所有物，必须听从他的命令。她无权投票或参与城市政治的任何环节。妇女一旦走出家门，就没有任何自由可言。她不能购买或出售土地，也不能购买价值超过一定重量大麦的物品（1 麦迪姆诺单位的大麦，可以养活 1 个普通家庭大约 6 天）。尽管她可以通过赠予或继承获得财产，但这些财产总是被置于男主人的管理之下。

妇女不被鼓励离开住宅。必须出门时，也通常需要由男性亲属护送。这是为了防止其他男人对妇女产生不必要的关注，因为他们可能会对男主人造成威胁。男人们非常警惕自己的妻子被其他男人勾引，因为他们想确保他们孩子的父亲是自己。因此，在性行为方面，男女受到极端的双重标准的约束——只要不是其他公民的妻子，男人可以和任何其他女人上床，包括妓女和奴隶。

然而，已婚妇女与其他男人睡觉被认为是一件糟糕而可耻的事情。如果她被抓到和情人在一起，那么她的丈夫（或其他男性监护人）当场杀死情夫是合法的。但更多情况下，丈夫会要求赔偿或将妻子的情夫告上法庭。偷情的妇女还将遭受可怕的后果——她的丈夫必须立即与她离婚，同时她会被禁止参加所有的宗教节日，这样她就失去了一切社会地位。

对较为贫穷的妇女来说，闭门不出是不太现实的。她们可能别无选择，只能定期走出家门，去完成一些琐事。许多妇女每天都要去水井取水。还有证据表明，一些贫困妇女不得不在市场上卖东西或者洗衣服，以维持家庭的生计。这样的妇女会被其他人看不起，比如，阿里斯托芬在喜剧中经常取笑悲剧作家欧里庇得斯，称他的母亲曾经在广场上卖菜。

离　婚

从法律上讲，在雅典离婚是比较简单的，因为不需要打官司。如果一个男人想要和他的妻子离婚，那么他只需要把她和嫁妆一起送回她自己的家庭。最常见的离婚原因可能是妇女无法生育（不孕不育一般不会被归咎于男人）。如果丈夫有机会与自己亲属中的女性财产监护人结婚，他也有可能与妻子离婚。实际上，雅典的离婚率似乎不高。这很大程度上是因为失去嫁妆对丈夫而言是很沉重的经济打击。

妇女主动提出离婚的情况是非常不寻常的。在法律上，她要做的就是回到自己原来的家庭生活。但是，如果她的家人不愿意接受她，那么他们可以把她送回她的丈夫身边。这种情况的发生可能是因为家人担心难以为她找到新丈夫。阻止妇女离婚的另一个因素是，孩子通常都要与他们的父亲生活在一起。如果女人离开她的丈夫，则她必须与她的孩子们分离。

欧里庇得斯的创作揭示了女性对自己处境的绝望。在欧里庇得斯的《美狄亚》中，女主人公与她的丈夫伊阿宋一起逃到了科林斯并和他生下了两个孩子，后来伊阿宋却与美狄亚离婚了，以便与科林斯的公主（一个更年轻的女人）结婚。在此背景下，美狄亚对男人对待女人的态度提出了尖锐的指控：

> 在一切有生命、有思想的生物中，我们女人是最可悲的。首先，我们必须花费大量钱财买一个丈夫，为自己的身体找到一个主人。这比一切不幸更令人痛苦。最关键的问题是，我们找到的是好丈夫还是坏丈夫？因为离婚会给女人的名誉带来耻辱，但我们又不能拒绝婚姻。我们必须适应新的行为方式、新的习俗。而由于我们在自己家里没有学过这些东西，我们需要通过占卜来了解我们应该怎样与丈夫相处。如果我们处理得很好，我们的丈夫和我们一起生活，轻松承受婚姻的束缚，那么我们的生活足以令人羡慕。但如果不是这样，死亡是更好的出路。对一个男人来说，当他厌烦了家里的生活，他尽可以走出家门，去和他的朋友和熟人们见面，以消除心中的积郁。但我们，不得不只注视着同一张面孔。
>
> （欧里庇得斯《美狄亚》230—48）

在剧终时，美狄亚在极度的愤怒和绝望中杀死了自己的两个孩子，以这样的报复来让伊阿宋承受最深的痛苦。欧里庇得斯这部戏剧里最具争议的一点是，美狄亚乘坐太阳神送给她的战车，从天空中高飞而去，逃避了对其罪行的惩罚。

▎塞斯摩弗洛斯节

在雅典一个仅限妇女参加的年度节日上，妇女或许可以获得一些自由。这个节日在秋天举办，以繁殖和丰收为主题，纪念德墨忒尔和珀尔塞福涅的神话。"塞斯摩弗洛斯节"（Thesmophoria）来自"立法者"（thesmophoros）一词，是古希腊人对德墨忒尔的一种称谓。节日的命名反映了在古希腊人的信仰中，女神德墨忒尔向人类揭示了农业的规律，给人类带来了文明。

只有已婚妇女会被允许参加这个节日。她们在雅典公民大会开会的山丘普尼克斯附近露营三天两夜。这个地点的选择显然具有象征意义：在这几天时间里，已婚的雅典妇女占领了城市的政府所在地。节日中进行的仪式是秘而不宣的，但我们大概了解活动的安排。

- 第一天：妇女们搭建起临时住所；然后她们中的一些人去附近的一个山洞里，取回留在那里的小猪的骨头和男性生殖器的雕像（生育象征）。这些东西被摆放在珀尔塞福涅和德墨忒尔的祭坛上；之后，它们被撒在田野里，以使土地更肥沃。
- 第二天：妇女们斋戒并席地而坐。也许这是模仿德墨忒尔痛失女儿后的行为的一种哀悼之举。
- 第三天：妇女们庆祝孩子们的诞生并为孩子们和他们未来的家庭祈祷，同时也祈祷庄稼丰收。

在一个妇女的行动通常受到男性的严密控制的社会中，这样的节日可能看起来很不寻常。然而，古代人们相信妇女的生育能力与土地的肥沃程度之间存在着关联。因此，许多古希腊男人会认为这些仪式对他们社会的繁荣是至关重要的。此外，他们会觉得妻子不忠的机会很小，因为所有的男人都被严格排除在节日之外。

这个节日一定是受妇女们广泛喜爱的，因为她们可以在节日中结交新朋友，享受难得的自由。阿里斯托芬甚至基于此写了一出喜剧《塞斯摩弗洛斯节上的女人》。剧中，妇女们密谋着怎样惩罚歪曲了女性形象的剧作家欧里庇得斯。此外，妇女们欢度节日的模样被展现了出来：喝着酒，抱怨着她们的丈夫，闲聊着性事。

奴　隶　制

　　奴隶制确实是古希腊生活的一部分，这似乎与我们观念中古希腊人是古代最开明的民族之一的看法相悖。我们无法确切地知道奴隶在古希腊人口中的比例，但是粗略估计，如果公元前 5 世纪的阿提卡有 30 万—35 万人口，那么奴隶人口可能占其中的 8 万—10 万人。

　　今天，我们理所当然地排斥奴隶制。然而，当我们在这个问题上评判公元前 5 世纪的雅典人时，必须考虑两点：第一，奴隶制存在于每个古代社会。事实上，只有在过去的两个世纪里，废除奴隶制的运动才正式开始（大英帝国在 1833 年才废除奴隶制，美国在 1863 年废除奴隶制）。第二，古代雅典人几乎比任何其他古代民族都对奴隶更好。

　　色诺芬称，有足够经济能力的人购买奴隶是为了让他们与自己分担工作。这句话点明了古代雅典人对待奴隶的态度。雅典卫城的厄瑞克忒翁神庙是由奴隶、外乡人和雅典公民共同建造的。所有参与工程的人，无论是奴隶还是自由人，每天都有 1 德拉克马的报酬（有关古希腊货币价值的信息，见附录 1）。这无疑会让斯巴达人感到不可思议，因为他们让奴隶做的是他们自己不屑于从事的工作。一位保守的雅典人的抱怨进一步说明了雅典人对奴隶的态度：

　　　　在雅典，奴隶和外乡人过着一种奇特的无纪律的生活。你不能打他们，奴隶也不会为你让路。让我解释一下这种情况的成因：如果一个自由人可以合法地打骂奴隶、外乡人或其他自由人，那么自由身份的雅典人就会经常被误认为是奴隶而挨打。这是因为那里的普通公民的衣服丝毫不比奴隶或外乡人的衣服高级，他们的外表也没有任何高下之分。

（老寡头《雅典政制》1.10）

尽管有这些观点，但也不能说奴隶在雅典的生活很轻松。奴隶的类别有许多种，我们不可能就他们的待遇给出统一的定论。然而，上面的评论确实表明，雅典人对待奴隶的态度比其他同时代的人更为友善。

奴隶制的伦理

虽然奴隶制在古希腊世界很少受到争议，但公元前 5 世纪末的一些诡辩家似乎对这种制度提出了质疑。欧里庇得斯在戏剧中经常把奴隶描写成高贵的角色；有些戏剧（如《特洛伊妇女》），还以极为悲怆的笔调表现了特洛伊战争结束时被俘虏和被奴役的特洛伊人的痛苦。

然而，这样的观点是很罕见的。甚至两位伟大的哲学家柏拉图和亚里士多德也从未质疑过奴隶制的伦理。亚里士多德甚至为奴隶制的合理性列出了大量的理由，认为有些人理应成为奴隶，还将奴隶形容为"活机器"。

🏆 成为奴隶的途径

在古希腊世界，成为奴隶的途径有很多种。有些人一出生就成了奴隶，因为他们的父母是奴隶。一些被抛弃的婴儿被当作奴隶养大。希罗多德甚至告诉我们，一些民族，如色雷斯人，会把他们的孩子卖作奴隶。然而，对一个古希腊家庭来说，照顾奴隶儿童是很昂贵的，所以家庭中奴隶的数量可能并不多。

战俘无疑是最主要的奴隶来源。战争中被俘虏的不仅是战败的男人，还包括他们的女性亲属和孩子，这也成了古希腊文学中的一个常见主题。在《伊利亚特》中，阿喀琉斯和阿伽门农为占有一个被俘的女人布里塞伊斯而争吵，该女子将成为他们中一人的女奴。在这部史诗后面的章节中，特洛伊王子赫克托尔哀伤地想到，如果特洛伊被征服，他的妻子安德洛玛刻将过上奴隶的生活：

> 你将生活在阿尔戈斯，听从另一个女人的命令，在织布机上织布，从陌生的泉眼中打水……你将承受新的痛苦，因为你失去了保护你免遭奴役的丈夫。但愿在我听到你的尖叫声和你被拖走的声音之前，我已经死去，已经为堆积的泥土所覆盖。
>
> （荷马《伊利亚特》6.456ff.）

这几句诗说明了关于古希腊奴隶制的一个关键点——古希腊人认为奴役外乡人（他们眼中的"野蛮人"）比奴役希腊人要合理得多。这并不是说没有古希腊人奴役其他古希腊人的例子，斯巴达的黑劳士就是一个非常大的受奴役群体，而正如我们在第一章中所看到的，在伯罗奔尼撒战争期间，雅典人和斯巴达人都曾经奴役过他们所征服的其他古希腊城邦的妇女和儿童。

无论是古希腊人还是野蛮人，都有可能以其他方式被奴役。在古代，旅行是非常危险的事，旅行者被海盗抓获并在附近的奴隶市场被卖掉的情况很常见。虽然雅典禁止这种情况，但在一些城市中，背负沉重债务的人也可能会被卖为奴隶。

🏆 奴隶贸易

一旦被抓获，潜在的奴隶就会被带去设在广场上的奴隶市场。奴隶的价格因其年龄、才能、教育和性别而大有不同。一份公元前415年的文件列出了被强制出售的16名奴隶的价格，这16名奴隶是外乡人，因破坏赫耳墨斯像而被判犯有亵渎神灵罪：

> 居住在比雷埃夫斯的外国人克菲索多罗斯的财产：奴隶——色雷斯女性，165（德拉克马，后同）；色雷斯女性，135；色雷斯男性，170；叙利亚男性，240；迦南男性，105；伊利里亚男性，161；色雷斯女性，220；色雷斯男性，115；叙利亚男性，144，伊利里亚男性，121；哈尔基斯男性，153；迦南男孩，174；迦南小男孩，72；叙利亚男性，301；马耳他（男性或女性），151；吕底亚女性，85。

> (IG I³ 421)

有趣的是，许多奴隶来自希腊北部的色雷斯地区。色雷斯人的头发和皮肤颜色往往比希腊人更浅，这或许可以解释为什么"赞西亚"（金发的）是一个非常常见的奴隶名字。

这份清单中奴隶的平均价格是160德拉克马，这个价格似乎相当普遍。然而也有例外，例如，一个非常富有的雅典人尼基阿斯为了购买一个色雷斯奴隶支付了6 000德拉克马，让他来管理自己的矿业收益。显然，这是一名拥有出色技能的奴隶。

🏆 奴隶的类型

奴隶的劳动被使用在生活的许多方面，不同的奴隶也有着不同

的才能。奴隶主要被分为 3 种类型：家庭奴隶、赚取工资的奴隶和公共奴隶。（图 5.18）

- 家庭奴隶与其所属家庭一起生活，从事该家庭中的各种工作。这些工作可能包括应答前门、监督小孩、从水井取水以及购物。男性奴隶也会在家庭的农田劳作。也有奴隶作为保姆，从事哺乳和照料孩子等更为专业的工作。家庭奴隶通常被视为大家庭的一部分，因此，他们可以与家庭成员建立密切的关系。女性

图 5.18　挑着两个双耳瓶的奴隶

奴隶尤其如此，她们与家中其他妇女一起分担家务。在欧里庇得斯的《美狄亚》中，当美狄亚深陷困境、需要情感支持时，她就会求助于她的保姆。而在《奥德赛》中，奴隶尤丽克莱亚是奥德修斯家中最忠诚、最值得信赖的成员之一。

- **赚取工资的奴隶**通常属于较为富裕的家庭，他们被用于赚取利润。没有特殊技能的奴隶在码头、农庄或者劳里昂的矿场等地方从事琐碎的工作。据说，前边提到的尼基阿斯以每人每天 1 奥波勒斯的价格将 1 000 名奴隶出租给了一个人，这个人给他们提供食物并将他们送去银矿，以替换伤亡人员。这样，尼基阿斯每年能够获得 10 塔兰同的利润（1 塔兰同价值 6 000 德拉克马）。在制陶、制鞋、建筑和造船等手工艺方面具有特殊技能的奴隶都价值不菲。然而，最被看重的是那些受过训练并有能力处理财务问题的奴隶。漂亮的女奴和年轻的男奴也可以被出租，在派对和节日中充当舞者或者妓女。

- **公共奴隶**不是私人财产，而是城邦所有，他们在雅典担任着许多角色。雅典的警察部队就是由奴隶组成的，被称为斯基泰弓箭手。虽然他们的实力远不如现代的警察部队，但他们仍然是保证城市正常运行的重要力量。其他城邦所有的奴隶包括公共刽子手、公共造币厂的工人和每天负责清除街道污水的清洁工。

🏆 奴隶的待遇

奴隶的生活质量取决于他的主人和他被分配的工作（图 5.19）。在法律上，所有的奴隶都被视为其主人的财产，几乎没有任何权利。奴隶既不能投票，也不能结婚；任何年龄的奴隶都被习惯性地称呼为孩

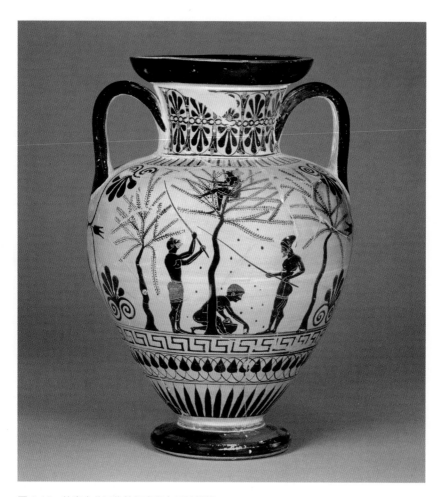

图 5.19　从事农业工作的奴隶们在采摘橄榄

子；奴隶似乎还经常被用于满足其主人的性欲。然而，如果主人允许，一些奴隶可以买回他们的自由，那些赚取工资的奴隶最有可能这样做。他们会用自己多年来的积蓄购买自己的自由，之后他们就可以拥有外乡人的身份。尽管如此，远不及后来的古罗马帝国，古希腊奴隶获得自由的情况并不普遍。

有些奴隶显然过着悲惨的生活，尤其是那些做矿工或农民工作的奴隶。似乎所有的奴隶都有可能受到体罚。在阿里斯托芬的剧作《蛙》中，奴隶克桑西阿斯能够比酒神狄俄尼索斯承受更多的鞭打，因为他已经习惯了这样的惩罚。此外，奴隶在严刑逼供下提供的证词才会被法庭采用，因为人们认为，严酷的逼供会使奴隶恐惧法律甚于恐惧其主人，从而不会包庇主人的罪行。

也有一些奴隶有比较良好的生活质量。根据色诺芬的说法，苏格拉底认为奴隶和房屋、土地、农耕动物及设备属于一类事物，都需要被精心照顾。虽然奴隶被归为主人的财产，但他们在一定程度上也拥有人权。

- 欢迎。奴隶加入家庭时，就像欢迎新生儿和新婚妻子的到来一样，家人会在家里的炉灶前举行宗教仪式，正式接受他们进入家庭。
- 法律保护。来自公元前5世纪的资料告诉我们，打别人的奴隶是违法的。此外，如果主人杀了自己的奴隶，他会被认为受到了宗教污染，必须净化自己。
- 庇护。如果奴隶觉得主人对他不好，他可以在宗教祭坛或圣地寻求庇护。雅典卫城附近的忒修斯神殿就是一处受欢迎的避难场所。城邦官员会听取他的申诉，可以强迫其主人将其卖掉，或者让主人宣誓保证将来会更好地对待他。
- 厄琉息斯秘仪。奴隶们可以参加在厄琉息斯举行的秘密仪式。

除了这些基本权利，奴隶可能还享有其他的福利：家庭奴隶可以参与家庭成员的生活，分享食物，也许还可以崇拜家庭中信仰供奉的神明；有一技之长的奴隶在作坊等地方工作，所以通常与其主人分开生活，在私人生活方面有一些自由。

必须再次强调的是，我们应该谨慎地审视古希腊的奴隶制。在古典时代的雅典，许多奴隶能够作为家庭的一部分与主人一起生活，有饭吃、有衣穿、有房住、被尊重。今天，世界各地仍有许多等同于奴隶制的做法，如血汗工厂、人口走私和强迫卖淫等。如果认为奴隶制只属于不文明的过去，那无疑是狭隘的。

劳里昂的矿场

奴隶们最恶劣的工作环境当属距雅典 56 千米的劳里昂山铅银矿场（见图 5.1）。公元前 490—前 480 年，当雅典人需要出资支持其海军舰队时，这些矿场的重要性便显现了出来。矿场附近有一个奴隶市场，刚到阿提卡的奴隶经常被买下来，然后被直接运往矿场。至少有 10 000 名奴隶同时在这些矿场工作，有时人数更是这个数字的两倍以上。

矿井里的条件非常恶劣——黑暗、狭窄，容易坍塌。冶炼金属时产生的烟雾有剧毒，会进一步危害工人的健康。矿奴平时的生活也很艰苦，他们一起住在矿井附近的营房里，被瞭望台上的雅典士兵监视。奴隶的家庭成员不被允许住在那里，因为他们的主人不希望养活更多的人。毫无疑问，在矿场工作是奴隶可能遭遇的最糟糕的情况。

死亡和葬礼

比起今天的西方世界，死亡在古代雅典的存在感要高得多。据估计，有多达一半的儿童在 5 岁生日之前就已经夭折。因此，为了表达对葬礼的重视和对死者的尊重，古希腊人发展出了一套极为周详的仪式。古希腊人相信，如果没有合适的葬礼，死者的灵魂就难以安全地进入冥界，它将永远漫无目的地游荡。灵魂不得安息的想法让他们恐惧不已。

取决于死者的身份，死亡会带给家庭一定的社会及政治后果。男主人或儿子的死亡可能会产生严重的经济或社会影响，因为男人既负责家庭的生计，也要代表家庭参与城邦政治。相反，女性家庭成员的死亡往往不被视为严重的损失，尤其是如果她已经结婚并生育了孩子。但尽管如此，妇女和男子的葬礼似乎同样受到重视。

死后的仪式由 4 部分组成：准备遗体；安放遗体，相当于现代的守灵；送葬，遗体被队伍抬到埋葬地，即葬礼；最后是下葬，将遗体埋入墓穴或坟墓。专业的殡仪工作者非常罕见，葬礼的组织工作一般完全由死者家庭的妇女负责。这是一项意义重大的工作，因为用一场礼节周全的葬礼为死者送行，对一个家庭的公众形象非常重要。

🏆 准备遗体

死者一离世，家人们就立即为其合上双眼和嘴巴，然后为守灵做准备。只有 60 岁以上的妇女或死者的直系女性亲属可以参与这一过程。她们首先清洗尸体，包扎因暴力死亡造成的伤口。然后给尸体涂上香水，再给它穿上长长的白色裹尸布、戴上花环，之后将其放在床上，脚朝向房间的门，以便死者的灵魂离开。人们给死者的嘴里塞入一枚硬币，再用一个亚麻布的带子固定住下巴。人们相信，死者的灵魂需要把这枚硬币支付给冥河的摆渡人卡戎。神话中，卡戎将死者载过冥河，让其得以进入冥界。

🏆 安放遗体

遗体被安放在房间里两天［安放遗体的仪式被称为普罗特息斯（*prothesis*），意思是"摆放"］，家人们在旁边守灵，朋友和亲戚都会来祭奠死者（图5.20）。古希腊人认为，死亡会给住宅和居住者造成宗教污染。出于这个原因，前门外会放上一碗泉水，提醒过路者小心，也方便访客在离开时清洗自己。

守灵期间最重要的内容是由家里的妇女进行的哀悼仪式。她们会剪短头发，在头上涂抹灰烬，穿着肮脏破烂的衣服，然后绕着尸体走动，一边歌唱哀歌，一边拍打自己的胸膛，抓挠自己的脸颊直到出血。一些家庭还会聘请专业的哀悼歌手来带领妇女们唱哀歌。

图 5.20　这块陶板绘有葬礼的场景。一个女人将死者的尸体放在尸架上，其他女人举起双臂哀悼

🏆 送葬

送葬在死者死后第三天的日出前举行。送葬（希腊语为 ekphora，意为抬出），即将死者从住宅送去墓地的游行。在公元前 7 世纪，葬礼变得过于奢侈，以至于梭伦颁布了法律，限制人们过度地表达悲伤。其中一条规定限制了可以参加葬礼的妇女人数。因为葬礼是妇女可能见到自己家庭以外的男人的极少数场合之一，只有近亲或 60 岁以上的妇女可以参加葬礼。

遗体由马车或者抬棺人运走。男人走在灵车前面，妇女和儿童跟在灵车后面。一名阿夫洛斯管演奏者通常会用阴沉的音乐为游行队伍伴奏。雅典的主要墓地在城墙外的凯拉米克斯区域，这样设址是为了防止污染或疾病进入城市。另外，一些家庭会将死者埋葬于他们在乡下的私人农庄。

🏆 下葬

到达埋葬地点后，尸体会被火化或土葬——和今天一样，这两种做法都很常见。然而，因为阿提卡木材短缺，火化更为昂贵。火化时要先搭起一个火堆，尸体完全燃烧后，就用葡萄酒扑灭火焰。最亲近的亲属会收集骨灰，将其敛入骨灰瓮，然后将陶瓮放入坟墓。（图 5.21）

尸体或骨灰瓮入土之后，亲戚们会在坟前供奉祭品和礼物。人们提供食物和饮料，供踏上死后旅程的死者灵魂享用。供品也包括死者的私人物品，它们可以提醒死者生前的生活，给予其安慰。小孩子可能会与人偶和玩具埋葬在一起；男性公民和他的工作工具埋葬在一起；珠宝和衣服经常被放置在妇女的坟墓中。最令人叹息的是，未婚死亡的少女通常穿着婚礼服装，与婚礼专用的陶瓶一起下葬。这象征着，这些女孩成了死亡的新娘。葡萄酒和橄榄油有时会被倒在坟墓上，以示祭奠。

葬礼的另一个重要部分是动物祭祀，祭祀后动物的肉会被作为家宴的一部分供亲友和客人分享。葬礼的最后，人们将一块墓碑放置在坟墓上方。

埋葬的重要性

由于古代雅典人不能接受暴露在外的尸体，他们制定了鼓励埋葬的法律：如果一个古希腊人看到一具未被埋葬的尸体，那么他就有法律义务将其埋葬。在这种情况下，以三捧土覆盖尸体即足以被视为完成埋葬。公元前 406 年，雅典军队在阿吉努塞赢得一场重要的海战后，一场风暴使他们放弃了打捞死者尸体的尝试。军队回到雅典后，雅典人深感震怒，投票决定处决所有参与战斗的将军。

古希腊文学里的例子展示了关于埋葬尸体的争议。在《伊利亚特》中，阿喀琉斯杀死赫克托尔后，为了进一步惩罚对手，他拒绝将其尸体交还给其家人安葬。旁观的诸神惊恐于阿喀琉斯的行为，致使他反悔，然后归还了尸体。雅典的观众在观看索福克勒斯的戏剧《安提戈涅》的首场演出时，也会联想起以上这场争端。在这部剧中，安提戈涅被禁止埋葬她的兄弟波利尼克斯。然而，她仍然忠于自己的良心，给他举行了葬礼。最终，安提戈涅以叛国罪的罪名被处决。

墓碑的中心部分通常是精美的死者的浮雕或绘画，画面为死者与其他家庭成员在一起的场景（图 5.22）。大多数墓碑上只是简单地刻有死者及其父亲的名字，也常见女性死者丈夫的名字。少数现存的墓碑还传达了亲密的信息，例如，下面这则对一个小男孩的称赞：

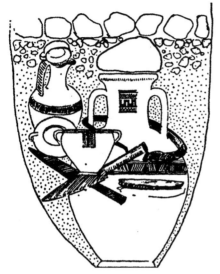

图 5.21 雅典广场发现的火葬遗物坑的剖面图。双耳瓶中存有死者的骨灰，瓶颈处盘绕着一把弯曲的剑

图 5.22 这块墓碑刻画着女孩将一只小鸟递给小男孩。顶部的铭文表明是这对姐弟的父母竖立了此墓碑，夭折的姐姐名叫姆涅萨格拉，弟弟名叫尼可哈瑞斯

菲罗斯特拉图斯，菲罗赞诺斯的儿子。

你继承了祖父的名字，但对你的父母来说，你是个"话匣子"；你曾经是他们的安慰，但一个灵魂带你离开了，现在，所有人为你哀悼。

(IG II² 12974)

🏆 敬奉死者

与许多社会一样，古希腊人也强调尊重和纪念祖先的重要性。而且他们担心如果不这样做，就会闹鬼或出现不祥之兆。祖先被认为是家庭的一部分，对他们恰当的崇拜有助于维持雅典人的良好形象和声誉。

死者下葬后，哀悼期会持续30天。家庭成员要在第3天、第9天和第30天去扫墓。此后，他们每年都要在先人的忌日前去扫墓。扫墓时，家人用丝带和花环装饰墓碑，将食物和饮料供奉在墓前。之后，人们一般会将被称为莱刻索斯瓶的特殊陶瓶留在坟墓边（图5.23）。这些陶瓶是白底的，多绘有死亡的场景。人们很重视扫墓的意义，一些没有孩子的雅典人甚至会专门收养一个继承人，只为死后有人可以照料自己的坟墓。

除了私人的纪念日，城邦每年都会留出一些日子用于集体祭奠死者，包括死者日和祖先日等。届时人们会装饰坟墓，吃特别的食物并将奠酒倒在坟墓上——奠酒可以是大麦汤、牛奶、蜂蜜、葡萄酒、橄榄油甚至是献祭动物的血。另一个纪念日是一个庆祝新酒的节日的第3天。人们相信死人会在这天来到地面上游荡。这一天，雅典人习惯于煮一锅混合的蔬菜，将其献给赫耳墨斯这位护送死者去往地下的冥神。

祖先的重要性

有两个例子可以说明祖先在古代雅典人心中的重要性。当波斯人在公元前480年入侵希腊时，雅典人的战斗口号是坚守他们的家乡、妻子、祖先的神龛和祖先坟墓的自由。在更实用的层面上，当一个公民想竞选政治职位时，他在面试时必须回答的问题之一是"你是否有家族坟墓，如果有，它们在哪里"。

图5.23 供奉在墓前的莱刻索斯瓶

第六章　雅典民主制度的萌芽

> 我们坚信……民有、民治、民享的政府将不会从地球上消亡。
>
> 　　　　　　　　　　亚伯拉罕·林肯，1863 年 11 月 19 日

当亚伯拉罕·林肯于美国内战期间在盖茨堡发表以上言论时，西方政治思想正在发生一场巨变，而他抓住了那个时代的政治精神。自古代世界崩溃以来，民主第一次重新流行了起来，并且迅速被推崇为最公平的（因此也是最好的）政府形式。

在现代社会之前，最大的民主繁荣发生在古代雅典。在公元前508—前322 年，民主的政治制度在雅典延续了近两个世纪。虽然它引起了很大的争议，但在这几个世纪中，民主政府只出现过两次中断，即公元前411 或前410 年和公元前404 或前403 年的短暂的寡头颠覆时期。因此，雅典的民主是一个了不起的成就——有史以来第一次，投票权被交给了如此多的人民。

然而，古代雅典的民主制度并不是我们在 21 世纪所理解的民主。首先，两大群体——妇女和奴隶，被完全排除在政治进程之外。事实上，只有不到五分之一的成年人能够真正参与其中（同时我们也应该意识到现代民主曲折的历史，例如，美国宪法在 1870 年才赋予非裔美国人投票权，而大多数国家的妇女在 20 世纪才赢得投票权）。第二，雅典的民主是"直接"的，而不是"代表"的。今天，我们选举政治家来代表我们在政府中发表观点；在古代雅典，每个公民都可以针对每个提案进行投票，我们称之为"全民公决"。

今天，民主政府的原则在西方世界很少受到质疑。在古代雅典，它却备受争议，甚至为许多公民和知识分子所厌恶，因为他们认为民主给了教育程度不高的穷人太大的权利。柏拉图就是持这种态度的代表人物，他认为这种制度不过是暴民统治并深以之为患。

证据和资料

我们对古代雅典民主的了解来自考古资料和文献记载。对古代雅典城市的发掘为我们提供了许多有用的考古证据。阿哥拉广场和普尼克斯周边地区的考古发现尤为丰富。文献资料的质量却参差不齐，鲜有公元前 8—前 6 世纪的文献资料存世，这一时期却发生了重要的民主改革。唯一来自该时期的重要书面资料是梭伦的诗歌，但它仅以残篇留存。大多数与雅典民主相关的作家的作品都来自公元前 5 世纪末至公元前 4 世纪。另一个问题是，许多文献材料的作者都被认为有反对民主的偏见，这无疑会影响我们的判断。

以下是最主要的文献资料来源：

- 希罗多德在公元前 5 世纪后半期在雅典生活了很长一段时间，为他的《历史》收集了许多关于雅典历史的故事。他为我们提供了关于公元前 7—前 6 世纪雅典历史的重要信息。然而，他主要通过口述资料进行研究，因此，时间越早的内容越存疑。

- 修昔底德讲述了很多关于公元前 5 世纪下半叶民主制度运作的情况。然而，他通常被认为是敌视民主制度的，因为他曾在公元前 423 年被民主政府放逐。因此，他对伯里克利之后的一些民主领导人（如克里昂）的描述，可能是不客观的。

- 悲剧作家（公元前 5 世纪）经常在他们的戏剧中以神话为媒介，反映当时的政治和社会问题。例如，埃斯库罗斯公元前 458 年的作品《俄瑞斯忒斯》似乎对当时雅典法律制度的剧变表示赞许，而欧里庇得斯公元前 423 年的作品《请愿妇女》是研究雅典民主意识形态的重要作品。

- 阿里斯托芬经常在他的戏剧中讽刺民主制度及其中的民主政治家。但我们必须小心评判他的态度，不能认为他的作品代表了历史事实，因为他是为了娱乐而写作的。为了制造幽默的效果，他的作品一定是以现实为基础的，但同时极大地夸大了现实。

- 老寡头是一本名为"雅典政制"的小册子的作者，这本小册子可能写于公元前 430—前 420 年。我们对作者的身份知之甚少，但他在作品中提出了反对民主制度的老式保守派的观点。有些人甚至认为这是一部讽刺作品，旨在模仿保守的雅典人的态度。无论怎样，它都为我们了解公元前 5 世纪晚期的民主雅典提供了有用的信息。

- 亚里士多德在《政治学》中为我们提供了一些关于雅典民主的细节。他的《雅典政制》（有人认为是他的一个学生所写）更为重要，它从公元前 4 世纪末的角度详细描述了民主制度的起源和运作。

- 演说家（德摩斯提尼和埃斯基涅斯等）经常将他们的演说以文字形式记录下来，因此我们今天依然可以阅读他们的许多演讲稿。这些演讲提供了关于当时雅典的政治和法律制度的许多重要信息。
- 普鲁塔克为当时许多著名的雅典领导人写了传记，包括梭伦、地米斯托克利和伯里克利。应当注意，他是在他所描述的事件发生的几个世纪后才开始写作的。因此，尽管他的材料来源是早期的历史学家，但我们无法确定他所写内容的准确性。

民主的出现

雅典的民主政府之路，也许可以追溯到公元前 8 世纪阿提卡的地区合并。直到公元前 5 世纪中叶，民主政府才以其最完整的形式出现。在这期间，一些与个人相关的关键时刻标志着民主进程的发展。公元前594 或前 593 年，梭伦率先为后来的民主制度奠定了基础；公元前 508或前 507 年，克里斯提尼进行了意义深远的改革；在公元前 5 世纪，先是公元前 462 或前 461 年的厄菲阿尔特，然后是公元前 460—前 450 年的伯里克利，他们的变革带来了"激进的民主"，古代雅典因此闻名。下表概述了这个过程中的关键事件。

时　　间	事　　件	细　　节
公元前 8 世纪	阿提卡的融合	9 位执政官出自贵族阶级；前执政官组成战神山议事会
公元前 7 世纪	阿提卡的社会动荡	僭主制度的威胁；德拉古法典
公元前 594 或前 593 年	梭伦改革	政治、经济和法律方面的改革
公元前 561—前 510 年	庇西特拉图与儿子的僭主统治	雅典的文化发展
公元前 508 或前 507 年	克里斯提尼改革	政府结构，政治选区，陶片放逐法
公元前 462 或前 461 年	厄菲阿尔特改革	战神山议事会失去多项权力
公元前 460—前 450 年	伯里克利改革	行政官员工资；执政官可出自有轭牲阶级；更严格的公民身份限制

🏆 古风时代的阿提卡

雅典是希腊东南部农业区阿提卡最大的城市（见图 5.1）。最初，阿提卡的不同地区各自自治，但公元前 8 世纪的某个时刻，该地区似乎在一位国王的领导下统一了起来。这一统一过程被称为"共同生活"（synoecism）。雅典人愿意相信，上古时代的神话英雄忒修斯统一了阿提卡并设立了一个中央议事会，供该地区的各位领主开会协商。神话故事中，忒修斯成了阿提卡的第一位国王并将雅典作为其首都（政治上"雅典"即指整个阿提卡，因此居住在阿提卡的人都被称为"雅典人"）。

在公元前 8 世纪的阿提卡，绝大多数人是贫穷的农民，他们的生计依赖于少数富有的地主家庭。在和平时期，这些农民在其领主拥有的土地上耕作；在战争时期，他们需要追随领主上战场。阿提卡的政治控制权掌握在这些强大的土地所有者家族手中，他们被称为"贵族父亲之子"，也就是世袭贵族。

到了公元前 7 世纪，雅典的政治结构开始发生变化。君主制被淘汰了，取而代之的是一个小型的执政官委员会。委员会由 9 位执政官组成。

- 国王执政官。承担着最初属于国王的宗教职责。
- 战争执政官。执掌军队，负责阿提卡的所有军事事务。
- 命名执政官。负责阿提卡的各种行政事务。他被赋予"命名"的称号是因为法定年份是以他的名字命名的（例如，"梭伦担任执政官时期"是指公元前 594 或前 593 年）。
- 立法者。6 位资历较浅的执政官，负责公共法律事务。

这些执政官只出自世袭贵族"欧帕特里达"阶级。执政官任职满一年就会自动成为战神山议事会的终身成员。该议事会以战神山（Areopagus, 字面意思是"阿瑞斯的峭壁"）命名，那里是雅典议会开会的山丘（见图 5.2）。议事会负责挑选和监督执政官，同时也是一个法庭。

在此阶段，阿提卡是一个典型的贵族社会。富有的贵族掌握所有的权力，而较贫穷的大多数人则没有办法参与政治。然而，在公元前 7 世纪，阿提卡和整个古希腊世界一样，陷入了社会各阶层相持不下的紧张局面。

随着越来越多的穷人被债务压倒，阿提卡日益严重的贫富差距造成了愤怒和怨恨。许多农民被要求将他们耕种的土地产出的六分之一交给富有的庄园主，这些农民和他们的家人被称为"六分者"。如果他们不按期支付，就会沦为土地所有者的奴隶。若成了奴隶，他们则会被迫无偿耕作，或者被卖到国外。许多农民不得不采取极端措施来偿还债务，比如将他们的孩子卖为奴隶。与此同时，富有的地主们也开始通过对外贸易牟利。他们不把粮食卖给老百姓，而是在海外以更高的价格换取葡萄酒和橄榄油。因此，许多家庭备受饥荒之苦。

到了公元前 7 世纪中叶，拥有民众支持的僭主在雅典进行革命的时机已经成熟，更何况类似的变革已经在附近的科林斯和迈伽拉等城市先一步发生了。公元前 632 年，一位名叫库伦的奥运会冠军试图夺取雅典的统治权。在背后支持他的是其岳父——迈伽拉的僭主泰根尼斯。他的尝试失败了，但这一事件无疑给雅典贵族们敲响了警钟，可能也成了雅典人德拉古在 10 年后推出新法律的催化剂。

德拉古的举措

德拉古于公元前 621 年为雅典制定的法令可以使我们进一步了解阿提卡的动荡局面。根据亚里士多德的说法，新宪法赋予了那些能够"为自己提供武装"的雅典人权利，这表明重装步兵阶层开始发挥其政治影响力。

德拉古的法律因其严酷性而知名［英语中"严格的、残酷的"（draconian）一词也源于此］。后来的雅典人常说，这些法律不是用墨水而是用血写成的。普鲁塔克的描述也说明了其严厉的性质：

"根据德拉古的法典，几乎任何种类的罪行都会被判处死刑。因此，即使那些被判定为游手好闲的人也会被处决，偷窃水果和蔬菜的人所遭受的惩罚与那些犯有亵渎罪或谋杀罪的人相同……当有人问德拉古为什么要对绝大多数罪行施以死刑时，他的回答是，他认为应该以死刑惩处轻微的罪行，但可惜找不到更重的刑罚来惩处重大的罪行。"

（普鲁塔克《梭伦传》17.1—2）

对大多数人来说，尽管有德拉古的举措，但社会状况似乎没有得到显著改善。在世纪之交，一些雅典贵族清楚地意识到，推行革命和暴政的时机已经成熟。为了防止这种情况的发生，公元前594年，雅典人向一个叫梭伦的人求助，请他改革他们的政体，正如《雅典政制》的作者所解释的：

> 在这种政治形势下，当大多数人成为少数人的奴隶时，人民开始反对国家的领导人。当纷争日益严重、反对意见无法被消解时，双方都同意将权力交给调解人梭伦，将国家委托给他。

> （《雅典政制》5.1—2）

🏆 梭伦改革

梭伦是一个非常有趣的人。虽然他出身于贵族家庭，但他没有继承多少财富。他似乎还曾作为商人在地中海地区广泛旅行。他也是一名文人，擅长写作诗歌。现在，他的一些诗作仍然存世，它们通常在古希腊贵族的会饮上被朗诵。许多诗作传达了他的政治观点：对穷人的同情和对富人见利忘义的愤怒。以下诗句便表达了这一观点：

> 把你们顽固的心遏制在你们的胸膛中；
> 你们对生活中的好处索取无度。
> 用适度来满足你们的骄傲吧，
> 因为我们不能容忍过度。
> 不是一切都会如你所愿。

> （《雅典政制》5.3）

无疑，梭伦对雅典人的吸引力在于尽管他有着高贵的出身，但他善于透过普通人的眼睛看问题。他在公元前594年被选为执政官，继而试图通过一系列经济、政治和法律的改革来创造一个更公平的社会。

▍经济改革

为了使阿提卡的农民脱离贫困，梭伦推行了一系列经济改革，它们被称为"甩掉负担"。

- 向地主支付六分之一的粮食产出的规定被废除了。从现在起，农民可以完全拥有他们耕种的土地。
- 禁止奴役任何无力还债的人。那些以前被奴役的人恢复了自由身份；那些被奴役并被卖到国外的人被允许回到阿提卡并重新获得公民身份。
- 禁止出口除橄榄油以外的任何农产品，以确保人民不会挨饿。

除了以上改革之外，梭伦还试图使阿提卡的经济多样化。他鼓励人们发展农耕以外的技能，以增加与其他地中海民族的贸易。为此，他出台了有利于贸易从事者的法律，甚至为技能出色的移民工匠提供公民身份。

▍政治改革

梭伦很清楚，为了打破贵族的权力垄断，必须推进政治改革。他重新定义了雅典的阶级制度，将其建立在财富而非出身的基础上。即取决于其土地每年的粮食、橄榄油或葡萄酒的产量，每个公民被划分进4个阶层之一。土地的产量以麦迪姆诺为单位衡量，1麦迪姆诺大约相当于55升。

这4个阶层的名称表明了他们的地位。最上层的是最富有之人，即"拥有500麦迪姆诺的人"；接下来是"骑士"，他们有能力养一匹马；第三层是"有轭牲阶级"，他们有能力购买自己的盔甲，因此在作战方阵中与战友联结在一起；最后是"雇工阶级"，即社会中的穷人。

下表说明了每个阶层的权利。

阶　层	年收入（麦迪姆诺）	政治权利范围
拥有 500 麦迪姆诺的人	500+	执政官和战神山议事会 公共金库 公民大会成员
骑士	300+	执政官和战神山议事会 次要政府机构 公民大会成员
有轭牲阶级	200+	次要政府机构 公民大会成员
雇工阶级	< 200	公民大会成员

梭伦没有将民主引入雅典，雅典仍然是一个以阶级为基础的城市，大多数人的权利仍然很有限。然而，通过赋予前两个阶层当选执政官的权利，他确实试图将这个城市从贵族制转变为精英制（这种选拔机制可能包含分配的因素，以提高那些富有但无贵族身份的人的当选机会）。执政官卸任后会成为战神山议事会的终身成员。贵族阶层对权力的垄断已经被打破。

两个低等阶层也得到了不同以往的鼓励：有轭牲阶级被允许担任较低级别的公共职务，如税收和监狱的管理；即使是雇工阶级也有权利参加公民大会，在那里讨论国家的重要事务，尽管公民大会还没有什么正式的权力。此外，可能还设有一个由最高的 3 个阶级中选出的 400 名成员组成的议会，为公民大会准备议题。

▌法律改革

梭伦意识到，为了社会的公正，必须对雅典的法律体系进行改革。

在公元前 594 年之前，司法权掌握在执政官和战神山议事会成员手中。在此制度下，贵族能够操纵法律为自己的利益服务，而无视大多数人的诉求。梭伦对此进行了以下改革。

- 法典。梭伦以新的法典取代了德拉古的法典，在继承、葬礼、公共水井的位置和植树等不同领域进行立法。他的法律被刻在木板上，以便所有识字的公民查阅。
- 上诉权。尽管诉讼仍由执政官裁决，但梭伦赋予了公民向陪审团上诉的权利，而陪审团是由公民大会的成员组成的。4 个财产阶层的公民都有资格参加陪审团。
- 公共诉讼。梭伦创建了一个"公共诉讼"类别，任何公民都可以对犯罪行为起诉，不同于"私人诉讼"中只有受害者或其家人可以发起诉讼。

这些改革中最关键之处也许是在雅典引入了陪审团制度，从而将法律程序置于整个公民团体的监督下。此外，梭伦引入的"公共诉讼"机制鼓励公民去认同他人的权利。根据普鲁塔克的记载，梭伦曾被问及他认为哪个城市的政府最好，他回答：

> 在这个城市里，没有受到伤害的人和那些受到伤害的人一样想要惩罚犯罪者。

（普鲁塔克《梭伦传》18.5）

▎梭伦改革的结果

希罗多德称，梭伦结束了他作为执政官的一年任期后，让雅典人庄严宣誓，10 年内不改变他的改革内容，以便给这些改革内容时间来发挥作用。为了最大限度地公示改革的内容，他把新的法律刻在广场上的旋转木板上，让每个人都能看到。随后，梭伦离开了雅典，开始周游世界。他离开的部分原因是为了摆脱那些向他咨询新制度的每个小细节的人们。

梭伦的改革显然是试图在富人和穷人之间找到一种折中的方案。但像其他许多调解人一样，梭伦最终没能取悦任何一方。普鲁塔克解释了双方都对改革感到失望的原因：

> 富人因为被剥夺了生活保障而愤怒，穷人更是如此，因为梭伦没有像他们所期望的那样对土地进行重新分配，也没有强制每个人严格遵守平等统一的生活方式。

（普鲁塔克《梭伦传》16.1）

结果，阿提卡的动乱持续不断。公元前 561 年，一位叫庇西特拉图的军事英雄以僭主的身份控制了雅典。在随后的几年里，他两次被他的政敌赶下台，但两次都在养精蓄锐后回归。从公元前 546 年开始，到公元前 527 年他去世，庇西特拉图一直是雅典无可争议的统治者。

▎庇西特拉图

事实上，庇西特拉图统治的时期是雅典的繁荣时期。他向贫困的农民提供贷款，还开展了大型的工程项目，如修复城市的供水系统等。由此，他精明地拥有并保持了民意的支持。

此外，庇西特拉图还孜孜不倦地赞助艺术创作。他鼓励古希腊世界的伟大诗人们到访雅典，还设立了该市最重要的两个节日，即城市狄俄尼索斯节（将在第七章中介绍）和泛雅典娜节。城市本身也得到了改造。卫城被改造成一处宏伟的宗教圣地，其正中央是一座大型的石制雅典娜神庙（公元前 480 年被入侵的波斯人摧毁）。

然而，庇西特拉图最重要的贡献当属他对梭伦改革的巩固。所有由梭伦推行的改革内容都被保留了下来。虽然庇西特拉图限制了执政官的影响力和权力，但他至少为适应梭伦的新政府结构争取了时间。两个世纪后，亚里士多德（可能带有偏见地）对庇西特拉图的统治做出了正面的评价，称赞他"不像一位僭主，而是谨慎地按照宪法管理国家"。

庇西特拉图在公元前 527 年去世后，他的儿子希庇亚斯在另一名小儿子喜帕恰斯的支持下接管了雅典。起初，该城市的繁荣仍在延续，橄榄、陶器和白银的生产带来了经济的繁荣。此外，尽管修昔底德称兄弟俩只让自己喜欢的候选人当选执政官，但铭文证据表明情况并非如此：有记录显示，公元前 530—前 520 年，有两个来自敌对贵族家庭的人——阿尔克马埃翁家族的克里斯提尼和腓拉埃乌斯家族的米太亚德——当选了执政官（两人后来都成了民主制初期的雅典政治中的重要人物）。

然而，喜帕恰斯在公元前 514 年被暗杀，此后希庇亚斯的统治变得越来越残酷。公元前 510 年，一群雅典贵族在斯巴达国王克里昂米尼的帮助下，合谋将希庇亚斯赶出了雅典。此时，另一场权力斗争已经在酝酿中了。

🏆 克里斯提尼改革

在这场新的权力斗争中，很快出现了两个贵族派别。一派的代表是被亚里士多德称为"僭主支持者"的伊萨哥拉；与他对立的是来自阿提卡最古老的贵族家庭之一的克里斯提尼。当伊萨哥拉在公元前 508 年被选为执政官时，他似乎赢得了富有精英阶层的支持。

于是，克里斯提尼采用了他唯一可用的对策。他意识到自己只有在下层阶级的支持下才能赢得权力，于是他承诺将通过一系列影响深远的改革让他们"掌控国家"。用亚里士多德的话说，克里斯提尼"赢得了人民的支持"。有趣的是，希腊语中表示"人民"的词是 dēmos。民主制度（democracy）便诞生于这个政治实用主义的时刻。

由于伊萨哥拉争取到了斯巴达人及其盟友的支持，克里斯提尼的革命几乎被扼杀在萌芽状态。但雅典人没有屈服，他们热情高涨地捍卫自己的新自由，让他们的敌人遭受了一场耻辱性的失败。希罗多德著名的论断总结了这次胜利：

> 因此，雅典在不同的势力之间周旋并证明了（如果需要证明的话），在各个方面，法律赋予的平等是多么的崇高。因为当他们身处僭主的压迫下时，他们从未在战争中取得比任何邻国更好的成绩。然而，一旦甩掉了枷锁，他们立即证明了自己是世界上最好的战士。这清楚地表明，只要他们被权威压制，就会故意在战场上推卸责任，就像奴隶在为主人工作时推卸责任一样；但当他们赢得了自由，他们中的每个人都会对自己的事业感兴趣。
>
> （希罗多德《历史》5.78）

值得注意的是，这段话中表达"法律赋予的平等"的希腊语是 isonomia，这个词在"民主"（demokratia，democracy 的词源）流行之前似乎被广泛地使用。对一个雅典公民来说，在法律上拥有平等地位显然是新民主制度的一个关键部分。

归功于克里斯提尼的改革举措可以分为 3 类：政府结构、政治选区和陶片放逐法。

政府结构

事实上，克里斯提尼在很大程度上保留了梭伦的政府结构。执政官、战神山议事会和法庭的作用保持不变，尤其是战神山议事会似乎保留了对大部分立法过程的控制权。然而，他也做出了很重要的变革：

- 500 人议会。每个部落出 50 人，该议会负责为公民大会准备议题。
- 公民大会。虽然公民大会还没有很多正式的权力（这些权力将在公元前 462 或前 461 年厄菲阿尔特的改革后出现），但它现在每个月都会定期举行会议。
- 抽签选举。克里斯提尼将抽签设为选择公共职位候选人的常规程序（执政官和将军的选择是两个重要的例外）。他认为这是最民主的产生政府官员的方式。从这时起，大多数政府官员都是从公民团体中随机选出的。

政治选区

克里斯提尼最激进的地方在于他对阿提卡政治选区的改革，此举旨在一劳永逸地打破贵族的权力垄断。他彻底改造了雅典的部落制度，将当地的民区作为新政治结构的基本单位。

民区系统

克里斯提尼意识到，阿提卡的大部分地区可以自然而然地被划分为若干民区，即小城镇或村庄。雅典城太大，不能被视为一个单一的民区，因此被划分为多个民区。（图 6.1）

阿提卡一共被划分为 139 个民区，每个民区都有自己的议会、公民大会、官员、财务人员以及每年选举产生的领导人。因此，民区管理地方事务，其功能相当于今天的地方政府。这一机制鼓励雅典人参与地方事务，也给公民们提供了参加民主政治的经验，供他们在中央政府任职时借鉴。

民 区

希腊语 dēmos（民区）这个词的原意是"乡镇"或"村庄"，也可以指住在这些定居点的人。随着民主的发展，这个词也开始指代阿提卡的整个公民群体。比如，修昔底德和亚里士多德等作家在描述公民大会做出的决定时经常使用这个词。

此外，民区是定义公民身份的基本元素。在公元前508或前507年，每个雅典人都必须在他所属的当地民区登记。此后，民区的成员资格是世袭的，即使一个人搬到了阿提卡的另一个地方，也仍然归属于其父辈的民区（这个规定可能是为了保持各民区的规模大致相同）。民区官员应保留一份其民区所有男性公民的登记记录。在男子18岁时，他必须在其父亲的民区登记并参加公民身份测试。

作为新制度的一部分，克里斯提尼说服雅典人用他们的民区而不是他们父亲的名字来定义自己。因此，以前一个公民可能会称自己为"卡利亚斯，伊索克拉底的儿子"，而现在他会称自己为"来自布劳伦的卡利亚斯"。在旧制度下，一个人的名字能够立即透露他的家庭在雅典社会中的人脉关系。相较之下，新的命名方式是无阶级的。此外，决定一个人的政治身份的不再是他的家庭，而是他所属的民区。

雅典文学向我们展示了公民对其民区的归属感。在阿里斯托芬的喜剧《阿哈奈人》中，主角迪卡奥波利斯是一个憎恨城市、热爱自己民区的农民。该剧写于伯罗奔尼撒战争期间的公元前425年。几年前，雅典决定将阿提卡的所有居民迁入城市，于是他们的土地遭到了敌人的破坏。修昔底德描述了这次搬迁给农村居民造成的痛苦：

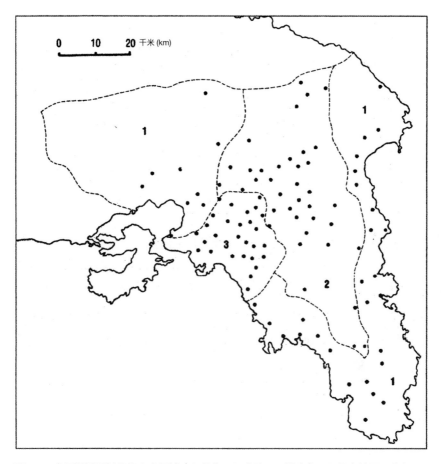

图6.1　克里斯提尼划分的3个区域（1.沿海；2.内陆；3.城市）和阿提卡的民区分布

　　充满痛苦地，极不情愿地，他们现在抛弃了自己的家园和见证了祖先历史的庙宇，准备改变自己的生活方式，把自己视为至亲的土地抛在身后。

　　　　　　　　　　　　（修昔底德《伯罗奔尼撒战争史》2.16）

部落制度

梭伦的改革没有触及雅典的部落制度。阿提卡有 4 个古老的部落，每个部落都由较小的宗族和家庭组成。这种制度允许富人保留巨大的权力，因为他们可以向其他部落成员发号施令，干预他们对领导人的选举。这些部落还依托其所在的地域范围，在阿提卡内部形成了地区性的竞争。针对这样的局面，克里斯提尼解散了这些旧部落，创建了 10 个新的部落。

克里斯提尼认识到，每个部落都需要包含来自不同背景的雅典公民，而且他希望每个部落能包含阿提卡各地的民区。因此，他将阿提卡划分为 30 个人口大致相等的区域，称为"三分区"（图 6.2）。他认为，这 30 个三分区可以自然地被划入阿提卡的 3 个面积相似的地区——10 个三分区被划入城市周围的地区，10 个被划入内陆地区，还有 10 个被划入沿海地区。分别来自 3 个地区的 3 个三分区构成一个部落，而且一个部落中的三分区不能接壤。这样一来，每个部落都包含来自阿提卡 3 个不同地区的公民。

这 10 个部落都被赋予了雅典传奇英雄的名字。这些英雄是由德尔斐的皮提娅选出的，被称为"命名英雄"，因为他们用自己的名字为各自的部落冠名。这 10 位英雄的雕像被放置在雅典的广场上。各个部落的祭司在圣祠为自己部落的命名英雄举行祭祀。（图 6.3）

部落制度为民主的发展注入了活力。每个部落都必须为 500 人议会、军队、官员队伍和法庭提供一定数量的人员。每个部落都有自己的金库、选举产生的官员和公民大会。此外，泛雅典娜节和城市狄俄尼索斯节等许多重要节日的体育和音乐比赛，都是以部落为单位进行的。

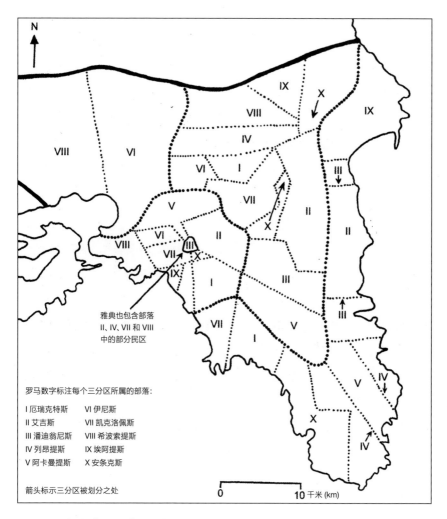

图 6.2　阿提卡"三分区"的分布

▎陶片放逐法

　　为了进一步防范僭主掌权，雅典人发明了一种被称为"陶片放逐法"的程序。亚里士多德将这一发明归功于克里斯提尼，但这一点存在争议——第一次有记录的陶片放逐发生在公元前 487 年，大约是克里斯

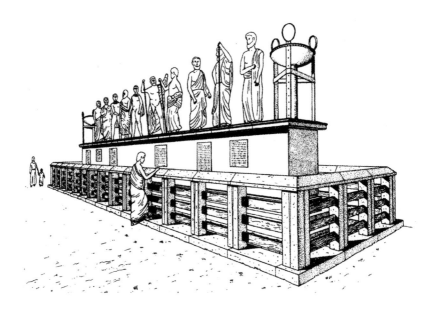

图 6.3 位于雅典广场的命名英雄祠。每位英雄的雕像下都公示着各部落的事务

提尼改革的 20 年后。尽管如此，在公元前 5 世纪的大部分时间里，陶片放逐法都是民主制度中的一个重要部分。

十 将 军

　　另一项在公元前 501 或前 500 年引入的重要创新，是一个由 10 名将军组成的委员会。每个部落必须每年从它们的公民中选出一个人担任将军，将军没有任职年限。起初，人们不清楚新的将军委员会和旧的军事执政官哪个会更有影响力，但事实很快证明，民众的支持给了将军们真正的权力。另外，将军不像执政官的人选有社会阶层的限制，将军的职位原则上对所有雅典公民开放。

根据规则，公民大会每年可以放逐一个公众人物，放逐期为10年。可能遭到放逐的候选人通常被认为权力过大，对民主政府构成了威胁。放逐一个公民不需要给他定罪，它实际上是通过在一段时间内"冷却"该公民的影响力，从而防止动乱和专权。重要的是，被放逐的公民不会失去他的财产，他的家人也被允许留在阿提卡。10年期满后，他可以带着公民的全部权利返回。

这个过程是这样的。在公民大会上，大家要决定是否要举行放逐活动。该活动每年举行一次。如果答案是肯定的，那么人们就会安排一次陶片放逐大会。普鲁塔克讲述了这个过程：

> 每个选民拿着一块陶片，在上面写上他希望被放逐的公民的名字，然后把它带到广场上被圆形栅栏围起来的一个区域。执政官们会先数清所投的总票数，因为如果少于6000票，放逐就无效了。之后，他们清点选票。被投最多票的人即被宣布流放10年，但有权保留他的财产收入。

（普鲁塔克《阿里斯提德传》7.4—5）

"陶片放逐法"一词来自古希腊语里的"*ostrakon*"一词，即公民投票用的碎陶片。公民大会的重要决定需要至少6000票才能通过；次重要的事项可以由较少的票数决定。（图6.4）

毫无疑问，陶片放逐法是一种强大的政治武器。在启用这一程序的早年间，雅典人放逐了庇西特拉图的一名亲戚，因为担心他想恢复僭主制。考古学家在雅典广场和陶工区附近发现了10000多枚投票用的陶片。最有趣的是，雅典卫城北坡的一口井里出土了190枚陶片，上面都写着"地米斯托克利"的名字，而且字迹都出自几个人之手。这表明这些陶片都是地米斯托克利的反对者准备的，而地米斯托克利也的确在约公元前470年遭到了放逐。

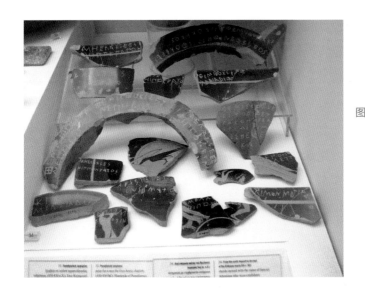

图6.4 发现于凯拉米克斯的用于陶片放逐法的陶片。陶片上写着一些知名的雅典人物的名字，包括地米斯托克利、阿里斯提德、客蒙等

公正的阿里斯提德

陶片放逐法存在的一个弱点是投票过程，因为相当多的雅典公民不会读写。公正的阿里斯提德的故事说明了这一点。

阿里斯提德是雅典的一位贵族，他因公正、公平的处事方式而赢得了"公正者"的称号。然而，他的好名声招来了一些人的嫉妒，致使他在公元前482年成为陶片放逐的对象。根据普鲁塔克的记载，在投票期间：

"一个不识字的乡下人把他的陶片递给阿里斯提德，请他在上面写上'阿里斯提德'的名字。后者大吃一惊，问他阿里斯提德怎样伤害了他。'没有怎样，'乡下人回答说，'我甚至不认识这个家伙，但我讨厌听他老是被叫作"公正者"。'听到这句话，阿里斯提德什么也没说，只是在陶片上写下了自己的名字，然后把它递了回去。"

（普鲁塔克《阿里斯提德传》7.5—6）

事实上，地米斯托克利的故事很好地展示了雅典社会的强者是如何陨落的。地米斯托克利在公元前 480 年前后是一位很有影响力的执政官和将军，在他的领导下，雅典海军在公元前 480 年的萨拉米斯海战中大胜波斯。然而，后来人们忌惮他的成功，在公元前 471 年将他放逐。之后，他去了阿尔戈斯生活，几年后，他搬到了小亚细亚，与他的老对手波斯人结盟，成了波斯一个行省的总督。

🏆 希波战争

就在这个新生的民主国家还在摸索自己的发展方向时，东方的波斯帝国的入侵威胁笼罩了整个古希腊世界。以雅典为首的古希腊人取得了意料之外的胜利，证明了这个城市民主的力量。公元前 490 年，雅典的重装步兵（在普拉提亚人的帮助下）凭借他们卓越的能力，在马拉松击败了人数更多的波斯军队。这场胜利产生了深刻的政治影响：由于重装步兵主要来自有轭牲阶级，最高的两个社会阶层的人们意识到了有轭牲阶级对他们自己的安全的重要性。

雅典人心有余悸地度过了公元前 5 世纪 80 年代，因为他们（正确地）相信，波斯人会回来报仇。雅典将军地米斯托克利说服人民相信，击败波斯人的战场在海上。因此，没有什么海战经验，但雅典很快就组建了一支由 3 列桨座战船组成的庞大海军。每艘 3 列桨座战船需要 200 名船员，他们大多来自雇工阶级。公元前 480 年，雅典人在萨拉米斯湾的一场海战中赢得了另一场看似不可能的胜利，这证明了地米斯托克利预判的正确性。雇工阶级现在成为守护雅典自由的中坚力量，即使是极端保守的老寡头也接受了这一点：

> ……那里（即雅典）的穷人和普通人应该比贵族和富人拥有更

明智的决定

公元前 483 年，雅典人的运气好得不可思议。当地米斯托克利还在为建造海军而坚持游说时，矿工在劳里昂山发现了丰富的银矿矿藏。公民大会随后就如何使用这笔意外之财进行了辩论（这笔白银的价值超过了 100 塔兰同）。据希罗多德记载，虽然有些人提议应该分给每个公民 10 德拉克马，但地米斯托克利说服了公民大会，用这笔财富资助建造 200 艘战船。这个年轻的民主国家证明了，它的公民可以在投票时充分发挥他们的远见和智慧。

多的权力。这是正确的，因为是普通人在舰队上效力，给城市带来了力量。

（老寡头《雅典政制》1.2）

希波战争的另一个重大影响是 10 位将军变得越发重要，他们的影响力现在已经超过了执政官。马拉松战役是他们权力增长的第一个关键时刻，因为他们 10 个人都在马拉松战场上奋勇杀敌（其中一名将军在这场战役中牺牲）。公元前 487 年，执政官的任职由之前的投票选举改为由抽签决定，于是将军们的地位得到了进一步提升。虽然执政官的职位仍然只对前两个阶层的公民开放，但现在富人已经没有机会通过拉票（也许还有贿赂）来确保他们青睐的候选人获胜。

正如第一章中所介绍的，在打败波斯人后，雅典通过其对提洛同盟的控制，开始与斯巴达竞争，成为古希腊世界最强大的城市。因此，这是一个令雅典人非常自豪的时期，此时的文学作品也体现了这种情绪。公元前 472 年，雅典剧作家埃斯库罗斯创作了《波斯人》一剧，庆祝雅典人在萨拉米斯海战中的胜利。在下面的台词中，波斯国王的母亲阿托莎向歌队领队询问关于胜利的雅典城的情况。

阿托莎：　但是，朋友们，有一件事我想知道。这座雅典城位于世界的哪个地方？

歌队领队：离我们很遥远，我们的太阳神昏暗沉落的地方。

阿托莎：　我的儿子想要征服这样的地方，这是真的吗？

歌队领队：是的，的确如此。因为这样一来，希腊的所有土地都将臣服于我们的国王。

阿托莎：　那这些希腊人……他们有强大的军队吗？

歌队领队：他们的军队从前就很强大，曾重创过米底人。

阿托莎：　他们的手是否受过训练，能用弓箭作战？

歌队领队：不，完全没有——他们用盾牌保护自己，用长矛近身作战。

阿托莎：　他们还拥有什么？他们是否有足够的财富？

歌队领队：他们有一个矿，白银的泉源——他们国家的财富。

阿托莎：　谁统治他们？谁指挥他们的军队？

歌队领队：他们说他们不是任何人的奴隶或仆人。

（埃斯库罗斯《波斯人》230—42）

值得注意的是，雅典人的自豪感来自他们方阵战事的威力、他们土地上的自然资源，以及最重要的——使他们不被任何人奴役的民主制度。

▎厄菲阿尔特

在希波战争之后出现了一批领导人，他们希望建立一个不分经济阶层、每个公民都完全平等的民主制度。现在有两个对立的派别主宰着城市的政治：一派是贵族，他们希望将城市的控制权掌握在富有且受过教育的精英手中；另一派在我们的资料中经常被称为"激进的民主派"，他们试图争取较贫穷的雅典人的支持，以实现更彻底的改革。

在公元前 462 或前 461 年，厄菲阿尔特——一位得到了伯里克利的密切支持的激进民主分子，成功地推动了一项改革，深刻地影响了雅典政治的性质。此时，战神山议事会是实现全体公民平等的最后一个主要障碍，因为它仍然控制着法律制定权。这个机构似乎已与当时的时代脱节了，它属于富有的精英阶层掌控权力的时代。而且自公元前 487 或前 486 年以来，它的贵族属性可能已经在下降了，因为执政官（其未来的成员）开始被抽签决定。

厄菲阿尔特的改革剥夺了战神山议事会的几乎所有职责，只保留了它对谋杀、纵火和破坏神圣橄榄树的罪行（这些罪行都具有重要的宗教意义）的审判权。其他所有权力，如对雅典法典的制定权和对公职人员的审查权，都被转移到了其他机构——公民大会、法庭或议会。改革的第二年，厄菲阿尔特遭到了暗杀。他为自己的改革付出了生命的代价。

🏆 伯里克利

厄菲阿尔特死后，他最亲密的盟友之一——伯里克利掌握了权力，开始领导激进的民主派。伯里克利与他的曾叔父克里斯提尼来自同一个贵族家庭，他将崛起为那个时代最有影响力的雅典人物。在接下来的几年里，他施行了最后的改革，由此发展出了激进的民主制度。

- 执政官制度。公元前 457 或前 456 年，执政官的职位开始向

大 地 所 生

　　在公元前 5 世纪，随着民主制度在雅典站稳脚跟以及雅典作为提洛同盟的首领的影响力日益增强，雅典人发展出了一种理论，以解释他们为什么相信他们的城市和公民是如此的卓越和与众不同。他们宣称自己的祖先一直生活在阿提卡的土地上，并用一个古老的神话讲述了他们的第一位"国王"厄瑞克提斯是如何从大地上"出生"的：当时铁匠神赫菲斯托斯试图强奸雅典娜女神，但没有成功——她把他落在她大腿上的精液甩到了土地上，导致大地女神盖亚怀孕。从自己家乡的土壤中诞生的想法被称为"从土壤中诞生"［autochthony，来自希腊语"自我"（autos），和"土壤"（chthōn）］。

　　民主的雅典人很推崇这种理论。首先，他们能够由此宣称他们的城市比希腊的任何其他城市都要古老；其次，这个神话强调了联结雅典人的种族身份——所有雅典公民都有平等的权利，而且天生就比生活在他们中间的许多非雅典人优越；最后，也许最具象征意义的是，该神话表明雅典人与阿提卡的土地有着非常密切的关系，他们把阿提卡视为自己的母亲。

有轭牲阶级开放。此后包括雇工阶级的所有公民似乎都能担任公职。

- **薪金制度。**在厄菲阿尔特死后不久，雅典政府开始向在以下政治机构工作的公民和以下官员支付薪金：议会、法庭、执政官和次级行政官员。这使得贫穷的公民能够在民主制度中充分地发挥作用。

- **公民身份。**现在，雅典的公民身份已经受到高度重视。为此，伯里克利在公元前 451 或前 450 年进行了一项改革，提高了赋予公民身份的条件。从此以后，只有雅典母亲和雅典父亲的合法儿子可以拥有公民身份。这项法令实际上剥夺了许多杰出的雅典人的公民资格，地米斯托克利也在其中。

除了这些政治改革外，伯里克利还振兴了阿提卡的经济。公元前454 年，提洛同盟的金库被搬到了雅典。此外，与波斯人达成和平协约后，同盟所需的防务资金减少。伯里克利说服人们将同盟成员国的大量

图 6.5　伯里克利胸像，戴着象征雅典将军身份的头盔。喜剧作家经常在作品中取笑他的头比一般人的大

雅 典 帝 国

将提洛同盟的金库迁至雅典的举动，足以说明雅典对其盟友拥有多强的控制。当伯罗奔尼撒战争在公元前 431 年爆发时，斯巴达人宣称他们是为了希腊人的自由而战。雅典霸权的一个表现是，涉及其盟国的审判必须在雅典进行，由雅典的陪审团负责裁决。老寡头揭示了这一安排的真正效果："涉及盟国的案件在雅典审理……强化了盟国对雅典人民的臣服。"

纳贡转用于雅典市的建筑项目。

雅典卫城在公元前 480 年波斯入侵期间被洗劫一空，其建筑被付之一炬。伯里克利重建卫城，用数座宏伟的圣殿将卫城装饰一新，使其至今仍闻名于世。这些新建的建筑包括：帕特农神庙、厄瑞克忒翁神庙和雅典娜胜利神庙；还有一座纪念性的山门，标志着卫城的入口。他的建筑项目带来了双重效益，既美化了雅典（伯里克利称雅典为"希腊的学校"），又为公民提供了工作。根据普鲁塔克的记载，该项目使用了"石头、黄金、青铜、象牙、乌木和柏木"等材料，雇用了各种类型的工匠。

这一项目并非毫无争议。伯里克利的主要政治对手之一，在公民大会中领导贵族派的米勒西亚斯之子修昔底德（Thucydides, the son of Milesias，不要与历史学家修昔底德混淆）就反对将本应用于军事防御的纳贡资金用于美化雅典城。（图 6.6）

▍"第一公民"

在公元前 429 年去世前，伯里克利一直是雅典最有影响力的公民，

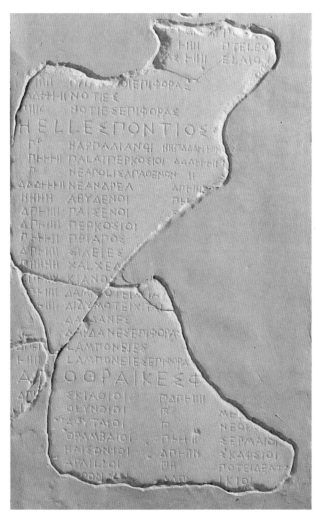

图 6.6　雅典的纳贡名单。图中记录了部分公元前 440 或前 439 年爱琴海北部的城邦向雅
　　　　典支付贡金的情况

以至于这一时期的雅典经常被称为"伯里克利的雅典"。伯里克利本人
施行了最后的改革，确保由所有公民平等地管理这座城市。那么，他又
是如何成为如此举足轻重的人物的？

在政治上，从公元前 454 年开始，伯里克利多次被选为将军。事实上，在公元前 443—前 429 年，他连续 15 年担任这一职务。这为他提供了表达自己观点的平台。毫无疑问，伯里克利由此掌握的话语权，致使反对他的建筑计划的修昔底德在公元前 443 年遭到了放逐。最重要的是，人们似乎很尊重伯里克利并相信他的领导力。

人民的支持至关重要。伯里克利之所以能有这样的影响力，是因为人民每年都会自愿地在选票上写上他的名字。但有时，人民也会对他失去耐心，比如在公元前 430 年雅典与斯巴达的战争之后，人民因为伯里克利领导不力对他进行了罚款。然而，历史学家修昔底德（伯里克利不折不扣的崇拜者）这样总结这位将军和人民之间的关系：

> 伯里克利因为他的地位、智慧和众所周知的正直，可以尊重人民的自由，同时又能约束他们。他领导他们，而不是他们领导他，而且，由于他从未出于任何错误的动机寻求权力，他没有必要奉承他们。他是如此受人尊敬，以至于他能够对他们说出愤怒的话并反驳他们。当然，当他看到他们因自信心膨胀而忘乎所以，他会让他们重新认识自己面临的危险；而当他们毫无理由地感到气馁时，他会帮助他们重拾信心。因此，在名义上的民主制度中，权力真正掌握在第一公民手中。
>
> （修昔底德《伯罗奔尼撒战争史》2.65）

此时的雅典人民对自己国家的民主制度感到非常自豪。根据修昔底德的记载，公元前 430 年，伯里克利为雅典在与斯巴达战争的第一年牺牲的将士们做了一场葬礼演讲（图 6.7）。这篇演讲也许能非常好地阐述雅典人对自己的身份认同。在下面的这几句话中，伯里克利赞扬了雅典的政府体系：

　　我们的政府形式并没有模仿邻国的做法：我们与其说是模仿他们，不如说是别人的榜样。我们的制度被称为民主制，因为我们为了大多数人的利益，而不仅仅是少数人的利益而治理国家。我们的法律在私人纠纷中给予所有人平等的权利，但公共职位的担任取决于个人的能力，主要由功绩决定，而不是轮流担任。如果一个人尽管条件卑微，但有能力为城市做一些好事，那么贫穷就不是他担任职务的障碍。

（修昔底德《伯罗奔尼撒战争史》2.37）

图 6.7　今天的外凯拉米克斯公墓。一些古时的墓葬仍保存完好

雅典民主制度的历史（均为公元前）	
8 世纪	阿提卡的融合
约 7 世纪	执政官委员会建立，阿提卡发生社会动乱
632 年	库伦谋求僭主之位，失败
621 年	德拉古发布法令
594 或 593 年	梭伦成为雅典执政官并施行改革
561 年	庇西特拉图首次尝试确立自己的僭主地位
546—527 年	庇西特拉图以僭主身份统治雅典
527—510 年	希庇亚斯的僭主统治，由其弟喜帕恰斯协助
514 年	喜帕恰斯被哈莫迪乌斯和阿里斯托吉顿暗杀；希庇亚斯的统治变得更加独裁
508 或 507 年	克里斯提尼开始他的民主改革
501/0 年	十将军选举制度确立
498 年	雅典派出 20 艘战舰支援爱奥尼亚起义
490 年	马拉松战役中，雅典和普拉提亚击败波斯
488 或 487 年	首次使用陶片放逐法
487 或 486 年	首次抽签选举执政官
483 或 482 年	雅典人决定扩大其舰队规模
480 年	萨拉米斯海战：雅典领导下的希腊海军击败波斯海军
479 年	普拉提亚战役：希腊联军将波斯人赶出希腊

古风时代（776—478 年）

（续表）

	雅典民主制度的历史（均为公元前）
478 年	提洛同盟建立
467 年	纳克索斯试图脱离提洛同盟；作为回应，雅典军队推倒纳克索斯城墙，强迫其支付双倍纳贡
462 或 461 年	厄菲阿尔特推行改革，后在同年被暗杀
461—445 年	第一次伯罗奔尼撒战争
460 年	伯里克利开始参与雅典政治
457 或 456 年	执政官职位向几乎所有雅典公民开放
454 年	提洛同盟金库从提洛岛迁移至雅典
451 或 450 年	伯里克利引入更严格的公民法
447 年	伯里克利开始施行雅典的建设计划
431—404 年	伯罗奔尼撒战争
430—426 年	雅典瘟疫；前 429 年伯里克利染瘟疫去世
413 年	西西里远征遭受灾难性的失败，雅典损失大量兵力和船只
411 或 410 年	400 人寡头政府和 5 000 人寡头政府的短暂统治
404 年	雅典投降；斯巴达迫使雅典接受三十僭主的统治
403 年	民主派反对者驱逐三十僭主；斯巴达允许雅典重拾民主制
399 年	苏格拉底的审判和处决
379 年	雅典加入维奥蒂亚同盟
357 年	雅典向腓力二世统治下的马其顿宣战
337 年	腓力二世建立科林斯同盟，马其顿为盟友
322 年	马其顿军队攻占雅典，终结了雅典的民主制度

古典时代（478—323 年）

民 主 制 度

在本章的后半部分中，我们将介绍雅典民主制度在公元前 5 世纪下半叶的运作情况。该制度的核心是公民大会，即城市的立法机构。议会是没有立法权的行政委员会，议会的 500 名成员为公民大会准备议题。此外还有许多其他的行政官员，他们负责政府事务的不同领域，包括清扫街道和管理国库等一切事务。法庭为整个系统提供法律保障，任何公民都可以担任陪审员。

机　构	职　责	成员数量
公民大会（ekklēsia）	制定法律	所有公民（重要决议需要有 6 000 法定人数通过）
议会（boulē）	1. 为公民大会准备法律提案； 2. 外交； 3. 监督行政官员	每年抽签选出 500 名成员（每个部落 50 名）
行政机构	10 人委员会主管公共生活的各个领域	任何通过了身份审查（dokimasia）的公民
法庭	审理和判决法律案件	每年抽签选出 6 000 名陪审团预备成员（每个部落 600 名）

🏆 公民身份

据记述，伯里克利曾声称"雅典的政权在大多数公民手中，而不是在少数人手中"。这在现代读者看来是不准确的，因为阿提卡的成年人中可能只有不到 20% 的人有资格在民主制度中发挥作用。

我们无法准确统计出公元前 5 世纪时阿提卡有多少居民。然而，据估计，该世纪中期阿提卡大约有 3 万名男性公民（也有人认为公民多达 5 万人），而且可能有数量相当的自由身份妇女。公元前 317 年的人口普查显示外乡人的数量约为 1 万人，而且很可能一个世纪前外乡人就多达 2 万。奴隶人口的数量是最难量化的，但有估计认为，奴隶人口（包含男性和女性）与男性公民和外乡人口之和大致相同。而如果将儿童计算在内，奴隶人口可能在 20 万—30 万（不到 2014 年伦敦或纽约市人口的 5%）。因此，伯里克利的说法似乎是无稽之谈。然而，他的观点对雅典人来说是有意义的。奴隶制和对妇女的压迫是古希腊社会的一个事实，就像在历史上的许多其他社会一样。

在研究公民的政治角色之前，我们可以先关注妇女和外乡人的政治地位。

▌女性

妇女在雅典没有被赋予政治权利。虽然这在今天的我们看来是很奇怪的，但我们应当意识到，现代民主国家很晚才给予妇女投票权——新西兰在 1893 年、澳大利亚在 1902 年、挪威在 1913 年。第一次世界大战引起了舆论上的巨大变化，因此美国在 1920 年、英国在 1928 年、法国在 1944 年、新独立的印度在 1947 年赋予了妇女投票权；瑞士直到 1971 年才效法此举。直到 20 世纪，在世界大部分地区，允许妇女投票的想法普遍被认为是荒唐可笑的。

至少阿里斯托芬的两部喜剧表明，雅典妇女有政治观点并热衷于向她们的男性同胞们传达这些观点。《公民大会妇女》和《吕西斯特拉特》都是围绕妇女试图接管雅典政府这一情节展开的。以下是以伯罗奔尼撒战争为背景的《吕西斯特拉特》中的片段，它以滑稽的方式讽刺了妇女对其丈夫在公民大会中的决定可能做出的反应：

> 到目前为止，我们一直控制着自己的感情，无怨无悔地忍受着你们男人所做的一切——无论如何，你们都不会允许我们说一个字。但不要以为我们同意了！我们知道你们所做的一切。很多时候，家中的我们会听到你们犯了一些重大政治失误，然后当你们回家时，我们会强忍着内心深处的痛苦，不得不装出一副笑脸问你："在今天的大会上，你们决定在《和平协定》的石头上刻些什么？"而我丈夫总是怎样回答？"闭嘴，管好你自己的事。"我确实做到了……
>
> ……但肯定的是，我们知道接下来你会做出一个更愚蠢的决定，然后我们可能会问丈夫："为什么你们男人要坚持这个愚蠢的政策？"这时他就会瞪着我说："回去纺纱吧，女人，否则你会头疼一个月的。让男人们关心战争的事吧！"
>
> （阿里斯托芬《吕西斯特拉特》507ff.）

▍外乡人

居住在雅典的外乡人被称为"和我们一起生活的人"（metics，来自希腊语的 metoikos）。外乡人是雅典的一个庞大而重要的群体。如之前的数据所示，在公元前 431 年，他们可能占到了当时自由男性人口的1/3。大多数外乡人来到雅典可能是为了寻求经济机遇，还有一些人可能是为了逃避自己城邦内的政治迫害。大多数人来自附近的希腊城邦，但也有来自色雷斯和吕底亚等非希腊地区的移民。

当一个外乡人在雅典居住超过一个月后，他（或她——在雅典有相当数量的外乡妇女）必须在其居住的民区登记（被释放的奴隶也被赋予外乡人身份，但他们的人数很少）。每个外乡人都需要一个雅典庇护

人，并且必须每月支付 1 德拉克马的税款，单身的外乡妇女则需要支付
半个德拉克马（关于古希腊货币价值的信息，见附录 1）。此外，男性
外乡居民在战争时期要为雅典作战。较为富有的外乡人可以成为重装步
兵，但他们中的一大部分人一般会被安排为舰队中的船员。老寡头强调
了这个角色的重要性：

> 这个城市需要外乡人，因为它种类繁多的各行业，也因为它的
> 舰队。

（《雅典政制》1.12）

作者在这里还强调了外乡人所发挥的重要经济作用。少数外乡人
变得非常富有，但他们只是例外。在阿提卡，外乡人不能拥有地产，因
此他们通常从事手工业和商业等非农产业。公元前 401 年的一份清单描
述了外乡人从事的各种行业，其中包括烘焙、园艺、销售坚果和赶骡子
等。许多外乡人住在比雷埃夫斯港，通过外贸、银行和军备生产等行业
赚钱。一些女性外乡居民成了成功的女伴。

外乡人在雅典的地位有限。他们没有政治权利，但在法庭上有一
些法律权利。他们也被允许拥有宗教崇拜的自由，例如，比雷埃夫斯港
的一个神庙是色雷斯女神本迪斯的崇拜场所。外乡人也可以充分参与城
市的文化生活：他们在宗教游行中扮演着重要角色，而他们中最富有的
人有资格担任歌队的资助者。为城市做出杰出贡献的外乡人偶尔也会被
授予公民身份。

▌公民

雅典公民的合法男性后裔（父亲是雅典公民，母亲是雅典公民的女
儿和家庭男主人的合法妻子），在 18 岁时可以到其所在民区的议会登记
成为公民。他必须证明他的年龄和他的自由身份。如果他的申请被接受，

一个著名的外乡人家族

一位名叫克法洛斯的锡拉库萨富翁被伯里克利邀请来雅典定居，成为一名外乡居民。他成了雅典最富有的人之一，部分原因是他在比雷埃夫斯的盾牌厂雇用了 120 名奴隶进行生产。柏拉图还在克法洛斯的长子珀勒马科斯的家中创作了他的杰作《理想国》。这表明该家族在雅典的最高知识分子圈子里有一席之地。公元前 404 或前 403 年，当权的三十僭主肃清了支持民主制度的外乡人。珀勒马科斯被迫喝下毒药，但他的弟弟吕西亚斯死里逃生，后来成为雅典历史上最伟大的演讲作家之一。

那么他将作为军事学员服役两年。我们对军事学员在公元前 5 世纪的情况所知不详，但在公元前 4 世纪，他们会花时间接受军事训练，在此期间守卫阿提卡的边界，而且会开始拜访阿提卡的主要宗教圣地。类似的义务服役体系在今天的一些国家，包括现代希腊仍然存在。

完成这两年的军事训练后，年轻人成为雅典公民，可以在公民大会中发言。然而，他必须在满 30 岁后才可以获得完全的公民权利，包括担任行政官员或陪审员的资格。完全的公民权利如下：豁免于直接征税；有权拥有土地；可以提起诉讼并担任陪审员；有全部政治权利。亚里士多德在定义公民身份时强调了后两项：

> 将公民与所有其他人有效区分开来的，是他可以（在法庭上）参与判决和担任公职（包括参加公民大会、在议会任职或担任行政官）。
>
> （亚里士多德《政治学》1275a22）

古代雅典，公民权利最重要的一点是其参与性。古代雅典很少有现代意义上的政治家；相反，这个城市的运作依靠普通公民在议会中投票、担任官员、参加陪审团和服兵役。雅典人将独来独往、不参与公共生活的公民称作"伊第欧提斯"（idiōtēs），从这里我们得到了"白痴"（idiot）这个词。修昔底德笔下的伯里克利再一次抓住了时代的精神：

> 一个对政治不感兴趣的人，我们不会称他独善其身，我们会认为他在这里根本无所事事。

> （修昔底德《伯罗奔尼撒战争史》2.40）

🏆 行政官员

雅典没有职业公务员制度，所有的公共工作都由行政官委员会管理。行政官员从公民中选出，任期为一年。根据亚里士多德的说法，除了500名议员之外，他们每年大约有700名行政官为阿提卡服务，其中绝大多数人都是通过抽签决定的，他们在数个由10人组成的委员会中任职（每个部落出一人）。一名公民只能担任一次某个特定领域的行政官员，这意味着大多数公民在他们生命中的某个阶段都担任过行政官员。然而，这并不妨碍该公民在随后的几年里继续担任其他领域的行政官员。

每个委员会负责公民生活的一个特定领域。执政官委员会是最著名的，但我们也听说过其他一些委员会，例如，负责保持街道和公路清洁的"街道官"，负责监督市场的"市场官"，以及根据政府官方标准检查重量和尺度的"质量官"。还有一个特别重要的委员会被称为"十一"，它负责实施法律制裁和管理城邦监狱。

行政官制度的核心是一系列的检查和制衡。当公民申请一个行政职位（必须超过 30 岁才能任职）时，他需要接受议会的品行"审查"。亚里士多德的《雅典政制》列出了议会在"审查"中会问到的问题：

> 他们首先问："你来自哪个部落？你的父亲是谁？你父亲的父亲是谁？你的母亲是谁？她的父亲是谁？你属于哪个民区？"然后他们询问候选人是否崇拜阿波罗·帕特洛斯和宙斯·赫克俄斯以及他们的神殿在哪里。最后询问他是否有家族墓地，如果有，在哪里；他是否善待父母，是否缴纳税款，是否在需要时参加了战争。
>
> （亚里士多德《雅典政制》55.3）

在这里提到的两位神祇中，阿波罗·帕特洛斯被雅典人尊崇为他们最早的祖先之一伊昂的父亲，而宙斯·赫克俄斯则被尊为家庭的保护者。因此，同时崇拜这两位神祇即表明候选人拥有雅典世系且在阿提卡拥有住宅。审查结束后，议会通过投票决定是否将该候选人推举为行政官员。

▍问责制

行政官员在其一年的服务期间和之后都要接受问责。在每个月的公民大会上，参会者都要就行政官员的表现进行匿名投票。人们也可以投诉任何行政官员，如果投诉成立，行政官员将被免职。在一年的任期结束时，每个行政官员都必须向议会报告他的表现，这份报告被称为"档案"。如果公民对行政官员的行为感到不满，那么他可以向法院指控其失职。因管理国家财政不善而被定罪的行政官员将被处以他所疏漏的金额两倍的罚款；贪污或受贿的官员将被处以其贿赂金额 10 倍的罚款。

♛ 议会

500 人议会，被称为"布雷"（boulē），是政府的主要行政部门，也是公民大会的咨询委员会（"boulē"的原意是"建议"，在今天也是现代希腊议会的名称）。每年，用抽签的方式从 10 个部落各选出 50 名议员。而在部落内部，同样通过每年抽签的形式，确保各个民区提供固定数量的议员。30 岁以上的公民都有资格担任议员，但任何人在其一生中担任议员的次数都不能超过两次。这意味着很大一部分雅典公民都有过在议会中任职的经历。

除公共假期外，议会每天都在广场的议事厅举行会议，任何公民都可以旁听会议。议会最重要的职能如下。

- 作为公民大会的指导委员会，议员们讨论重要事项并为公民大会准备议案（这个过程被称为"预建议"），然后在下次公民大会开会的前几天公布这些议案。
- 监督公民大会决定的执行情况：确保法令得到执行，管理公共财产，监督公共资金的收取和支出以及管理公共建筑工程。
- 监督民选职位的选举并负责所有官员的审查和问责。
- 代表雅典会见外国来访者（大使、使臣等）。

▎主席团系统

议会的核心是"主席团系统"。为了提升议会的工作效率，雅典人在其传统的 12 月节日历法基础上设立了第二套历法。这套历法中的一年仍然始于夏天，到下一个夏天结束，但一年被分为 10 个公共月，每个月有 35 或 36 天。每个月，由一个部落主管议会。在此期间，该部落的 50 名议员被称为"主席团"，因此一个公共月被称为"主席期"。在一个主席期结束时，主席团成员通过抽签选择负责下一个主席期的部落。在一个历法周期内，所有的部落都要以主席团的形式为议会服务一次。这一制度旨在防止腐败，因为没有人可以预料哪一个部落的成员将组成主席团，议员也不会事先知道他何时会担任主席。

在每一个主席期期间，主席们都以公费住在广场西侧的圆形建筑中。他们处理城邦的日常事务，每天向议会报告并准备议会的会议议程。每天早上，一位主席团成员被抽签选中成为当天的议会主席。议会主席被称为"监督人"，每人在一个主席期期间只能担任一次。这意味着，在一个主席期中，至少有 70% 的主席团成员能够担任议会监督人。同时，如果恰逢召开公民大会，议会监督人也充当当天公民大会的主席。

在下面的演讲摘录中，公元前 4 世纪的演说家德摩斯梯尼描述了主席团和议员们如何为公元前 339 年的紧急会议做准备。马其顿的腓力二世攻占了福西斯的一个主要城市。为了应对此事，人们召开了这次会议。

> 傍晚时分，一名信使来到主席团，报告说埃拉蒂亚已经被攻占。主席团中的一些人立即起身，不顾这正是吃饭的时候，把广场上的摊位上的人都赶走了……另一些人则叫来了将军们和号手。全城一片哗然。
>
> 第二天早上，天一亮，主席团就召集议会开会，而你们（即雅典公民）准备去开公民大会。不等议会开展工作并为公民大会提出议案，全体公民就已经入座了。现在，议会成员到达公民大会现场，主席传达了他得到的信息并介绍了前来传信的人。主席讲完话后，传令官问："谁想向全体公民发言？"
>
> （德摩斯梯尼《论王冠》169—70）

🏆 公民大会

"公民大会"的希腊语单词 ekklēsia 的意思是"被召集之事"。当公民大会召开时，所有公民都可以参加。每个主席期中，公民大会在黎明时分的普尼克斯山丘上召开 4 次（因此一年共召开 40 次会议）。此外，如果有特别需要，也可以召开紧急会议。

开会前，300 名斯基泰弓箭手（即被雇为警察的公共奴隶）把在广场上聊天或在其他地方消磨时间的公民赶到普尼克斯山丘（图 6.8）。他们会使用一种染有红色颜料的绳子来驱赶人群。任何衣服上有绳子标记的闲逛者都要为迟到支付罚款。斯基泰弓箭手也会在会议期间维持秩序。行政长官和将军们被允许坐在会场的最前面，除此之外，没有固定的座位安排。虽然阿里斯托芬的喜剧不一定代表历史事实，但在他的《阿哈奈人》的开篇，农民迪凯奥波利斯在公民大会开始前来到了普尼克斯。这个片段也许能让我们了解公民大会早晨的景象：

> 公民大会的例行会议应在日出时开始，但普尼克斯山丘上竟然没有一个人！所有人都在广场上闲谈，四处溜达，躲避涂红的绳子。甚至连主席们也不在这里。他们会在几个小时后姗姗来迟。所有人一起，推推搡搡，就为了得到前面的座位。这就是他们关心的一切。如何获得和平？他们根本不关心这个。哦，我的城市，我的城市，你将走向何方？我总是第一个到场。现在我坐了下来，过一会儿，当我发现没有其他人来的时候，我就叹气、打哈欠、伸懒腰、放屁……同时，我一直都在凝视着那边的乡村，渴望着安逸。我诅咒这个城市，渴望回到我的民区……总之，这次我是有备而来：如果任何发言者敢说一句除了和平以外的话，我就会大喊大叫，我就

图 6.8　普尼克斯山丘

会嘲笑，我就会辱骂，我就会——啊，他们终于来了，在正午时分！看看他们！！就像我说的，他们都在争夺最好的位置。

（阿里斯托芬《阿哈奈人》19—42）

　　在会议开始之前，祭司需要献祭一头猪，以此诅咒所有的叛徒。然后，公民大会开始了。在监督人的主持下，一位传令官宣布由议会制定的议程，然而公民们投票决定是否同意执行该议程。一些事务总是需要留给主席期期间的某次会议来处理。例如，在被称为"至高大会"（《阿哈奈人》中迪凯奥波利斯参加的大会）的主席期期间的第一次会议上，总是会举行对行政官员的匿名投票。如果议程得到批准，一位传令官就会用这样的话语来宣布讨论开始："谁愿意发言？"

　　如果一个人想发言，他就举起手来，等待传令官的召唤。一旦被叫到，他就迈上演讲台，戴上神圣的花环，然后发表自己的观点。之前《阿哈奈人》中的那段话表明，发言者可能不得不对付喧哗的参会者。在大约公元前 340 年写作的演说家埃斯基涅斯概述了在大会上发言的规则：

表达自己想法的权利

在公民大会中发言是公民的基本权利之一，受两个重要原则的制约：Isēgoria 的意思是"平等发言的权利"，指的是每个公民都有平等的权利在公民大会中提出自己的观点；parrhēsia 的意思是"坦率地说话"，指公民公开和诚实地说话的权利——今天我们将这一原则称为"言论自由"。

任何在议会或公民大会上发言的人都必须专注于正在讨论的话题，不能同时就两件不同的事情发表议论，也不能在任何一次会议上就同一个问题发言两次。他不得进行诽谤或污蔑，或者打断他人。他必须站在演讲台上发言，不得攻击监督人。

（埃斯基涅斯《反提马克斯》1.35）

虽然当时没有明确的党派划分，但似乎有些发言者有一批固定的支持者。这些人被称为"演说家"，是雅典最接近于职业政治家的人。像伯里克利一样，许多演说家也是将军。尽管没有政党，但肯定存在持不同观点的派别，比如农民或陶工的派别。据记载，一位贵族领袖——米勒西亚斯的儿子修昔底德，曾试图将他的支持者聚集到普尼克斯山丘上的一个部分，以便他们发挥更大的影响力。

公民大会上，大家可以讨论与城市相关的所有事项，包括法律、粮食供应、放逐、战事、和平协定和外交政策、税收、财政以及神庙等公共建筑的维护。一位秘书负责记录会议内容。一旦所有想发言的人都已就某一问题发表了意见，大家就会进行投票表决。投票通常以举手的方式进行，但对于最重要的议题，如叛国罪，则用黑白两色的鹅卵石进行匿名投票。

我们可以比较一下古代雅典和今天瑞士某些州的直接民主。州是瑞士的地区级政府，其中两个州仍然实行直接民主。瑞士州的实际情况可以表明，有发言权的 6 000 人，在 4 个小时内对 12 个事项进行讨论和投票（举手表决）是完全可能的。

投 票 率

我们很难评估究竟有多少雅典人会参加公民大会的常规会议。对于重要事项的决议，需要有至少 6 000 名公民在场。在公元前 5 世纪，参加会议是没有报酬的，但这在公元前 392 年发生了改变，每个参加会议的公民可以得到 3 奥波勒斯的报酬。许多公民可能觉得平常的会议很无聊而懒得去参加。此外，很多人往往无法出席，尤其是外出征战的士兵或来自阿提卡农村地区（例如，距离雅典约 25 英里的马拉松）的农民。

现代民主国家也很关注选民的投票率。在英国，大选的投票率从 1992 年的 77.7% 下降到了 2015 年的 66.1%（不过，2014 年苏格兰独立公投的投票率达到了 84.6%）；在美国，2012 年的总统选举中有 57.5% 的人投票，比 1996 年 49.0% 的历史最低投票率有所提高。在澳大利亚，投票是强制性的，不投票的公民会被罚款。澳大利亚 2013 年大选的投票率为 93.2%。

🏆 兵役

兵役是公民需要履行的一项重要义务。雅典没有全职军队，而每个公民在 59 岁之前都有义务服兵役。如前所述，公民的军事角色是由他们的阶级决定的：来自最高的两个阶级的公民负担得起马匹，因此组成了雅典的骑兵。有能力购买自己的盔甲和武器的有轭牲阶级公民则担任重装步兵。雇工阶级通常担任不需要什么武器的角色，比如在海军中划船。

重装步兵是雅典军队的核心。重装步兵全副武装，他们戴着头盔，身穿胸甲和胫甲，手持盾牌、长矛和短剑。当被征召服兵役时，重装步兵要带着至少3天的口粮去报到。来自相同部落的公民组成一个军团，由此，团队精神得以发挥作用。这一点与现代军队的军团制度大致相同。与今天一样，人们会为牺牲的士兵建立特殊的纪念场所。城邦为牺牲将士的遗孤提供教育并在他们成年后为其提供全套的盔甲和武器。

在公元前5世纪中期，雅典海军有300多艘三列桨座战船。这种战船形状细长，船头有一个从龙骨延伸出来的撞锤。170人划桨驱动船只，他们分成高低错落的3排，坐在船的两侧（图6.9）。除了划船的人，甲板上还有充当海军的重装步兵，以及指挥官和船长等军官。因此，每艘船上至少有200人。除了雇工阶级的公民，如果有足够的公共资金的

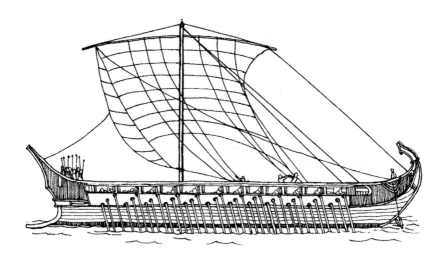

图6.9　三列桨座战船上由170名桨手划动三列船桨前行。海战中，它的主要功能是撞击敌方船只的侧边

话，雅典还会雇用雇佣兵和外乡人作为桨手（他们每天有 3 奥波勒斯的报酬）。

为战争投票

雅典的"公民军队"的一个有趣之处在于，在公民大会中投票决定参战的人与真正参战的是同一拨人。关于战争与和平的讨论一定是热烈而注重个人利益的，因为宣战的决定会对投票者和他们的家庭产生直接影响。

这显然与现代民主政治形成了巨大的反差。近年来，当民主政治家们投票决定参战时，他们中没有任何人需要真正踏上战场。此外，他们中只有极少数人可能会派遣近亲前往战区。

当选的官员

与大多数官员不同，军队的领导人是通过选举而不是抽签决定的。选举产生军队领导人是很有道理的，因为它可以维护军事政策的连续性并能使经验丰富的军事指挥官发挥最大的作用。掌管雅典军队的 10 位将军也要接受公民大会的监督和处置。如果公民大会认为他们在征战中表现不佳，便可以对他们进行罚款、流放甚至处决。

军事长官受到惩罚的例子很多。公元前 489 年围攻帕罗斯岛失败后，米太亚德被罚 50 塔兰同（1 塔兰同相当于 6 000 德拉克马）；在公元前 424 或前 423 年斯巴达攻占安菲波利斯后，历史学家修昔底德遭到流放；最能说明问题的是，在古典时代的雅典有 11 次将军被处决的记录（其中 6 次是在公元前 406 年的阿吉努塞战役后发生的）。德摩斯梯尼称，雅典将军被公民大会判处死刑的可能性比战死沙场的可能性更大。此话不假。

有趣的是，将军这类官员的选举机制是雅典民主与现代代议制民主最相似的地方，即公民们选择他们认为最能胜任这项工作的候选人。老寡头对选举机制做了这样的评论：

> 有些职位，如果掌握在合适的人手中，会给全体人民带来安全；如果落在错误的人手中，则会带来危险。人民不要求分享这些职位——他们不认为他们应该通过抽签来决定将军或骑兵指挥官的人选，因为他们意识到，如果不亲自担任这些职位，而是让最有能力的人来担任，他们会获得更大的好处。然而，他们热衷于担任任何能带来报酬或私人利益的公职。

> （《雅典政制》1.3）

有一些非军事官员也是通过选举产生的，其中最著名的是古希腊财政官，他们负责监督雅典帝国的财政。选举产生的公职都是无偿的，所以它们往往被掌握在富人手中。因此，如果一个财政官被发现贪污了公款，城邦可以从他的私人财产中讨回赃款。

🏆 公共财政和公益捐税

雅典的财政收入有多种来源：提洛同盟成员缴纳的贡金、法庭征收的罚金和费用、外乡人的纳税、对经过比雷埃夫斯港的所有货物征收的税款以及对劳里昂银矿的利润所征得的税款。然而，尽管不征收一般所得税，但雅典还有一种筹集大量资金的方式——"公益捐税"（liturgy，字面意思是"为公众服务"），这是一种对最富有阶层的公民和富有的外乡人征收的附加税。

公益捐税有两种主要类型：战船捐税，即支付一艘三列桨座战船一年的维护费用；歌队捐税，需要支付歌队在雅典的节日中参加戏剧和音乐比赛的费用。雅典每年征收数以百计的捐税——其中至少有 200 份战船捐税，也许还有 100 多份歌队捐税。这个系统似乎运作得良好，这主要是因为，被选中支付捐税的富裕公民通常将捐税视为炫耀财富和赢得同胞青睐的好机会。

就一艘三列桨座战船来说，城邦提供船体、桅杆和船帆，但捐税人必须购买所有其他设备以及支付船员的培训费用。总的来说，其费用可能高达 6 000 德拉克马。虽然捐税人在名义上是战船的指挥者，但实际上他不太可能有航行经验，所以他会把重要的决定权留给船长（kubernetes，字面意思是"舵手"）。尽管如此，捐税人通常会深以其所资助的战船为豪。

🏆 法律体系

雅典人对他们的法律制度感到非常自豪，认为它赋予了所有公民正义和平等。欧里庇得斯的《请愿妇女》中忒修斯的这几句话表明了这种自豪感：

> 对一个城市来说，没有什么比独裁者更有害的了。他的存在会使通用的法律缺失。法律和权力被他一个人独掌，平等也就不存在了。但是，当法律被写成文字，弱者和富人就能平等地享有正义。
>
> （欧里庇得斯《请愿妇女》426ff.）

▍提出指控

在雅典，当犯罪发生时，没有国家检察机关将案件提交法院，斯基泰弓箭手（即警察部队）也不负责收集证据。对嫌疑人提出指控是公民个人的决定。有两种不同类别的指控。第一种被称为"狄刻"（dike），它涉及私人事务，如两个公民之间关于偿还贷款的纠纷。谋杀这样的罪行也属于"狄刻"的指控范围。

第二种类型的指控被称为"格拉菲"（graphe），是对雅典城邦的犯罪指控。"革拉菲"指控的内容可能是行政官员滥用公共资金，或者是将军在军事行动中的可疑策略等。当行政官员在一年任期结束后提交他的档案时，如果有公民对他的表现感到不满意，那么他们都可以对他提出"革拉菲"指控。由此，法庭可以对公民大会、议会和行政官员等民主机构进行问责。

在提出指控时，原告必须在证人面前向被告发出传票。该传票要求两人在指定日期与执政官会面。如果被告没有出现，那么他就自动败诉；如果双方都出现了，那么执政官就会安排谈判，试图让双方达成庭外和解；如果和解失败，执政官会采集书面的证人证词和任何其他文件形式的证据。这些文件随后被封存。在这之后，任何一方都不能再提交新的证据，然后由执政官确定审判日期。

▌ 法庭之上

雅典法庭的工作程序与现在的法庭差别很大。没有法官主持审判，也没有任何律师对指控进行起诉或辩护。一名行政官员会担任法庭主席，但他的作用仅仅是维持秩序；在陪审团对指控进行投票之前，他不会向他们提供任何建议。原告和被告需要亲自发言。那些足够富裕的人经常雇用演讲作者为自己写作演讲稿。现场设有水钟计时，以确保双方发言的时间相同（图 6.10）。整个案件必须在一天内完成审理并判决。

此外还有许多与现代法庭的不同之处。传唤证人时，不许对证人进行盘问。如果证人是奴隶，则必须在对奴隶严刑拷打的情况下，才能接受其证词。人们认为只有通过这种办法，才能保证奴隶对法律的恐惧更甚于其对主人的恐惧，由此取得可信的证词。该系统的另一个奇怪之处是，陪审团可以通过事实或诽谤来评判一个人的性格。原告和被告可以告诉陪审团对手以前受到的任何判决，而发言者往往会试图通过提供对手私生活的不堪细节来损害他。发言者不需要言之有据，陪审员会决定他们是否相信这些故事。通常情况下，被告为了争取陪审员的同情票，会让亲属穿上丧服出庭并在法庭上洒下悲痛的眼泪。

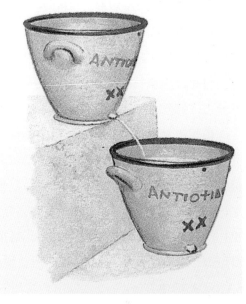

图 6.10　公元前 5 世纪水钟的还原示意图，被发现于雅典广场。它可以计时达 6 分钟

柏拉图笔下的苏格拉底在其辩护词的最后，向陪审团陈词，却不屑于使用博取同情的策略：

> 也许你们中的某些人，想起自己的案子会很恼火，因为你们在以比这更轻的罪名受审时，曾向陪审团发出可怜的呼吁，泪水横流，甚至安排你的孩子在法庭上呱呱坠地，以博取最大的同情心。你的许多亲戚和朋友也是如此。我却不打算做这样的事……
>
> （柏拉图《申辩篇》34Cff.）

陪审员

雅典法律制度的核心是"陪审员"。事实上，陪审员并不能准确地描述他们的职责，因为雅典的法庭没有主审法官，而陪审员实际上具有法官和陪审团的双重职责。与行政官员的任职要求一样，任何品行良好且年龄在 30 岁以上的公民都可以担任陪审员。每年年初，志愿者必须向他们的部落议会提交自己的申请，每个部落通过抽签选择 600 名陪审员。因此，一年中有 6 000 名公民登记担任陪审员，这意味着每年都有八分之一的公民担此职责。

伯里克利在公元前 451 年规定陪审员的日工资为 2 奥波利斯。公元前 5 世纪 20 年代，陪审员的工资增加到 3 奥波利斯。虽然数额不大，但这对老年人、穷人或失业者来说一定很有吸引力。事实上，这可能是该制度的一个弱点：由于陪审员多是穷人或老人，他们往往不能代表更广泛的公民群体。在一年的开始，每个新就任的陪审员会收到一张身份牌，上面写有他的名字，盖有雅典娜的圣鸟猫头鹰图案的印章（图 6.11）。然后他必须进行宣誓，其内容如下：

> 我将根据公民大会和议会通过的法律和法令进行投票，但对于没有法律约束的事情，我将根据自己的判断不偏不倚地做出决定。我将只对指控中提出的事项进行投票，我将公正地听取原告和被告的意见。

除了节日和公民大会开会的日子，审判每天都进行，即一年中共有 150—200 天在进行审判。在开庭日的黎明时分，当天的诉讼顺序

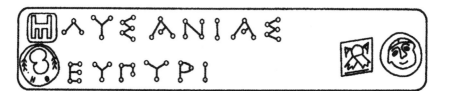

图 6.11　陪审员的身份牌

图 6.12 在雅典广场发现的抽签机器的一部分

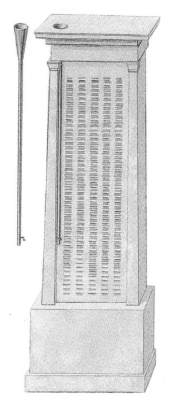

被公布出来，那些想在当天参加庭审的审判员开始到达（审判员可以选择参加任意一天的庭审）。随后是使用抽签机器选择审判员的复杂过程（图 6.12，图 6.13）。首先，机器决定一名陪审员是否会在当天审理案件，如果没有被抽中，他就可以打道回府了；如果他被选中，则需要再进行一次抽签，以决定他将在 10 个法庭中的哪一个进行审理。

陪审团的规模各不相同。简单的案件可能需要 201 名陪审员，而更严重的案件可能需要 401 或 501 名陪审员在场，最严重的案件可能需要多达 1 501 名陪

图 6.13 抽签机器的还原示意图

阿里斯托芬的《马蜂》

公元前 422 年，阿里斯托芬创作了一部名为《马蜂》的喜剧，对雅典的陪审团制度进行了讽刺。剧中的马蜂是那些成群结队的陪审员，用他们决定的罚款刺痛人们。剧中的主角是老人菲洛克里昂，他如此痴迷于担任陪审员，以致夜不能寐，急切地想在法庭上度过一天。在法庭上，比起维护正义，他更感兴趣的是给被告定罪。与阿里斯托芬的其他剧作一样，我们很难确切地知道，这部喜剧在多大程度上能够反映雅典社会的真实情况，但该剧为我们提供了有关雅典法庭程序的丰富信息。

审员（奇数确保了不会出现平票）。在审理案件的当天早上才抽签选择陪审员，是为了防止贿赂。但正如《马蜂》中的菲洛克里昂在一个普通的庭审日所揭露的，贿赂并非不存在：

> 我早上刚从床上爬起来，就发现有几个大块头在法庭的栏杆前等我。当我经过时，一个人把他细皮嫩肉的手伸进我的手里——这只手已经被公共资金染上了黄金的颜色。他们都躬着身，用可怜的语气向我恳求："行行好吧，尊敬的先生，你自己难道没有做过一点错事吗？"然后，他们都爬到我身边，试图拍我的马屁。这之后，我就走到栏杆后面，坐在我的座位上，忘掉了我做出的所有承诺。

（阿里斯托芬《马蜂》552ff.）

然后，陪审员将前往他们的法庭，审判随即开始。他们听取双方的陈词，也许也会与坐在一起的同事小声地交头接耳，有些人可能还会高声辱骂或支持诉讼中的一方。在双方发言结束后，案件直接进入表决阶段。陪审员之间不进行正式的讨论，每个人都自行做出决定。每个陪审员在离开法庭时，会把自己的投票凭证（有中轴的金属圆盘）扔进一个投票箱。如果他投下的是有空心轴的票，则说明他认为被告有罪；反之，有实心轴的票则表示无罪。（图 6.14）所有陪审员投票后，多数票将决定判决的结果。

如果被告被认定为有罪，他将等待接受惩罚。有些罪行有固定的刑罚，但与今天不同的是，古希腊人不依靠监狱来惩罚罪犯——他们认为国家无法承担运营监狱的庞大开支。最常见的惩罚是罚款，有时罚款数额大到足以使犯人倾家荡产。其他常见的惩罚包括剥夺公民权、没收财产、监禁、流放和死刑。

如果被告所犯罪行没有固定的刑罚，那么诉讼双方都必须提交其

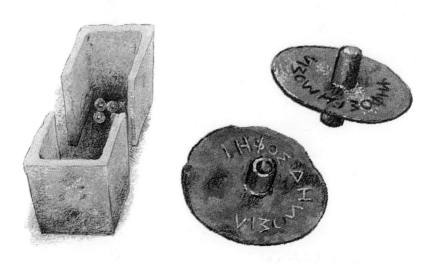

图 6.14　发现于雅典阿哥拉广场古法庭遗址的一个投票箱，与两个金属圆盘状的投票凭证。空心轴的票象征有罪，而实心轴的票则表示无罪

对量刑的申请——被告显然会要求更宽松的判决。一旦陪审团听取了申请，每位陪审员必须在他的蜡版上画出一条线：长线代表支持较重的刑罚，短线则相反。陪审团的多数票将决定最终刑罚的判定。另外，陪审员不被允许提出自己认为适合的判罚。

🏆 对民主的批评

今天，根据西方主流思想，民主制度的优越性已经得到了广泛的支持。无论人们怎样批判西方文化，都鲜能提出反对民主制度的有力理由。然而，在古代雅典，情况并非如此。一些最伟大的作家，包括阿里斯托芬、色诺芬、柏拉图和亚里士多德，都提出过反对民主的激烈观点。而且，类似的观点一直到 20 世纪还在被引用。在评价雅典民主之前，我们必须首先了解其内部的批评者。

▌煽动家

来自公元前 5 世纪末的文献资料称，在公元前 429 年伯里克利去世后，雅典民主的质量有所下降。根据修昔底德（伯里克利的忠实支持者之一）等作家的说法，在城邦政治的权力真空中出现了一些不关心城市利益而只关心自己得失的人。作家们将这些人称为"煽动家"，在希腊语中是 dēmagogoi，字面意思是"人民的领导者"，但实际上是"引导人民误入歧途之人"。以下的批评很典型：

> 在伯里克利执政期间，城邦被管理得相当好，但在他死后，出现了明显的衰退。从前，领导者总是从德高望重的公民中产生；但此时上台的领导人，甚至不为那一部分公民所认可。

（《雅典政制》28.1）

克里昂也许是所谓的"煽动家"中最著名的一位。他在公元前430—前420年的雅典颇具影响力。在阿里斯托芬的戏剧中（尤其是在《骑士》和《马蜂》中），克里昂被恶毒地讽刺为一名出身平平的战争贩子（他的父亲的生计是经营一家皮革鞣制厂）。

然而，我们很难确定古代作者所刻画的这类煽动家的形象是否真实。当时的作家普遍持有亲贵族的，甚至是反民主的观点，因此可能对"煽动家"们白手起家的成功心怀不满。克里昂可能并不是真的一无是处。比如，他在公元前425年皮洛斯的一次军事行动中取得了重大胜利，而后来他为之捐躯的，正是一场由伯里克利亲自发起的战争。现代政治足以表明，仅仅根据政敌的描述来评判一位政治家的建树，是非常有失偏颇的。

事实上，雅典的民主制度持续产出了众多煽动家。从公元前508或前507年开始，总有一些重要人物可以影响公民大会的决议。克里斯提尼可以算是其中第一位，后来的地米斯托克利和伯里克利等人也都可归入煽动家之类。他们都擅长用精彩的言论说服在场的同胞。诡辩家安提丰曾说过，在一个民主社会中，"胜利属于最好的演讲者"。雅典人也的确赞同这一言论。显然，无论关于煽动家的批评是否中肯，在民主的雅典，最能言善辩、最精明机敏的人才能拥有最大的影响力。

▎ 苏格拉底和民主

色诺芬和柏拉图笔下的苏格拉底提出了两个反对民主的重要论点。第一个论点是，雅典民主制度的基础是那些没有足够技能来履行其职责的民众。根据色诺芬的记载，苏格拉底是这样论证这一观点的：

> 没有人会雇用一个抽签选出的候选人来担任船舶驾驶员、木匠或音乐家，或任何其他这样的职位——况且，即使完全不能胜任这

些工作，他们造成的灾难性后果也要远远小于糟糕的政治家。

（色诺芬《回忆苏格拉底》1.2.9）

这一论点的另一个论据是，官员的不断更迭会使公民没有时间学习管理城邦所需的专业知识。一名行政官员才刚刚熟悉了他的工作，一年任期就戛然而止，而这时另一名新手又要开始从头学习这个职位的工作内容。

苏格拉底的第二个论点的大意是，广大人民群众不具备足够的智慧和教育水平，无法投票选择真正对他们有利的事物。这意味着，在民主制度下，政治家们不得不遵循人民的想法，而无法秉持真理和正义的原则做出判断。在《理想国》中，柏拉图笔下的苏格拉底提出了这样的观点：一些人应该被训练成"哲学王"，然后以智慧和诚实来统治其他人。柏拉图还详细地描述了这样的统治者应该接受怎样的教育。有趣的是，他认为在理想国中，妇女在接受训练后也可以胜任"哲学王"。

▌批评的自由

矛盾的是，反对民主制度的激进言论可能恰恰体现了古代雅典民主的成功。（图6.15）因为比起古代世界任何其他国家的居民，古代雅典的公民都更有批评自己的政府制度的自由（尽管这仍然有其局限性——苏格拉底在公元前399年被民主法庭判处死刑，因为他提出了不符常理的观点）。当雅典的民主制度在公元前322年崩溃时，这种言论自由似乎也随之而逝。喜剧在雅典的发展就可以证明这一点。

在民主时代，雅典培养了历史上最伟大的政治讽刺家之一阿里斯托芬。同时期还有其他许多针砭时弊的喜剧作家，他们对公共生活发出了辛辣的讽刺和批判。然而，公元前322年马其顿征服雅典后，雅典的

图 6.15　象征"民主"的女神为雅典"人民"（Démos）加冕花冠

民主制度瓦解了，政治讽刺剧也在雅典剧院中完全消失了。取而代之的是"新喜剧"，它倾向于取笑家庭关系和家庭生活——除了政治问题以外的任何事情。

🏆 雅典的遗产

民主制度在古代雅典消亡后，过了 2 000 多年才重新受到欢迎。特别是，18 世纪末的美国和法国革命带来了新的政体，使相当多的公民获得了投票权。写于 1788 年的美国宪法将投票权赋予了自由的白人男性。将近一个世纪后，黑人才获得了投票权。在英国，尽管自 1265 年以来就存在着某种形式的议会，但它的职能非常有限；1780 年，只有不到 3% 的人口被允许投票；直到 1867 年，改革法案才给予了所有男性户主投票权。

而近期，民主才被西方世界接受为无可争议的政府制度。在 18 世纪和 19 世纪，知识界常将"民主"视为一个肮脏的词；1794 年，在法国大革命之后，诗人威廉·华兹华斯对朋友写道，"我属于那类被称为'民主人士'（democrats）的可憎之人"——民主被认为是没有受过教育的暴徒的统治。在 20 世纪，即使是现代民主的标志性人物之一温斯顿·丘吉尔，据说也曾打趣说："与普通选民的 5 分钟对话就是反对民主的最强论据。"

然而，尽管有其局限性，但论及给予所有公民平等的权利，民主仍是相对进步的方式。也许我们应该把最后一句话留给丘吉尔：

> 没有人可以假称民主是完美的或全能的。事实上，有人说，除了所有那些不时被尝试的其他形式的政体，民主是最糟糕的政体。
>
> （温斯顿·丘吉尔，1947 年 11 月 11 日）

第七章　雅典戏剧与节日庆典

　　公元前 6 世纪下半叶的雅典处于蓬勃的发展变化中，而戏剧的出现就是这一时期的大事件之一。"戏剧"一词在古希腊语中的本意是"行动"或"表演"。相应的，最初的戏剧似乎源于纪念酒神狄俄尼索斯的仪式性表演。可以说，欧洲戏剧于这个时期在雅典诞生了。如果没有雅典戏剧，就不可能有我们今天所熟悉的莎士比亚、莫里哀和歌德。

　　我们目前还不清楚，宗教崇拜是如何以及为何演变成戏剧表演的。可以肯定的是，到了公元前 5 世纪初，在雅典最盛大的宗教节日之一——城市酒神节上会演出 3 种类型的戏剧（悲剧、萨提尔剧和喜剧）。因此，宗教是雅典戏剧的核心要素之一，尽管我们今天不会轻易地将宗教与戏剧表演联系起来。雅典戏剧的另一个显著特点是它具有竞争性质：在每个戏剧节上，至少 3 位剧作家会将自己的戏剧搬上舞台，然后这些剧目的优劣将受到评判。在这一点上，城市酒神节之类的雅典戏剧节也许与今天的电影节或奥斯卡颁奖典礼多有相似。

戏剧的起源

关于雅典戏剧在公元前 6 世纪末和公元前 5 世纪的起源和演变，我们有不同类型的可考资料：戏剧文本、后世的希腊作家的评论和分析、与戏剧表演有关的铭文、剧场的遗迹以及陶瓶等艺术品上刻画的戏剧场景等。尽管资料的种类繁多，但我们依然无法确切地理解戏剧的诞生和演变的历史。

现存关于戏剧发展的最有影响力的古代作品是亚里士多德的《诗学》。这是一部写于公元前 330 年左右的著作，着重分析了史诗和悲剧的文字艺术（关于喜剧的第二卷没有流传下来）。然而，我们很难判断亚里士多德对两个世纪前发生的事件的记载有多可靠。事实上，在亚里士多德生活的时代，雅典人似乎已经发展出了一套对戏剧的"历史"的理解，因此亚里士多德的论述应该被看作这种理解的一部分。下文概述了雅典人理解的戏剧发展史，但我们仍应对这段"历史"的真实性怀有疑问。

根据古代文献记载，戏剧的诞生似乎与雅典城中突然兴起的酒神崇拜有关。这可能发生在公元前 6 世纪中叶，当时雅典将维奥蒂亚边境的埃留塞瑞镇纳入了自己的领土。埃留塞瑞镇是酒神狄俄尼索斯崇拜的发源地。雅典僭主庇西特拉图可能看到了这层联系中暗藏的机遇。他希望赢得人民的好感，于是可能抓住了这个时机，将崇拜酒神的节日引入了雅典。

选择狄俄尼索斯作为崇拜对象是相当精明的。因为狄俄尼索斯掌管着葡萄和葡萄酒，所以狄俄尼索斯的节日必然离不开饮酒和狂欢。通过引入酒神崇拜，庇西特拉图实际上给予了他的人民举办大规模聚会的许可。几年之内，4个纪念狄俄尼索斯的节日应运而生：乡村酒神节（12月下旬）、勒纳节（1月中旬）、安塞斯特里昂节（2月中旬）和城市酒神节（3月下旬）。

后来在雅典流行的酒神崇拜包含4个部分，它们似乎影响了戏剧的发展。这4个部分分别是：表示对神的敬仰的团体歌舞，被称为"酒神赞美歌舞"；迈那得斯（酒神狂女）和萨提尔（酒神的随从）这两个群体对酒神的崇拜仪式；以及被称为"科莫斯"（意为狂欢）的传统活动——为庆祝酒神而举行的狂欢聚会（下文皆译为"狂欢"）。

🏆 酒神赞美歌舞

舞蹈是最崇高、最动人、最美丽的艺术，因为它不单单是对生活的翻译或抽象。它就是生活本身。

[哈维洛克·埃利斯（1859—1939），
英国社会改革家]

在今天的西方世界，舞蹈不再像以前那样重要。尽管如此，历史上的每一种文化都承认舞蹈是自我表达的有力方式，也许就像20世纪的杰出舞蹈家和编舞家玛莎·格雷厄姆所言，舞蹈"是灵魂的隐秘语言"。

古希腊人无疑也秉持同样的想法。据说苏格拉底在70岁时还想学习一种新的舞蹈，因为他被舞蹈的美感深深打动。在歌舞队中载歌载舞是婚葬典礼、体育活动、阅兵和宗教节日中的重要活动。许多舞蹈旨在

歌 队

希腊语中的"choros"一般被翻译为歌队，但它实际上指的是结合了歌唱和舞蹈的表演团队。它的英语派生词反映了这种双重含义：合唱团（choir）或唱诗班（choral）等词只与唱歌有关，而编舞者（choreographer）则指为舞者们编排动作的人。今天音乐剧中的合唱队通常既唱歌又跳舞，可能与古希腊歌队最为相似。

尊崇神灵，人们也许会通过舞蹈来呈现神话或感谢神明的庇佑。舞蹈也的确是古希腊人崇拜他们的神灵的基本方式之一。

根据希罗多德的说法，在公元前 7 世纪晚期，科林斯的抒情诗人阿里翁开创了一种特殊的舞蹈，被称为酒神赞美歌舞，用以赞颂酒神狄俄尼索斯。在雅典，酒神赞美歌舞的表演成了城市酒神节的新特色，而一向爱好竞争的雅典人后来又设立了一个部落之间的竞赛。雅典的 10 个部落各派出一个由 50 名成年男子和 50 名男孩组成的歌队，力争酒神赞美歌舞的奖项。

古代资料显示，在公元前 6 世纪下半叶的某个时候，一个名叫泰斯庇斯的雅典人从歌队中独立了出来。他戴着面具，穿着戏服，扮演酒神赞美歌舞中的不同角色并与歌队进行对话。这似乎就是我们所知的戏剧最初的形式——泰斯庇斯将单纯的歌唱神话故事转变为了真正的表演；今天他的名字仍然被保留在英语中的"thespian"一词中，该词义为"戏剧的"或"戏剧演员"。尽管戏剧在发展，但歌队的歌曲和舞蹈仍然是雅典戏剧的基础构成元素。

如果资料可信的话，泰斯庇斯在雅典创新戏剧之后不久，酒神节中就设立了这种新的戏剧形式的比赛：有记录的第一次戏剧比赛似乎是在公元前 534 年举办的，当时泰斯庇斯获得了胜利，他获得的奖品是一只山羊。这或许可以解释"悲剧"（tragedy）一词的起源，因为希腊语中山羊是"tragos"，而在最早的戏剧中，山羊会被作为剧作家的奖品，或者被献祭给酒神狄俄尼索斯。因此，希腊语中，tragōdia（英语 tragedy 的词源）是 tragos（山羊）和 ōdē（歌）的结合，意思是"山羊歌手的歌"。可能到了后来，tragedy 这个词才被用来指称一类描述灾难和不幸的戏剧。

虚伪的表演

早期古希腊语中"演员"一词是"hypocritēs"，字面意思是"解释者"，可能是因为最早的演员只负责解释歌队所讲述的故事。英语中的"伪君子"（hypocrite）一词就是从这里演变而来的，因为它形容的是戴着面具装模作样的虚伪之人。

🏆 酒神狂女迈那得斯

狄俄尼索斯是一位迷人的神祇。他与狂野的力量紧密相关，无论是大自然不可控制的力量，还是可以控制人类的强大情感力量。在欧里庇得斯的《酒神》中，他被描述为"对人类最暴虐也最亲切的神"：他会给那些反对他的人带来巨大的痛苦，但对那些尊敬他的人，他提供了排解生活之苦的途径。他的称谓可以说明他有益人类的一面："给予自由者"和"释放者"。因此，大多数古希腊人迫切地寻求对狄俄尼索斯的崇拜。

狄俄尼索斯最重要的崇拜仪式的主角是被称为"迈那得斯"的妇女。

在悲剧《酒神的伴侣》中，欧里庇得斯描绘了这些妇女的形象：她们身穿鹿皮，手持常春藤枝，在山中狂舞，还会捕捉野生动物并将其生吃。（图 7.1）"迈那得斯"这个名字实际上意为"疯狂的女人"。目前还不清楚欧里庇得斯的描述有多么忠于现实，但其叙述展现了重要的一点：在崇拜仪式的高潮，妇女们相信她们会在狂喜的时刻被狄俄尼索斯附身。

图 7.1　此瓶画展现了酒神狂女在狄俄尼索斯的雕像旁舞蹈

　　现实生活中，酒神的崇拜者们似乎也相信他能为人们带来一种狂喜的体验。在希腊语中，ekstasis（英语中 ecstasy "狂喜"的词源）的意思是"置身自己之外"。在狂喜的时刻，追随者感到自己为神所充满，神将他们从原本的人格中解放出来并允许他们拥有一个新的身份。戏剧显然再现了这种想法。在戏剧中，演员要扮演与自己的人格不同的各种角色（或不止一个人格——古希腊演员经常在一出戏中分饰多个角色）。戴面具也暗示了演员身份的转变。戴面具的做法可能源于某些狄俄尼索斯崇拜的仪式，信众们会在庆祝活动中佩戴酒神的面具。

🏆 萨提尔

　　与狄俄尼索斯密切相关的第二个群体是神话中的萨提尔（图 7.2），他们被认为是半人半兽的林地生物，代表了人类对饮食和性的基本欲

欧里庇得斯《酒神的伴侣》

　　欧里庇得斯去世于公元前 406 年，在此之前不久，他写下了堪称其最伟大的剧作——《酒神的伴侣》。这部作品重新演绎了一段酒神狄俄尼索斯的神话。狄俄尼索斯回到他母亲的城市底比斯，但那里的人们拒绝接受对他的崇拜。为了惩罚他们，他把城里的许多女人赶到了附近的季赛荣山，让她们陷入疯狂的状态。在此状态下，她们误把国王彭透斯认作一头野兽，把他撕成了碎片。彭透斯的母亲阿嘉维把他的头带回底比斯，认为那是一头狮子的头。当她到达那里时，她的疯狂才被消除，她才意识到自己做了什么。

　　该剧的重要性体现在多个方面。其中一个层面是，它让我们了解了为何雅典人将狄俄尼索斯视为"最暴虐也最亲切"的神。因为当底比斯的公民受到酒神的可怕惩罚时，那些来自东方的他的忠实追随者却体验到他带来的狂喜的美妙滋味。该剧对狄俄尼索斯形象的塑造尤为精彩。在序幕中，酒神以自己的身份向观众讲话。然而，他将自己伪装成来自亚洲的游客，直到剧终才露出真面目：戏剧之神本人在自己的节日舞台上，选择抛开自己的伪装，以新的身份出现。

望。在神话中，他们通常伴随在酒神身边饮酒、跳舞和狂欢。在艺术家的描绘中，他们长着毛茸茸的尾巴，塌鼻子，尖耳朵。他们最重要特点的是长着巨大的男性生殖器。狄俄尼索斯可以为他的追随者提供欢乐，让他们的烦恼得到释放，而且他与狂野的自然、生殖和丰收有关。萨提尔的形象便凸显了酒神的这些特点。

　　萨提尔的神话催生了另一种类型的戏剧，即"萨提尔剧"。参加城市酒神节的剧作家必须提供 4 部剧作，包括 3 部悲剧和一部萨提尔剧。因为只有一部萨提尔剧完整地保存了下来（欧里庇得斯的《独眼巨

图 7.2 欢乐的萨提尔制造葡萄酒。画面中包含多个狄俄尼索斯的标志：葡萄、乐器（阿夫洛斯管）和男性生殖器

人》），所以我们对这类剧目知之甚少。但萨提尔剧似乎是轻松诙谐版本的悲剧，歌队总是在其中扮演萨提尔。学者们对这类剧目与悲剧的关系存有很大争议，但它们的目的可能是帮助观众在看完 3 部严肃的悲剧后放松心情。

最早的萨提尔剧早在公元前 501 年就在城市酒神节上演了。值得注意的是，与悲剧不同，萨提尔剧总是与狄俄尼索斯密切相关——酒神似乎是萨提尔剧中的常驻角色，对他的崇拜也正是剧情的核心所在。

🏆 狂欢

酒神节的一个关键要素是狂欢。人们走上城市的街头，喝酒、唱歌和跳舞，以纪念这位神明。狂欢以一个男性生殖器的图形为标志。狄俄尼索斯通常代表着生命力，因此男性生殖器是他的力量、丰产和带来新生命的能力的象征。农业的丰收和人类的繁育能力在古希腊都备受重视，因为古希腊是一个多山的国家，没有多少肥沃的平原；此外，生活充满变数，婴儿的死亡率很高。

在狂欢期间，人们载歌载舞，高举皮革制成的男性生殖器模型，以示对神灵的感激。从这些舞蹈和歌曲中最终发展出了喜剧。在希腊语中，kōmōdia［英语"喜剧"（comedy）的词源］的字面意思是"狂欢之歌"。具有象征意义的男性生殖器模型被保留在许多希腊喜剧中，被作为服装的一部分穿在身上。酒神可以通过酒和歌声为人们解除烦恼，而狂欢也正是人们崇拜酒神的方式之一。在《酒神的伴侣》中，先知泰瑞西阿斯向持怀疑态度的彭透斯解释了酒神的这一面：

> （他）发明了……葡萄汁液做成的饮料，并把它介绍给人们。这种葡萄制成的饮料会使可悲的凡人在喝下它后结束悲伤并给人送去睡眠，让他们在睡梦中忘掉他们白天的忧虑。没有别的方法能治愈我们的苦难。
>
> （欧里庇得斯《酒神的伴侣》278ff.）

剧场的设计

今天，游客仍然可以参观散布在地中海各国的许多保存完好的古典剧场。其中最著名的可能当属伯罗奔尼撒半岛上的埃皮达鲁斯剧场（图 7.3）。即使在今天，这里仍然可以接待超过 10 000 名观众观看戏剧。类似的剧院是从公元前 4 世纪末开始建造的，它们是最早的石制剧场建筑。相比之下，公元前 5 世纪的剧场（其中上演了鼎盛时期的雅典戏剧）是木制的，所以几乎没有任何痕迹留存下来。对于公元前 5 世纪剧院空间的确切细节，学者们有很多争论，但我们可以从现有的资料中得到一些合理的猜想。

雅典的主要剧场是狄俄尼索斯剧院（图 7.4）。它位于雅典卫城的南侧，紧挨着狄俄尼索斯神的神庙；附近还有一座音乐厅，由伯里克利在公元前 450—前 440 年委托建造。今天依然留存的遗迹可以追溯到公元前 5 世纪之后。狄俄尼索斯剧场的石制结构完成于公元前 330—前 320 年，可以容纳约 17 000 名观众。几个世纪以来，特别是在罗马时代，它经历了重大的变化。而相比之下，在公元前 5 世纪，观众可能会坐在山坡上的木头长椅上，向下俯瞰舞台——一个用土堆砌的简单舞蹈区。舞台的后面是一个木制建筑，即景屋。剧场在这时的容量可能要小得多，大约能容纳 6 000 人。

剧场的位置很重要。将剧场建在雅典卫城的南面，可以避免冬季经常吹来的寒冷北风。除此实际的考虑之外，因为剧院被夹在城市的宗教中心卫城和下方的狄俄尼索斯神庙之间，这个位置还具有象征意义（图 7.5）。随着戏剧的发展，该区域成了雅典的"剧院区"。绕过卫城的

图 7.3 今天的埃皮达鲁斯剧场。这座剧场最早修建于公元前 4 世纪下半叶，是古希腊石
制剧场的典型代表

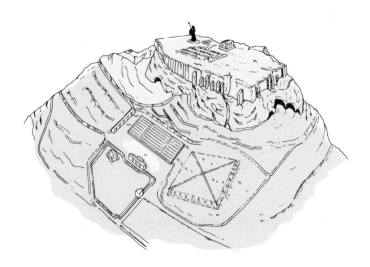

图 7.4 公元前 5 世纪的木制狄俄尼索斯剧场的艺术还原。右下的伯里克利剧场是为了显
示早期剧场的相对位置

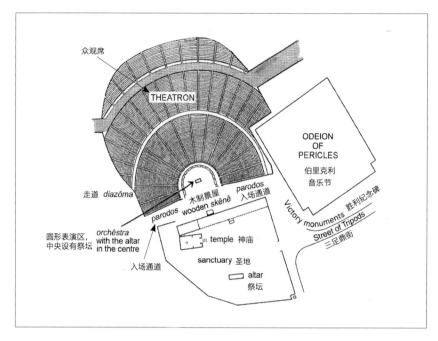

图 7.5　公元前 4 世纪狄俄尼索斯剧场和神庙建筑的平面图

北面和东面，通往剧场的街道被称为"三足鼎街"，因为许多酒神节戏剧竞赛的胜利者都会建造一座纪念碑来展示他的奖品——通常是一座大型青铜三足鼎。

🏆 观众席

观看区［theatron，是"剧院"（theatre）一词的来源］是剧场中观众就座的区域。观众席通常依山坡走势而建，这样就自然形成了一个座位高低错落的观看区（图 7.6）。这也使得所有的观众都能清楚地看到舞台，无论他们与演员的距离有多远。许多剧院所处的特殊地理位置还使得观众得以远眺舞台以外数英里的壮丽景色。

图 7.6　在雅典的狄俄尼索斯剧场遗迹中仍然可见其贵宾席

在公元前 4 世纪末建造的石制剧场中，观众席的形状至少是半圆形的，有些剧场还允许座位进一步弯曲成圆形。这种设计创造了出色的声学效果——即使在今天，在埃皮达鲁斯剧场的观众席的最上面一排，依然可以清楚地听到舞台上演员的低语。公元前 5 世纪剧场的音响效果一定很好，否则戏剧也不可能吸引如此多的观众。

从公元前 5 世纪开始，观众席的前排被预留给官员和贵宾。这一排被称为"前面的座位"。在狄俄尼索斯剧场里，前排最中央的座位是为狄俄尼索斯的祭司所保留的。

🏆 圆形表演区

圆形表演区的希腊语 Orchēstra 是"舞蹈区域"的意思。在公元前4世纪的石制狄俄尼索斯剧场中，圆形表演区位于剧场的前面，是一个圆形区域，直径约为 20 米，其前部的一半被观众席的座位环绕。圆形表演区是歌队唱歌和跳舞的地方——他们永远不会出现在舞台上。这样做会让观众更紧密地认同歌队而不是演员。在圆形表演区的中心设有一座狄俄尼索斯神的祭坛，它提醒所有在场的人，这位神灵正在注视着他的节日。

舞台是为主要演员保留的，如果需要的话，演员可以通过台阶在舞台和圆形表演区之间移动。圆形表演区的两侧设有通道，被称为"入场通道"，是演员、歌队和观众进入圆形表演区或观众席的必经之路。

🏆 景屋

在圆形表演区后面有一个低矮的木制舞台，叫作"前景"（proskēnē，关于这个舞台是什么时候引入剧场的，有一些争论；它可能在较后期才存在）。在前景后面是一个叫作"景屋"（skēnē）的建筑，这个词的原意是"帐篷"或"亭子"。然而，作为剧场中的一项装置，它指的是一间规模不小的木制小屋，有一个向舞台敞开的双开门（一些剧场，包括雅典的狄俄尼索斯剧场，还有两个较小的侧门）。英语中"风景""布景"（scenery）一词即来自"skēnē"，因为该建筑为表演提供了一个背景。（图7.7）

景屋也是演员们的更衣室，所以服装和道具都被存放在这里。景屋里面有一架梯子，与屋顶的活板门连通。演员可以由此爬上屋顶，将

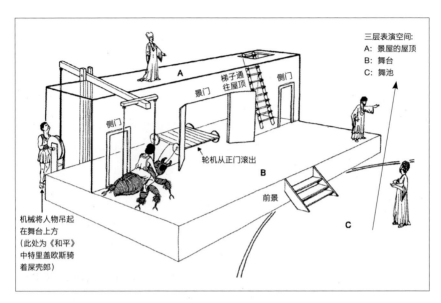

图 7.7　剧场的前景（proskēnē）和景屋（skēnē），舞台机械（mēchanē）和轮机（ekkyklēma）以及 3 层演出平台

屋顶用作第三个表演区（通常剧中在屋顶上出现的是神的角色）。景屋的前墙上可能饰有绘画或装饰物，使戏剧的布景更具特色。这些装饰并不是为某一部戏剧量身定做的，因为有着不同场景设定的戏剧很快就会接连上演。例如，在公元前 431 年，欧里庇得斯的《美狄亚》的场景设定是在科林斯的王宫前，而接着演出的《菲洛克忒忒斯》的场景则是在莱姆诺斯岛的一个山洞中。

🏆 特效和道具

今天，观众在走入剧场时需要尽量"将怀疑抛诸脑后"，以便更好地欣赏舞台上的表演。现代剧院通常依靠特效来帮助观众入戏，尤其是靠人工照明、经过强化的声效和复杂的布景。古希腊剧场没有这些，它依靠日光、声学知识和观众的意愿来创造戏剧性的幻觉。因此，古典学家奥利弗·塔普林将古希腊剧场形容为"心灵的剧院"。

然而，古希腊剧院也常备两种装置，用于制造特殊效果。一种被称为"轮机"（ekkyklēma，意为"轮子上的东西"），可能是一个带轮子的木制平台，通过大门被运到舞台上，展示出室内发生的场景（它经常呈现出在故事主线之外死亡的人物的尸体）。一位古代评论家这样描述它：

> 它将向外面的人（我指的是观众）呈现发生在室内的事情。
>
> （阿里斯托芬《阿哈奈人》批注，第 408 行）

有些人认为轮机的式样可能与之前所描述的不同，因为一些资料谈到了它的旋转。根据对这种式样的描述，大门在它下方的一块圆形地板上旋转，呈现出一个室内场景。

第二种装置被称为"机械"（mēchanē）。这是一个位于景屋左侧的起重机，用于将人物吊到屋顶上方的空中。最常见的情况是，在戏剧的尾声，一位神出现在上空，来解决人类的事务纠纷。由此，我们仍然使用"机械降神"这个说法来描述在困难的局面下一些意外好运的降临。

在阿里斯托芬的喜剧《和平》中，机械甚至被用来制造幽默。 剧中的主人公特里盖欧斯是一名雅典农民，他骑着一只巨大的屎壳郎飞向天空，拯救了和平女神并将她带回了饱受战争蹂躏的希腊。当他骑在被装饰成屎壳郎的机械上（如图 7.7 所示）时，演员打破了戏剧的假象，直接对机械操作员说话：

> 帮帮忙！我是认真的，这很严肃！ 说你呢，站在下面的机械操作员，看在天神的分上，小心一点！我的肚子里已经进了风，如果你不小心点，屎壳郎这顿可有得吃了！
>
> （阿里斯托芬《和平》173—6）

悲剧中的特效装置

欧里庇得斯的两部悲剧很好地展示了轮机和机械的使用方式。在《希波吕托斯》的开头，菲德拉爱上了她的继子希波吕托斯。她在求爱被拒后自杀，并在遗书中声称希波吕托斯意欲强奸她。她的尸体被呈现在轮机上，遗书还留在她的手边。忒修斯读了她的遗书，要求希波吕托斯解释此事。在接下来的对话中，她的尸体一直处于观众的观看之下，象征着菲德拉将她的秘密带入了坟墓。

悲剧中使用机械最著名的场景也许是《美狄亚》中美狄亚在戏剧结尾处的逃脱。欧里庇得斯让她乘坐由龙拉动的战车来到她的祖父太阳神身边，从而使她逃脱了杀害自己孩子应受的惩罚。（图 7.8）该剧的最后一幕是美狄亚和伊阿宋之间的对话，美狄亚高高居于神明在舞台机械上的位置，伊阿宋则留在舞台上，几近发狂却无能为力。

在《希波吕托斯》中，显然还需要一个小而重要的道具，即写有菲德拉遗书的木板。一些剧目还需要用到更多不同寻常的道具。《酒神的伴侣》中有一个有些吓人的例子：阿嘉维高举着她儿子的头颅出现在舞台上，而且在她意识到自己的所作所为之前，这颗头颅一直被呈现在观众面前。

戏剧中还有一些以简单的方式制造出的额外的声音效果。有时，歌队成员会模仿非人类的声音。例如，阿里斯托芬的《蛙》中，扮演青蛙的歌队在狄俄尼索斯划过冥河时发出了著名的青蛙叫声："布莱科科科斯呱呱。"

图 7.8　此瓶画展现了美狄亚使用机械（被包装为双龙拉动的马车）逃离舞台的场景。与
　　　　欧里庇得斯剧中的情节不同，在这个陶瓶的描绘中，被美狄亚杀害的两个孩子留
　　　　在轮机上，家庭教师在为他们哀悼，画面左边的伊阿宋绝望地望向天空

城市酒神节

　　城市酒神节（或译为大酒神节）是雅典日历中最重要的戏剧节日。
它在雅典的"埃拉菲波利"月中旬，相当于 3 月下旬左右举行，因为初
春时节是庆祝生命和重生之神狄俄尼索斯的理想时间。此时也是航海
季节的开始，因此节日吸引了许多来自更广阔的古希腊世界的游客（相

反，由于"勒纳节"是在 1 月举行的，它只吸引雅典的观众）。节日期间，公共事务停止，法庭关闭，囚犯甚至会被释放一天以观看戏剧。在公元前 5 世纪后期，节日的主要部分会持续 5 天，除了戏剧比赛外，还会进行许多其他活动，包括游行、祭祀和合唱比赛。

雅典戏剧节的兴盛开始于该城经历重大政治变革的时期，这可能并非巧合——在克里斯提尼于公元前 508 或前 507 年实行改革后，公共节日纷纷开始反映雅典新兴的民主精神。由雅典的民选官员组织的城市酒神节也不例外。在某个层面上，新的民主制度给予了剧作家们前所未有的表达自由的机会，因此他们可以写出质疑和批评社会的剧作；此外，该节日本身是民主的，因为雅典公民可以以各种方式参与其中。公元前 5 世纪的雅典戏剧是由人民演出、为人民演出的。

🏆 节日的准备工作

城市酒神节的筹备工作在前一年的夏天就开始了，早于节日好几个月。任何希望参加比赛的悲剧作家都可以向命名执政官提交四个剧本（三部悲剧和一部萨提尔剧）的概要。而喜剧作家只需要提交一个剧本的概要。我们不知道执政官是如何选择的，但据说他为他喜欢的剧作家"授予一个歌队"。三人组成的歌队将参与三部悲剧和一部萨提尔剧的创作，而五人组成的歌队将共同创作一部喜剧。然后他们必须尽快完成写作，以便有足够的时间进行排练。

▍歌队的资助者

执政官的另一项职责是为每位剧作家选择一名"歌队的资助者"（歌队的领导者）。歌队的资助者是一套戏剧的监督者和资助者，所以他的投入对戏剧的成功至关重要。正如前文所述，富裕的雅典人被要求履行称为"公益捐税"的公共服务，这是对富人的一种附加税，担任歌队的资助者也是捐税的一种类型。事实上，许多富有的雅典人非常愿意成为某一年的歌队的资助者，因为如果在他们的帮助下，这样一个重要的节日获得成功，那么他们就能在城市中获得相当的名声和人气。在这方面，担任歌队的资助者与今天赞助重大公共活动有着相似的意义。在职业生涯的早期，政治领袖伯里克利曾在公元前 472 年的城市酒神节中担任埃斯库罗斯的一系列戏剧（包括《波斯人》）的歌队的资助者。

要胜任这个职位，歌队的资助者需要花费大量的钱财。我们从资料中得知，公元前 410 年，一位负责悲剧的歌队的资助者花费了 3 000 德拉克马；公元前 402 年，一位喜剧歌队的资助者则花费了 1 600 德拉克马。歌队的资助者必须包揽排演戏剧所涉及的几乎所有的费用：服装、道具、面具、特殊效果、歌队和伴奏乐师的工资，以及在节日结束时为演员们举办的宴会。他还必须挑选所有的歌队成员，为他们提供食物、训练场所，有时甚至还有住宿。此外，如果剧作家没有足够的技能来训练他自己的歌队，那么歌队的资助者还必须雇用一名专业的培训师。如果资助的剧作家在戏剧节中获胜，歌队的资助者可能还要花钱建造一座胜利纪念碑，上面会刻上他自己的名字以及命名执政官、主要演员和乐师的名字（图 7.9）。

这样的花费似乎让一些人感到不可思议。普鲁塔克引用了一位匿名的斯巴达人的话，他因为雅典人把巨款花在戏剧上而不是军队上而深感震惊：

> 如果计算每部戏剧的成本，雅典人在制作《酒神的伴侣》《腓尼基妇女》《俄狄浦斯》，以及描述《美狄亚》和《厄勒克特拉》的不幸遭遇的戏剧上的花费，似乎比他们维持帝国和为自由而作战的花费还要多。

（普鲁塔克《论雅典的荣耀》348f—349a）

图 7.9　这座仍然矗立在雅典的胜利纪念碑由歌队的资助者利希克拉特斯建立。这座纪念碑是为了庆祝他在公元前 334 年的戏剧节上取得胜利

🏆 节日

　　在戏剧节开始前一两天，人们在音乐厅举行预赛。剧目在这个仪式上被公布，每位剧作家在满座的观众面前走上台前，对他的 4 个剧本做一个简短的概述。接下来，他将介绍他的歌队的资助者、演员和乐师，他们都戴着花环。演员可能还会读一小段其中一个剧目中的段落，这可以算作古代版本的电影预告片。这是演员们唯一一次不戴面具出现在舞台上，所以也是一个让观众看到他们长相的机会。

　　在节日开始的前一天晚上，一尊木制的狄俄尼索斯雕像被从城外的神庙运进雅典城内。这个被称为"送入"的火炬游行，是为了重现狄俄尼索斯第一次从埃留塞瑞到达雅典的情景。接受军事训练阶段的雅典学生护送雕像到达狄俄尼索斯剧场，然后人们在那里举行祭祀活动。此后，雕像在整个戏剧表演期间一直留在剧场里，象征着酒神亲临节日现场。

下面列出了公元前 430 年左右城市酒神节的活动安排。

日　　期	活　　动
埃拉菲波利月 8 日	预赛
9 日	火炬游行
10 日（第一天）	庞佩游行 酒神赞美歌舞比赛 狂欢
11 日（第二天）	开幕仪式 5 部喜剧
12 日（第三天）	3 部悲剧，1 部萨提尔剧
13 日（第四天）	3 部悲剧，1 部萨提尔剧
14 日（第五天）	3 部悲剧，1 部萨提尔剧 评审和颁奖
几天后	回顾

第一天

在第一天的早晨，人们举行盛大的游行，或称"庞佩游行"。它从城外开始，穿过街道到达广场，然后前往狄俄尼索斯神庙。在那里，游行的气氛在一头圣牛和许多其他动物的祭祀中达到顶点。当天晚上，城里的男性在街上狂欢。根据现有的资料，我们可以再现酒神节期间一个典型的雅典人的一天。

如果他住在乡下，他一定会早点出发，加入向城市进发的喧闹的人群。同行的人们拥有各种背景——富人和穷人、公民和外乡人、年轻人和老年人，他们中的大多数人都在欢笑、叫喊和开玩笑。到达城门后，他们肯定会为游行开始时沸反盈天的场景所震撼。打扮得最鲜艳亮眼的可能是身穿紫色长袍、端着祭品托盘的外乡人们。歌队的资助者们，也许正展示着他们精工细造的华丽长袍。其余的人群由公民组成：有些人肩上挂着皮酒壶，有些人拿着专门为祭祀烤制的面包，更多的人则举着纪念狄俄尼索斯的男性生殖器模型。人们还有可能瞥见"提花篮者"——这位贵族少女提着一个金篮子，里面装满了春天的第一批水果，它们都是献给神的供品。

一旦游行开始，人们就会看到神圣的公牛和多达200头其他祭祀动物被驱赶着穿过街道前往卫城。人们会在沿途停下来，在祭坛前唱歌跳舞。其中最重要的是广场上的十二神祭坛，歌声和舞蹈会在那里达到顶峰。然后，祭祀的时间将近时，游行队伍会向狄俄尼索斯神庙走去。

雅典人很可能在这一天的下午观看酒神赞美歌舞的比赛。这些比赛是节日的一个关键部分，表演也需要多次排练。每个部落都要选出两个歌队，一个由少年组成，一个由成年男性组成。他们会在剧场的圆形舞台上表演酒神赞美歌舞。每个歌队都由一位歌队的资助者资助。如果歌队在比赛中胜出，其歌队的资助者将获得巨大的荣誉以及获得冠冕和三足鼎的奖励。

夜幕降临时，人们会畅享祭肉，痛饮美酒，同时还会感谢狄俄尼索斯。然后，他们会走到街上，加入狂欢的人群，在火炬的照耀下，在弹奏阿夫洛斯管和基塔拉琴的乐师的带领下，纵情歌舞。狂欢将持续到深夜。也许对一些人来说狂欢结束得太晚了，因为他们第二天早上还要早早地去剧场看戏!

▎第二至五天（戏剧日）

虽然活动安排多年来有所变化，但在公元前 5 世纪下半叶，戏剧节的第二日是喜剧比赛日，5 位喜剧作家各呈现一出剧目（在伯罗奔尼撒战争期间，可能只演出 3 出喜剧）。第三至五天是悲剧比赛：每天由 1 位剧作家展示他的 3 部悲剧和 1 部萨提尔剧。剧作家们抽签决定自己的剧目在哪一天上演。演出一早就开始了，而且肯定会持续一整天。

在第二天的演出开始之前，人们会先在狄俄尼索斯剧场举行盛大的开幕仪式。狄俄尼索斯的祭司首先在祭坛上献祭一头小猪，然后雅典的 10 位将军向 12 位神灵泼洒祭酒。在这之后，3 项重要的展示依次进行。

- 纳贡游行。在公元前 5 世纪的雅典帝国，所有臣服于雅典的盟友都必须在每年的这个时候缴纳贡金。这些钱被抬进剧场的圆形表演区，供观众观看。
- 宣告荣誉。传令官宣布为城市做出杰出贡献的公民的名字，并授予他们冠冕。
- 孤儿游行。那些父亲为雅典牺牲的男孩和青年列队进入圆形表演区。城邦支付他们的教育费用，以示对其父亲的尊重。当年年满 18 岁的青年被授予一套盔甲，并被宣布成为独立公民。

开幕仪式显然是一个具有重大政治意义的时刻。纳贡游行尤其能说明这一点：400 名受雇的搬运工将纳贡的金钱送入剧场，每个人都拿着一个布袋，其中装着一塔兰同的白银（相当于 6 000 德拉克马）。此外，和平时期最大规模的雅典集会见证了这场仪式。只有在战场上，才会有更多的雅典人聚集在一起。

▎观众

剧场的入场费是每天 2 奥波勒斯。由于这大约相当于一个非熟练工人一天的工资，穷人在早期可能无法参与节日。然而，在公元前 5 世纪下半叶（也可能更晚），雅典设立了戏剧基金，为无力支付门票的贫穷公民提供剧场的入场费。这确保了戏剧比赛可以对所有公民开放，无论贫富，无论老少。

支付入场费后，每个公民都会得到一个印有其部落字母的票证。公元前 4 世纪末的剧场的观众席被分为 13 个部分，其中 10 个部分似乎是为 10 个部落准备的，而另外 3 个部分可能是为外乡居民、外国游客和妇女所保留的——我们尚不确定妇女是否可以出席戏剧演出，即使可以，她们的人数也不会很多。前排和后面的座位是为重要官员保留的，包括议会的 500 名成员、军事训练期的青年、外国和盟国的重要人物、将军、其他重要的行政官员以及酒神的祭司。

公元前 5 世纪，剧场的座位安排很可能不那么规范，但肯定还是与后来的安排方式有一些相似之处，特别是在为重要官员保留座位方面。例如，酒神的祭司会落座于一个尊贵的位置。在公元前 405 年上演的阿里斯托芬的《蛙》中，酒神狄俄尼索斯这个角色在惊恐中直接对祭司说话：

> 哦，祭司先生，请保护我，别忘了演出结束后我们还要一起喝酒！
>
> （阿里斯托芬《蛙》297）

为了更舒适地看戏，观众可能会将垫子和食物等带入剧场。如果天气不好，他们可能还需要准备好合适的衣服来抵御风雨。尽管这是一个宗教节日，但在观看戏剧时，观众们无疑是各持意见、议论纷纷的。因此，与今天的观众相比，他们可能更像莎士比亚时代的英国观众。有资料显示，观众在不满意的时候会发出嘘声、叫喊声或跺脚。喜剧观众肯定尤为活跃，他们的表现可能与今天的哑剧观众相似。因此，剧场会专门雇用一支警察部队，其成员被称为"执棒者"，来殴打那些不守规矩的观众。

为自由而歌唱

由于许多雅典人都曾参加过歌队，他们作为观众，一定拥有较充分的知识和鉴别力。几个世纪后的普鲁塔克用一个故事说明了这一点，同时这也说明了雅典戏剧在更广泛的古希腊世界的流行。

在公元前 413 年，许多雅典人在灾难性的西西里远征后被俘并被囚禁在锡拉库萨的采石场。在那里，雅典人受到了俘虏他们的锡拉库萨人的野蛮对待。然而，根据普鲁塔克的说法，这些锡拉库萨人对欧里庇得斯的戏剧情有独钟，以至于他们准备供养甚至释放任何能演唱他的歌队歌曲的雅典人。回到雅典后，那些被释放的人拜访了欧里庇得斯，感谢他的救命之恩。

▍第五天（评审）

戏剧的评审在第五天结束时进行。雅典城市酒神节的戏剧评审制度是高度随机的，旨在避免任何不公平的影响或贿赂。评委们必须投票选出获胜的悲剧和喜剧作家，其过程如下。

- 在戏剧节开始之前，议会拟定一份包含雅典 10 个部落公民的名字的名单。
- 名单中每个部落公民的名字被密封在一个陶瓮里，然后这 10 个陶瓮被存放在卫城。

- 在戏剧上演的第一天早上，这 10 个陶瓮被送进剧场，由命名执政官从每个陶瓮中随机抽出一个名字。这 10 位公民随后被任命为比赛的评委并宣誓保证评审的公正性。

- 评委们观看所有的戏剧，而且他们无疑会受到观众反应的影响。在节日的第五天，每位评委都在一块木板上写下了他所喜爱的戏剧编号的顺序。然后，10 块木板都被放进一个陶瓮中。

- 然后，命名执政官从 10 块木板中随机抽出 5 块，得票最多的剧作家获胜。执政官宣布获胜的剧作家的名字并为他戴上常春藤花环。

在阿里斯托芬的《公民大会妇女》中，歌队的领唱表达了关于评审过程的有趣见解。剧中，他跳出了剧情，开始直接向评委们讲话：

> 我对评委们说一句话：你们中间有知识分子吗？请根据我们的戏剧的机智和智慧来评判。你们喜欢大笑吗？那就以我们给你们带来的乐趣来评判——这应该能确保你们几乎所有人都能给我们打最高分。哦，不要因为我们先上场而对我们区别对待，这只是抽签的结果。你们必须记住这一切并遵守你们的誓言，始终公正地做出评判，而不是像那种女孩，只记得她最近睡过的家伙。

> （阿里斯托芬《公民大会妇女》1154—62）

值得注意的是，这些句子一定是在抽签决定演出顺序后的最后一刻才临时加进去的。

当评委们做出决定后，参赛者们就去参加歌队的资助者举办的剧组聚会。这是以纪念狄俄尼索斯为由的最后一次喝酒和狂欢的机会。

▎回顾

几天后，雅典公民大会在狄俄尼索斯剧场召开，回顾刚刚过去的酒神节。任何公民都可以对节日的运作方式提出申诉。如果他的投诉得到认可，那么命名执政官就会被罚款。然而，如果公民大会认为节日举办得很成功，他们也可以投票授予执政官一项冠冕，以感谢他的付出。

悲　剧

我们对泰斯庇斯时代的第一批悲剧知之甚少。然而，无论其起源如何，到了公元前 5 世纪初，悲剧显然已经开始关注人类的痛苦。这方面最早的证据之一来自希罗多德，他描述了公元前 493 年，一出早期剧作家普律尼科司的戏剧引起了雅典观众的悲伤：

> 相反，雅典人以多种方式表达了他们对米利都被攻陷的深深忧虑，特别是当普律尼科司的戏剧《攻占米利都》上演时，剧院里的观众都哭了起来。剧作家被罚款 1 000 德拉克马，因为他让观众们想起了一场他们讳莫如深的灾难。他们禁止任何人再把这出戏搬上舞台。
>
> （希罗多德《历史》6.21）

米利都是一个与雅典关系密切的城市，曾在爱奥尼亚反波斯的起义中发挥了主导作用，结果在公元前 494 年被波斯军队夷为平地。由于雅典人也参与了起义的早期阶段，他们可能担心自己会成为波斯人下一个报复的目标。普律尼科司一定很勇敢，敢于在他的戏剧中讨论这样一起刚发生不久的事件（他这样做也很不寻常，因为大多数悲剧都不涉及当代的历史事件）。这部悲剧的主题和雅典人对它的反应表明，在那个时期，悲剧正试图让人们直面他们最深的恐惧——悲剧的体裁已经开始"在舞台上展现人类的痛苦"。

人类为什么要承受痛苦？我们能在多大程度上掌控自己的命运？是什么使一个人成为英雄？悲剧所要面对的正是这些关于人类生命的基本问题。悲剧并不使用有明确结论的情节来提供简单的答案；相反，它们通常在主人公的强烈痛苦中结束（虽然在某些情况下，如埃斯库罗斯的《欧墨尼得斯》，潜在的灾难被避免了，因此悲剧在快乐中结局）。观众被邀请与剧中人物一起"受苦"[sympathein，英语中"同情"（sympathize）的词源]，也许可以由此反思自己生活中的痛苦。

悲剧是庄严而严肃的，它们呈现出的高贵的人物，在承受痛苦的同时维持着自己的尊严。因此，剧作家们从古希腊神话中汲取了许多带有英雄主义色彩的、关于苦难的故事。除了埃斯库罗斯的《波斯人》这一例外，每部现存的悲剧都讲述了希腊神话中的一个故事。因此，观众通常事先就知道大致的剧情，而看戏的乐趣在于品鉴剧作家如何诠释这段故事。事实上，剧作家们经常根据同一个神话进行创作。例如，三大悲剧家各创作过一部关于厄勒克特拉的戏剧。

悲剧作家

剧作家所包揽的工作之繁复令人佩服。他们不仅撰写戏剧中的每一句诗行，还创作音乐。一些剧作家，如埃斯库罗斯，甚至还训练和编排歌队并亲自出演戏剧。

公元前5世纪的雅典见证了悲剧空前绝后的繁荣。在之后的一个世纪里，3 位伟大的悲剧家——埃斯库罗斯、索福克勒斯和欧里庇得斯——的作品被列为经典，他们的文本被保存了下来，剧目也被重新演出，因此这 3 位悲剧家的作品得以一直流传到现代。另外，我们知道至少有 50 位悲剧作家活跃在公元前 5 世纪，其中一些作家，如普律尼科司，显然颇有影响力。我们对公元前 4 世纪的悲剧的了解非常有限，但不能否定那一时期可能也有其他同样有才华的剧作家。

时 事 问 题

尽管这些戏剧的背景是神话时代，但它们仍然具有现实意义，与当时的社会息息相关。现存的戏剧提出的一些问题肯定曾让公元前 5 世纪的雅典观众感到震惊。例如，埃斯库罗斯的《欧墨尼得斯》作为《俄瑞斯忒亚》三联剧之一，于公元前 458 年首次上演，讲述了雅典法律制度的起源，而此时厄菲阿尔特刚刚进行了法律制度改革。如果像许多学者认为的那样，索福克勒斯的《俄狄浦斯王》上演于公元前 430—前 420 年初，那么它的开头，即底比斯人正在遭受一场灾难性的瘟疫，一定会让观众想起公元前 430 年袭击雅典的可怕瘟疫。此外，欧里庇得斯的一些戏剧，如《特洛伊妇女》和《安德洛玛刻》，在雅典与斯巴达的冲突愈演愈烈之时，对战争的性质提出了强有力的质疑。

▎埃斯库罗斯（约公元前 525— 前 456 年）

亚里士多德告诉我们，埃斯库罗斯在舞台上引入了第二个演员，这是对泰斯庇斯的独角戏传统的根本性发展。后来他又效仿索福克勒斯的模式，使用了第三个演员。埃斯库罗斯可能创作了大约 80 部悲剧，但今天只有 6 部留存了下来（还有一部有时也归在他名下），其中 3 部属于他在公元前 458 年推出的《俄瑞斯忒亚》三联剧——这是由《阿伽门农》《奠酒人》和《欧墨尼得斯》3 部作品组成的系列，叙述了阿特柔斯家族遭受的诅咒以及正义在雅典的降临。埃斯库罗斯的戏剧很有特色，他的语言风格非常华丽庄重。歌队和歌曲仍然是剧中最基本的元素：《请愿妇女》中一半以上的台词是唱出来的。

埃斯库罗斯在成年后经历了希波战争，这一定影响了他个性的形成。现存的他最早的作品《波斯人》讲述了公元前 480 年波斯人在萨拉米斯海湾战败的事件。他可能亲自参加了这场战役，而且他肯定在 10 年前参加了马拉松战役（希罗多德告诉我们，埃斯库罗斯的兄弟在这场战役中身亡）。事实上，尽管埃斯库罗斯在艺术上成就卓著，但他似乎对自己作为马拉松老兵的身份最为自豪。他为自己撰写了一篇墓志铭，其中记录了他在马拉松战役中的经历，却没有提及他的艺术生涯。

▍索福克勒斯（约公元前 496— 前 406 年）

索福克勒斯是这 3 位悲剧家中最有创意的一位。我们通常认为他为戏剧引入了第三个演员，将歌队成员的数量从 12 人增加到了 15 人，并通过改进景屋的外观，使布景营造出更足的氛围。作为一位剧作家，他似乎已经摆脱了早期剧作家创作一系列关于同一神话的连环剧（三联剧或四联剧）的惯例，而是通常向戏剧节提交一系列互无关联的剧目。与埃斯库罗斯相比，他还弱化了歌队的作用：在埃斯库罗斯现存的戏剧中，歌队承担 30%—50% 的台词，而在索福克勒斯的戏剧中，这一数字仅为 20% 左右。

索福克勒斯非常成功，至少赢得了 18 次比赛，而且名次从未低于第二名。据说他共创作了 120 多部剧本，但只有 7 部流传了下来，其中最著名的是他的"底比斯剧"，包括《安提戈涅》《俄狄浦斯王》和《俄狄浦斯在克罗诺斯》（尽管它们阐释的是同一个神话，但它们并没有形成三联剧，而是相隔多年才演出）。索福克勒斯也是雅典的一位重要政治人物，曾在公元前 441 年与伯里克利一起担任将军。

▌欧里庇得斯（约公元前 480— 前 406 年）

比起在世时，欧里庇得斯似乎在后世更受欢迎（他只在戏剧节上取得了 5 次胜利）。这可能是因为他是一个不拘一格的剧作家，喜欢震撼观众并在情节和人物上做出创新（例如，《美狄亚》的神话通常不以美狄亚杀死她的孩子为结局）。比起其他两位剧作家，欧里庇得斯经常呈现悲剧的圆满结局。他晚期的一些剧作，如《伊菲革涅亚在陶里克人中》《伊翁》和《海伦》，都相似地以拯救、重逢和大团圆等情节为结局。它们有时被归入"浪漫悲剧"的类型，对后来的希腊和罗马喜剧有很大的影响。

阿里斯托芬经常在喜剧中讽刺欧里庇得斯，把他描写成一个出身卑微的剧作家，创造出危险的女性角色和沦落的伟大英雄，与埃斯库罗斯的宏伟格局相去甚远。古代作家经常把欧里庇得斯与当时雅典的思想运动联系起来，尤其是与苏格拉底相关联。欧里庇得斯对他笔下人物的

相 互 尊 重

虽然剧作家们经常相互竞争，但有一个动人的故事说明了他们对彼此的尊重。公元前 406 年，雅典酒神节的预赛前不久，传来了欧里庇得斯去世的消息。据说，索福克勒斯穿着丧服出现在了音乐厅，带领他的歌队和演员们开始了表演，而所有表演者都没有佩戴他们往常佩戴的花环。当观众们看到索福克勒斯时，他们也都痛哭了起来。

心理特别感兴趣，这些人物通常都很复杂，有一波三折的经历，其中一些人物遭受的痛苦令人不忍卒读。因此，亚里士多德认为他是 3 位剧作家中"最悲剧"的。欧里庇得斯的 18 部（有时被认为有 19 部）剧作被保存下来，但据说他总共写有 92 部作品。

▌阿里斯托芬的《蛙》

当阿里斯托芬在公元前 405 年写下他的喜剧《蛙》时，欧里庇得斯和索福克勒斯已都在前一年去世了，雅典人也许担心他们的悲剧再也无法重回以往的水平。在《蛙》的情节中，酒神狄俄尼索斯下到冥界，举行了一场比赛，试图让 3 位伟大的悲剧家中的一位起死回生。索福克勒斯过于谦虚和恭敬，不敢向埃斯库罗斯挑战，所以只能由欧里庇得斯与埃斯库罗斯一较高下。

在比赛期间，这两个人物互相批评对方的风格和语言。从中，我们可以了解雅典人怎样看待他们的作品。然而，可以说最有趣的时刻是这两位作者达成了共识——一个好的剧作家的责任是教育他的观众。当欧里庇得斯被问及一个好的诗人应该具备什么品质时，他回答："他应该给人们上一堂课，让人们成为更好的公民。"不久之后，剧中的埃斯库罗斯又说："从古以来，真正伟大的诗人都是能给人带来有益教训的人。"

🏆 观看悲剧

古代和现代戏剧之间有一些明显的区别。公元前 5 世纪的戏剧只在戏剧节上演出一次。这与现代戏剧很不同，现代戏剧通常要演出很多次，有时要演好几年。第二个关键区别是，古代戏剧的剧本不是为了被阅读或被研究而写。写剧本等一切工作都是为了一次戏剧表演所做的准备（然而还是有许多戏剧文本被保存了下来并被再次演出，尤其是在公元前 4 世纪时）。因此，要分析古希腊悲剧，我们必须复原观众可能经历的情况。

古代和现代观众的体验有着显而易见的差异。古希腊的演出是在白天的室外进行的；只有 3 个演员扮演所有的主要角色；所有的演员都戴着面具；在戏剧的场景之间，歌队会在圆形表演区中唱歌和跳舞。这最后一点是最值得强调的。观看古代悲剧也许类似观看舞台剧、歌剧和芭蕾舞的结合体。唱歌和跳舞与表演本身一样，都是戏剧演出的要素。此外，古代戏剧与酒神赞美歌舞及酒神本身有着直接的联系。

音　乐

音乐对古希腊戏剧的重要性是不容忽视的，我们可以将其与今天音乐之于歌剧或音乐剧的作用相比。诗人用音乐来增强情感强度——一位名叫亚里士多塞诺斯的古代评论家指出，"当我们变得情绪化时"，语言开始听起来像歌曲。例如，在《酒神的伴侣》中，阿嘉维从疯狂到恢复理智的过程中，她的表达也从歌唱变成了述说话语。相比之下，情绪压抑的彭透斯在剧中没有任何歌唱的部分。

古希腊戏剧有 3 种主要的歌曲形式：

- 歌队颂歌。这也许类似歌剧中的大合唱；歌队通常边歌唱边跳舞。
- 哀歌。这是一种正式的歌曲，是情绪高涨的时刻演员和歌队之间的对话。
- 独唱。这是演员的独唱歌曲，通常在非常痛苦的时刻演唱，类似歌剧中的独唱。

🏆 结构

序幕是一部悲剧的开始，其中概述了情节并设定了场景。然后，歌队登场并唱出他们的"入场曲"。由主要人物之间的对话构成的一系列场景组成了悲剧的主要部分；在每个场景之间，歌队都要演唱一段颂歌。最后一段颂歌之后的最后一个对话场景被称为"离场"。悲剧的情节通常发生在很短的时间内，如一天之内，地点也不变换。这带来了巨大的戏剧强度并使事件快速展开。

从现代的角度来看，"信使来报"是一个意义重大的时刻。悲剧的规则之一是不能在舞台上展现暴力（尽管索福克勒斯的《大埃阿斯》可以说打破了这一规则，呈现了大埃阿斯的自刎）。因此，必须由眼见或耳闻了暴力时刻的角色向观众转述已发生的事件。不允许呈现视觉暴力意味着演员必须使用生动有力的语言来重现暴力的场景。这类语言的呈现与许多现代好莱坞电影截然相反，后者依赖不断更新的特效，来表达同样程度的暴力。

下面这段著名的文字来自《俄狄浦斯王》中的信使来报。信使讲述了俄狄浦斯在发现妻子伊俄卡斯忒上吊自杀的尸体后，如何弄瞎了自己的眼睛：

> 国王看见了，发出了令人心碎的哀号。
>
> 他解开绳子，把她放在地上。
>
> 但更糟糕的事情还在后面。她的袍子上别着
>
> 金别针，国王把它们摘了下来。
>
> 然后从一臂之距离，把它们插向了自己的眼睛——
>
> 那双眼睛再也看不见他的耻辱，他的罪孽，

再也看不见那些它们本就不应该看到的东西，

也再看不见他渴望看到的，从此只看到黑夜……

在这疯狂的悲叹中，他一次又一次地刺穿自己的眼球，

直到血淋淋的眼泪从他的胡子上流下来——不是一滴滴，

而是瀑布般落下的猩红暴雨。

（索福克勒斯《俄狄浦斯王》1264—79）

🏆 面具和服装

今天，我们会觉得演员戴面具非常奇怪。面部表情是现代表演的一个重要组成部分，我们很难想象没有面部表情的戏剧。然而，在没有人工照明的古代雅典剧场，大多数观众坐在离舞台20米以上的地方，演员面部表情的细微差别并不易分辨。在这种情况下，面具实际上为表演增添了一些内容。（图7.10）

面具是由亚麻布、软木或木头制成的，有眼睛和嘴的开口，通常在顶部有一些假发。它们比真人的脸略大，以使其更加显眼。悲剧的面具一般都画有悲剧人物的严肃郑重的表情。在没有面部表情的情况下，演员必须依靠其他表达方式来塑造角色。他们会使用大量的手势和夸张的身体动作，而且必须通过改变声调和语气来表达情感。

使用面具其实是有利于制造戏剧效果的。由于一部剧仅由3名演员表演，面具使他们能够扮演多个角色——男人和女人、富人和穷人、老人和年轻人。但对现代观众来说，使用面具的另外两个好处似乎不是很明显。

- 演员的适配性。有时，需要由两个不同的演员来扮演同一个角色。例如，在索福克勒斯的《克罗诺斯的俄狄浦斯》中，忒修斯这个角色不可能在全剧中由一个演员扮演。使用同一角色的

图 7.10　普罗诺摩斯陶瓶局部，描绘了为表演萨提尔剧而穿上了戏服的演员们。这个陶瓶
　　　　为我们了解悲剧和萨提尔剧的服装细节提供了珍贵的资料

面具可以方便地掩饰演员的变更。

- 视觉冲击。戏剧中的角色更换面具会带来巨大的视觉冲击。当俄狄浦斯在《俄狄浦斯王》中弄瞎自己的眼睛后重新回到舞台上时，他一定会佩戴一个不同于之前的、有着黑色眼洞的血迹斑斑的面具。

悲剧演员的服装以两类主要的古希腊服装为基础：基同长袍，外面通常穿一件长及膝盖的希玛申斗篷。与日常服装相比，悲剧服装更加贴身，有袖子，而且往往更为华丽多彩，装饰有丰富的图案和花纹。因此，服装能够衬托出悲剧人物的不凡事迹和英雄特质。另外，有些角色需要特定的服装：贫民穿着比较朴素的长袍，哀悼者身穿黑衣，士兵穿戴盔甲，野蛮人穿长裤，等等。演员脚穿一种叫"阔索诺"的软皮靴，靴筒高及大腿。

把靴子穿在另一只脚上

演员们的阔索诺（kothornos）是宽松而柔韧的，可以穿在任何一只脚上。因此，kothornos 这个词被用来描述那些容易改变观点的人。据说，公元前 5 世纪的政治家塞拉门尼斯就被送了一个绰号"kothornos"，因为他不断地游走在不同的政治派别之间。

在没有舞台灯光的情况下，面具和服装也是剧作家向观众传达信息的一种重要媒介。鲜明的面具和服装会使观众更容易在人物登场时识别他们：神、老人、国王、女王、贫民和奴隶都可以通过他们的服装被立即识别出来。

普罗诺摩斯陶瓶

普罗诺摩斯陶瓶是来自约公元前 400 年的雅典的混酒器，它是我们了解演员服装和面具的最佳材料之一。它描绘了萨提尔剧中的演员。陶瓶上写有乐师的名字，据说他曾于公元前 394 年在雅典演出。

 演员

雅典戏剧有两个不同的表演群体：扮演主角的专业演员和从公民中选出的业余歌队成员。所有演员都是男性公民，但他们可以扮演女神、妇女、外乡人和奴隶等各类角色。虽然演员都是男性，但这并不妨碍剧作家们创造出形形色色的个性鲜明的角色。

▎主要演员

在一部悲剧中，任何时候都不允许 3 名以上有台词的演员同时出现在舞台上（尽管在实践中，儿童等次要角色可以出现，有时会有一两句台词）。此外，同样的 3 名演员扮演所有的主角，这是剧作家在写剧本时必须考虑的：一部悲剧通常包含 8—10 个不同的角色，因此一名演员可能需要扮演 4 个甚至 5 个角色。演员很可能会经历在景屋内匆忙地更换面具和服装的情况。例如，在索福克勒斯的《安提戈涅》中，同一个演员必须扮演以下 5 个角色：

- 伊斯墨涅，安提戈涅胆小的妹妹。
- 一名充当卫兵的底比斯士兵。
- 海蒙，一位与安提戈涅订婚的年轻贵族。

- 泰瑞西阿斯，一位有预言能力的盲人老者。
- 欧律狄刻女王，海蒙的母亲。

演员们也需要具备优秀的歌唱能力，也许还要以歌声演绎各种不同的角色。因此，剧作家们在写剧本时可能会因为某些演员特殊的声乐天赋而为他们量身打造一些角色。

▎歌队

没有什么比歌队更能体现城市酒神节的民主精神了。歌队由 15 名普通公民组成（早期悲剧歌队的人数是 12 名）。如果把酒神赞美歌舞比赛计算在内，那么在一届酒神节中，可能会有超过 1 000 名雅典人作为歌队成员参加比赛。我们不清楚他们是如何被选中的（天赋肯定很重要），但被选入歌队一定是一种极高的荣誉。而且在排练期间，歌队成员可以免于服兵役。

排练可能需要几个月的时间，而且相当艰苦。悲剧歌队的资助者会选择人员组建歌队，而这些成员需在歌队的资助者资助的所有 4 部戏剧中表演。他们会花大量时间背诵所有的台词，练习歌唱和舞步，还要经常穿戴着沉重的面具和服装（图 7.11）。有趣的是，由于雅典是一个开放的小城市，排练可能是在公开场合进行的，所以其他雅典人可以提前了解即将上演的精彩节目并早早开始期待。

每个歌队都有一个领队，他有时会有一两句单独的台词；除此之外，歌队成员都齐声唱歌、一起跳舞。一名乐师演奏阿夫洛斯管（一种与狄俄尼索斯崇拜密切相关的乐器），为歌队伴奏。遗憾的是，由于没有音乐或舞蹈的记录，我们只能猜测歌队颂歌的形式和声音。歌队的舞蹈可能需要全身做动作，包括手臂的运动和身体的旋转。他们可能会排成 3×5 的队形（早期是 3×4）。

图 7.11 该陶瓶描绘着歌队扮演的两列士兵正在一起舞蹈。他们整齐的动作和队列意味着
　　　　歌队经过了认真的编排

歌队在戏剧中发挥多种作用，包括以下若干方面。

- 演员。歌队通常是表演本身的一部分，经常扮演当地的乡民。例如，在埃斯库罗斯的《阿伽门农》中，他们是阿尔戈斯的老人，见证了克吕泰涅斯特拉的罪行；在索福克勒斯的《俄狄浦斯王》中，他们是经历瘟疫的底比斯公民；在欧里庇得斯的《美狄亚》中，他们是科林斯的妇女，同情美狄亚的遭遇，但恐惧于她的行为。有时歌队也会扮演更加阴险邪恶的角色：在埃斯库罗斯的《欧墨尼得斯》中，他们扮演了蛇发的复仇之灵。

- 场景设定。歌队的歌曲经常给观众提供重要的背景信息。《阿伽门农》开篇的合唱讲述了献祭伊菲革涅亚的事件，这对理解克吕泰涅斯特拉向她丈夫复仇的动机至关重要。

- 评论者／道德的声音。歌队经常在演员之后登场，然后对剧中的事件做出评论或提出道德上的质疑。例如，在《阿伽门农》中，歌队扮演的长者谴责克吕泰涅斯特拉的谋杀行为；在《俄狄浦斯王》中，歌队扮演的底比斯公民为他们国王的悲惨下场而哀叹。

- **背景气氛。**就像今天的电影配乐一样，歌队还为情节营造了特定的背景环境。它可以在暴力行动之前制造悬念，或者在悲剧发生后发出哀叹。
- **场景中断。**歌队最实际的作用是制造场景之间的中断点，类似于今天的舞台幕布所发挥的作用。这使得演员可以在必要时离开舞台并更换服装。

喜　剧

在公元前 5 世纪的雅典，观看喜剧一定是一种欢乐奔放的体验。尽管喜剧与悲剧有许多相同之处，但喜剧是一种不同的戏剧体裁。它诞生于酒神节的狂欢歌舞，因此它旨在以狂欢和喧闹的笑声来颂扬生育能力和丰收。保罗·卡特里奇的以下评论指出了这种体裁的独特风采：

> 没有任何一种现代形式的喜剧……能够再现阿里斯托芬喜剧这款独特的鸡尾酒的风味。这其实并不令人惊讶。因为如果我们把它的内容、语气、风格和气氛翻译成最近或当代的术语，它就像是……闹剧、滑稽歌剧、马戏团、哑剧、综艺节目、杂要、音乐厅、电视和电影讽刺、政治漫画、政治期刊、文学评论和政党的宣传小

册子——所有这些被摇晃和搅拌成一杯非常醉人的酒。

(《阿里斯托芬和他的荒诞剧》73ff.)

正如卡特里奇在此指出的，对公元前 5 世纪喜剧的研究实际上只涉及一位剧作家——阿里斯托芬。我们对与他同时代的其他喜剧作家，如克拉提努斯和欧波利斯，只有很少的了解。在希腊化时代，他们的戏剧同样为亚历山大里亚的学者们所重视。然而，不知道为何，只有阿里斯托芬的 11 个剧本的一份抄本流传到了古代晚期。我们很希望能够了解更多关于这些其他剧作家的信息，尤其是因为这些信息，可以帮我们弄清楚阿里斯托芬在多大程度上是他那个时代的典型喜剧作家。

▍阿里斯托芬（约公元前 450—前 386 年）和旧喜剧

阿里斯托芬是被古代评论家称为"旧喜剧"剧种的伟大剧作家之一。该剧种流行于公元前 5 世纪下半叶。喜剧首次上演是在公元前 486 年的城市酒神节上，但我们对其在早期几十年间的形式几乎一无所知。阿里斯托芬在公元前 5 世纪 20 年代初就开始了他的职业生涯，因此，他与索福克勒斯和欧里庇得斯都是同时代的人。虽然他的剧本中只有 11 部完整地保存了下来，但还有许多其他剧本的片段留存，其作品的总数可能在 40 部左右。他的大多数剧本是在伯罗奔尼撒战争时期（公元前 431—前 404 年）创作的，当时雅典的政治生活非常活跃。如我们所见，他的喜剧多讽刺公共生活和公众人物。尽管他写作的目的是娱乐大众，但他的作品无疑也显露出对当时的政治问题的洞察。在某些方面，他的戏剧类似于英国的讽刺杂志《私家侦探》或美国的《每日秀》等现代西方社会的作品。

▌ 主题

总体而言，阿里斯托芬的喜剧是政治性的，关注的是公共生活。由于这个原因，本书经常引用他的剧本的段落。以下是他的作品中最常见的几个主题。

- 战争。我们可以在阿里斯托芬与战争有关的剧作中看到令人动容的愤怒和悲怆。战争剧《吕西斯特拉特》表面上是一个关于雅典和斯巴达妇女策划通过拒绝性行为来结束战争的有趣故事。然而，由于这部剧写于雅典及其盟友在西西里远征中损失了大量年轻男子的一年后，因此，妇女在没有男人的情况下维持生活的构想一定很接近苦涩的现实。其他战争剧，如《骑士》和《阿哈奈人》，则挖苦了活跃于公元前 430—前 420 年的雅典领导人克里昂。

- 公共生活。公共生活的其他领域也受到了阿里斯托芬的讽刺。在《马蜂》中，阿里斯托芬取笑了公共陪审团制度，而《云》则将讽刺的矛头对准了苏格拉底和诡辩家。柏拉图记载，苏格拉底在后来接受审判时，曾抱怨过阿里斯托芬对他的不公正的描述。

- 戏剧。戏剧本身也是幽默的不竭源泉。阿里斯托芬喜欢嘲讽悲剧的宏大主题，尤其是欧里庇得斯的悲剧：在他现存的 11 部喜剧中，3 部都各有一个悲剧作家的角色。阿里斯托芬还喜欢把神明描绘成懦弱可笑的样子（这与悲剧中强大严肃的神明形成了鲜明的对比）。例如在《蛙》中，奴隶克桑西阿斯要比酒神狄俄尼索斯勇敢得多。

- 幻想。由于观看喜剧是逃避日常生活的一种方式，阿里斯托芬创作了一些逃避现实的"幻想"剧。例如在《鸟》中，两个雅典人离开雅典，去创造一个理想的天空之城。

结构和形式

喜剧在形式上与悲剧非常不同。学者伊恩·斯托雷和阿尔琳·阿兰对二者进行了深入的对比。他们将悲剧中精心设计的情节与喜剧的形式进行了比较。

> 闹剧或幻想可能是对阿里斯托芬创造的东西较为恰当的描述。旧喜剧并不依赖于复杂的剧情或人物之间的微妙互动，而是依赖于某个伟大想法的实现，越离奇越好。想象出一个奇妙的点子，给它上发条，让它运行，看着绚丽的"符合逻辑的"结论展开，让整件事情在狂欢的终场中结束。
>
> （《古希腊戏剧指南》第 174 页）

这里的最后一点特别重要：与悲剧不同，喜剧通常在庆祝和胜利的气氛中结束，往往与宴会或婚礼有关。这两种体裁的另一个区别是两种剧的背景：悲剧一般以神话为背景（而且通常发生在雅典以外的城市），而喜剧则涉及雅典日常生活中的人物，包括公众人物和普罗大众。因此，观众通常不会事先知晓喜剧的故事情节，却很熟悉基于著名神话的悲剧的情节。所以喜剧的序幕往往较长，旨在介绍情节和主要人物。

喜剧的情节通常围绕一场冲突展开。有一个很好的例子，阿里斯托芬在雅典与斯巴达交战 6 年后，于公元前 424 年推出的《阿哈奈人》。主角狄凯奥波利斯（Dikaiopolis，意为"正义之城"）试图说服雅典人与他们的敌人达成协议。被拒绝后，他与斯巴达人私下达成了和平协定。这时，歌队唱着入场曲进场，追捕狄凯奥波利斯：他们是来自阿提卡战争前线附近的农村的阿哈奈人。他们对狄凯奥波利斯的背叛行为感到愤怒并要求他流血谢罪。然而，狄凯奥波利斯丝毫不为所动。

> 狄凯奥波利斯：哦，我知道我们总是说斯巴达人的坏话，但他们应该对我们所有的麻烦负责吗？
>
> 歌队领队：斯巴达人没有责任吗？你竟敢当着我们的面这么说，胆大如牛，还指望能逃过一劫？
>
> 狄凯奥波利斯：是的，不完全有责任，不完全有责任……如果人民（指观众）不认为我代表正义，那么，我愿意让我的头在屠夫的砧板上说话！

> （阿里斯托芬《阿哈奈人》309ff.）

接着，狄凯奥波利斯把头伸到砧板上，继续为自己辩护。结果此举成功地为他赢得了缓刑。随着剧情的发展，他享受到了和平的果实，他周围的人却在遭受战争之苦。在最后一幕，他在妓女的怀抱中醉醺醺地庆祝节日。

上述段落在多处体现了喜剧的特点，包括幽默冲突的发展、狄凯奥波利斯的头颅在砧板上搞笑而可怕的画面作为背景上演，以及观众的直接参与。然而，尽管幽默，这里提出的却是极为严肃的话题——对于斯巴达的战争的控告。这就是旧喜剧的精髓：在闹剧和幻想的背景下探讨重要的问题。

▎语言

阿里斯托芬的语言看似有些自相矛盾。一方面，他的用词常常是非常粗鲁的，多见描述性爱、身体功能以及角色本身的露骨词汇。这与悲剧和萨提尔剧的正式语言形成了鲜明的对比（事实上，这是喜剧和萨提尔剧的主要区别）。

致 辞

喜剧中一个很有趣的部分是"致辞"（parabasis，意为"走向前"）。这是一段由歌队或歌队领队发表的演讲，剧作家在这段演讲中向观众陈述自己的观点。《蛙》写于公元前 405 年，当时雅典在战争中陷入了进退两难的困境。阿里斯托芬在这段致辞中表达，应当宽恕某些曾经背叛过自己的城邦的雅典人。作家清楚地感觉到，雅典人需要得到他们所能争取到的一切帮助。在《云》中，阿里斯托芬甚至用致辞来抱怨——同一剧目的早期版本没有获奖。

另一方面，阿里斯托芬是一位语言大师，他为歌队创作了不少振奋人心的歌词。此外，他还很有创造力，他的语言天赋也许可以与英语作家中的奥斯卡·王尔德或诺埃尔·柯沃德相媲美。《鸟》中有一个著名例子，可以展示出他对语言得心应手的驾驭能力：当两个主角在考虑怎样为他们的新城市命名时，他们想到了"云中咕咕国"。这个词在英语中译作"Cloud-Cuckoo Land"，直到今天依然常用。

▍舞台和表演

虽然喜剧与悲剧一样由主要演员和歌队演出，但它们在舞台设计方面有一些重要的区别。

- 喜剧很可能允许第 4 个主要演员出现在舞台上（尽管一些学者对此有争议）。
- 喜剧歌队由 24 名，而不是 12 名或 15 名成员组成。
- 喜剧服装和面具的设计是为了使演员看起来可笑并为剧情增添荒唐、滑稽的元素。

图 7.12　这幅"歌队的资助者陶瓶"上的画面极为罕见且富含信息。它描绘了一名悲剧演员
　　　　（左一）来到了喜剧的舞台上，因此观者可以对比悲剧和喜剧中的服装：前者高雅
　　　　华丽，而后者宽大可笑

- 喜剧演员偶尔会打破剧场的戏剧假象，承认观众的存在（正如
  我们在《阿哈奈人》中看到的那样），有时甚至会直接对观众讲
  话（如《蛙》中，狄俄尼索斯对他的祭司讲话）。

歌队的资助者陶瓶（图 7.12）清楚地展示了喜剧服装与悲剧服装的
不同。一名喜剧演员穿着短衫、斗篷（长度刚好到腰部以下）和紧身下装。
整套服装都有厚厚的衬垫，特别是在腹部和臀部周围，这使演员看起来比
现实生活中更矮胖。这也方便他摔倒和打滚，因为喜剧常常依赖肢体制造
出幽默和滑稽。在那种情况下，喜剧演员的行为更像来自马戏团的小丑。

喜剧中的特效

阿里斯托芬喜欢在他的戏剧中大量使用轮机和机械。《和平》一开始，主角特里盖欧斯就去天空中寻找踪迹难觅的和平女神。在该剧开头的 170 行，他都骑在被装饰成屎壳郎的机械上歌唱。《云》还利用机械来增加幽默感。当苏格拉底第一次出场时，他被悬挂在半空，坐在挂在机械杆上的篮子里。当被问及他在这么高的地方做什么时，他回答说这有助于他思考更崇高的问题。阿里斯托芬经常讽刺欧里庇得斯，说他是"最多"（也许是"过度"）使用这两种特效道具的悲剧家。在《阿哈奈人》中，"盗版"欧里庇得斯甚至坐着轮机来到了舞台上。

这套服装最具代表性的元素是特大的皮革男性生殖器。它很可能是用一根绳子系在短衫上的，这样演员就可以模拟勃起了。在一些戏剧中，男性生殖器是剧情的关键元素，最有名的是《吕西斯特拉斯》中雅典妇女进行性罢工的情节。在《马蜂》中，菲洛克里昂甚至把他的假男性生殖器递给了演奏音乐的女孩，让她拉着它爬上舞台！然而，假男性生殖器不仅仅是娱乐性的道具，它与酒神节的狂欢密切相关，也是对作为生育之神的狄俄尼索斯的赞颂。

喜剧歌队的服装有各种色彩斑斓、荒诞可笑的款式，一些喜剧的标题指明了它们的歌队所扮演的角色（图 7.13）。我们从《鸟》《云》《蛙》和《马蜂》等名称就能看出，戏服设计师们一定付出了许多时间和心思。《鸟》的戏服设计师甚至还必须是一位鸟类专家，因为歌队是由 24 种不同品种的"鸟"组成的。正如以下这些台词所说明的，歌队到达圆形表演区时，观众一定大为震撼。

佩斯特泰罗斯：看看这群到来的鸟儿！

图 7.13　扮演骑手的歌队伴着乐手的演奏表演，一般认为这个陶瓶来自公元前 6 世纪。后来喜剧中由动物角色组成歌队的灵感或许来自这里

　　欧埃尔庇得斯：天神阿波罗啊，好大的一群鸟！它们把过道都
　　　　　　　　挡住了。

　　佩斯特泰罗斯：一只山鹑和一只鹧鸪，一只野鸭，那是一只翡翠鸟。

　　欧埃尔庇得斯：翡翠鸟后面那是什么？

　　佩斯特泰罗斯：当然是翡翠鸟的理发师。

　　欧埃尔庇得斯：理发师不是一只鸟。

　　佩斯特泰罗斯：不是吗？我的理发师叫麻雀，他确实是一只非
　　　　　　　　常奇怪的鸟。这里还有一只猫头鹰……看看他
　　　　　　　　们！松鸦、斑鸠、凤头云雀、芦苇莺、麦鹟、
　　　　　　　　鸽子、隼、雀鹰、环鸽、布谷鸟、欧鸽、戴菊、
　　　　　　　　秧鸡、红隼，还有——哦看，一只斑鸠！蜡翅
　　　　　　　　鸟、秃鹰、啄木鸟——这似乎就是全部了。

　　　　　　　　　　　　　　　　　　（阿里斯托芬《鸟》294ff.）

正如这段话所示，喜剧中使用的面具式样繁多。面具通常将面部特征严重夸张，嘴巴更是大得离谱。一些喜剧就通过面具来讽刺公众人物（如政治家克里昂、哲学家苏格拉底和剧作家欧里庇得斯等）——这些人物的面具可能是对他们真实相貌的模仿。据说苏格拉底在观看《云》时，在模仿他的角色出场时站了起来，以便观众比较其真人和面具。

🏆 米南德与新喜剧

公元前 404 年雅典战败后，喜剧开始发生重大变化。在接下来的 80 多年里创作的喜剧通常被归类为"中期喜剧"（它们与之后出现的"新喜剧"不完全相同）。阿里斯托芬的后期剧作已经显示出了变化的迹象——在《公民大会妇女》和《财富》中，歌队的作用被大大削弱，而且这两部剧都不包含致辞部分。虽然后来只有阿里斯托芬之后几十年的部分作品片段留存了下来，但我们几乎可以肯定，公元前 4 世纪，在戏服方面，软垫和假男性生殖器已经被废弃了。

当新喜剧在公元前 330—前 320 年末期出现时，雅典的喜剧已经经历了革命性的变化。一部新喜剧由 5 幕构成，而歌队的作用仅仅是提供音乐插曲。剧目的内容不再关注时事政治，而是关注个人和家庭生活。新喜剧正好涌现于雅典民主政府终结之时，这似乎不是巧合，因为在这个时期，言论自由无疑受到了严格的限制。最伟大的新喜剧作家是米南德（约公元前 342—前 289 年）。他写了 100 多个剧本，但唯一完整保存下来的是 1957 年发现于纸莎草卷上的《古怪人》；考古学家另外还发现了他的其他一些剧本的部分片段。米南德曾受到古代评论家的高度评价，他的戏剧尤其为后来的罗马作家所欣赏——生活在公元前 2 世纪的两位伟大的罗马喜剧作家泰伦提乌斯和普劳图斯都深受他的影响。

米南德的戏剧呈现了一些固定的人物，例如，愤怒的老人、恋爱中的年轻人、士兵、厨师、食客、诡计多端的奴隶、女伴和皮条客。他的作品的核心是通过精心设计的悬念展开精巧的情节——剧中经常有出人意料的转折和恍然大悟的场景，也总是包含一个爱情故事。这些戏剧的背景是当时希腊（通常是雅典或阿提卡）的日常生活。在这个意义上，米南德的这些戏剧可以被比作现代电视情景剧。

米南德非常善于刻画人物的性格，以至于古代评论家拜占庭的阿里斯托芬这样评价他："哦，生活！哦，米南德！你们谁是原作，谁是摹本？"这句话与奥斯卡·王尔德在 1889 年发表的观点相似，他认为"生活对艺术的模仿远远多于艺术对生活的模仿"。显然，米南德为雅典的喜剧观众提供了非常新颖而特别的内容。

第八章　斯巴达人与古希腊世界

斯巴达是古希腊一个很独特的社会。在公元前 7 世纪左右，斯巴达选择了一条与其他城邦不同的道路，将自己孤立于外部世界，并变成了一个军事城邦。在这个社会中，男孩在军事寄宿学校接受严酷的教育。毕业后，他们就会成为职业军人，能够在极端艰苦的环境中生存。今天英语中"斯巴达的"（spartan）这个形容词的词义为强悍勇敢的，它依然传扬着斯巴达人的美名。

然而，在这一美名的背后，隐藏着一个令人心寒的事实——斯巴达社会体系的维系有赖于大规模奴役和残害周围城镇的人口。这是大型的部落恐怖主义。一位古代作家曾这样描述斯巴达：这是一座自由者最自由、奴隶最被奴役的城市。

因此，对斯巴达的研究是很复杂的，涉及许多矛盾。一个拥有严酷的教育体系的城市是如何激发其公民的忠诚情绪的？为什么如此保守的民族会允许他们的妇女享有古希腊世界独一份的自由和经济权利？为什么这样一个好战的民族会因其对音乐和舞蹈的热爱而闻名整个希腊？所有这些，以及更多的问题，构成了斯巴达的神秘之处。

极 权 主 义

在 20 世纪初，"极权主义"这个词被用来描述一种正在生成的新型政治制度。在该制度下，政府在私下和公开场合都对其公民有完全的控制权。一个政党在没有反对意见的情况下进行统治，控制国家的教育、经济和社会等各个方面。乔治·奥威尔在他的小说《一九八四》中讽刺了这样的社会，为我们提供了"老大哥"和"思想警察"这类词汇。

有些学者认为斯巴达历史上是第一个极权主义国家。

证　据

由于缺乏考古或文献证据，学界对斯巴达的研究障碍重重。简单来说，斯巴达人建造的东西很少，写下来的东西也少，因此，斯巴达社会可能永远是一个无法被彻底解开的谜。在形成关于这个城邦的认识时，我们必须意识到我们对其了解的局限性。

文献资料

在斯巴达将自己与古希腊世界的其他地方隔绝后，其公民被教导学问是不可信的，因此他们只为功能性的原因而写作。其结果是，现存的斯巴达文学作品仅来自3位公元前7世纪的诗人：特尔潘德（最初来自莱斯博斯）、提尔泰奥斯和阿尔克曼。之后的斯巴达人没有留给我们任何关于他们社会生活方面的资料。这给试图准确理解斯巴达的我们制造了巨大的难题。

因此，我们只好依赖非斯巴达作家对斯巴达的描述。然而我们必须小心地评估这些作家的客观性和可靠性。首先，他们往往来自与斯巴达敌对的城市；其次，由于斯巴达通常不欢迎外来者，当时的作者甚至很难到访那里。基于这些原因，关于斯巴达的信息通常只能算是第二手资料。尽管如此，通过以下4位希腊作家的作品，我们至少能够了解斯巴达在外人眼中的形象。

- 希罗多德的作品呈现了公元前6世纪斯巴达与其他希腊城邦的关系，并且叙述了斯巴达在公元前5世纪初与波斯人的冲突中所扮演的角色，特别是在公元前480—前479年波斯人第二次入侵期间，斯巴达在保卫希腊方面所发挥的核心作用。此外，据希罗多德自述，在公元前450—前440年，他曾访问过斯巴达。他提供了有关斯巴达社会结构的重要信息，包括来库古的传说、王权、妇女和埋葬仪式等方面的资料。

- 修昔底德的作品详细地描述了公元前5世纪斯巴达与雅典及其他希腊城市的关系。特别地，他在《伯罗奔尼撒战争史》第一卷中追溯了公元前478—前431年雅典和斯巴达之间逐步累积的敌意。基于此背景，他在作品的后半部分叙述了伯罗奔尼撒战争的前20年的历史。然而，因为他是从雅典人的角度来写作的，所以我们不能完全相信他的客观性。此外，他自己也抱怨过，斯巴达政府的保密性使他无法尽可能地探寻事件的前因后果（见《伯罗奔尼撒战争史》5.68）。

- 色诺芬是一个有趣的例外——他是一个喜欢斯巴达的雅典人。因为反对民主，他在公元前394年被雅典流放，这之后他与斯巴达人一起在海外远征并对他们的社会感触深刻。斯巴达人接纳他进入他们的国家，在奥林匹亚附近给他安排了一个居所，让他成为他们的外国代表。色诺芬的《斯巴达政制》提供了关于斯巴达的重要信息。然而，作为一名公开的斯巴达制度的崇拜者，色诺芬显然是在试图驳斥其他作家对这个城邦的所有批评。因此，他经常被指责为斯巴达的赞美者，缺乏公正的态度。
- 普鲁塔克为许多斯巴达人物写过传记，其中最重要的是来库古的传记。他还集录了一本关于斯巴达国王、将领和妇女的名言。尽管他谨慎地阅读了所有可用的书面资料，但由于他是在斯巴达体系衰落后的许多个世纪才开始写作的，我们很难评估他的叙述是否准确。

除了这4位作家之外，还有其他一些关于斯巴达的声音。两位伟大的雅典剧作家——阿里斯托芬和欧里庇得斯在伯罗奔尼撒战争期间进行创作，他们的戏剧经常反映雅典和斯巴达之间的冲突。然而，他们的剧情和人物可能更多的是告诉我们雅典人对斯巴达人的看法，而不是斯巴达人本身的情况。

正如我们在第四章中所看到的，公元前4世纪两位杰出的希腊哲学家柏拉图和亚里士多德都创作了大量关于希腊世界政治制度的文章。因此，他们的作品是有关斯巴达政治结构的重要信息来源。柏拉图显然对斯巴达的制度印象深刻，因为虽然他在《理想国》和《法律篇》中的表述多有不同，但两部作品中出现的他构想的理想国，都有斯巴达制度的影子。相反地，亚里士多德在他的《政治学》（1269a—1271b）中专门批判了斯巴达的政治制度在他那个时代的影响。

🏆 考古资料

与其他希腊人不同，斯巴达人并不看重宏伟的建筑或艺术作品。他们的大部分建筑都是木制的，所以没有留下任何存在过的痕迹。此外，他们的城市没有城墙。斯巴达人喜欢宣称，城市真正的城墙是保护它的勇士们。修昔底德对斯巴达的建筑提出了这个有趣的看法：

> 假设……斯巴达城被遗弃，只剩下庙宇和建筑物的地基，我想随着时间的推移，后人将很难相信这个地方真的像它被描述的那样强大。
>
> （修昔底德《伯罗奔尼撒战争史》1.10）

一些重要的考古遗址已经得到了发掘。例如，墨奈劳斯神庙是斯巴达一座主要的神殿，它被建在斯巴达东南约 5 千米的一座山丘上，曾供奉着被当作神来崇拜的墨奈劳斯和海伦。这表明多利安希腊人曾热切地希望将自己与迈锡尼地区的历史关联起来。在埃夫罗塔斯河的西岸坐落着阿尔忒弥斯·奥提亚的圣地，那里曾举行宗教仪式，也是残酷的斯巴达青年启蒙仪式的发生地。

我们可以从青铜、象牙和陶土的雕塑和工艺品中了解很多关于斯巴达人自我隔绝之前的情况。在公元前 7 世纪和前 6 世纪，斯巴达的雕塑家不仅活跃在其城邦内，而且还蜚声于奥林匹亚和德尔斐等文化中心。我们知道至少 9 位斯巴达雕塑家的名字。他们的青铜作品很受珍视，并被作为外交礼物流通到了已知世界的各个角落。然而，当斯巴达的贸易在公元前 6 世纪大幅减少之时，其手工艺品的质量也明显下降。这进一步增添了斯巴达的神秘感。

图 8.1 墨奈劳斯神庙遗址。这处斯巴达最重要的宗教圣地之一展现了古代斯巴达遗存之有限

地 理 环 境

斯巴达的地理环境使其人民能够与世界其他地区隔绝（图 8.2）。该城位于伯罗奔尼撒半岛东南部的拉科尼亚地区（图 8.5），它是由埃夫罗塔斯河沿岸的 5 个村庄发展起来的。埃夫罗塔斯河流经一个山谷，夹在两边的山脉中间。西边的塔伊耶托斯山脉高达 2 404 米；东边的帕尔农山脉最高达 1 935 米。这两座山脉由一系列狭窄的山隘相连，而东部

和南部的海岸线部分地势崎岖不平，部分则是沼泽。有了这样的天然防御系统，斯巴达人认为他们没有建造城墙的必要。

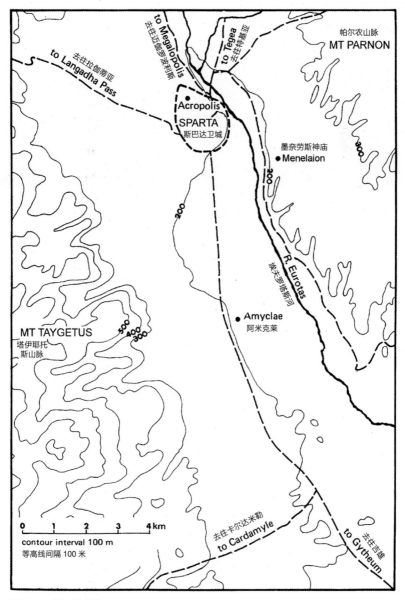

图 8.2　斯巴达溪谷

图 8.3   埃夫罗塔斯河流经的肥沃谷地，背靠高耸的塔伊耶托斯山脉

　　该地区的另一个优势是其丰富的资源。埃夫罗塔斯河滋养着肥沃的农田，橄榄和鱼等天然产品供应充足（图 8.3）。此外，山林中的野生动物非常多，使得狩猎成了斯巴达人生活中的重要部分。

拉 刻 代 蒙

　　斯巴达也被称为拉刻代蒙，因此斯巴达人也被称为拉刻代蒙人。为了解释这些词汇的来源，斯巴达人讲述了一个关于该地区古代国王埃夫罗塔斯的神话。在这个故事中，埃夫罗塔斯将流经斯巴达的河流引向了大海，因此该河流也被赋予了埃夫罗塔斯的名字。国王有一个女儿，他给她取名"斯巴达"。国王没有儿子，他去世后把他的王国留给了一位出身高贵的年轻人——拉刻代蒙，他是凡间女子塔伊耶托斯（同名的山脉由她得名）和宙斯的儿子。拉刻代蒙娶了斯巴达为妻并以她的名字命名了埃夫罗塔斯河谷的主要城市，而他则将自己的名字赋予了斯巴达周围的地区。

斯巴达的历史

斯巴达的名字最早在特洛伊战争的神话时代为人所知。因为"特洛伊的海伦"最初是"斯巴达的海伦",是斯巴达国王墨奈劳斯的妻子。墨奈劳斯的兄长是附近的迈锡尼的国王阿伽门农,他是前往特洛伊的希腊军队的领导人。无论斯巴达的海伦是否真的存在,我们知道迈锡尼文明的确曾在约公元前1500—前1000年在埃夫罗塔斯谷地蓬勃发展。

然而,史前的迈锡尼人与后来生活在该地区的历史上的斯巴达人没有什么关系。关于拉科尼亚在早期铁器时代是如何发展的,存在很多争论,但似乎在公元前1100年后的某个时间点,有移民涌入了该地区。这些新来者,被后来的斯巴达人视为第一批多利安人,他们在埃夫罗塔斯河谷定居并在斯巴达建立了4个村庄(后来又吸纳了第5个村庄)。在接下来的几个世纪里,这些新斯巴达人一直保持着独立发展。然而,在公元前8世纪初,他们似乎开始了领土扩张;到了公元前750年左右,他们控制了整个拉科尼亚。

斯巴达人显然允许拉科尼亚的新来定居者(后来也被认为是多利安人)在一定程度上进行自治,只要他们接受斯巴达的统治。这些人被称为"珀里俄基人",意思是"住在附近的人"。然而,那些从早期就一直生活在拉科尼亚的人就没有那么幸运了。他们被贬为农奴,即被迫为斯巴达主人耕种土地的奴隶。这些奴隶被称为"黑劳士"(helots),意思是"俘虏"。

▍第一次美塞尼亚战争

在公元前 8 世纪下半叶，当其他城市开始在海外建立殖民地时，斯巴达人以非常不同的形式进行了领土扩张。他们没有建立新的殖民地，而是选择入侵拉科尼亚以西的肥沃的美塞尼亚地区。大约在公元前 730—前 710 年，斯巴达人在那里发动了一场征服战争，被称为第一次美塞尼亚战争。在取得了来之不易的胜利后，斯巴达人奴役了绝大多数美塞尼亚人。当时斯巴达控制的土地面积约为 3 200 平方英里，远远大于其他任何希腊城市的面积。此外，被斯巴达统治的奴隶人口在当时大大超过了其公民人口。

至此，斯巴达成了希腊世界最富有的城市。它有着外向型的经济，与地中海各地都有贸易往来。它在公元前 7 世纪初达到了繁荣的顶峰，以其陶器、雕塑、音乐和诗歌而美名远扬。正是在这个时期，莱斯博斯的特尔潘德——抒情诗发展历程中的关键人物——来到了斯巴达，并且鼓励其他诗人也来斯巴达施展才华。

斯巴达的殖民地

斯巴达于公元前 700 年左右在意大利南部建立了其唯一的殖民地——塔拉斯（现今的塔兰托）。这很可能是第一次美塞尼亚战争的结果，这场战争无疑给斯巴达社会注入了不安情绪。现存的少数资料表明，斯巴达试图重新定义谁应该在革新后的城邦中获得公民权和土地，而这些殖民者就是失去了公民和土地所有权的人们。也许这些殖民者没有纯正的斯巴达人血统——有一种说法是他们可能来自一个被称为"帕特尼伊人"的群体。尽管该殖民地可能是在矛盾激化的情况下建立的，但此后塔拉斯与其母城的关系一直非常密切。

第二次美塞尼亚战争

根据后世的旅行作家保萨尼亚斯的说法，公元前 669 年，斯巴达惨败于它在伯罗奔尼撒半岛的主要对手阿尔戈斯。战斗发生在海希埃，就在肥沃的赛里亚提斯平原北部。该平原位于阿尔戈利斯和拉科尼亚的边界，因此同时被两个城市高度重视。阿尔戈斯人获得了战斗的胜利，可能是因为他们更好地掌握了新发展出的方阵战术。这场失败一定深深地打击了斯巴达人，他们在此后一个多世纪里都没有再与阿尔戈斯人交战。此外，战败后第二年，斯巴达人设立了他们最重要的节日之一——裸体青年节，旨在颂扬军事训练和身体耐力。

斯巴达人此时发展各项军事技能是极其必要的，因为在不久之后，被奴役的美塞尼亚人就开始起义反抗他们的斯巴达主人。随后的战争——今天称为第二次美塞尼亚战争——也以方阵战斗为特点。斯巴达人在经过 17 年的艰难对抗后才取得了战争的胜利。战争结束后，他们完全控制了整个拉科尼亚和美塞尼亚地区。这场战争是斯巴达历史上的决定性时刻：斯巴达的人口远远少于被他们奴役的黑劳士，他们意识到只有通过残酷而持续的镇压，才能继续控制后者。

在这场冲突结束时，一种全新的生活方式似乎已经在斯巴达出现。斯巴达人相信，一位名叫来库古的伟大改革者建立了所谓的斯巴达制度。这一新制度的核心是，所有斯巴达公民（通常被称为"斯巴达人"）都应该是训练有素的职业军人。在古希腊世界，这是一个独特而奇怪的想法，因为希腊以前从未出现过职业军队。

来库古

斯巴达人认为，来库古在斯巴达建立了一种全新的生活方式。然而，来库古是一个神秘的人物；人们不知道他是否存在，即使他存在，

提尔泰奥斯

斯巴达的民族诗人提尔泰奥斯在第二次美塞尼亚战争期间进行创作。第一次世界大战时的诗人，如威尔弗雷德·欧文，写的是战场上的恐怖。提尔泰奥斯虽然是一位战争诗人，但与这些后世的战争诗人截然不同。提尔泰奥斯的诗歌鼓舞斯巴达士兵去成为秉承他们城市精神的理想战士。他的战歌成了斯巴达文化的一部分，在之后的几个世纪中经常在社交和军事场合被朗诵。以下的诗句展现了他诗歌中的残酷场景：

> 一个人不善战斗，除非他有勇气直视鲜血和屠杀，面对面地向他的敌人发起攻击……在前线倒下，失去了宝贵的生命之人，为他的国家、他的人民和他的父亲带来了荣耀；他的身前遍布伤口，盾牌和胸甲都被刺穿。老人和少年都为他哀悼，整个城市都在痛苦地悲鸣。

（残篇 Diehl[3][①],1.i.9）

也几乎不可能确定他所生活的时期。我们知道的关于他的主要信息来自历史学家普鲁塔克。在来库古的传记的开篇，普鲁塔克这样声明：

> 总的来说，我们不可能对立法者来库古做出任何确凿无误的陈述，因为关于他的祖先、他的旅行，以及最重要的他在法律和政府方面的活动，都存在着各种相互矛盾的说法。但至少大家对于他生活的时期有一致的看法。

（普鲁塔克《来库古传》1.1）

---

① Diehl 指由恩斯特·迪尔编辑整理的《希腊抒情诗选集》（Ernst Diehl ed. *Anthologia Lyrica Graeca*）。此处引用即该书中收录的提尔泰奥斯残篇。——译者注

希罗多德甚至记载，德尔斐神谕怀疑来库古是神而不是人。可以肯定的是，斯巴达人敬重他，因此，我们有必要了解他们对他的看法。也许他是一个类似亚瑟王的人物，一个可能存在过并建立了激进风格的政府的领导人，但他的成就为神话和传说所夸大了。

无论真正的来库古是否存在，可以肯定的是，斯巴达社会在公元前7世纪前后经历了一场彻底的改革，开始采取一种俭朴的生活方式，旨在培养公民之间的平等和公平。来库古改革的传说很可能是对这一时期的变化的反映。下面两段话概述了普鲁塔克对所谓的"来库古改革"的描述。

当斯巴达社会处于无序状态时，来库古前往德尔斐神谕所，寻求关于如何改革斯巴达社会的指示。这些指示被称为"公约"（rhētrai，字面意思是"口头协议"或"法令"），不以文字记录；它们足够简单，可以被所有斯巴达人熟记于心。斯巴达人对公约高度服从，一些希腊人甚至给这种习惯起了一个名字——"良好秩序"（eunomia）。公约涵盖了斯巴达生活的许多领域，包括教育、经济和道德。其中最著名的一条公约被称为"大公约"，是对改革斯巴达政府的指导。

来库古注意到斯巴达人之中存在着巨大的贫富不均，希望建立一个所有斯巴达公民都享有更多平等权利的社会。除了"大公约"中的内容外，其他一些主要的改革内容如下。

- 土地。在过去的斯巴达，土地所有权极其不平等。因此，土地被重新分配，每个公民都得到一块土地，由黑劳士耕种。
- 货币。金银被禁止使用，唯一合法的货币是用浸在醋中的铁块（使其变脆）制成的。这样一来，货币失去了价值，贸易减少，人们无法积累财富或财产。
- 食堂。所有斯巴达公民都必须在公共食堂用餐。富人和穷人现在都吃同样的食物。这种做法抑制了人们的口腹之欲，终止了奢华的晚宴。

- **房屋**。天花板只能以斧头作装饰，大门只能以锯子作装饰。因此，木制房屋的设计趋于简单；华丽的家具显得格格不入，也逐渐被舍弃了。

除了以上这几项和其他改革，据说来库古给斯巴达公民起了一个新名字——homoioi（"相似之人"或"同等之人"）。普鲁塔克说，通过消除或减少"相似之人"或"同等之人"之间的不平等和嫉妒，来库古相信他们会集中精力镇压共同的敌人——黑劳士。

公元前 6 世纪

尽管发生了这些变化，艺术和文化在公元前 6 世纪初仍在蓬勃发展（拉科尼亚的艺术品是由珀里俄基人制作的，但斯巴达人是手工艺的赞助者）。象牙雕刻在公元前 7 世纪末达到了一个高峰，而到了公元前 580—前 570 年，高质量的彩陶被出口到黑海、埃及和西班牙等地（图 8.4）。公元前 6 世纪之前也是抒情诗人阿尔克曼的黄金创作期，他的作品被现代学者描述为"斯巴达高雅文化皇冠上的宝石"。与提尔泰奥斯的战争诗截然不同，阿尔克曼创作的是供竞争激烈的少女歌队演唱的抒情合唱诗。由此，阿尔克曼创造了"少女歌"这一体裁。

在政治上，公元前 6 世纪下半叶，斯巴达与北方的伯罗奔尼撒众城邦结成了联盟，形成了今天所称的伯罗奔尼撒联盟。根据希罗多德的说法，斯巴达人试图以对待拉科尼亚的方式，来奴役阿卡迪亚地区（位于拉科尼亚和美塞尼亚以北），但这种尝试以失败告终。希罗多德讲述，斯巴达人自信满满地进军阿卡迪亚的一个主要城市——特基亚，结果出乎意料地遭受了耻辱性的失败。

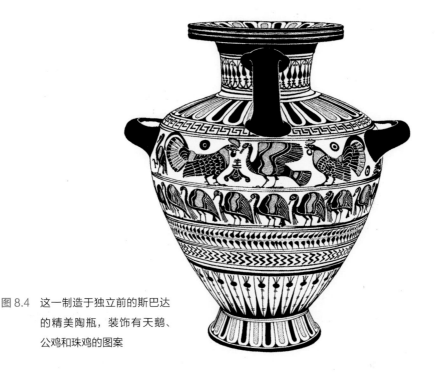

图 8.4　这一制造于独立前的斯巴达的精美陶瓶，装饰有天鹅、公鸡和珠鸡的图案

　　这一事件似乎引发了斯巴达外交政策的巨大变化。此后，斯巴达人不再尝试奴役伯罗奔尼撒半岛的其他地区，而是着手与其他城市建立联盟并从联盟中获益。伊利斯可能是斯巴达的第一个盟邦。在斯巴达人击败特基亚人后，大约于公元前 555 年，特基亚和斯巴达也结成了联盟。约公元前 545 年，在一场争夺赛里亚提斯平原控制权的战斗中，斯巴达大败其最主要的对手阿尔戈斯，进一步加强了它对伯罗奔尼撒半岛的控制。然而，与其他城市不同的是，阿尔戈斯拒绝与斯巴达结盟。

　　与北部城市的联盟有效地为斯巴达建立了一个与伯罗奔尼撒半岛之外的世界的缓冲区。有了这样的安全保障，斯巴达人选择将自己与外部世界隔离。他们转而专注于控制内部的敌人——黑劳士，同时更加热衷于军事训练。其结果是，斯巴达几乎停止了进口外国商品，

契 罗

斯巴达外交政策的改变也许要归功于一个叫契罗的斯巴达人。他在公元前 556 年左右担任了埃弗尔（主要行政官之一），被后来的希腊作家尊为古希腊七贤之一。这些贤者都是公元前 6 世纪初的人，因其智慧闻名于后世，他们之中有哲学家、政治家，还有法律制定者。在常见的名单中，其他 6 位贤者分别是：米利都的泰勒斯、米蒂利尼的庇塔库斯、普林纳的毕阿斯、雅典的梭伦、林度斯的克莱俄布卢和科林斯的佩里安德。

斯巴达艺术和手工艺的质量也明显下降。而且，在阿尔克曼之后，几乎再也没有任何关于斯巴达诗人的记录。斯巴达自我孤立的过程也体现在它在奥林匹克运动会上的表现。直到公元前 6 世纪初，斯巴达还一直是一个体育强国：公元前 720—前 576 年，已知的 81 名奥运冠军中有 46 名是斯巴达人；最重要的项目短跑比赛的 36 名冠军中，有 21 名来自斯巴达。然而，在这之后，除了赛马比赛，斯巴达不再产生任何项目的奥运会冠军。

大约在公元前 525 年，斯巴达难得地在伯罗奔尼撒半岛之外进行了一次军事冒险。这是一次联合科林斯对萨摩斯岛的海上远征，表面上是为了支持反抗僭主波利克拉特斯的萨摩斯贵族。波利克拉特斯不久前与波斯人结盟，因此，斯巴达此时对萨摩斯的干涉很可能体现了其反波斯的立场。尽管如此，这次远征行动还是以失败告终。在随后的几年里，斯巴达拒绝再向萨摩斯人提供帮助。

然而，在这之后不久，另一次外国远征——这次是去雅典——造成了更深远的影响。公元前 514 年喜帕恰斯被暗杀，希庇亚斯在雅典的僭主统治变得很残酷。一些流亡的雅典贵族在克里斯提尼的带领下，寻求斯巴达的帮助，希望推翻希庇亚斯的统治。为此，克里斯提尼秘密地贿赂了德尔斐神谕所的祭司，让她在向斯巴达人传达的每一则神谕中（无论其主题是什么）都要加上从僭主手中解放雅典的指示。这让斯巴达人陷入了困境，因为他们的许多领导人物都与喜帕恰斯及其家族关系良好。然而，斯巴达国王克里昂米尼一世考虑到他的宗教责任，也许也是出于对喜帕恰斯与波斯人的关系的顾忌，最终说服了他的人民入侵雅典，在公元前510年驱逐了雅典僭主。

克里昂米尼无疑希望雅典能够建立一个类似斯巴达的寡头政府，所以当克里斯提尼在公元前508或前507年推行民主改革时，克里昂米尼极为不满。民主制度令保守的斯巴达人感到恐惧。在接下来的几年里，克里昂米尼一世3次率领伯罗奔尼撒军队进攻雅典。第一次，大约在公元前507年，他暂时赶走了克里斯提尼及其支持者，随后却被拒绝他的改革的雅典人民驱逐出了雅典。第二次，也就是第二年，他率领一支部队，试图将克里斯提尼在雅典的对手——伊萨哥拉斯扶植为僭主。然而，当科林斯人察觉这次任务的目的时，他们不赞成支持僭主制度的前景，于是率先撤退了，而且他们还赢得了与克里昂米尼共同执政的国王德马拉图斯的支持，因此克里昂米尼的计划又以失败告终。

第三次，大约在公元前504年，克里昂米尼得知了克里斯提尼贿赂德尔斐神谕所祭司之事，因此，他在震怒下准备再次恢复希庇亚斯的僭主地位。然而，科林斯人依然强烈反对恢复僭主的想法，他们的立场还得到了伯罗奔尼撒联盟大多数成员的支持。这可能是伯罗奔尼撒联盟第一次在全员会议中做出决定。克里昂米尼不得不退让，并且接受他在不知不觉中帮助雅典实现了民主的现实。

伯罗奔尼撒联盟

公元前 506 年，科林斯人和克里昂米尼在入侵雅典问题上的分歧，可能导致了所谓的"伯罗奔尼撒联盟"的全面形成（在此之前，该联盟常被称为"拉刻代蒙人及其盟友"）。联盟的成员都是独立的城邦，但在实践中，斯巴达人尽量确保这些盟邦都由亲斯巴达的寡头政府统治。我们很难确切地了解伯罗奔尼撒战争之前联盟的运作情况，也缺乏关于斯巴达结盟的时间和背景的记录。然而，从现有的资料来看，联盟大概具有以下核心原则。

1. 每个城邦都与斯巴达单独达成了进攻和防御的盟约。然而，联盟并不要求其中的成员彼此结盟（许多城市的确也互相结盟）。
2. 如果联盟中的任何城邦受到非联盟城邦的攻击，斯巴达有义务对其进行援助。
3. 联盟有两个表决机构。一个是斯巴达公民议会，另一个是所有其他盟邦的代表大会（只有斯巴达可以召集代表大会）。如果斯巴达公民大会投票决定开战，那么只有当代表大会中的大多数城邦投票附议，决定才能生效。终止战争也需要经过同样的程序。代表大会中的每个城邦，无论其规模如何，都有一票。
4. 如果两个机构都投票赞成战争，那么斯巴达就会征集联盟军队，并提供一名总指挥（通常是斯巴达的国王之一）和军官，帮助领导联盟的军队。
5. 可能还有一个条款：一些城邦可能被要求帮助斯巴达镇压黑劳士叛乱。

应该指出的是，组成联盟的并不完全是伯罗奔尼撒城邦。一些伯罗奔尼撒的城邦——尤其是阿尔戈斯——未加入联盟，同时联盟囊括了一些非伯罗奔尼撒的城邦，如埃伊纳、迈伽拉，以及后来的阿卡纳尼亚、埃托利亚、底比斯及其在维奥蒂亚的盟邦。直到公元前 371 年斯巴达体系崩溃，该联盟才被解散。（图 8.5）

图 8.5　伯罗奔尼撒半岛及中部和南部希腊的主要城市

古典时代的斯巴达

　　第一章已经概述了古典时代斯巴达在古希腊历史中扮演的关键角色。然而值得注意的是，在伯罗奔尼撒半岛内部，在克里昂米尼的带领下，公元前494年斯巴达人在梯林斯附近的塞佩亚又一次彻底击败了阿尔戈斯人。这在一段时间内解除了阿尔戈斯的威胁，但对斯巴达人来说不完全是一件好事。许多伯罗奔尼撒的城市认为，联盟的建立主要是为了帮助斯巴达防范阿尔戈斯。随着这一威胁的消除，阿卡迪亚的一些城市以及伊利斯在公元前480—前460年试图脱离斯巴达，而且在被雅典流放的地米斯托克利的鼓励下，尝试建立民主政府。经过了一系列的战斗，斯巴达才得以在公元前465年左右制止了他们的尝试。

就在这之后，一场可怕的地震袭击了拉科尼亚地区。这一事件是公元前5世纪斯巴达内部事务发展的一个关键转折点。这场灾难造成了大量伤亡（后来的历史学家迪奥多鲁斯·西库鲁斯给出的伤亡人数是两万多），在随之发生的动荡中，许多美塞尼亚（和两个周边村庄）的黑劳士趁机叛乱。叛乱持续了数年，有时甚至被称为"第三次美塞尼亚战争"。

叛乱者据守在美塞尼亚的伊索姆山（这是伯罗奔尼撒半岛上最好的天然堡垒之一）上，并做好了应对长期围攻的准备。作为回应，斯巴达人向他们的伯罗奔尼撒盟友以及擅长攻城的雅典人求援。雅典派出了由亲斯巴达的将军客蒙率领的4 000名重装步兵。然而，雅典军队并没有发挥出多大的作用；而且，如修昔底德所记述，斯巴达人开始怀疑雅典人同情叛军：

> 斯巴达人……认为他们（雅典人）来自不同的民族，担心如果他们继续留在伯罗奔尼撒，他们可能会听从伊索姆山上的人的意见，转而支持革命政策。
>
> （修昔底德《伯罗奔尼撒战争史》1.102）

因此，斯巴达人解散了雅典军队（同时保留了他们的其他盟军）。此举加剧了两个城市之间日益紧张的关系，甚至不久之后，雅典就与阿尔戈斯结盟了。另一边，驻守伊索姆山的黑劳士成功地坚持了好几年，最终斯巴达人面对僵局不得不让步，与他们达成了协议：这些黑劳士被允许和他们的家人一起安全地离开伯罗奔尼撒半岛。雅典迅速帮助这些获得自由的黑劳士在科林斯湾北岸的纳夫帕克托斯重新定居。由此，斯巴达和雅典之间的关系变得越发紧张。

以上整个事件说明了为什么斯巴达人如此执着于阻止黑劳士与其他希腊人接触。外来者，特别是那些来自雅典等民主城市的人，看到希腊人被同胞奴役，肯定会感到不安（正如我们所见，希腊人通常只奴役外国人）。黑劳士在与这些人接触后，肯定会被影响，进而相信他们也应该获得自由和独立。

地震也给斯巴达人造成了莫大的恐惧——斯巴达公民数量的大幅减少会让他们的人口远少于黑劳士。在公元前4世纪初，这种噩梦般的情形真的出现了。多种因素造成了当时的情况：地震本身造成了人口缩减；随后的战斗又造成了大量伤亡；此外，斯巴达公民之间的经济不平等加剧，因此较贫穷的公民无法按要求向公共食堂缴纳费用。斯巴达的帝国性征服是导致这种不平等的原因之一——海外指挥的经历使斯巴达的领导阶层接触到了其他地方的统治精英的生活，于是他们开始加倍重视财富和地位。与此同时，土地所有权变得非常不平等，部分原因是妇女现在能够继承土地并且通过继承拥有了大量土地（亚里士多德甚至称，在公元前4世纪，妇女拥有斯巴达五分之二的土地）。

到了公元前371年，斯巴达公民的数量已经锐减到大约1 000人，斯巴达不得不依靠珀里俄基人和黑劳士来维持其军事力量。当底比斯在留克特拉战役中击败斯巴达时，他们杀死了400多名斯巴达公民。尤其不同寻常的是，底比斯人在方阵战中的表现更胜斯巴达人一筹。斯巴达输了自己最擅长的游戏。两年后，底比斯人解放了美塞尼亚，使其成了一个独立的城邦。没有了美塞尼亚的劳动力，斯巴达体系无法维系，最终走向了衰亡。

▍后来的斯巴达

斯巴达现在已经沦为古希腊世界的二流强国，尽管它在马其顿于公元前 338 年征服希腊之后，仍试图通过退出科林斯联盟来保持一些独立性。在接下来的一个多世纪里，斯巴达社会几乎失去了独立性。在公元前 3 世纪，国王克里昂米尼三世（公元前 235—前 222 年在位）出于对过去的辉煌的怀念（图 8.6），试图重振斯巴达，想要通过改革将斯巴达转变为一个军事机器。他没能成功，但这是一个重要的时期，因为国王声称要重新推行来库古制定的斯巴达法律。但实际上，许多归于来库古名下的法律可能是在这个时期制定的。这可能使普鲁塔克等作家困惑，他们后来认为这些法律来自古典时代的斯巴达。

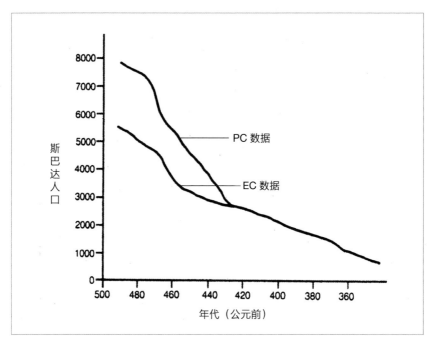

图 8.6　公元前 5 世纪以来斯巴达公民人口的缩减情况。图示基于两位学者的研究数据：EC 代表尤金·卡芬雅克（Eugene Cavaignac）1912 年的研究；PC 代表保罗·卡特里奇（Paul Cartledge）1987 年的研究

公元前 195 年，斯巴达被迫加入阿开亚同盟。在公元前 146 年罗马人占领希腊之前，它一直处于该联盟中。之后，斯巴达与它的新主人建立了良好的关系：罗马人是古典斯巴达的忠实崇拜者，在接下来的几个世纪里，斯巴达成了一个很受欢迎的旅游目的地，游客们在这里重温斯巴达的辉煌。罗马时代的斯巴达人凭借着对这段辉煌历史的记忆而生活，他们无疑也重新塑造和美化了这些记忆。因此，我们必须再次意识到，这可能影响了后来关于斯巴达的资料的可信度，因为许多记录中的"古代传统"可能被夸大了，甚至是为了迎合罗马人的喜好而专门编造的。

斯巴达的历史	
青铜时代	
约公元前 1300 年	斯巴达是一个重要的迈锡尼文明中心
早期铁器时代	
公元前 1100 年之后	移民从希腊的其他地方来到斯巴达
古风时代（公元前 776—前 479 年）	
约公元前 750 年	斯巴达人征服拉科尼亚；奴役黑劳士和珀里俄基人的系统形成
约公元前 730—前 710 年	第一次美塞尼亚战争中，斯巴达征服美塞尼亚
约公元前 700 年	斯巴达建立其唯一的殖民地塔拉斯
约公元前 667—前 650 年	第二次美塞尼亚战争；提尔泰奥斯创作战争诗
公元前 7 世纪后期	来库古改革可能发生在这个时期
约公元前 600 年	艺术和文化繁荣；阿尔克曼创作抒情诗
约公元前 555 年	斯巴达战胜特基亚并与之签订合约；伯罗奔尼撒联盟的早期发展

（续表）

斯巴达的历史	
约公元前 545 年	斯巴达击败阿尔戈斯
约公元前 525 年	斯巴达与科林斯远征萨摩斯失败
约公元前 510 年	斯巴达国王克里昂米尼一世将僭主希庇亚斯驱逐出雅典
约公元前 506 年	伯罗奔尼撒联盟完全形成
公元前 494 年	斯巴达在塞佩亚战役中击溃阿尔戈斯
公元前 490 年	马拉松战役中,斯巴达姗姗来迟,未与波斯交战
公元前 481 年	斯巴达成为对抗波斯的希腊联盟的领袖
公元前 480 年	温泉关战役
公元前 479 年	普拉提亚战役;希罗多德将胜利归功于斯巴达
古典时代（公元前 478—前 323 年）	
约公元前 465 年	斯巴达经历大地震;黑劳士随后叛乱
公元前 460—前 446 年	第一次伯罗奔尼撒战争
公元前 446 年	"三十年和约"签署
公元前 431—前 404 年	伯罗奔尼撒战争
公元前 404 年	斯巴达最终击败雅典,成为希腊世界的领袖
公元前 371 年	留克特拉战役中,斯巴达被击败
公元前 369 年	美塞尼亚获得解放,斯巴达系统终结
公元前 337 年	马其顿征服希腊后,斯巴达未加入科林斯联盟
希腊化时代（公元前 323—前 31 年）	
公元前 235—前 222 年	斯巴达国王克里昂米尼三世试图重新推行来库古的法律
约公元前 197 年	斯巴达失去独立地位,被迫加入阿开亚联盟
公元前 146 年	罗马人控制希腊并为斯巴达的历史所吸引

社 会 结 构

　　斯巴达系统的成功有赖于其严格固化的三阶层的社会结构：斯巴达人（或称"同族人"），处于最高层；珀里俄基人，处于中间层；而最底层是农奴黑劳士，他们的人数远远多于他们的斯巴达主人。此外，还有一个被称为"下等人"的小阶级，他们的地位介于斯巴达人和黑劳士之间。

♟ 珀里俄基人

　　与斯巴人一样，珀里俄基人也是多利安人的后代。然而，我们对他们不太了解，因为他们在历史记录中没有留下明显的痕迹。据估计，在斯巴达领土上大约有 50 个珀里俄基人的聚落，其中大部分位于拉科尼亚不太肥沃的地区，要么在山坡上，要么在海岸附近。在自己的聚落内，珀里俄基人可以拥有当地的公民权和权力有限的自治政府；但是，他们必须服从斯巴达的命令，不能自行发起战争或制定对外关系政策。每当斯巴达人参战时，珀里俄基人就会被作为辅助力量征召。

　　珀里俄基人主要在经济上支持斯巴达人的生活。由于斯巴达人不屑于经商，所以珀里俄基人就成为斯巴达的商人和工匠。他们制造日常用品，如衣服、鞋子、家具、储藏器具和各种金属制品。他们中的一些人可能是渔民或造船工人。其他人则被允许在拉科尼亚不太肥沃的土地上耕种。随着斯巴达越来越自我孤立，它的工匠们似乎不再制造华丽的作品，转而生产斯巴达人在日常生活中所需要的朴素实用的物品。例如，随着斯巴达人公共用餐方式的出现，精致的酒碗和餐具的生产走向终结。

在被斯巴达人控制的几个世纪里，珀里俄基人很少试图反叛。这可能是因为与希腊其他地区的许多公民相比，他们的生活质量比较良好。希腊人民经常处于战争状态，大多数公民都不得不花费大量的时间参加战争。相比之下，珀里俄基人并不用频繁地参战，因为他们的主要任务是镇压黑劳士。与雅典或底比斯等城市的典型公民相比，珀里俄基人较少参加战争。因此，珀里俄基人很可能乐于维护斯巴达的既有状况。帮助斯巴达人管理黑劳士符合珀里俄基人的利益，而珀里俄基人的村庄就像一个缓冲区，能够防止黑劳士逃跑。

🏆 黑劳士

研究斯巴达的权威学者保罗·卡特里奇称，"黑劳士是古代斯巴达最重要的一个人为事实"。毫无疑问，斯巴达人在人数上远远少于黑劳士这一事实决定了斯巴达社会的发展方式（关于黑劳士与斯巴达人的比例有不同的估计，但随着时间的推移，斯巴达人的人口数量发生了很大的变化。据希罗多德记载，在公元前479年的普拉提亚战役中，斯巴达为每个斯巴达人指派了7名黑劳士）。

如我们所见，这些黑劳士由被征服的美塞尼亚和拉科尼亚的原住居民组成，他们是属于城邦的农奴，没有政治或法律权利。他们的主要职责有如下几个方面。

- 作为农民在斯巴达庄园耕作，生产能够满足所有人口需求的食物。每个庄园每年都必须向其斯巴达主人缴纳固定数量的农产品。黑劳士可以保留剩余的农产品，也可以从中获利。

- 担任斯巴达人的家庭奴隶。黑劳士妇女因其护理技能而闻名。

- 在战争时期，黑劳士也被用来搬运行李或担任散兵。然而，珀里俄基人必须小心地看管他们，以防他们趁机反叛或逃跑。

斯巴达人往往以极其残酷的方式对待黑劳士。没有政府的允许，黑劳士不得离开规定的区域，而且总是受到怀疑。每年年初，新当选的高级官员，即督政官会立即向黑劳士宣战。这意味着斯巴达人可以不受惩罚地攻击或杀害黑劳士。黑劳士也经常遭到肆意羞辱。在下面这段话中，普鲁塔克描述了斯巴达人如何用酒精让黑劳士出丑。

> 他们会强迫他们喝下大量未兑水的酒，然后把他们带到公共食堂，向年轻人展示醉酒的窘态。他们也会命令他们表演一些粗鄙可笑的歌曲和舞蹈，但不允许他们表演那些符合自由人的身份的歌舞。
>
> （普鲁塔克《来库古传》28.4）

普里耶涅的米隆是一位后世的历史学家，他的作品仅有残篇留存。在他所描述的一个仪式中，黑劳士被当作动物对待。

> 他们给黑劳士布置了各种耻辱的任务。因为他们规定，每个黑劳士都必须戴上狗皮帽子，用皮革包裹住自己，每年接受规定次数的殴打，不管他有没有过错。这样他们就不会忘记自己是奴隶。
>
> （普里耶涅的米隆，残篇2）

斯巴达人总是在黑劳士中散播恐惧感，以防止他们叛乱。这样的做法似乎取得了成效，因为在第二次美塞尼亚战争和公元前5世纪60年代的重大叛乱之间，几乎没有证据表明有任何大规模的黑劳士叛乱发生。

▌ 不幸中的万幸

黑劳士或许也能够在生活中找到一点点安慰。由于他们为城邦所有，他们的待遇并不取决于其主人的个人意愿。这一点与古希腊世界的大多数奴隶不同。城邦将黑劳士分配给个人，而个人对他们的权力是有

纳粹主义与斯巴达

斯巴达制度对后世造成了一定的影响。其中，希特勒和纳粹党对它的推崇给它蒙上了阴郁的色彩。希特勒在1928年写道，他试图通过斯巴达的例子来证明日耳曼民族的优越性：

> 斯巴达人能够征服黑劳士，是因为斯巴达人的种族优越性。然而，该优越性是系统的种族保护的结果。所以斯巴达是我们所知的第一个种族主义国家。

希特勒还很欣赏斯巴达社会的其他方面，尤其是它的教育制度和优生制度——畸形或残疾的婴儿出生即被处死。在同一篇文章中，他对斯巴达社会做了评论：

> 遗弃生病的、虚弱的、畸形的儿童——换句话说就是毁灭他们，显示了更高尚的人道尊严，实际上比我们这个时代的可悲的愚蠢行为要人道1 000倍。按照现在这种愚蠢的做法，最病态虚弱的生命也要被保留……

5年后，在1933年7月，纳粹政府制定了《防止具有遗传性疾病后代法》，要求对所有患有遗传性疾病的人进行强制绝育。这些所谓的遗传性疾病包括：精神疾病、学习障碍、身体畸形、癫痫、失明、失聪和严重酗酒。

限的；只有在城邦的授权下，主人才可以杀死黑劳士。此外，黑劳士与自己的家人生活在一起，独立于他们的主人。古希腊世界的其他奴隶通常没有这样的待遇。黑劳士们还拥有宗教自由，可以像斯巴达人和珀里俄基人那样崇拜神灵。

🏆 下等人

"下等人"既不是奴隶也不是正式公民，是斯巴达社会中的一个小群体。他们由4类人组成：

帕特尼伊人是父亲为斯巴达人，母亲为黑劳士的私生子。

莫萨基人是黑劳士的儿子，通常被收养作斯巴达男孩的玩伴，他们也接受教育。

第三类是"脱籍黑劳士"，是通过英勇作战赢得自由的黑劳士。然而，他们表现出的英勇也可能给自己招来灭顶之灾，因为斯巴达人一向极度警惕叛乱，经常找机会除掉最强壮的黑劳士。修昔底德记载了一个著名的例子。在公元前424年斯巴达的一次军事胜利之后，督政官们向黑劳士建议，那些作战最勇敢的人应该站出来。2 000名黑劳士被推选了出来，他们相信自己赢得了自由，欢欣鼓舞。他们头戴花环，绕着神庙转圈，向诸神致谢。修昔底描述了他们后来的结局："然而，不久之后，斯巴达人就夺走了他们的生命。没有人知道他们中的每个人到底是怎么被杀死的。"

最后一类"下等人"被称为"颤抖者"，是因怯懦行为而被剥夺了公民权的斯巴达人。如色诺芬所述，他们是被强烈鄙视的对象：

> 在其他城市，懦夫遭受的只是懦弱带来的耻辱——他和勇敢的人去同一个市场，并肩坐在一起，如果他愿意，还可以去同一个体

育馆锻炼。在斯巴达，任何人都会认为让一个懦夫进入他的房间或在摔跤比赛中与懦夫比试是一种耻辱……（懦夫）在街上必须给别人让路，甚至必须给年轻人让座……他不能在城里走来走去，表现出高兴的样子，也不能像那些无可指摘的人一样行动。如果他这样做，他就必须接受比他高尚的人的殴打。当这种种限制被附加到懦弱上时，我并不惊讶斯巴达人宁愿选择死亡，也不愿意接受这种被剥夺的、不光彩的生活。

（色诺芬《斯巴达政制》9.4—6）

这段话中提到了这一点：懦夫可以被殴打。而在其他古希腊城市，人们只能对奴隶施行体罚。

斯巴达的教育

斯巴达人是已知历史上第一个引入公共教育系统的民族。然而，这一系统的性质完全不同于任何现代的类似系统（虽然维多利亚时代的英国公立学校曾相当推崇斯巴达的教育系统）。斯巴达人相信，来库古所创立的机制可以培养出优秀而忠诚的士兵：他们是城邦的战斗机器，服从城邦的一切命令。该系统旨在培养勇敢和服从的品质，同时粉碎了人们的个性和创造力。男孩在成长的每一个阶段，都必须面对如影随形的死亡的威胁。这个系统淘汰了弱者。

早年的经历

教育的全过程从出生就开始了。婴儿一出生，就会被其父亲带到长老委员会进行检查。如果他们认为婴儿有畸形或过于虚弱，就会命令将婴儿扔在塔伊耶托斯山的一个陡坡上，使其被暴晒而死。这个弃婴的地点被称为"拒绝的地方"。遗弃婴儿（通常是出于经济原因）在整个古希腊世界都很常见，但斯巴达是唯一一个将这一过程公开化并仅根据婴儿的健康状况做出决定的城邦。

如果婴儿通过了身体检查，接下来等待他们的将是艰难的婴儿期。人们通过用酒而不是水给婴儿洗澡，来测试婴儿的力量。斯巴达人认为，虚弱或患有癫痫的婴儿会死在酒中，而健康的孩子则会在这个过程中变得更强壮。婴儿赤裸着身体，经常被单独留在黑暗中，他们的哭声也会被忽视。随着成长，年幼的孩子被教育不许挑剔食物，也不许轻易发脾气或哭泣。

斯巴达保姆

斯巴达的保姆因其一丝不苟的工作态度而广受赞誉。许多希腊人雇她们来看护自己的孩子。据说雅典将军阿尔西比亚德斯曾被一个叫阿米克拉的斯巴达妇女照顾过。阿米克拉也许因此对希腊政治产生了持久的影响，因为在公元前 415 年雅典和斯巴达的冲突中，阿尔西比亚德斯出人意料地从雅典叛逃到了斯巴达。

▎7—12 岁

从 7 岁开始，斯巴达男孩会受到城邦的直接管理并终身如一日地接受管理。男孩离开家，住在军营里。这种古老的寄宿学校被称为"阿戈革"（agoge），而这个词通常被用来描述牛的饲养。寄宿学校的管理者是"男孩牧人"，堪称有史以来最早的校长。这些管理者自身也必须是声名显赫的战士。

这所特殊学校的大部分教职工都是 20 岁左右的年轻斯巴达人，他们都是"阿戈革"系统的优秀毕业生。他们被称为"伊伦"，以组为单位带领孩子们，控制他们的一举一动。色诺芬言简意赅地描述道：

> 男孩牧人……被分配到一群少年。他配备了鞭子，在必要时可以鞭打他们；结果是，他获得了相当的尊重和服从。

> （色诺芬《斯巴达政制》2.2）

在这些年里，教育系统的目标是培养孩子们的体力和服从性。大人们密切地观察着男孩们的举动并不断鞭策他们相互争斗。通过这种方式，他们可以分辨每个男孩有多强壮，哪些男孩最有可能在战斗中奋勇杀敌。

男孩们很少接受传统意义上的教育。他们只被教授最基本的读写技能，以便交流。古希腊其他地区的男孩要学习背诵荷马史诗，但斯巴达的教育不包含文学，也不包含哲学，因为这些学科会鼓励年轻人独立思考并形成自己的观点。在一个致力于向年轻人灌输单一世界观的国家，这被认为是非常危险的。普鲁塔克这样解释他们的教育理念：

> 男孩们只花尽可能少的时间学习阅读和写作。他们的整体教育旨在培养高度的服从性，面对压力的坚忍不拔以及在战斗中取胜的能力。

> （普鲁塔克《来库古传》16.6）

12—18 岁

男孩在 12 岁时进入教育的第二阶段，开始接受更加严酷的训练。从这个年龄开始，他们被要求一直保持赤脚，因为这样他们可以跑得更快，更容易攀登和爬下悬崖。每个男孩每一年只能得到一件斗篷，

竞争与启蒙仪式

斯巴达教育的一个核心特点是，利用竞争来培养某些素质。男孩们需要参加合唱比赛以及各种体育和格斗竞赛。比如，有一种在海岛上举行的格斗比赛，男孩们要设法把对手赶进水里。

也许最残酷的比赛是在阿尔忒弥斯·奥提亚的圣地为青春期的男孩举行的启蒙仪式。手持鞭子的男孩牧人看守着女神的祭坛，祭坛上放着奶酪。男孩们必须从祭坛上抢夺尽可能多的奶酪，而看守人会暴虐地鞭答靠近祭坛的男孩。

他们没有任何其他应季的衣服。他们必须剪短头发，经常裸体以保持身体的强韧。只有在每年的几个特殊日子里，他们才被允许洗澡和使用乳霜护肤。

普鲁塔克告诉我们，斯巴达青年还被要求用埃夫罗塔斯河的芦苇搭建自己的睡床（图 8.7）。他们不能用刀具，必须徒手折断芦苇。这样做出的床铺非常粗糙，很不舒适。食物的配给也被刻意控制，以使他们在必要时能在没有食物的情况下生存。因此，男孩们被迫偷窃食物。如果他们被抓到，就会受到严厉的鞭打——不是因为他们犯了偷窃的道德错误，而是因为这说明他们的行动不够敏捷。

在这个年龄段，年轻人需要给自己找一个年长的男性情人（古希腊世界的男性普遍维持双性恋的关系）。这种关系的目的超越了性，因为年长的男人扮演着导师和教育者的角色。根据普鲁塔克的记述，如果一个年轻人在打斗中因为疼痛而喊叫，那么行政长官将对他的年长情人处以罚款。

图 8.7　今天的埃夫罗塔斯河。斯巴达青年必须徒手用河中的芦苇搭建自己的睡床

斯巴达与维多利亚时期的公立学校

　　西方古典世界深刻地影响了英国的教育史。也许最令人惊讶的是，维多利亚时代的英国公立学校可能曾模仿斯巴达教育体系的许多元素。与斯巴达一样，维多利亚上层阶级的家长会将他们 7 岁的儿子送去寄宿学校，让他们在那里远离任何"柔软"的女性化的影响，按照规矩接受训练。这两种教育系统都强调用严酷的环境来磨炼男孩们的心智和身体。托马斯·休斯在他的小说《汤姆·布朗的学校生活》中展示了公立学校中常见的残酷和欺凌。小说的背景是阿诺德博士担任校长期间的拉格比学校。阿诺德本人是维多利亚时代教育的先驱者，他曾说过要让他的学生学会 sophronize（自我约束）。这个生僻的英语单词源自希腊语 sophrosune（自我控制），这正是斯巴达人在他们的教育系统中试图灌输的品质。

▍18—19 岁

根据普鲁塔克的记载，来库古格外关注处于青春期后期的年轻人，他认为他们在这个年龄段最容易变得叛逆或傲慢无礼。为了防止这种情况发生，来库古立下法令，让他们接受更加严厉的训练并尽可能地让他们保持忙碌。另外，年轻人还应当尊重长辈，在街上行走时必须把手揣在斗篷里，保持沉默，眼睛盯着前面的地面。

▍克里普提

教育机制后期的一个重要部分是克里普提，意思是"隐藏期"。我们不清楚它的确切性质，但它似乎是一种秘密警察机构。斯巴达学校中最强的学生被挑选出来，在克里普提服役一段时间。普鲁塔克对这个过程描述如下：

> 监督者会定期将那些看起来机灵的年轻人派往不同方向的乡下。他们配备了匕首和基本的口粮，但不能携带其他东西。白天，他们会藏身在不显眼的地方休息。到了晚上，他们走上街道，杀死任何被他们抓住的黑劳士。他们还经常在田野中穿行，杀死那些拥有出众的体格或力量的黑劳士。
>
> （普鲁塔克《来库古传》28.2—3）

克里普提使年轻人更加坚强，同时使他们习惯于杀戮——这是成为一名成功的士兵的关键；它的另一个作用是使黑劳士们生活在恐惧之中。

斯巴达公民的生活

来库古的法令规定所有斯巴达公民都应该是全职的职业军人。这是一项很有突破性的法令。在此之前，没有任何一个古希腊城市拥有过职业军队。相反，所有公民都是军队的预备役人员，他们必须在城邦需要的时候为其战斗。

来库古的法令彻底颠覆了这一习俗。斯巴达人不仅要终身服役，甚至还被禁止从事任何其他类型的工作。斯巴达的经济生产任务被分配给了其他群体：黑劳士在农田里劳作，妇女管理财务，而贸易和手工业则是珀里俄基人的职责。斯巴达公民生活的全部内容就是为了战争而训练。

┃ 20—30 岁

斯巴达公民在 30 岁之前被称为"伊伦"。在这些年里，他们必须住在士兵的营房里，即使在他们结婚后也是如此。此外，他们被禁止进入市场，不能自己购物。人们似乎相信，在没有严密监督的情况下，这个年龄段的男人还不能自觉保持顺从。

为了加剧年轻人之间的竞争，一支由 300 名士兵组成的精英部队会被择优选出（这项创新同样被归功于来库古）。这 300 名年轻的斯巴达人有机会在战斗中担任国王的保镖。他们必须不断证明自己的能力，而且随时可能被替换。那些未被选中的人也不断被刺激着进步，并且时刻准备着在精英部队的成员犯错时顶替其位置。

斯巴达人通常在这个年龄段之后结婚。结婚标志着生命新阶段的开始——繁育后代的责任与为国家战斗的责任同样重要。根据亚里士多德的说法，生育了 3 个以上儿子的男人会得到一些特权：

> 因为他们有法律规定，有 3 个儿子的父亲可以免服兵役，有 4 个儿子的父亲不用缴纳任何税款。

（亚里士多德《政治学》1270a）

音　乐

斯巴达人热爱音乐，视音乐为他们社会的核心事务。一位古代作家甚至把他们比作蝉，因为他们总是热衷于参加合唱。斯巴达人的音乐就是合唱，他们可能没有独唱，也没有任何表达个人情感或情绪的歌曲。音乐，就像其他东西一样，被塑造成了适合斯巴达体系的模样。比拼歌唱和舞蹈的合唱比赛非常受欢迎。通过参加合唱比赛，斯巴达人可以学习团队协作，而且能够激发出自己的竞争本能。妇女也可以积极参与合唱。跳舞和唱歌时，她们争强好胜的势头完全不输于男人。

音乐也是军事生活中非常重要的一部分。音乐被用来培养士兵的纪律性，就像现代军队用音乐训练士兵在阅兵时走出整齐一致的步伐一样。最著名的音乐比赛是在裸体青年节上举行的，参加比赛的合唱团歌颂斯巴达人的英勇无畏和军事荣誉。人们会在食堂和战场上表演提尔泰奥斯的战歌。在战斗中，音乐起着关键的作用——乐手吹奏小号和笛子，向方阵传达命令，或部署攻击的节奏。

坚持单身的男子会受到公开惩罚。已婚妇女会歌唱羞辱他们的歌曲；他们被禁止参加节日活动；在冬天，他们不得不在市场上裸体游行，并歌唱他们正在接受自己因为忤逆而应受的惩罚。

▎正式公民

普鲁塔克在讨论斯巴达人的生活时说，他们的训练"一直延续到成年，因为没有人被允许随心所欲地生活"。即使在和平时期，斯巴达在本质上也是一个要塞，或是一个随时处于战备状态的军营。普鲁塔克说，斯巴达人在家乡的生活比在战场上更艰难，因为在战争时期，年轻人可以暂时摆脱那些最严酷的训练内容。在普鲁塔克的描述中，斯巴达人抵制私人生活而支持公共生活的理想化状态，与奥威尔《一九八四》中的情境如出一辙：

> 总的来说，他让公民们习惯于不追求私人生活，也不了解私人生活，而是像蜜蜂一样，始终依附于社会，紧紧围绕着他们的领袖，并以狂热的雄心壮志完全投入他们的国家建设中。
>
> （普鲁塔克《来库古传》25.3）

普鲁塔克还写道，除了出征时，斯巴达人的所有时间都为合唱团的歌舞、节日、宴会、狩猎、体育锻炼和谈话所占据；这些活动都受到了严格的管制，被用以提升斯巴达人的战斗能力。音乐、谈话、宴会和节庆活动培养了战友情谊；体育锻炼增强了体质，激发了竞争意识；而狩猎则训练士兵们在远征中获取食物的能力。斯巴达人很喜欢打猎。（图8.8）他们狩猎的目标是野猪，而当地的猎犬品种因其敏锐的嗅觉而闻名于全希腊。斯巴达人不经常去市场，也从不讨论赚钱或商业贸易之事。

▎公共用餐

斯巴达人很重视日常用餐。他们在一个被称为"斯斯提昂"（syssition）的地方吃饭，"斯斯提昂"这个词在希腊语中是"公共饮食场

言 简 意 赅

来库古鼓励斯巴达人成为少言寡语的人,希望他们能够"以一种既尖锐又有吸引力的风格来表达自己并简明清晰地阐述各种观点"。由此,产生了英语形容词"laconic",它的本意是"斯巴达的",后被用来形容"简洁的,简明的"表达方式。

有很多关于斯巴达人言辞简洁的故事。有一次,一位智者被批评说得太少。他的朋友这样为他辩护:"说话的专家知道什么时候该说话。"也许最"斯巴达式的"评论要属这一条:马其顿的腓力二世威胁要入侵斯巴达的时候,向斯巴达人传达了"如果我进入拉科尼亚,我将摧毁你们所有人"这样的信息。斯巴达人发回了仅一个词的回复:"如果"。

所"或"食堂"的意思。[色诺芬使用的则是西斯卡尼昂(*suskanion*)这个词,因此它可能也是古典时代斯巴达人的用词,字面意思是"公共帐篷"。]每个食堂约有 15 名成员,他们彼此之间相处的时间很多。在征战中,一个食堂的成员共用一个帐篷。

加入食堂团体是获得完整的斯巴达公民身份的条件之一。当一个斯巴达人年满 20 岁时,就要申请加入一个食堂。食堂的成员举行投票,同意他加入者就把一个面包球扔进一个瓮里。如果某个成员把他的面包球压扁了,就意味着这个成员拒绝该年轻人加入其团体。不能如愿加入食堂的年轻人就会在社会上孤立无援。如果一个斯巴达人不能按月向食堂缴纳费用,他也同样会被鄙视。

食堂是斯巴达社会的基础组织。它孕育了战友情谊,保证了所有公民之间的平等,就像来库古所希望的那样。通过食堂,不同年龄段的斯巴达人也能够自然地交往。在古希腊的其他地区,尤其是雅典,代沟往往是造成冲突的一个主要原因。

图 8.8　这个绘有狩猎场景的基里克斯杯由珀里俄基工匠制造于公元前 6 世纪，狩猎是斯巴达人生活中非常重要的一部分。色诺芬曾描述过斯巴达人用网和长矛猎杀野猪的血腥场面

黑　肉　汤

　　斯巴达人的饮食是朴素而健康的。他们有一种独特的黑色肉汤，因其恶心的味道而"臭名远扬"。据普鲁塔克记载，这种肉汤是用猪肉在猪血中烹煮而成的，并以盐和醋调味。 一位从锡巴里斯来到斯巴达的游客对它的味道深恶痛绝，他评论说："难怪斯巴达人是最勇敢的人；因为任何一个头脑正常的人都宁愿死上一万次，也不愿以这种可怜的方式活着。"

食堂的每个成员都必须用自己土地上的产出为食堂提供一个月的饮食，包括大麦饭、葡萄酒、奶酪、无花果和一点买鱼或肉的钱。只有在外出献祭或打猎的情况下，男人才可以不在食堂用餐。即便如此，他们也被鼓励带回祭祀剩下的肉或狩猎的收获。

吃饭时，男人们会一起聊天、唱歌和欢笑。有的时候，斯巴达男孩会被带进食堂，以提前接触成年男人的世界。他们会观察男人们谈论政治和互开玩笑——对斯巴达人来说，开得起玩笑是十分重要的。成员们要对所有讨论的内容保密。每次吃饭时，最年长的成员会指着门，提醒他的战友们不要让任何一个字离开这个房间。

斯巴达妇女

斯巴达妇女的生活与希腊其他地方妇女的大相径庭。她们也被看作城邦的机器——生产健康后代的机器。尽管斯巴达允许其妇女拥有较其他女性更多的自由和权利，但这并不是女权主义的早期案例。与斯巴达系统的其他部分一样，妇女的待遇是由优生学所驱动的。她们生活的意义是培育出最健康的后代。

女孩的教育

斯巴达为其妇女提供教育，这在古代世界是独一无二的（在大多数前工业社会也是罕见的）。男孩和女孩的教育系统有着相同的目标——强化体格和培养团队精神。斯巴达人认为来库古创设了女性的教育系统。

从出生开始，斯巴达的女孩所受的待遇就与希腊其他地区的女孩不同。斯巴达的法律规定，她们必须得到与她们的兄弟同样多的照顾和食物，这在其他地方闻所未闻。非斯巴达的女孩通常吃得很少。随着成长，开始在家接受一些教育。母亲或黑劳士妇女可能会教她们基本的阅读和写作技能。一旦掌握了这些技能，女孩们就要开始学习如何管理庄园，这将是她们成年后的主要责任之一。

女孩们可能也会接受某种形式的公共教育。体育锻炼应该是其中的一个重要部分。在下面这段话中，普鲁塔克概述了原因：

> 首先，（来库古）让女孩们通过跑步、摔跤、投掷铁饼和标枪来锻炼身体。这样一来，她们的胎儿就会在强壮的身体中茁壮成长、更好地发育，而妇女自己也会充满活力地度过怀孕期并以一种成功、轻松的方式迎接分娩的挑战。
>
> （普鲁塔克《来库古传》14.2）

在斯巴达，对女性的教育全然是为了帮助她们生育健康的孩子。

在整个古希腊世界，男子都习惯于在公共场合裸体锻炼。如我们之前所提到的，进行锻炼的地方是"体育馆"（gymnasium），这个词原本的字面意思就是"裸体的地方"。希腊男人被教育要维持健美的身体，并为之自豪。根据普鲁塔克的记载，在斯巴达，这种观念也被延伸到了妇女身上：

> 他（来库古）让年轻女孩与年轻男子一样，习惯在游行中裸体行走，以及在某些节日中裸体跳舞和唱歌，而年轻男子则在一旁观看……女孩的裸体没有任何不光彩的地方。它是端庄的，没有任何不道德的暗示。相反，它鼓励女孩们养成简单的习惯和维持对健美的热情。
>
> （普鲁塔克《来库古传》14.2ff.）

有趣的是，普鲁塔克认为有必要为女性裸体的做法进行辩护。因为在斯巴达以外的地方，这样的观念都被认为是极其过分的。妇女甚至通常不被鼓励踏出家门，即使她们在必要时出门，也不得不遮挡自己的身体和面容。

▎婚姻

斯巴达的女孩进入青春期后，不会像其他希腊妇女那样立刻步入婚姻。这可能是为了确保她们的身体能得到充分发育，可以更好地应对怀孕。结婚仪式也是很特别的。新娘剪短发，穿上男人的斗篷和凉鞋。这也许是为了让新郎更熟悉做爱的过程。然后她在新郎的房子里等待，直到天黑以后在食堂里吃完晚饭的新郎来到。他将与他的新娘做爱，然后赶紧回到自己食堂的营房睡觉。

在婚姻的早期，夫妻一直分开居住。如果男人被发现与妻子住在一起，便会感到羞耻，因此夫妻的相会总是在黑暗中秘密进行的。这种奇怪的做法据说是为了保持丈夫和妻子之间的吸引力。普鲁塔克解释了其中的道理：

> 这不仅是一种节制和自控的练习，而且还意味着伴侣们能够保持身体的良好生育力，对性爱怀有新鲜感并为性交做好准备，而不是在无限制的性活动中变得厌腻和虚弱。
>
> （普鲁塔克《来库古传》15.5）

这说明，在斯巴达，决定性行为的仍然是最大限度地繁育健康后代的愿望。

这样的优生政策引起了一种更特殊的习俗。根据普鲁塔克的说法，斯巴达成年人之间经同意的性行为并不算作"通奸"的罪行。这样一来，斯巴达男人就可以和他们战友的妻子上床（如果得到允许的话），以增加为城邦服务的健康斯巴达公民的数量。

▌ 经济权力

在古希腊世界中独树一帜的是，斯巴达妇女不做任何家务。对生育斯巴达勇士的妇女而言，负责织布、做饭和打扫等家务是有辱尊严的。所有的家务事都由家中的黑劳士帮工来完成。

斯巴达妻子在经济上的作用要大得多——她们管理着被分配给其丈夫的庄园。庄园需要生产足够的食物以供丈夫向他的食堂支付份额以及养活家庭的其他成员。妻子拥有对整个庄园（包括黑劳士）的经济控制权，全权决定关于农作物、农具和销售剩余产品的事务。

斯巴达的继承法赋予了妇女更多的经济权力。与其他希腊妇女不同的是，如果斯巴达妇女没有兄弟，她可以继承父亲的财产，包括地产。一些斯巴达妇女因此成了富有的女继承人。斯巴达的单身男子非常希望能娶到这样的女人（这并不奇怪），以至于要由国王来为她们选择丈夫。

▌ 传承精神

作为斯巴达人口的一半，女性在成长过程中也必须信任她们那不寻常的社会。她们被要求将自己 7 岁的儿子交给城邦，还要向她们的男性亲属灌输信念，让他们相信为斯巴达而死是光荣的。据记载，她们在很小的时候就开始了这样的"宣传工作"。有时，在公共节日上表演的女孩：

> ……会取笑每个年轻人，善意地批评他们的错误。在其他场合，她们会用歌声赞美那些有功绩的人。通过这样的方式，她们给年轻人灌注了巨大的野心和强烈的竞争意识。

（普鲁塔克《来库古传》14.3）

诸如此类的做法使女孩们在成长过程中发展出了对城邦的狂热忠诚。事实上，斯巴达妇女似乎是斯巴达系统最有效的维护者。她们可能在政治机构中没有任何投票权，但毫无疑问她们对男人有着深刻的影响。据说，斯巴达的母亲们在送儿子上战场时会说："要么拿着你的盾牌，要么躺在上面！"——意思是他们要么拿着盾牌胜利归来，要么光荣战死，被别人用盾牌抬回来。

斯巴达妇女似乎和那里的男人们一样寡言少语。普鲁塔克甚至集录了一本题为《斯巴达妇女的话语》的手册。对比古希腊世界对妇女的一贯态度，这实是一部了不起的作品。据说在雅典，政治领袖伯里克利声称，最好的女人是"最不被男人谈论的女人，无论他们是在赞美你还是批评你"。

然而在斯巴达，女性的声音是一种宝贵的宣传武器，可以吓唬和震慑其他古希腊人。国王列奥尼达的妻子戈尔戈曾经被问道，为什么斯巴达妇女是古希腊唯一能够"统治"其丈夫的妇女。她回答，"因为我们是唯一能生出男人的女人"。在她看来，只有那些有自信能接纳强大女性的男人才是真正的男人。下面这首诗中，一位母亲哀叹她在战场上逃跑的儿子。这首诗很好地说明了斯巴达妇女的态度：

> 到黑暗中去吧，懦弱的后代，做出了可恨的事情，
> 埃夫罗塔斯河也不会为怯懦的鹿而流。
> 无用的小狗，一无是处的东西，下地狱吧。
> 滚开吧！这个斯巴达人根本就不是我的儿子。
>
> （普鲁塔克《斯巴达妇女的话语》241）

▎希腊人眼中的斯巴达妇女

在斯巴达之外的世界，斯巴达妇女显然被视为阴谋和丑闻的来源。

她们在斯巴达社会享有的自由和地位肯定会让其他希腊城市的男人感到非常不安。他们难以想象，妇女竟然可以在没有男性亲属护送的情况下，在公共场合进行社交和锻炼（有时甚至还与男性一起）。斯巴达妇女所拥有的经济权力也让他们感到恐惧。

人们向来爱批评斯巴达妇女放荡淫乱。其他希腊人听说穿着暴露的妇女赤身裸体地参加仪式，无不感到震惊。公元前 6 世纪的抒情诗人伊比库斯嘲讽地给她们起了个绰号"秀大腿者"（图 8.9）。公元前 5 世纪 20 年代，欧里庇得斯创作了一部悲剧《安德洛玛刻》，讲述了特洛伊战争后赫克托尔的遗孀的命运。剧中最可恶的人物是斯巴达国王墨奈劳斯和他的女儿赫耳弥俄涅。人们通常认为，该剧通过神话传说的题材表达了当时的雅典人对斯巴达的仇恨。在下面的台词中，剧中一个角色严厉地批判了斯巴达妇女：

> 即使她想，斯巴达的女人也不可能是贤惠的。她们在年轻男人的陪伴下离开家，大腿从暴露的衣服里露出来，而且她们与男人共用同一个跑道和摔跤场（这对我来说是不能容忍的）。在那之后，如果她们养育不出有德行的女人，我们还应该感到惊讶吗？
>
> （欧里庇得斯《安德洛玛刻》595—601）

正如这几句话所表明的，许多非斯巴达人对斯巴达开放的性习俗感到震惊，不明白通奸行为怎么会被他们视为一种美德。执着于保护自己的父权的雅典男性，只要有可能，就会把自己的妻子与其他男人远远隔开。

对斯巴达妇女的其他批评也随之而来。一些希腊人认为，她们对运动的痴迷使她们肌肉发达，丧失了女性的吸引力。还有人认为她们是不称职的母亲，因为她们在儿子 7 岁的时候就把他们送去寄宿学校。她们还被指责太有主见。亚里士多德也赞同，斯巴达男人"被他们的妻子统治"。他痛恨她们的自由，认为这种自由是斯巴达制度的一个致命缺陷。

阿里斯托芬的《吕西斯特拉特》

　　阿里斯托芬在公元前 411 年写了一部喜剧，讲述了雅典妇女吕西斯特拉特设法结束与斯巴达的战争的故事。她组织了一个会议，参加者是由兰皮托领导的斯巴达妇女代表团和其他城市的妇女。这些妇女决定，如果两个城市的妇女都同意用性为筹码来抗议，她们的丈夫就会很快结束战争。

　　该剧以有趣的方式展现了雅典人怎样看待斯巴达妇女。在下面的台词（78ff.）中，吕西斯特拉特第一次见到兰皮托，不禁称赞她健美的形体。

吕西斯特拉特：欢迎，兰皮托，我亲爱的。斯巴达的情况如何？亲爱的，你看起来真漂亮。这样的肤色，皮肤这么有弹性！为什么？我打赌你能扼杀一头公牛！

兰皮托：　　　你也可以，我亲爱的，如果你保持训练的话。你不知道我每天都在练习提臀吗？

吕西斯特拉特：还有如此美妙的乳房！

　　当然，这种观点是由与斯巴达敌对的城市的男人提出的。

　　一些作家，如阿里斯托芬，喜欢拿其他地方的人对斯巴达妇女的刻板印象做文章。其他作家，如亚里士多德，其实是认为所有的女性在本质上都不如男性，如果给予她们太多的权利，就会造成麻烦。重要的一点是，大多批评她们的人可能从未去过斯巴达，他们的意见都是基于谣言和传说。

　　尽管如此，斯巴达妇女得到的也不完全是负面的评价。其他希腊人可能很欣赏斯巴达妇女的健康、力量和自然美。斯巴达人相信，来

图 8.9 这尊雕像表现了一位正在跳舞或跑步的斯巴达女人的形象，她穿着露肩的上衣和短裙。这样的衣着可能使得其他更保守的希腊人称斯巴达女人为"露大腿者"

库古禁止妇女佩戴珠宝或使用化妆品和香水，因此她们要依靠自己的自然美来吸引男人。此外，如我们在第三章中提到的，第一位在只有男性参加的奥运会上获胜的女性正是一位斯巴达公主——基妮斯卡。

斯巴达军队

斯巴达人在近 3 个世纪的战争中保持不败，他们的战斗技巧和勇气十分令人敬畏。大约在公元前 490 年，被斯巴达人民流放的斯巴达国王德玛拉图斯投奔了波斯人。他担任了波斯国王薛西斯的顾问，负责有关希腊人的事务。根据希罗多德的记述，德玛拉图斯向薛西斯描述了斯巴达士兵的情况，他说：

> 单打独斗，他们不亚于任何人；共同作战，他们是世界上最好的士兵。他们是自由的——是的——但不完全是自由的；因为他们有一个主人，而这个主人就是法律，他们对法律的畏惧远远超过了你的臣民对你的畏惧。

（希罗多德《历史》7.104）

听到这番话的薛西斯大笑起来。然而，事实很快就证明了德玛拉图斯所言不虚。为数不多的斯巴达士兵成功地在温泉关山口击败了数以千计的波斯大军。

斯巴达人精通方阵战——他们非常刻苦地进行方阵作战的训练，是古希腊世界中纪律最严明的战士（图 8.10）。训练也使他们能够出色地对命令的改变做出反应，这些命令会由号手和吹笛者来传达。

军事行动也和宗教密切相关。为了确保神灵支持他们的作战任务，国王要在从斯巴达出发时进行祭祀，到达城邦边境时也要再次进行祭祀。在战斗前，国王通常会向缪斯女神献祭，提醒他的士兵们，他们的英勇奋斗将被谱入诗歌。如果祭祀顺利，国王就命令吹笛人吹奏一曲，

图 8.10　斯巴达士兵的小雕像

献给斯巴达人供奉的双子神之一——卡斯特，然后重装步兵就开始向前
逼近。

　　除了严酷的训练之外，还有其他一些原因促成了斯巴达人在战争
中的卓越表现。

　　● 指挥结构。斯巴达军队被划分为若干个兵团，每个兵团由一名

指挥官指挥，该指挥官直接对领军的国王负责。指挥官下面还有其他部门和官员，这样就很容易传达信息。没有任何其他希腊军队有类似的指挥系统。

- 恐惧因素。如果斯巴达人确定自己已经获得了战斗的胜利，他们就会停止追击逃跑的敌人。他们认为杀死逃亡者是有失尊严的。因此，许多对手选择逃跑，而不是面对可怕的斯巴达重装步兵。
- 神秘性。根据普鲁塔克的说法，来库古规定，斯巴达人不应该太过频繁地对付同一个敌人，这样他们才能保持其战术的神秘。

斯巴达人还在战役中使用珀里俄基人和黑劳士。例如，在公元前479年的普拉提亚战役中，5 000名斯巴达人与同样数量的珀里俄基人和35 000名黑劳士共同作战。珀里俄基人既被用作战斗人员，也负责修理武器和装备。到了公元前4世纪，斯巴达人和珀里俄基人在6个混合兵团中并肩作战。黑劳士则被用作斯巴达人的行李搬运工、奴隶和跑腿。在斯巴达历史的后期，他们甚至也被安排在前线作战。为了防止黑劳士在征战途中造反，斯巴达人在营地里总是随身携带长矛并对武器库进行严密监视。

死　亡

　　斯巴达人对待死亡的态度可以让我们区分他们与其他希腊人。斯巴达人认为，如果死亡是为了一个更高的目标——城邦的利益，那么它就是值得的，也是令人向往的。在希腊的其他地方，所有的葬礼都在城外进行。然而，来库古下令，斯巴达的死者应该被埋葬在城内，甚至靠近神庙所在地。这样一来，市民就会更习惯于直面死亡。此外，斯巴达人不能用任何珍贵的物品陪葬，死者下葬时只是被包裹在他自己的红色斗篷里（图

8.11)。最后，有两类斯巴达人的名字可以被刻在墓碑上：在战斗中死亡的男子和在分娩中死亡的妇女。这两类人都为城市做出了最高贵的牺牲。

在葬礼上，斯巴达妇女的行为与其他希腊妇女截然不同。在传统的希腊葬礼上，妇女在游行过程中大声哀号，捶胸顿足，撕扯头发，以此来激发人们的哀思。相比之下，斯巴达妇女被教导，对死去的亲人只能表现出引以为豪的情绪。色诺芬的一个故事很好地说明了这一点。公元前371年，留克特拉战役失败的消息传到斯巴达后：

> 第二天，你可以看到那些失去了亲属的妇女在公共场合走来走去，看起来很高兴。而那些据说亲属还活着的人，却几乎都待在家里；即使他们现身街头，也是在街上踱步，神情忧郁，自怨自艾。

（色诺芬《希腊史》6.4.16）

图8.11　这个制作于拉科尼亚的陶杯的内部绘有两名年轻的战士抬着一名牺牲的战友

▌ 服装和武器

重装步兵的基本服装是一件宽大的衣衫，外罩青铜（后来是皮革）制成的甲胄，再披一件斗篷，染成猩红色以掩盖血迹（图 8.12，图 8.13）。为了保护腿部，士兵士们会在战斗时穿戴护胫和皮靴。这套服装还包含一顶有羽饰的头盔。虽然它能很好地保护头部，但它也会妨碍视线和听力。斯巴达成年男性从不理发，因为他们认为头发会使他们的身材显得更加高大，更能在战斗中恐吓对手（图 8.14）。一名重装步兵需要携带3 种主要武器。

- 盾牌。圆形盾牌（hoplon）上总是刻着一个大写的 Λ，即希腊字母的 L，代表拉刻代蒙（Lacedaemon）。
- 矛。长约 3 米的长矛是方阵作战的主要武器。
- 剑。如果士兵失去了长矛，或需要与敌人近距离作战，他可以使用短剑。短剑一般被挂在腰间的皮带右侧。

一个雅典人曾经开玩笑说，表演吞剑的杂技演员使用的是斯巴达的剑，因为它们足够短。斯巴达人回答说："它们长到足以击中敌人的心脏。"斯巴达人特别蔑视那些在战斗中依靠箭矢的军队（如波斯人）。对斯巴达人来说，真正的勇气只能体现在面对面的战斗中，而弓箭是在远处使用的。而且因为箭矢的形状类似纺锤，它们被认为是"娘娘腔的"。

▌ 温泉关战役

公元前 480 年的温泉关战役是斯巴达英雄主义的集中体现，但这实际上是一次失败的军事行动。由国王薛西斯率领的至少 10 万（实际兵力可能是这个数字的两倍以上）波斯大军已经征服了希腊的北部并不断向南进发。他们进入希腊南部的行军路线必须通过温泉关的狭窄通道，那里的山崖和大海之间只隔着几米。

　　希罗多德在《历史》7.198—239 中对这场战役进行了最著名的描述。希腊盟军派出了一支大约 7 000 人的混合部队，在希腊其他部队重新集结并商量保卫希腊南部的计划时，尽可能长时间地守卫这个山口。这支部队的首领是斯巴达国王列奥尼达和经过精心挑选的 300 名斯巴达

图 8.12　这尊陶瓶描绘着斯巴达重装步兵（长发，刮掉了嘴唇上方的胡子）与一名持矛的骑兵交战

图 8.13　斯巴达战士将他的红斗篷裹过前胸。他所佩戴的发冠说明他是一位将军，甚至是
　　　　 国王

士兵。他们都已生育了儿子，已经完成了为国家提供未来战士的重要职
责。当波斯人到达温泉关时，希腊部队已经在此就位，他们的任务是保
卫他们在山口中间重建的一道防御墙。（图 8.15）

　　双方紧张地对峙了 4 天，同时，薛西斯试图哄骗希腊人不战而降。

图 8.14 这座精美的大理石雕像于 1925 年在斯巴达卫城区域被发现并立刻被命名为"列奥尼达",但它表现得更可能是一位神祇或英雄。人物有着斯巴达典型的胡须,很好地代表了斯巴达战士的形象

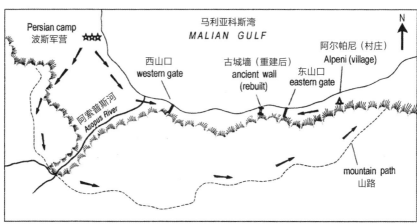

图 8.15 温泉关战役示意图。希腊盟军以重建后的古城墙为据点,从阿尔帕尼村庄获得补给,直到被从东边经过山路来到这里的波斯军队包围

在这期间，他派了一名间谍去探查希腊的营地。薛西斯惊讶地得知，斯巴达人正在梳理自己的头发，为战斗做准备。德玛拉图斯向薛西斯解释，说这些人正为在战斗中光荣牺牲而做准备。

这次战斗无异于一场大屠杀。波斯人被战斗技巧高超的希腊人打得落花流水，在两天的时间里就被轻易地战胜了。他们中有数千人被杀，而希腊方面只损失了若干士兵。然而，战斗打到第二天的晚上，希腊人被出卖了。一个叫作埃菲亚特斯的当地人告诉波斯人，温泉关山口的另一边有一条可以翻过山岭的小路。（图8.16）

第三天黎明时分，希腊军队从侦察兵那里得知，他们即将被敌军从两边包抄。列奥尼达遣散了大部分希腊军队，在山口留了大约1 500人，决定执行一项自杀性任务。在300名斯巴达人（仍活着的斯巴达人）的带领下，盟军拼死一搏——希罗多德说，如果他们失去了武器，他们甚至用手和牙齿来战斗。

最后一天，所有在山口作战的人都被杀死了。虽然这实际上是希腊军队的一场失败战役，但斯巴达人表现出的勇气鼓舞了古希腊世界的

图 8.16　今天的温泉关：海岸线已回退了几百米，但陡峭的山崖还一如从前

其他国家。以至于在接下来的几个月里，希腊人能够最终成功击退波斯人。希罗多德记载，战役结束后不久，有人在这里留下了一块墓志铭：

> 路过的陌生人，去告诉斯巴达人，我们在这里倒下，服从他们的法律。

（希罗多德《历史》7.228）

列奥尼达

领导斯巴达人在温泉关作战的国王列奥尼达，成为历史上最著名的斯巴达人之一。如果来库古想为他的军事化城邦树立一个榜样，他不可能找到比列奥尼达更合适的人物了。在波斯人入侵之前，德尔斐神谕告诉斯巴达人，他们的城市要么被征服，要么"整个拉刻戴蒙的土地将为赫拉克勒斯家族的国王的死亡而哀悼"。简而言之，当他出发前往温泉关时，列奥尼达认为他的死亡将是换取斯巴达的生存的必要代价。

列奥尼达在战斗中的非凡勇气与他简洁的说话风格十分匹配。据说在他离开斯巴达前往温泉关时，他的妻子戈尔戈问他是否对她有什么指示。他的回答很简单："嫁个好男人，生养好孩子。"当两支军队即将交战时，薛西斯给了列奥尼达最后一次投降的机会，他派人送信给列奥尼达："交出你的武器。"而列奥尼达回答："自己来拿！"

在战斗第三天的黎明，当希腊人得知他们将被困在山口时，列奥尼达嘱咐他的部下："吃好早餐，因为今晚我们在冥府用餐。"在那天最后的英勇战斗中，列奥尼达确实被杀死了，随后，他的尸体被战斗双方激烈地争抢，而波斯人最终抓住了他的尸体。波斯人通常会对敌人的尸体表示尊重，但被激怒的薛西斯下令将列奥尼达的尸体斩首。他的头被钉在木桩上并腐烂，供人观看，但他的事迹和美名流传了下来。一年后，波斯人最终被赶出了希腊。

斯巴达政府

如前所述，德尔斐神谕给来库古的最重要的指示是有关斯巴达政府的改革。然而，"大公约"只提到了古代斯巴达的 4 个政府机构中的 3 个：两位国王，元老院和公民会议（由所有男性公民参加的大会）。由 5 名督政官（主要的行政官员）组成的议会似乎后来才取得了实权，虽然它在契罗的时代就已经具有了一定的影响力。个人的权利受到这种四体机构的严格制约，如果没有广泛的共识，就很难实现变革。

🏆 国王

斯巴达有两位国王同时在位，分别来自两个王室家族——亚基亚德家族和欧里庞提家族。斯巴达人相信这两个王室家族都是神话英雄赫拉克勒斯的直系后代。实际上，双王制可能是在斯巴达的早期村庄通过融合结成更大的政治单位时出现的，而这种制度也是防止个人专权的有效方法。两位国王联合执政，在宪法下拥有平等的权力。根据希罗多德的说法，国王的继承人是他成为国王后所生的长子。两位国王的主要职责如下。

- 斯巴达军队的指挥官。约公元前 506 年后，规定由一位国王单独带领军队出征并拥有战场上的全面指挥权。然而，两名执政官需要陪同国王出征，监督他的表现并向公民会议报告。
- 作为宗教领袖，他们也发挥了重要的影响力。他们实际上是斯巴达的首席祭司。斯巴达人民相信他们的国王是神与人之间的沟通者。

- 斯巴达的宪法约束着国王的政治权力。他们拥有一定的司法权力，对 3 个方面的案件进行仲裁：女继承人的婚姻、孩子的收养和公路的维护。然而，由于他们同时也是元老院的成员，他们具有相当的政治影响力。

此外，由于国王对于斯巴达人有着象征意义，他们很可能因此对政治和社会产生重大的影响。斯巴达人相信，他们的国王有神圣的祖先和神明的认可。他们不仅是跻身天神之列的英雄赫拉克勒斯的后裔，他们的职位也得到了德尔斐的阿波罗神谕的承认。因此，国王是斯巴达历史和社会的有力象征，他们无疑深受人民的敬重。

国 王 之 死

国王的死亡会引发斯巴达公众的悲痛。公众的反应反过来也说明了王权的重要性。骑士们将国王死亡的消息传遍全国，成千上万的人（包括斯巴达人、珀里俄基人和黑劳士）依照法律参加葬礼。所有公众举行为期 10 天的哀悼活动，人们哀叹、拍打额头以示悲痛并高呼去世的国王是他们所拥有的最好的国王。这些习俗明显区别于所有其他斯巴达人葬礼的情况。一般情况下，斯巴达人对死亡无动于衷，不会表露任何激动的感情。

两位国王都被赋予了某些特权。

- 他们的继承人不必接受公共学校的教育。这也许是因为只有他们不需要接受服从命令的训练。
- 国王们都是富有的土地所有者，拥有珀里俄基人领土上的土地以及世袭的斯巴达土地。

- 在食堂用餐时，他们的食物首先上桌，而且享有双份的食物。
- 在公共节日中，他们拥有荣誉席位。而且当国王入场时，公民会议的参会者需要站立迎接。

然而，如果人民对国王的表现不满意，那么在经过由元老院和督政官负责的审判程序后，国王可以被罢免。事实上，在公元前 5 世纪，似乎有至少 6 位国王或摄政王受到了审判，甚至继而被罢免。

🏆 督政官

每年公民会议都会选举产生一个由 5 名督政官组成的委员会。在古典时代，该委员会已经发展成了政府中的一个重要机构。地位较高的督政官会以自己的名字为其任职的年份命名。督政官的任期为一年；任何 30 岁以上的斯巴达公民都可以参加选举，但任何人都只能担任一次。

最初，督政官的功能可能是监督国王（这个职位的意思是"监督者"，表明了其职能），这在之后也仍然是他们的主要职责之一。正如色诺芬所记录的，每个月，国王和督政官都要互相立誓：

> 他们每个月都要交换誓言，督政官代表城市宣誓，国王代表自己宣誓。国王发誓按照城市的既定法律进行统治：只要国王遵守他的誓言，城市就会保持王权不受损害。
>
> （色诺芬《斯巴达政制》15.7）

值得注意的是，根据色诺芬的描述，督政官是代表着整个城市利益的斯巴达人。

斯巴达开战时，议员们将承担特殊的责任。他们可以决定征召多少斯巴达人、珀里俄基人和黑劳士以及需要多少辆马车和牲畜来运送医疗用品及备用装备。两名督政官也会亲自参加战役，陪伴国王并监督其表现。督政官们还有其他各种重要职责。

- **外交事务**。他们可以允许外国代表进入斯巴达领土，甚至在公民会议上讲话。
- **教育**。他们负责管理教育系统并负责任命"男孩牧人"。
- **治安**。他们维护着国家的内部治安。他们任命 300 人精英部队的队长并选择克里普提的成员。
- **法律事务**。他们独立审理民事案件并与元老院一起组成最高法庭。
- **政府**。他们主持公民会议并审查较低级别的行政官员的表现。

督政官们在秋分后的第一个满月上任。他们的第一项行动是发布法令，要求所有公民"剃掉胡须，谨遵法律"。接着，他们向黑劳士宣战。

🏆 元老院

元老院由 30 人组成，包括两位国王和 28 名 60 岁以上的斯巴达公民。元老院在斯巴达拥有相当大的权力。它的主要职能是准备提案，供公民会议投票。然而，如果他们对公民会议的投票结果不满意，也可以撤回提案。实际上，元老院可以否决公民会议做出的任何决定。元老院的成员还负责裁决刑事案件。

元老院也许是斯巴达人尊重长辈的体现。根据普鲁塔克的记述，抒情诗人品达在谈到这个城市时写道，"老人的会议在那里是最重要的"，而色诺芬对该机构的选举竞争做了如下评论：

体育比赛也很光荣，但它们仅仅是体格的考验，而参选元老院的竞争涉及对精神的高贵品质的考验。因此，正如精神优于身体一样，精神的竞赛也同样比体格的竞赛更有意义。

（色诺芬《斯巴达政制》10.3）

正如色诺芬在这里所表露的，被选入元老院可能是一个斯巴达人所能获得的最高荣誉。

当元老院出现席位空缺时，人们会通过很奇怪的选举仪式决定新成员（亚里士多德甚至认为这是个幼稚的机制）。抽签决定登场顺序后，候选人被逐一带入公民会议。在场的斯巴达人如果喜欢某个候选人，就会大声喊叫。得到最大声喊叫的候选人即被选为元老，并且将终身任职。

🏆 公民会议

公民会议（Ekklēsia）[①] 是所有成年斯巴达人的集会。因此，它是斯巴达政治机制中最民主的部分，尽管绝大多数人，如妇女、珀里俄基人和黑劳士被排除在外。公民会议在每个月的新月那天召开，对元老院准备的法案进行投票表决。公民会议的成员不能讨论或修改提案；他们必须聆听督政官和国王的意见，然后投票表示赞成或反对。他们以鼓掌或叫喊的方式投票；如果结果不明确，那么斯巴达公民会被分成"赞成"和"反对"的两组来清点票数。这种投票程序在今天的英国下议院仍然存在。

---

① 斯巴达议会有时被称为阿派拉（apella），但这几乎肯定是错误的。公民会议在阿波罗节举行集会，因此希腊语动词阿派拉斯丁（apellasdein，意思是"庆祝阿波罗节"）被误解为"举行集会"，阿派拉被误解为"集会"的意思。我在这里使用的埃克勒希阿（ekklēsia），传统上是表示"集会"的希腊名称。——作者注

修昔底德在《伯罗奔尼撒战争史》（1.67—88）中描述了公民会议的行动。当斯巴达人在公元前 432 年对是否与雅典开战展开辩论时，来自其他城市的代表先发言，随后由两位斯巴达领导人发表意见。国王阿希达穆斯向公民会议建议拒绝这个提议。与此相反，一名叫斯蒂内莱达斯的督政官则主张宣战。最后，公民会议的投票决定了这件事：他们选择了战争。

▍斯巴达政治制度的效力如何？

其他希腊人往往不知道如何定义斯巴达的政府系统，因为它包括多种政治制度的元素。这种困惑在柏拉图的话语里得到了最好的体现。他在谈到斯巴达政治制度时说：

> 我不知道该如何向你描述斯巴达的政治制度。因为在我看来，它很像僭主制（它的督政官委员会和僭主非常相像），但有时它又似乎是所有国家中最民主的。如果否认它是一个贵族制度，那将是完全荒谬的。它保留了终身制的王权——也是所有国家中最古老的王权。

（柏拉图《法律篇》4.712）

对斯巴达政治制度的批评大多集中在元老院身上。可能正是这个老年公民群体保持了斯巴达社会的保守风格。亚里士多德认为，将如此大的权力交给老迈之人是很危险的，而且他声称老人们往往容易接受贿赂和徇私舞弊。

政 治 机 构	权力和职责
国王（2）	主要角色是军事和政治领袖，也负责管理： • 女继承人的婚姻 • 收养儿童 • 公路维护
督政官（5）	整个制度中最有实权之人，负责： • 监督国王 • 民事和刑事案件的审理 • 外交事务 • 国内治安和教育 • 国家财政和审查较低级别的行政官员
元老院（28+2）	为公民会议准备提案，涉及： • 外交政策 • 法律变更 • 战争与和平事宜 审理刑事案件，可以判处： • 死刑 • 流放 • 罚款
公民会议	对以下事宜进行投票： • 督政官和元老院成员的选举 • 将军的任命 • 是否战争，是否求和 • 外交政策及和平协定的签署 • 率领军队出征的国王人选 其参加者也可以向元老院提议变更律法，再由元老院决定是否对此立案表决

斯巴达人和希腊世界

斯巴达人是全希腊最有争议的民族。他们的社会是如此与众不同，以致引起了其他希腊人的愤怒或钦佩。正如我们已经提到的，斯巴达妇女激起了希腊人格外强烈的情绪。

雅典作为斯巴达在希腊世界的最大竞争对手，尤其憎恨斯巴达。从公元前510年斯巴达国王克里昂米尼插手雅典政治开始，这两个城市在整个公元前5世纪及以后一直处于紧张的关系中，尽管他们在希波战争期间结成了联盟。在公元前431—前404年两座城邦交战期间，斯巴达人更是被雅典人普遍憎恨。

通过修昔底德归于雅典将军伯里克利名下的公元前430年的葬礼演讲（《伯罗奔尼撒战争史》2.34—46），我们可以了解雅典人对斯巴达的看法。事实上，这是研究雅典人对斯巴达态度的最佳起点。这篇演讲旨在纪念在战争第一年牺牲的雅典将士，代表了演讲者对雅典生活方式的捍卫。下面的选段展现了这两个社会的鲜明对比。

> 而且，正如我们的政治生活是自由和开放的，我们在日常生活中的相互关系也是如此。如果我们的邻居以自己的方式享受生活，我们不会与他们发生冲突，也不会对他们白眼相向。尽管干涉他人不会造成真正的伤害，但仍然会伤害人们的感情。我们在私人生活中是自由和宽容的。
>
> （修昔底德《伯罗奔尼撒战争史》2.37）

在其他常见的对斯巴达的批评中，以下这些也许是最典型的。

- 外交政策。斯巴达人执着于确保他们的希腊盟友保持亲斯巴达政府的立场。因此，他们经常支持寡头政府，压制民主制度和僭主制度在其他希腊国家发展。这一点使他们有时被其他希腊人民厌恶。

- 公共教育制度。不少希腊人认为把 7 岁的儿子送出家门，剥夺他们的衣服和食物是很残酷的。许多人（尤其是受过教育的雅典人）也对斯巴达教育中文学和诗歌的缺失感到震惊。柏拉图在他的《法律篇》中讥讽过斯巴达人，他提到一些希腊人（可以肯定是指斯巴达人）"既不会读书也不会游泳"——尽管事实上斯巴达人一般都能做到这两点。

- 黑劳士。正如公元前 464 年的黑劳士起义所反映的那样，对黑劳士的镇压可能会引起其他城市人民的不安。所有希腊人都认为，奴役被他们视为野蛮人的外国人是可以接受的，但他们不能认同奴役希腊同胞。

- 保守主义。斯巴达人以其保守主义和排斥变化而闻名。有学者认为，斯巴达的军事实力衰退，是因为它没有积极学习公元前 4 世纪出现的新战术。

公元前 5 世纪末，许多雅典人对斯巴达憎恨的程度之深，也许可以体现在《安德洛玛刻》剧中女主人公所说的以下几句话中：

> 所有人类中最可恨的人，斯巴达的居民，背叛的策划者，谎言的主宰，邪恶的阴谋家，你们在希腊的成功是一种犯罪。还有什么你们没有做过的恶？猥獗的谋杀；贪婪和欺骗；奸诈的想法和奸诈的行为；你们都见鬼去吧！

（欧里庇得斯《安德洛玛刻》445ff.）

尽管这部悲剧的背景是神话时代，但对公元前 5 世纪 20 年代初的雅典观众来说，这些话一定会引起强烈的共鸣。

▎斯巴达人的排外心理

反过来，斯巴达人也对外部世界充满怀疑。斯巴达人认为，当来库古推行改革时，他迅速下令驱逐了外国人，由此清除了外部世界对拉科尼亚的一切影响——斯巴达的制度不能容忍其公民受到外部世界的奢侈品或思想的诱惑。

传说来库古禁止外国人进入拉科尼亚，以防他们变成"邪恶行为"的教师。普鲁塔克说，来库古之所以担心，是因为他认为外国人会带来外国的思想，而新的思想会导致新的态度。雅典等城市欢迎这种新思想的涌入，而在斯巴达，它们被视为具有颠覆性的入侵者，有破坏城市的潜能。

交通禁令的作用是双向的。来库古显然也禁止斯巴达人到拉科尼亚以外的地方旅行，以防止他们习得"外国的习惯"或复制"不以训练为中心的生活方式"。此外，他还担心斯巴达人会接触到与斯巴达不同的政府类型。斯巴达人尤其对民主制度持怀疑态度，认为它给予了普通公民过大的权力，有碍迅速而明确地制定决策。

虽然我们不能确定斯巴达人对其他希腊人的看法，但可以做一些猜想。他们的政治宣传肯定会告诉他们，其他希腊人都被奢靡的生活方式宠坏了，耽于享受太多玩乐和太多浮华的建筑。在军事上，斯巴达人肯定会看不起其他希腊军队，因为这些军队中没有专业的、训练有素的士兵。

斯巴达的遗产

19 世纪许多人对古代斯巴达持浪漫的看法（特别是维多利亚时代英国的教育家和为摆脱奥斯曼帝国统治而奋斗的希腊人）。这些人几乎只专注于斯巴达遗产的积极方面，诸如其卓尔不凡的勇气。21 世纪，人们对古代斯巴达有了不同的解读。如我们所提到的，斯巴达体系也启发了纳粹的种族灭绝行为。随着现代历史越来越关注人类的个体经历，人们将目光转向了维持斯巴达制度所需的黑劳士的苦难——相比其他城邦所认可的奴隶，斯巴达黑劳士所承受的苦难可能最令人同情。

然而，尽管斯巴达留给西方文明的遗产没有雅典那么明显，但也不应该被低估。从斯巴达人那里，我们得到了诸如责任、忠诚、爱国主义和自律等价值观。此外，在欧洲历史的关键时刻，300 名斯巴达人在温泉关的英勇顽抗，即使注定是失败的抵抗，也深深地激励了希腊盟友，令他们相信自己能够击退波斯人的入侵。如果波斯人在公元前 480 年征服了希腊，那么民主、戏剧或言论自由等就不可能在雅典盛行。因此，相当讽刺的是，正是专制的、强烈反对民主的斯巴达人领导了希腊人争取自由的斗争，从而保存了我们今天如此珍视的雅典的遗产。这就是斯巴达留给历史的遗产。

古希腊货币价值

大约在公元前 600 年，货币从小亚细亚的吕底亚传入希腊。在此之前，希腊人通过以物易物进行交易：牛、羊和定量的金属都可以被用来交换食物和其他商品。

当雅典人开始使用货币时，他们将最小的币种命名为"奥波勒斯"。这反映了他们之前用金属进行交换的习惯，因为奥波勒斯在希腊语中的原意是"铁杆"。6 个奥波勒斯组成 1 个德拉克马，德拉克马指"一把"（即一把奥波勒斯）。雅典人日常使用的是这两种货币。对于较大的交易，他们还会使用另外两种货币单位：100 德拉克马构成 1 明那，60 明那构成 1 塔兰同。这两种货币从未被实际铸造过，它们只被用作商品（如谷物）或金银等金属的计量单位。

6 奥波勒斯 = 1 德拉克马

100 德拉克马 = 1 明那

60 明那 = 1 塔兰同

德拉克马虽然不是面值最小的，却是最主要的货币单位（就像今天的英镑或美元一样，尽管便士和美分都比它们面值更小）。古代雅典最常见的硬币是 4 德拉克马币，它的一面印有雅典娜的形象，另一面是猫头鹰。

附录图 1.1　雅典的 4 德拉克马币，一面印有猫头鹰和橄榄叶的图案，另一面为雅典娜像

▍价值

我们几乎不可能给出 1 德拉克马在现代货币中的准确价值。然而，我们确实有一些证据，可以帮助我们了解公元前 5 世纪末的德拉克马的价值。

一个人维持生活的最少支出	每天 3 奥波勒斯
法庭陪审团的酬劳	每天 3 奥波勒斯
征战中重装步兵的报酬	每天 1 德拉克马
熟练工人的工资	每天 1 德拉克马
一个人一年消耗小麦的价值	15 德拉克马
一头耕牛的价值	50—100 德拉克马

也许一个熟练工人的日工资是德拉克马价值的最直观的参照。

雅典的猫头鹰

由于雅典硬币的一面都印有猫头鹰的形象，所以它们被昵称为"猫头鹰"。"猫头鹰"是古希腊世界中最强大的货币，因为这些硬币含有一定重量的纯度最高的白银——劳里昂山的矿场为雅典人提供了大量的优质白银，以至于他们从来不需要在铸造硬币时以次充好。直到公元前2世纪罗马人征服希腊之前，"猫头鹰"一直是古希腊世界的主导货币。

由于雅典人不需要从国外进口货币，他们创造了"把猫头鹰带到雅典"这个短语，来表达给别人他们不需要的东西。类似的短语也存在于其他语言中。在英语中，"把煤运到纽卡斯尔"（to carry coals to Newcastle）这个短语表达了同样的意思，因为纽卡斯尔是英格兰一个以采煤传统而闻名的城市。而类似的，西班牙人会说"把小麦送去卡斯蒂利亚"（dar trigo a Castilla）。有趣的是，德语保留了这句雅典短语的原话，他们仍然说"把猫头鹰带到雅典"（Eulen nach Athen tragen）。

古希腊历法

　　整个古希腊世界并没有一部通用的标准历法。然而，所有城邦都将一年分为 12 个阴历月，许多城邦用相同或相似的名字称呼它们的月份。新年开始的时间也没有统一的规定——大多数城邦的新年都是在秋季或冬季开始的。在雅典人使用的阿提卡历法中，新的一年从"赫卡托姆拜昂月"（Hekatombaiōn）的新月之日（对照现行的公历，大约是 6 月中旬）开始。雅典历法中一年包括以下月份：

赫卡托姆拜昂月	6—7 月
麦塔格特尼昂月	7—8 月
波德罗米昂月	8—9 月
普亚诺普西昂月	9—10 月
麦马克特里昂月	10—11 月
波墨德昂月	11—12 月
伽米里昂月	12—1 月
安特斯特里昂月	1—2 月

爱拉斐波里昂月	2—3 月
穆尼基昂月	3—4 月
萨尔格里昂月	4—5 月
斯基罗福里昂月	5—6 月

　　雅典人同时也采用一种 10 个月的民事日历，来协助他们的民主制度的运作。民事年也是从仲夏开始的，因此本书中的日期往往是以双年的形式给出的（例如，克里斯提尼在公元前 508—前 507 年进行了改革）。然而，如果一个事件发生在一年中的某个特定时间点，则本书只给出现行公历中的一个年份（例如，城市酒神节在爱拉斐波里昂月举行，所以据说泰斯庇斯在公元前 534 年获得了悲剧比赛的一等奖）。

古希腊乐器

音乐是古希腊生活中不可或缺的一个部分。在公元前 5 世纪，古希腊人的生活中有两种乐器最为重要：基塔拉琴和阿夫洛斯管。

基塔拉琴是一种有 7 根弦的里拉琴。它有一个很深的木制音箱，两侧有平行的琴骨。琴骨的顶部由一根横杆联结，琴弦从横杆延伸到音箱。弹奏时，乐手右手拿拨片，左手拨动或摁压琴弦。基塔拉琴通常被

附录图 3.1　酒杯上描绘的阿夫洛斯管演奏者

附录图 3.2　酒杯上描绘着手持基塔拉琴的阿波罗

用来为舞蹈、史诗朗诵、颂歌和抒情诗朗诵伴奏。同时，它也可以作为独奏乐器，在音乐比赛和会饮等活动中被演奏。

　　阿夫洛斯管是一种木管乐器，通常有两个簧片和两个管子；每个管子有 3 个或 4 个指孔。因此，它类似现代的双簧管，一般由专业的乐手演奏，为祭祀、歌队舞蹈和体育比赛中的跳远等各种活动伴奏。

古风时代和古典时代时间线（均为公元前）

泛希腊政治事件	社会、宗教和文化事件	雅 典	斯 巴 达
800 年			
8 世纪——爱琴希腊的人口显著增长；城市化和向城邦转变的早期迹象 约 730 年——殖民运动开始	776 年——传统意义上的第一届奥林匹克运动会的举办 约 770 年——延续数世纪的希腊书写系统初步形成，其字母改写自腓尼基字母	8 世纪——阿提卡的融合	约 750 年——斯巴达控制整个拉科尼亚 约 730—710 年——斯巴达在第一次美塞尼亚战争中征服美塞尼亚
700 年			
约 700—650 年——方阵战事的早期发展 约 650 年——爱琴希腊最早的僭主出现	约 700 年——荷马和赫西俄德创作史诗的可能时期	7 世纪——设立执政官委员会；阿提卡社会动荡 621 年——德拉古颁布法令	约 667—650 年——第二次美塞尼亚战争；提尔泰奥斯创作战歌 7 世纪后期——来库古改革的可能时期
600 年			
约 6 世纪——城邦系统的进一步发展 约 560 年——吕底亚的克罗伊索斯征服亚洲的希腊城市 约 547 年——在居鲁士大帝的领导下，波斯人征服吕底亚和亚洲的希腊城市	约 600 年——萨福和阿尔卡埃乌斯在莱斯博斯岛创作抒情诗 6 世纪——以爱奥尼亚为中心的思想革新 548 年——在德尔斐新建成一座壮观的阿波罗神庙 534 年——泰斯庇斯在雅典的城市酒神节赢得悲剧比赛的第一名 约 525 年——埃斯库罗斯出生 约 522 年——品达出生	594 年或 593 年——梭伦成为雅典执政官并推行改革 546—527 年——庇西特拉图在雅典的僭主统治 527—510 年——喜帕恰斯的僭主统治 508 年或 507 年——克里斯提尼推行民主改革	约 600 年——文化艺术繁荣；阿尔克曼创作抒情诗 约 555 年——伯罗奔尼撒联盟的早期发展 约 510 年——斯巴达国王克里昂米尼一世推翻雅典僭主喜帕恰斯的统治 约 506 年——伯罗奔尼撒联盟完全建立

（续表）

泛希腊政治事件	社会、宗教和文化事件	雅　典	斯　巴　达
500 年（499—479 年——希波战争）			
499—494 年——爱奥尼亚起义反抗波斯 490 年——马拉松战役 480 年——温泉关战役和萨拉米斯海战 479 年——普拉提亚战役 478 年——以雅典为首的提洛同盟成立 约 469 年——欧里梅敦战役 461—445 年——第一次伯罗奔尼撒战争 454 年——提洛同盟的金库迁移至雅典 约 449 年——希腊人和波斯人之间的敌意最终休止 446 年——"三十年和约"签订	约 497 年——索福克勒斯出生 约 484 年——希罗多德出生 约 480 年——欧里庇得斯出生；菲迪亚斯出生 472—456 年——奥林匹亚宙斯神庙建成 约 469 年——苏格拉底出生 约 460 年——修昔底德出生 约 446 年——阿里斯托芬出生	490 年——马拉松战役 480 年——温泉关战役和萨拉米斯海战 479 年——普拉提亚战役 478 年——以雅典为首的提洛同盟成立 461—445 年——第一次伯罗奔尼撒战争 454 年——提洛同盟的金库迁移至雅典 447 年——伯里克利开展雅典的建设工程 446 年——"三十年和约"签订	480 年——温泉关战役和萨拉米斯海战 479 年——普拉提亚战役 约 465 年——斯巴达经历大地震；随即发生黑劳士叛乱 461—445 年——第一次伯罗奔尼撒战争 446 年——"三十年和约"签订
431—404 年伯罗奔尼撒战争			
421 年——尼西阿斯和约；雅典和斯巴达之间约定 50 年的和平 415—413 年——西西里远征 404 年——斯巴达最终击败雅典，成为希腊世界的领袖 401 年——10000 名希腊雇佣兵撤离波斯领土	约 430 年——色诺芬出生 约 428 年——柏拉图出生	430—426 年——雅典瘟疫；429 年伯里克利死于瘟疫 421 年——尼西阿斯和约；雅典和斯巴达之间约定 50 年的和平 415—413 年——西西里远征 411 年或 410 年——400 人寡头集团和 5000 人寡头集团在雅典短暂掌权 404 年——雅典投降；斯巴达强令三十僭主统治雅典	421 年——尼西阿斯和约；雅典和斯巴达之间约定 50 年的和平 404 年——斯巴达最终击败雅典，成为希腊世界的领袖

（续表）

泛希腊政治事件	社会、宗教和文化事件	雅　典	斯　巴　达
		403 年——三十僭主被民主派反对者驱逐；斯巴达允许雅典重回民主制度	
400 年			
386 年——国王和约 371 年——留克特拉战役；底比斯击败斯巴达；底比斯开始其在希腊大陆的霸权 359 年——腓力二世成为马其顿国王 338 年——喀罗尼亚战役 337 年——腓力二世成为科林斯同盟的领导人 336 年——腓力二世遭暗杀；亚历山大大帝成为马其顿国王 334 年——亚历山大大帝入侵波斯 331 年——高加米拉战役；亚历山大大帝击败波斯国王大流士三世 326 年——亚历山大大帝入侵印度 323 年——亚历山大大帝去世；他的帝国被划分为四个王国	384 年——亚里士多德出生 约 341 年——米南德出生	399 年——苏格拉底之死 386 年——国王和约	386 年——国王和约 371 年——留克特拉战役；斯巴达被底比斯击败 369 年——美塞尼亚被解放，斯巴达体系面临崩溃 337 年——斯巴达拒绝加入科林斯同盟

扩 展 阅 读

第一章　古希腊世界的历史

1. Cline, Eric H. (ed.), *The Oxford Handbook of the Bronze Age Aegean* (New York: Oxford University Press, 2010).

2. Dickinson, Oliver, *The Aegean Bronze Age* (Cambridge: Cambridge University Press, 1994).

3. Dickinson, Oliver, *The Aegean from Bronze Age to Iron Age* (London: Routledge, 2006).

4. Shelmerdine, Cynthia W. (ed.), *The Cambridge Companion to the Aegean Bronze Age* (Cambridge: Cambridge University Press, 2008).

5. Budelmann, Felix (ed.), *The Cambridge Companion to Greek Lyric* (Cambridge: Cambridge University Press, 2009).

6. Dewald, Carolyn and John Marincola (eds), *The Cambridge Companion to Herodotus* (Cambridge: Cambridge University Press, 2006).

7. Fowler, Robert (ed.), *The Cambridge Companion to Homer* (Cambridge: Cambridge University Press, 2004).

8. Hall, Jonathan M., *A History of the Archaic Greek World: c. 1200–479 BC* (Oxford: Blackwell, 2007).

9. Hansen, Mogens Herman, *Polis: An Introduction to the Ancient Greek City-State* (Oxford: Oxford University Press, 2006).

10. Murray, Oswyn, *Early Greece* (London: Fontana, 1993).

11. Osborne, Robin, *Greece in the Making, 1200–479 BC* (London: Routledge, 1996).

12. Cartledge, Paul, *Alexander the Great: The Truth Behind the Myth* (London: Pan, 2004).

13. Hornblower, Simon, *The Greek World 479–323 BC* (London: Folio Society, 2002).

14. Kagan, Donald, *The Peloponnesian War: Athens and Sparta in Savage Conflict, 431–404 BC* (London: Harper Perennial, 2005).

15. Lane Fox, Robin, *Alexander the Great* (London: Folio Society, 1997).

16. Rhodes, P. J., *A History of the Classical Greek World: 478–323 BC* (Oxford: Blackwell, 2006).

17. Whitley, James, *The Archaeology of Ancient Greece* (Part III: Classical Greece) (Cambridge: Cambridge University Press, 2001).

18. Empereur, Jean-Yves, *Alexandria: Past, Present and Future* (London: Thames & Hudson, 200).

19. Errington, R. Malcolm, *A History of the Hellenistic World: 323–30 BC* (Oxford; Malden, MA: Blackwell, 2008).

20. Shipley, Graham, *The Greek World After Alexander 323–30 BC* (London: Routledge, 2000).

21. Walbank, F. W., *The Hellenistic World* (Atlantic Highlands, NJ: Fontana, 1981).

第二章　古希腊宗教

1. Easterling, P. E. and J. V. Muir (eds), *Greek Religion and Society* (Cambridge: Cambridge University Press, 1985).

2. Graves, Robert, *The Greek Myths* (London: Penguin, 1992 [1960]).

3. Kearns, Emily, *Ancient Greek Religion: A Sourcebook* (Chichester: Wiley-

Blackwell, 2009).

4. Mikalson, Jon D., *Ancient Greek Religion* (Chichester: Wiley-Blackwell, 2010).

5. Neils, Jenifer and Stephen V. Tracy, *The Games at Athens* (Excavations of the Athenian Agora Picture Book) (Athens: American School of Classical Studies at Athens, 2003).

6. Parker, Robert, *On Greek Religion* (Ithaca, NY: Cornell University Press, 2011).

第三章　古代奥林匹克运动会

1. Beale, Alan, *Greek Athletics and the Olympics* (Cambridge: Cambridge University Press, 2011).

2. Miller, Stephen, *Ancient Greek Athletics* (New Haven, CT and London: Yale University Press, 2004).

3. Miller, Stephen, *Arete: Greek Sports from Ancient Sources* (Berkeley, CA and London: University of California Press, 2004)

4. Newby, Zahra, *Athletics in the Ancient World* (Bristol: Bristol Classical, 2006).

5. Spivey, Nigel, *The Ancient Olympics* (Oxford: Oxford University Press, 2004).

6. Swaddling, Judith, *The Ancient Olympic Games* (London: British Museum Press, 1999).

7. Young, David, *A Brief History of the Olympic Games* (Malden, MA and Oxford: Blackwell, 2004; London: University of California Press, 2004).

第四章 古希腊思想

1. Cohen, S. Marc, Patricia Curt and C. D. C. Reeve (eds), *Readings in Ancient Greek Philosophy: From Thales to Aristotle* (Indianapolis, IN: Hackett, 2005).

2. Gottlieb, Anthony, *The Dream of Reason* (London: Allen Lane, 2000).

3. Hughes, Bettany, *The Hemlock Cup: Socrates, Athens and the Search for the Good Life* (London: Vintage, 2011).

4. Roochnik, David, *Retrieving the Ancients: An Introduction to Greek Philosophy* (Malden, MA and Oxford: Blackwell, 2004).

5. Stamatellos, Giannis, *Introduction to Presocratics* (Chichester and Malden, MA: Wiley-Blackwell, 2012).

6. Waterfield, Robin, *The First Philosophers: The Presocratics and Sophists* (Oxford: Oxford University Press, 2000).

第五章 雅典的社会生活

1. Blundell, Sue, *Women in Classical Athens* (London: Bristol Classical, 1998).

2. Boardman, John, Jasper Griffin and Oswyn Murray (eds), *The Oxford History of Greece and the Hellenistic World* (ch. 9) (Oxford: Oxford University Press, 1991).

3. Camp, John M., *The Archaeology of Athens* (New Haven and London: Yale University Press, 2001).

4. Connolly, Peter, *The Ancient City* (Oxford: Oxford University Press, 1998).

5. Joint Association of Classical Teachers, The, *The World of Athens: An Introduction to Classical Athenian Culture* (Cambridge: Cambridge University Press, 1984).

6.　MacLaughlan, Bonnie, *Women in Ancient Greece: A Sourcebook* (London and New York: Bloomsbury Academic, 2012).

第六章　雅典民主制度的萌芽

1.　Asmonti, Luca, *Athenian Democracy: A Sourcebook* (London: Bloomsbury Academic, 2014).

2.　Carey, Christopher, *Trials from Classical Athens* (London: Routledge, 1997).

3.　Hansen, Mogens, *The Athenian Democracy in the Age of Demosthenes: Structure, Principles and Ideology* (Oxford: Blackwell, 1991).

4.　Murray, Oswyn, *Early Greece* (ch. 11) (London: Fontana, 1993).

5.　Thorley, John, *Athenian Democracy* (London: Routledge, 1996).

第七章　雅典戏剧与节日庆典

1.　Cartledge, Paul, *Aristophanes and His Theatre of the Absurd* (Bristol: Bristol Classical Press, 1990).

2.　Csapo, Eric, and William J. Slater, *The Context of Ancient Drama* (Ann Arbor, MI: The University of Michigan Press, 1995).

3.　Easterling, P. E. (ed.), *The Cambridge Companion to Greek Tragedy* (Cambridge: Cambridge University Press, 1997).

4.　MacDowell, Douglas M., *Aristophanes and Athens: An Introduction to the Plays* (Oxford: Oxford University Press, 1995).

5.　Revermann. M. (ed.), *The Cambridge Companion to Greek Comedy* (New York: Cambridge University Press, 2014).

6.　Sommerstein, Alan, *Greek Drama and Dramatists* (London: Routledge, 2002)

7.　Storey, Ian C., and Arlene Allan, *A Guide to Ancient Greek Drama* (Chichester:

John Wiley & Sons, 2014).

8. Taplin, Oliver, *The Stagecraft of Aeschylus: The Dramatic Use of Exits and Entrances in Greek Tragedy* (Oxford: Clarendon Press, 1977).

第八章　斯巴达人与古希腊世界

1. Cartledge, Paul, *Sparta and Lakonia: A Regional History 1300–362 BC* (London: Routledge, 2002).

2. Cartledge, Paul, *The Spartans: An Epic History* (London: Pan, 2003).

3. Kennell, Nigel M., *Spartans: A New History* (Chichester: Wiley-Blackwell, 2010).

4. Murray, Oswyn, *Early Greece* (chs 10 and 15) (London: Fontana, 1993).

5. Pomeroy, Sarah B., *Spartan Women* (Oxford: Oxford University Press, 2002).

参考文献

第一章　古希腊世界的历史

P.009. "富有黄金的"：Homer, *Iliad, passim.*

P.14. "斑点""小黑""白蹄"：Cretan Linear B tablets, trans. John Chadwick, *The Decipherment of Linear B* (Cambridge: Cambridge University Press, 1967).

P.029. "像生活在池塘边的青蛙"：Plato, *Phaedo,* 109b.

P.032-33. "永生者之一是宙斯的女儿……"：Hesiod, *Works and Days, trans. Dorothea Wender, Hesiod and Theognis* (Harmondsworth: Penguin, 1973).

P.037. "城市（城邦）不是石头、木材或建筑工人的作品……"：Aelius Aristides, *Oration,* 46.207 (cf. Alcaeus, fr. 426, Lobel-Page), trans. David A. Campbell, *Greek Lyric: Sappho and Alcaeus* (London: Heinemann. 1982).

P.043. "……某一位生活在口述史诗传统末期的出色艺术家……"：Oswyn Murray, *Early Greece* (London: Fontana, 1993), p. 17.

P.046-47. "在我看来，他是天神的同道……"：Sappho, fr. 31, trans. Anne Carson, *If Not, Winter* (London: Virago, 2002).

P.051. "一个人应该说这样的话，当他在冬天的火堆旁……"：Xenophanes DK21 B22, trans. J. H. Lesher, *Xenophanes of Colophon: Fragments* (London: University of Toronto Press, 1992).

P.053. "土地"和"水"……：Herodotus 6.48 and *passim.*

P.054. "哈利卡那苏斯的希罗多德在此展示自己的质询……"：Herodotus 1.1.0,

trans. Aubrey de Sélincourt (Harmondsworth: Penguin, 1954).

P.054. "历史之父": Cicero, *De Legibus,* 1.5.

P.058. 希罗多德将其描述为"我们所知的人类所取得的最灿烂的胜利"。: Herodotus 9.64, trans. Aubrey de Sélincourt (Harmondsworth: Penguin, 1954).

P.059. "希腊性由我们共同的血液……": Herodotus 8.144.

P.062. "我们可以声称只使用了最简单的证据……": Thucydides 1.21, trans. Rex Warner (Harmondsworth: Penguin, 1954).

P.062. "永远流传的财富": Thucydides 1.22, trans. Rex Warner (Harmondsworth: Penguin, 1954).

P.063. "雅典及其同盟城邦": Thucydides 5.18 and passim, trans. Benjamin Jowett (Oxford: Clarendon Press, 1881).

P.063. "通过破坏波斯的领土来弥补自己的损失": Thucydides 1.96, trans. Rex Warner (Harmondsworth: Penguin, 1954).

P.064. "雅典帝国": Thucydides 1.97, trans. Rex Warner (Harmondsworth: Penguin, 1954).

P.065. "当一个帝国被交到我们手中……": Thucydides 1.76, trans. Rex Warner (Harmondsworth: Penguin, 1954).

P.066. "哈尔基斯人宣誓如下……": IG I3 40, trans. Matthew Dillon and Lynda Garland, *Ancient Greece: Social and Historical Documents from Archaic Times to the Death of Socrates* (London: Routledge, 1994).

P.066. "'希腊人一定会被激怒,'人们喊道……": Plutarch, Life of Pericles, 12, trans. Ian Scott-Kilvert, The Rise and Fall of Athens (Harmondsworth: Penguin, 1973).

P.068. "请记住,在希腊已经……": Thucydides 1.124, trans. Paul Woodruff, *On Justice, Power and Human Nature: Selections from 'The History of the Peloponnesian War'* (Cambridge: Hackett, 1993).

P.068. "接受它可能是错误的,但放弃它绝对是危险的。": Thucydides 2.63, trans. Rex Warner (Harmondsworth: Penguin, 1954).

P.068. "他们暗自觉得受到了侵害": Thucydides 1.92, trans. Rex Warner (Harmondsworth: Penguin, 1954).

P.070. "战争不可避免的原因是……": Thucydides 1.23, trans. Rex Warner (Harmondsworth: Penguin, 1954).

P.076. "这是这场战争中发生的最伟大的希腊行动……": Thucydides 7.87, trans. Rex Warner (Harmondsworth: Penguin, 1954).

P.078. "赖山德尔航行到比雷埃夫斯港……": Xenophon, *Hellenika*, 2.2.23, trans. Rex Warner, *A History of My Times* (Harmondsworth: Penguin, 1966).

P.084. "演讲的标杆": *'Lex orandi'* Quintilian, *Institutio Oratoria,* 10.2.76.

P.084. "从所有演说家中脱颖而出": Cicero, *Orator,* 6.

P.087. "任何政治纷争的戈尔狄俄斯结……": William Shakespeare, *Henry V,* 1.1.45–7.

P.088. "来我这里……就像……": Arrian, *The Campaigns of Alexander*, 2.14, trans. Aubrey de Sélincourt (Harmondsworth: Penguin, 1976).

P.088. "阿蒙之子""宙斯－阿蒙": Plutarch, *Life of Alexander*, 27.

P.090. "士兵们渴望见到他……": Arrian, *The Campaigns of Alexander,* 7.26, trans. Aubrey de Sélincourt (Harmondsworth: Penguin, 1976).

P.100. "我发现了": Vitruvius, *De Architectura*, 9.10.

P.102. "*Graecia capta* ...（被征服的希腊……）": Horace, *Epistles,* 2.1.156.

第二章　古希腊宗教

P.105. "有这样一个矛盾……": J. V. Muir, *Greek Religion and Society* (Cambridge: Cambridge University Press, 1985), p. 194.

P.108. "像臣民欠他的国王那样""像一个好臣民……": Jon Mikalson, *Ancient Greek Religion* (Oxford: Blackwell, 2005), p. 23.

P.108. "当你上床睡觉时……": Hesiod, *Works and Days*, 338–41.

P.108. "众神现在显然……": Xenophon, *Hellenika,* 2.4.14–15, trans. Rex Warner, *A History of My Times* (Harmondsworth: Penguin, 1978).

P.109. "不要轻视死亡……": Homer, *Odyssey*, 11.489–91, trans. E. V. Rieu (Harmondsworth: Penguin, 1945).

P.110 . "当立下誓言……"：Sophocles, fr. 472, trans. Jon Mikalson, *Ancient Greek Religion* (Oxford: Blackwell, 2005), p. 185.

P.115. "你的快乐总是……"：Homer, *Iliad,* 5.891, trans. Martin Hammond (Harmondsworth: Penguin, 1987).

P.122. "让费勒尼库斯受到地神赫耳墨斯……"：R. Wünsch ed., *Defixionum Tabellae Atticae* (Berlin: Reimer 1897), no. 107, trans. Jon Mikalson, *Ancient Greek Religion* (Oxford: Blackwell, 2005), p. 38.

P.129. "从冬天结束到耕种的季节……"：P. J. Rhodes and Robin Osborne, *Greek Historical Inscriptions: 404–323 BC* (Oxford: Oxford University Press, 2003), VII.235, no. 27.

P.130. "被他的人民敬若神明"：Homer, *Iliad*, 16.605, trans. Martin Hammond (Harmondsworth: Penguin, 1987).

P.131. "当坐在圣地古老的占卜座上……"：Sophocles, *Antigone,* 999–1004, trans. Robert Fagles, *The Three Theban Plays* (Harmondsworth: Penguin, 1984).

P.138. "听我说，银弓之王……"：Homer, *Iliad*, 1.37–42, trans. Martin Hammond (Harmondsworth: Penguin, 1987).

P.139. "众神……怜悯生来就受苦的人类……"：Plato, *Laws,* 2.653D, trans. Trevor Saunders (Harmondsworth: Penguin, 1970).

P.146. "一个矮胖、苍白的家伙……"：Aristophanes, *Frogs*, 1089ff., trans. David Barrett (Harmondsworth: Penguin, 1964).

P.147. "德墨忒尔曾善待我们的祖先……"：Isocrates, *Panegyricus,* 4.28, trans. Jon Mikalson, Ancient Greek Religion (Oxford: Blackwell, 2005), p. 90.

P.149. "（德墨忒尔）向他们展示了她的仪式……"：Anonymous, *Homeric Hymn to Demeter*, 476–82.

P.152. "那些见过此仪式的凡人……"：Sophocles, fr. 837, trans. Jon Mikalson, *Ancient Greek Religion* (Oxford: Blackwell, 2005), p. 90.

P.153. "我从举行秘仪的大厅出来……"：Aristotle, fr. 15, trans. Walter Burkert, *Ancient Mystery Cults* (Cambridge, MA: Harvard University Press, 1987), p. 90.

P.153. "经历了恐慌，沉浸在神圣的敬畏中……"：Proclus, *In Rempublicam,* 2.108.17–30, trans. Walter Burkert, Ancient Mystery Cults (Cambridge, MA:

Harvard University Press, 1987), p. 114.

P.153. "一开始你步入迷途……"：Plutarch, fr. 168, trans. Walter Burkert, *Ancient Mystery Cults* (Cambridge, MA: Harvard University Press, 1987), pp. 91–2.

P.155. "妮蔻科拉提亚询问她应该向哪位神献祭……"：trans. H. W. Parke, *The Oracles of Zeus: Dodona, Olympia, Ammon* (Oxford: Basil Blackwell, 1967), no. 15.

P.155. "利萨尼阿斯询问宙斯……"：trans. H. W. Parke, *The Oracles of Zeus: Dodona, Olympia, Ammon* (Oxford: Basil Blackwell, 1967), no. 11.

P.162. "全知的宙斯回应了雅典娜的祈祷……"：Herodotus 7.141, trans. Aubrey de Sélincourt (Harmondsworth: Penguin, 1954).

第三章　古代奥林匹克运动会

P.166. "水最可贵，黄金像……"：Pindar, *Olympian,* 1.8, trans. C. M. Bowra, *The Odes of Pindar* (Hardmondsworth: Penguin, 1969).

P.174. "神王坐在宝座上……"：Pausanias, *Guidebook to Greece* 5.11.1–2, trans. Peter Levi (Harmondsworth: Penguin, 1979).

P.186. "剧烈的骑马运动……"：Galen, Kühn 5.902ff., trans. Waldo E. Sweet, *Sport and Recreation in Ancient Greece: A Sourcebook with Translations* (Oxford: Oxford University Press, 1987).

P.189. "古希腊式搏击选手……练习一种……"：Philostratos, *Images*, 2.6, trans. Stephen G. Miller, *Arete: Greek Sports from Ancient Sources* (Oxford: University of California Press, 1991), no. 31.

P.189-190. "凡事都出众的……"：Aristotle, *Rhetoric*, 1361b, trans. Stephen G. Miller, *Arete: Greek Sports from Ancient Sources* (Oxford: University of California Press, 1991), no. 33.

P.197. "成为一名运动员，是你正确的决定……"：Homer, *Odyssey,* 8.146–8, trans. E. V. Rieu, rev. D. C. H. Rieu and Peter V. Jones (London: Penguin, 1991).

P.198. "当他们见到自己的母亲……"：Pindar, *Pythian,* 8.85–7, trans. C. M. Bowra, *The Odes of Pindar* (Harmondsworth: Penguin, 1969).

P.199. "最高奖赏"：Pindar, *Isthmian*, 1.51, trans. Richmond Lattimore, The Odes of Pindar (Chicago: University of Chicago Press, 1947).

P.203. "生活中确有一些不愉快……"：Epictetus, *Dissertations*, 1.6.23–9, trans. Stephen G. Miller, *Arete: Greek Sports from Ancient Sources* (Oxford: University of California Press, 1991), no. 94.

P.204. "那时候，你能听到波塞冬神……"：Dio Chrysostom, *Concerning Virtue,* 8.9, trans. Stephen G. Miller, *Arete: Greek Sports from Ancient Sources* (Oxford: University of California Press, 1991), no. 93.

P.204. "在前往奥林匹亚的路上……"：Pausanias, *Guidebook to Greece*, 5.6.7.

P.205. "斯巴达的国王是我的……"：*IvO* 160, trans. Stephen G. Miller, *Arete: Greek Sports from Ancient Sources* (Oxford: University of California Press, 1991), no. 98b.

P.209. "奥运会上最重要的事情不是赢得比赛……"：Bill Mallon and Jeroen Heijmans, *Historical Dictionary of the Olympic Movement* (Lanham, MD: Scarecrow Press, 2011).

第四章　古希腊思想

P.216. "一切皆流……""人不能两次……"：Plato, *Cratylus*, 402a.

P.219. "动物身体的大多数部分……"：Aristotle, *Physics,* 196a, trans. Jonathan Barnes, *The Complete Works of Aristotle* (Guildford: Princeton University Press, 1984), p. 335.

P.219 . "幸存了下来，以合适的方式……"：Aristotle, *Physics*, 198b, trans. Jonathan Barnes, *The Complete Works of Aristotle* (Guildford: Princeton University Press, 1984), p. 339.

P.219. "我们在这里看到了自然选择……"：Charles Darwin*, A Historical Sketch of the Progress of Opinion on the Origin of Species, previously to the Publication of This Work,* appended to *The Origin of Species,* sixth edition (London: John Murray, 1872), footnote I.

P.221. "埃塞俄比亚人说他们的神……"：Xenophanes, DK21 B16, trans. M. R.

Wright, Appendix A in *Introduction to Presocratics,* Giannis Stamatellos (Chichester: Wiley-Blackwell, 2012).

P.221. "如果马或牛或狮子……"：Xenophanes, DK 21 B15, trans. M. R. Wright, Appendix A of *Introduction to Presocratics*, Giannis Stamatellos (Chichester: Wiley-Blackwell, 2012).

P.221. "荷马和赫西俄德把人类应该……"：Xenophanes, DK21 B11, trans. M. R. Wright, Appendix A of *Introduction to Presocratics*, Giannis Stamatellos (Chichester: Wiley-Blackwell, 2012).

P.221. "有一位神，在神和人中……"：Xenophanes, DK21 B23, trans. M. R. Wright, Appendix A of *Introduction to Presocratics*, Giannis Stamatellos (Chichester: Wiley-Blackwell, 2012).

P.223. "在这些哲学家……"：Aristotle, *Metaphysics*, 1.985b.

P.224. "我将根据我最大的能力 ……"：Hippocrates, *The Hippocratic Oath.*

P.225. "胜利属于最优秀的演讲者"：Antiphon, fr. 44, trans. J. M. Robinson, *An Introduction To Early Greek Philosophy* (Boston: Houghton Miffin, 1968), p. 251.

P.226. "人是万物的尺度……"：Protagoras, DK80 B1 (Plato, Theaetetus, 152A).

P.226. "不管是谁，如果任何人……"：Herodotus 3.38, trans. Aubrey de Sélincourt (Harmondsworth: Penguin, 1954).

P.228. "关于神，我无法知道……"：Protagoras, DK80 B4.

P.228. "假设你有了外遇……"：Aristophanes, *Clouds,* 1076–82, trans. Alan H. Sommerstein, *Lysistrata and Other Plays* (London: Penguin, 2002).

P.231. "从最早的哲学到苏格拉底……"：Cicero, *Tusculan Disputations*, 5.10.

P.232. "我的助产术总体上……"：Plato, *Theaetetus*, 150b–c, trans. Bettany Hughes, *The Hemlock Cup: Socrates, Athens, and the Search for the Good Life* (London: Jonathan Cape, 2010), p. 251.

P.233. "未经审视的生活……"：Plato, *Apology*, 38a.

P.234. "陪审团的诸位，你们也……"：Plato, *Apology*, 41c–d, trans. Hugh Tredennick and Harold Tarrant, *The Last Days of Socrates: Euthyphro, Apology, Crito, Phaedo* (London: Penguin, 1993).

P.238. "不熟悉几何学……"：Elias, *in Cat.,* 118.18, and Phlp., *in de An.,* 117. 29, trans. D. H. Fowler, *The Mathematics of Plato's Academy: A New Reconstruction* (Oxford: Clarendon, 1987), pp. 200–1.

P.240. "要描述欧洲哲学传统……"：Alfred North Whitehead, *Process and Reality: An Essay in Cosmology* (London: Collier Macmillan, 1979), p. 39.

P.240. "学院的头脑"：Philoponus, *Against Proclus on the Eternity of the World*, 6.27;

P.243. "对哲学犯下两次罪行"：Anonymous, *Vita Aristotelis Marciana*, 41.

P.245. "灵魂的思考能力……"：Aristotle, *Politics*, 1.1260a11, trans. T. A. Sinclair and rev. Trevor J. Saunders (Harmondsworth: Penguin, 1981).

P.248. "站远一点……"：Plutarch, *Alexander*, 14.3.

P.250. "幸福生活的开始……"：Diogenes Laertius, *Lives of the Eminent Philosophers*, 10.128.

P.251. "因此，最可怕、最邪恶的死亡……"：Diogenes Laertius, *Lives of the Eminent Philosophers*, 10.125.

第五章　雅典的社会生活

P.258. "在雅典，你会发现所有的东西……"：Eubolos, fr. 74, trans. Joint Association of Classical Teachers, *The World of Athens: An Introduction to Classical Athenian Culture* (Cambridge: Cambridge University Press, 1984).

P.263. "但是，那些处于权力中心之人……"：Demosthenes, *On Organisation*, 13.29.

P.265. "现在你应该对青铜装饰品……"：Aristophanes, *Wasps*, 1214–15, trans. David Barrett, *The Frogs and Other Plays* (Harmondsworth: Penguin, 1964).

P.265-266. "把自己的用具整理得井井有条……"：Xenophon, Th*e Estate-Manager, trans.* Hugh Tredennick and Robin Waterfield, *Conversations of Socrates* (London: Penguin, 1990).

P.270. "是谁把你从婴儿带大……"：Aristophanes, *Clouds*, 1382–5, trans. Alan H. Sommerstein, *Lysistrata and Other Plays* (London: Penguin, 2002).

P.272. "他现在只适合……"：Hieronymus of Rhodes, quoted by Stobaeus, *Anthology,* 31.121, trans H. D. Amos and A. G. P. Lang, *These Were the Greeks* (Cheltenham:

Thornes and Hulton, 1979), p. 162.

P.273. "你从小就家境贫寒……"：Demosthenes, *On the Crown*, 258.

P.274. "当（孩子们）学会了字词……"：Plato, *Protagoras*, 325e–326a, trans. C. C. W. Taylor (Oxford: Oxford University Press, 1996).

P.275. "音乐老师也是这样做的……"：Plato, *Protagoras*, 326a–b, trans. C. C. W. Taylor (Oxford: Oxford University Press, 1996).

P.276. "时不时在流行浪潮中出现的……"：Yuri Andropov, quoted by Terry Bright, *Popular Music,* Vol. 5, *Continuity and Change* (Cambridge: Cambridge University Press, 1985), p. 123.

P.276. "我们要当心音乐类型的转变……"：Plato, *Republic*, 424C, trans. Paul Shorey (London: William Heinemann, 1930).

P.277. "用清脆的琴声慰藉自己的心灵"：Homer, *Iliad,* 9.186, trans. Martin Hammond (Harmondsworth: Penguin, 1987).

P.277. "他唱得非常好……"：Plutarch, *Life of Cimon*, 9.1, trans. Ian Scott-Kilvert, *The Rise and Fall of Athens* (Harmondsworth: Penguin, 1973).

P.277. "然后他们被送到教练那里……"：Plato, *Protagoras,* 326b–c, trans. C. C. W. Taylor (Oxford: Oxford University Press, 1996).

P.279. "在我们的国家，所谓的手工技艺……"：Xenophon, *The Estate-Manager,* 4.2–3, trans Hugh Tredennick and Robin Waterfield, *Conversations of Socrates* (London: Penguin, 1990).

P.280. "当公鸡在早晨唱起歌……"：Aristophanes, *Birds*, 489–92, trans. David Barrett and Alan H. Sommerstein (Harmondsworth: Penguin, 1978).

P.283. "我为明智的人调兑了三瓶酒……"：Eubolos, fr. 93.

P.283. "现在，一个圆环形的框架被搬了进来……"：Xenophon, *Symposium*, 2.11, trans. Hugh Tredennick and Robin Waterfield, *Conversations of Socrates* (London: Penguin, 1990).

P.284. "因为这就是与一名作为妻子的女人……"：Demosthenes, *Against Neaera*, 122, trans. Norman W. Dewitt and Norman J. Dewitt (London: William Heinemann Ltd. 1949).

P.286. "一个女人最大的荣耀……"：Thucydides 2.46, trans. Rex Warner (Harmondsworth: Penguin, 1954).

P.287. "我在 7 岁的时候就成了卫城的女祭司……"：Aristophanes, *Lysistrata*, 641ff., trans. Alan H. Sommerstein (London: Penguin, 2002).

P.289. "独自一人，我现在一无所有……"：Sophocles, fr. 583.

P.290. "我把这个女人交给你……"：Menander, *The Girl with her Hair Cut Short*, 1012–15.

P.291. "婚床的奴隶，为了嫁妆……"：Euripides, fr. 775, A. Nauck, *Tragicorum Graecorum Fragmenta,* trans. Anton Powell, *Athens and Sparta: Constructing Greek Political and Social History from 478 BC* (London: Routledge, 1988).

P.292. "蒂马雷特，蒂马雷托斯的女儿……"：Anonymous, *Palatine Anthology,* 6.280, trans. John Oakley and Rebecca Sinos, *The Wedding in Ancient Athens* (Madison: University of Wisconsin Press, 1993).

P.293. "没有比婚礼更引人注目且备受讨论的盛宴了……"：Plutarch, *Moralia,* 666ff., trans. John Oakley and Rebecca Sinos, *The Wedding in Ancient Athens* (Madison: University of Wisconsin Press, 1993).

P.293. "像沙子一样……"：Menander*, Dyskolos*, 949.

P.294. "那是婚礼和宴会的场景……"：Homer, *Iliad*, 18.491–6, trans. Martin Hammond (Harmondsworth: Penguin, 1987).

P.295. "你必须待在家，安排一些仆人……"：Xenophon, *The Estate-Manager,* 7.35–6, trans. Hugh Tredennick and Robin Waterfield, *Conversations of Socrates* (London: Penguin, 1990).

P.298. "男人们说我们在家里……"：Euripides, *Medea*, 248–51, trans. James Morwood (Oxford: Oxford University Press, 1998).

P.299. "战神山法庭的法官们在开会时……"：Hyginus, *Fabulae*, 274.10–13, trans. Mary Grant, *The Myths of Hyginus* (Lawrence: University of Kansas Press, 1960).

P.301. "在一切有生命、有思想的生物中……"：Euripides, *Medea*, 230–48, trans. James Morwood (Oxford: Oxford University Press, 1998).

P.303-304. "在雅典，奴隶和外乡人过着一种……"：The Old Oligarch, *Constitution of the Athenians*, trans. J. M. Moore, *Aristotle and Xenophon on Democracy and Oligarchy* (London: Chatto and Windus, 1975).

P.304. "活机器"：Aristotle, *Nicomachean Ethics*, 7.11.

P.305. "你将生活在阿尔戈斯……"：Homer, *Iliad*, 6.45ff., trans. Martin Hammond (Harmondsworth: Penguin, 1987).

P.307. "居住在比雷埃夫斯的外国人……"：IG I3 421, col. 1.

P.317. "菲罗斯特拉图斯，菲罗赞诺斯的儿子……"：IG II2 12974.

P.318. "你是否有家族坟墓……"：Aristotle, *The Athenian Constitution*, 55.3, trans. J. M. Moore, *Aristotle and Xenophon on Democracy and Oligarchy* (London: Chatto and Windus, 1975).

第六章　雅典民主制度的萌芽

P.319. "我们坚信……民有、民治、民享的政府……"：Abraham Lincoln, *The Gettysburg Address, The Collected Works of Abraham Lincoln,* Abraham Lincoln, Roy P. Basler (ed.) (New Brunswick: Rutgers University Press, 1955).

P.325. "为自己提供武装"：Aristotle, *The Athenian Constitution*, 4.2.

P.325. "根据德拉古的法典，几乎任何种类的罪行……"：Plutarch, *Life of Solon,* 17.1–2, trans. Ian Scott-Kilvert, *The Rise and Fall of Athens* (Harmondsworth: Penguin, 1960).

P.326. "在这种政治形势下……"：Aristotle, *The Athenian Constitution*, 5.1–2, trans. J. M. Moore, *Aristotle and Xenophon on Democracy and Oligarchy* (London: Chatto and Windus, 1975).

P.326. "把你们顽固的心遏制……"：Aristotle, *The Athenian Constitution*, 5.3, trans. J. M. Moore, *Aristotle and Xenophon on Democracy and Oligarchy* (London: Chatto and Windus, 1975).

P.329. "在这个城市里，没有受到伤害……"：Plutarch, *Life of Solon*, 18.5, trans. Ian Scott-Kilvert, *The Rise and Fall of Athens* (Harmondsworth: Penguin, 1960).

P.330. "富人因为被剥夺了生活保障而愤怒……"：Plutarch, *Life of Solon*, 16.1, trans. Ian Scott-Kilvert, *The Rise and Fall of Athens* (Harmondsworth: Penguin, 1960).

P.331. "不像一位僭主……"：Aristotle, *The Athenian Constitution*, 16.2, trans. J.

M. Moore, *Aristotle and Xenophon on Democracy and Oligarchy* (London: Chatto and Windus, 1975).

P.331-332. "僭主支持者""掌控国家""赢得了人民的支持": Aristotle, *The Athenian Constitution*, 20.1, trans. J. M. Moore, *Aristotle and Xenophon on Democracy and Oligarchy* (London: Chatto and Windus, 1975).

P.332. "因此，雅典在不同的势力之间周旋……": Herodotus 5.78, trans. Aubrey de Sélincourt (Harmondsworth: Penguin, 1954).

P.335. "充满痛苦地，极不情愿地……": Thucydides 2.16, trans. Rex Warner (Harmondsworth: Penguin, 1954).

P.339. "每个选民拿着一块陶片……": Plutarch, *Aristides*, 7.4–5, trans. Ian Scott-Kilvert, *The Rise and Fall of Athens* (Harmondsworth: Penguin, 1960).

P.340. "一个不识字的乡下人把他的陶片……": Plutarch, *Aristides*, 7.5–6, trans. Ian Scott-Kilvert, *The Rise and Fall of Athens* (Harmondsworth: Penguin, 1960).

P.341-342. "那里（即雅典）的穷人和普通人……": The Old Oligarch, *Constitution of the Athenians*, 1.2, trans. J. M. Moore, *Aristotle and Xenophon on Democracy and Oligarchy* (London: Chatto and Windus, 1975).

P.343. "阿托莎：但是，朋友们……": Aeschylus, *Persians*, 230–42, trans. Ian Johnston (Arlington: Richer Resources Publications, 2012).

P.347. "涉及盟国的案件在雅典审理……": The Old Oligarch, *Constitution of the Athenians*, 17–18, trans. J. M. Moore, *Aristotle and Xenophon on Democracy and Oligarchy* (London: Chatto and Windus, 1975).

P.347. "希腊的学校": Thucydides 2.41, trans. Rex Warner (Harmondsworth: Penguin, 1954).

P.347. "石头、黄金、青铜、象牙、乌木和柏木": Plutarch, *Life of Pericles*, 6.

P.349. "伯里克利因为他的地位……": Thucydides 2.65, trans. Rex Warner (Harmondsworth: Penguin, 1954).

P.350. "我们的政府形式并没有模仿邻国……": Thucydides 2.37, trans. Rex Warner (Harmondsworth: Penguin, 1954).

P.355. "到目前为止，我们一直控制着……": Aristophanes, *Lysistrata*, 507ff., trans. Alan H. Sommerstein (London: Penguin, 2002).

P.356. "这个城市需要外乡人……"：The Old Oligarch, *Constitution of the Athenians*, 1.12, trans. J. M. Moore, *Aristotle and Xenophon on Democracy and Oligarchy* (London: Chatto and Windus, 1975).

P.357. "将公民与所有其他人有效区分开来的……"：Aristotle, *Politics*, 2.1265a22, trans. T. A. Sinclair and rev. Trevor J. Saunders (Harmondsworth: Penguin, 1981).

P.359. "他们首先问：你来自哪个部落……"：Aristotle, *The Athenian Constitution,* 55.3, trans. J. M. Moore, *Aristotle and Xenophon on Democracy and Oligarchy* (London: Chatto and Windus, 1975).

P.361. "傍晚时分，一名信使来到主席团……"：Demosthenes, *On the Crown*, 169–70, trans. Anton Powell, *Athens and Sparta: Constructing Greek Political and Social History from 478 BC* (London: Routledge, 2001).

P.362-363. "公民大会的例行会议应在日出时开始……"：Aristophanes, *Acharnians,* 19–42, trans. Alan H. Sommerstein, *Lysistrata and Other Plays* (London: Penguin, 2002).

P.364. "任何在议会或公民大会上发言的人……"：Aeschines, *Against Timarchus,* 1.35, trans. John Thorley, *Athenian Democracy* (London: Routledge, 2004).

P.368. "有些职位，如果掌握在合适的人手中……"：The Old Oligarch, *Constitution of the Athenians*, 1.3, trans. J. M. Moore, *Aristotle and Xenophon on Democracy and Oligarchy* (London: Chatto and Windus, 1975).

P.369. "对一个城市来说，没有什么……"：Euripides, *Suppliant Women*, 426ff., trans. James Morwood (Oxford: Oxbow, 2007).

P.371. "也许你们中的某些人，想起自己……"：Plato, *Apology*, 34Cff., trans. Hugh Tredennick and Harold Tarrant, *The Last Days of Socrates: Euthyphro, Apology, Crito, Phaedo* (London: Penguin, 1993).

P.372. "我将根据公民大会和议会通过的法律……"：Anonymous, *The Heliastic Oath*, trans. John Thorley, *Athenian Democracy* (London: Routledge, 2004).

P.374. "我早上刚从床上爬起来……"：Aristophanes, *Wasps*, 552ff., trans. David Barrett and rev. Shomit Dutta, *Frogs and Other Plays* (London: Penguin, 2007).

P.376. "在伯里克利执政期间……"：Aristotle, *The Athenian Constitution*, 28.1, trans. J. M. Moore, *Aristotle and Xenophon on Democracy and Oligarchy* (London: Chatto and Windus, 1975).

P.377. "胜利属于最好的演讲者"：Antiphon, fr. 44, trans. J. M. Robinson, *An Introduction To Early Greek Philosophy* (Boston: Houghton Miffin, 1968), p. 251.

P.377-378. "没有人会雇用一个抽签选出的候选人……"：Xenophon, *Memorabilia*, 1.2.9, trans. Hugh Tredennick and Robin Waterfield, *Conversations of Socrates* (London: Penguin, 1990).

P.379. "我属于那类被称为……"：William Wordsworth, W. Knight (ed.), *Letters of the Wordsworth Family from 1787 to 1855* (London: Ginn & Co., 1907), I.66.

P.379. "没有人可以假称民主是完美的……"：Winston Churchill, *Hansard* HC Deb. 11 November 1947, vol. 444, cols. 206–7.

第七章　雅典戏剧与节日庆典

P.383. "舞蹈是最崇高、最动人……": Havelock Ellis, *The Dance of Life* (London: Constable and Company Ltd., 1923), ch. 2, pt. V.

P.383. "是灵魂的隐秘语言"：Martha Graham, *Martha Graham Reflects on Her Art and a Life in Dance, The New York Times* (New York: H. J. Raymond and Co., 31 March 1985); republished in *The New York Times Guide to the Arts of the 20th Century* (London: Fitzroy Dearborn, 2002), p. 2734.

P.385. "对人类最暴虐也最亲切的神"：Euripides, *Bacchae*, 861, trans. John Davie, *The Bacchae and Other Plays* (London: Penguin, 2005).

P.389. "（他）发明了……"：Euripides, *Bacchae*, 278ff., trans. James Morwood, *Euripides: Iphigenia among the Taurians, Bacchae, Iphigenia at Aulis, Rhesus* (Oxford: Oxford University Press, 1999).

P.395. "心灵的剧院"：Oliver Taplin, *Greek Tragedy in Action* (London: Methuen 1978), ch. 1 and passim.

P.396. "它将向外面的人……"：Scholion to Aristophanes, *Acharnians, 408*, trans. Eric Csapo and William J. Slater, *The Context of Ancient Drama* (Ann Arbor: University of Michigan Press, 1995).

P.396. "帮帮忙！我是认真的……"：Aristophanes, *Peace*, 173–6, trans. Alan H.

Sommerstein and David Barrett, *The Birds and Other Plays* (Harmondsworth: Penguin, 1978).

P.397. "布莱科科科斯呱呱"：Aristophanes, *Frogs*, 209ff.

P.401. "如果计算每部戏剧的成本⋯⋯"：Plutarch, *On the Glory of Athens,* 348f–349a, trans. Eric Csapo and William J. Slater, *The Context of Ancient Drama* (Ann Arbor: University of Michigan Press, 1995).

P.405. "哦，祭司先生，请保护我⋯⋯"：Aristophanes, *Frogs,* 297, trans David Barrett (Harmondsworth: Penguin, 1964).

P.407. "我对评委们说一句话⋯⋯"：Aristophanes, *Assembly Women*, 1154–62, trans. David Barrett, *The Birds and Other Plays* (Harmondsworth: Penguin, 1978).

P.408. "相反，雅典人以多种方式表达了⋯⋯"：Herodotus 6.21, trans. Aubrey de Sélincourt (Harmondsworth: Penguin, 1954).

P.413. "最悲剧"：Aristotle, *Poetics*, 1453a30, trans. W. H. Fyfe (London: William Heinemann Ltd., 1932).

P.414. "当我们变得情绪化时"：Aristoxenus, *Elements of Harmony*, 1.9–10.

P.415. "国王看见了，发出了⋯⋯"：Sophocles, *King Oedipus*, 1264–79, trans. E. F. Watling (Harmondsworth: Penguin, 1947).

P.422-423. "没有任何一种现代形式的喜剧⋯⋯"：Paul Cartledge, *Aristophanes and his Theatre of the Absurd* (Bristol: Bristol Classical Press, 1990), pp. 73ff.

P.425. "闹剧或幻想可能是对阿里斯托芬⋯⋯"：Ian Storey and Arlene Allan, *A Guide to Ancient Greek Drama* (Oxford: Blackwell, 2005), p. 174.

P.426. "狄凯奥波利斯：哦，我知道我们⋯⋯"：Aristophanes, *Acharnians,* 309ff., trans. Alan H. Sommerstein, *Lysistrata and Other Plays* (London: Penguin, 2002).

P.429-430. "佩斯特泰罗斯：看看这群到来的鸟儿⋯⋯"：Aristophanes, *Birds,* 294ff., trans. Alan H. Sommerstein and David Barrett (Harmondsworth: Penguin, 1978).

P.432. "哦，生活！哦，米南德⋯⋯"：Aristophanes of Byzantium, quoted by Syrianus, *Commentary on Hermogenes,* 22.24–23.11, Rabe, trans. Ian Storey and Arlene Allan, *A Guide to Ancient Greek Drama* (Oxford: Blackwell, 2005).

P.432. "生活对艺术的模仿……"：Oscar Wilde, *The Decay of Lying: a Dialogue* (London: Kegan Paul, Trench and Co, 1889; widely republished).

第八章　斯巴达人与古希腊世界

P.434. "老大哥" "思想警察"：George Orwell, *Nineteen Eighty-Four* (London: Secker and Warburg, 1949), passim.

P.437. "假设……斯巴达城被遗弃……"：Thucydides 1.10, trans. Rex Warner (Harmondsworth: Penguin, 1954).

P.444. "一个人不善战斗……"：Tyrtaeus, *Diehl3*, 1.I.9, trans. J. M. Moore, *Aristotle and Xenophon on Democracy and Oligarchy* (London: Chatto and Windus, 1975).

P.444. "总的来说，我们不可能对立法者……"：Plutarch, *Life of Lycurgus 1.1,* trans. Richard J. A. Talbert, *On Sparta* (London: Penguin, 2005).

P.446. "斯巴达高雅文化皇冠上的宝石"：Paul Cartledge, *Sparta and Lakonia: A Regional History 1300–362* (London: Routledge, 2002), p. 118.

P.450. "拉刻代蒙人及其盟友"：Thucydides 5.18 and *passim*, trans. Benjamin Jowett (Oxford: Clarendon Press, 1881).

P.452. "斯巴达人……认为他们……"：Thucydides 1.102, trans. Rex Warner (Harmondsworth: Penguin, 1954).

P.458. "黑劳士是古代斯巴达……"：Paul Cartledge, *The Spartans: An Epic History* (London: Pan, 2003), p. 27.

P.459. "他们会强迫他们喝下……"：Plutarch, *Life of Lycurgus*, 28.4, trans. Richard J. A. Talbert, *On Sparta* (London: Penguin, 2005).

P.459. "他们给黑劳士布置了各种……"：Myron of Priene, fr. 2, trans. Paul Cartledge, *Sparta and Lakonia: A Regional History 1300–362* (London: Routledge, 2002), p. 307.

P.460. "斯巴达人能够征服……" "遗弃生病的……"：Adolf Hitler, *Hitler's Second Book: The Unpublished Sequel to Mein Kampf*, ed. Gerhard L. Weinburg, trans. Krista Smith (Lancaster: Gazelle, 2003), p. 21.

P.461. "然而，不久之后……": Thucydides 4.80, trans. Rex Warner (Harmondsworth: Penguin, 1954).

P.461-462. "在其他城市，懦夫……"：Xenophon, *Constitution of the Spartans*, 9.4–6, trans. J. M. Moore, *Aristotle and Xenophon on Democracy and Oligarchy* (London: Chatto and Windus, 1975).

P.464. "男孩牧人……被分配……"：Xenophon, *Constitution of the Spartans*, 2.2, trans. J. M. Moore, *Aristotle and Xenophon on Democracy and Oligarchy* (London: Chatto and Windus, 1975).

P.464. "男孩们只花尽可能少的时间……"：Plutarch, *Life of Lycurgus*, 16.6, trans. Richard J. A. Talbert, *On Sparta* (London: Penguin, 2005).

P.466. "sophronize（自我约束）"：Thomas Arnold, *The Life and Correspondence of Thomas Arnold, D. D., late Head Master of Rugby School, etc.*, Arthur Penrhyn Stanley (London: John Murray, 1877), vol. 1, p. 34.

P.467. "监督者会定期将那些看起来……"：Plutarch, *Life of Lycurgus*, 28.2–3, trans. Richard J. A. Talbert, *On Sparta* (London: Penguin, 2005).

P.469. "因为他们有法律规定……"：Aristotle, *Politics*, 2.1270a, trans. T. A. Sinclair and rev. Trevor J. Saunders (Harmondsworth: Penguin, 1981).

P.470. "一直延续到成年……"：Plutarch, *Life of Lycurgus,* 24.1, trans. Richard J. A. Talbert, *On Sparta* (London: Penguin, 2005).

P.470. "总的来说，他让公民们……"：Plutarch, *Life of Lycurgus*, 25.3, trans. Richard J. A. Talbert, *On Sparta* (London: Penguin, 2005).

P.471. "以一种既尖锐又有吸引力……"：Plutarch, *Life of Lycurgus*, 19.1, trans. Richard J. A. Talbert, *On Sparta* (London: Penguin, 2005).

P.471. "说话的专家……"：Plutarch, *Life of Lycurgus,* 20.2, trans. Richard J. A. Talbert, *On Sparta* (London: Penguin, 2005).

P.471. "如果我进入……""如果"：Plutarch, *On Talkativeness*, 17.

P.472. "难怪斯巴达人是最勇敢的人……"：Athenaeus, *Deipnosophists,* 4.15 (Kaibel).

P.474. "首先，（来库古）让女孩们……""他（来库古）让年轻女孩……"：Plutarch, *Life of Lycurgus*, 14.2ff., trans. Richard J. A. Talbert, *On Sparta* (London: Penguin, 2005).

P.475. "这不仅是一种节制和自控……"：Plutarch, *Life of Lycurgus*, 15.5, trans. Richard J. A. Talbert, *On Sparta* (London: Penguin, 2005).

P.476. "……会取笑每个年轻人……"：Plutarch, *Life of Lycurgus*, 14.3, trans. Richard J. A. Talbert, *On Sparta* (London: Penguin, 2005).

P.477. "要么拿着你的盾牌……"：Plutarch, *Sayings of Spartan Women* (Moralia, 241).

P.477. "最不被男人谈论的女人……"：Thucydides 2.46, trans. Rex Warner, (Harmondsworth: Penguin, 1954).

P.477. "因为我们是唯一能生出男人的女人"：Plutarch, *Sayings of Spartan Women* (*Moralia 240E*), trans. Richard J. A. Talbert, *On Sparta* (London: Penguin, 2005).

P.477. "到黑暗中去吧……"：Plutarch, *Sayings of Spartan Women* (Moralia 241)*, trans. Richard J. A. Talbert, On Sparta* (London: Penguin, 2005).

P.478. "秀大腿者"：*Ibycus, fr. 339, Poetarum Melicorum Graecorum Fragmenta, Malcolm Davies (ed.)* (Oxford: Clarendon Press, 1991).

P.478. "即使她想，斯巴达的女人……"：Euripides, *Andromache*, 595–601.

P.478. "被他们的妻子统治"：Aristotle, *Politics*, 2.1269b

P.479. "吕西斯特拉特：欢迎，兰皮托……"：Aristophanes, *Lysistrata*, 78ff., trans. Alan H. Sommerstein (London: Penguin, 2002).

P.481. "单打独斗，他们不亚于任何人……"：Herodotus 7.104, trans. Aubrey de Sélincourt (Harmondsworth: Penguin, 1954).

P.484. "第二天，你可以看到那些……"：Xenophon, *Hellenika*, 6.4.16, trans. Rex Warner, *A History of My Times* (Harmondsworth: Penguin, 1966).

P.485. "它们长到足以……"：Plutarch, *Life of Lycurgus,* trans. Richard J. A. Talbert, *On Sparta* (London: Penguin, 2005).

P.490. "路过的陌生人，去告诉……"：Herodotus 7.228, trans. Paul Cartledge, *The Spartans: An Epic History* (London: Pan, 2003).

P.490. "嫁个好男人……""交出你的武器""自己来拿""吃好早餐……"：*Plutarch, Sayings of Spartans* (*Moralia 225A–E*), trans. Richard J. A. Talbert, *On Sparta* (London: Penguin, 2005).

P.493. "他们每个月都要交换誓言……"：Xenophon, *Constitution of the Spartans,*

15.7, trans. J. M. Moore, *Aristotle and Xenophon on Democracy and Oligarchy* (London: Chatto and Windus, 1975).

P.494. "剃掉胡须，谨遵法律": Plutarch, *Life of Cleomenes*, 9.2, trans. Richard J. A. Talbert, *On Sparta* (London: Penguin, 2005).

P.494. "老人的会议在那里是最重要的": Pindar, fr. 199, *Poetae Lyrici Graeci,* I.44, T. Bergk (ed.) (Leipzig: 1843), p. 448, quoted by Plutarch, *Life of Lycurgus,* 21.4, trans. Richard J. A. Talbert, *On Sparta* (London: Penguin, 2005).

P.495. "体育比赛也很光荣……": Xenophon, *Constitution of the Spartans,* 10.3, trans. Richard J. A. Talbert, *On Sparta* (London: Penguin, 2005).

P.496. "我不知道该如何向你描述……": Plato, *Laws*, 4.712.

P.498. "而且，正如我们的政治生活是……": Thucydides 2.37, trans. Rex Warner (Harmondsworth: Penguin, 1954).

P.499. "既不会读书也不会游泳": Plato, *Laws*, 689CD.

P.499. "所有人类中最可恨的人……": Euripides, *Andromache*, 445ff., trans. J. M. Moore, *Aristotle and Xenophon on Democracy and Oligarchy* (London: Chatto and Windus, 1975).

P.500. "邪恶行为""外国的习惯""不以训练为中心的生活方式": Plutarch, *Life of Lycurgus*, 27.3–4, trans. Richard J. A. Talbert, *On Sparta* (London: Penguin, 2005).